부모놀이치료

· 이론 및 실제 ·

장미경 · 정은진 · 박윤수 · 맹주아 · 이여름 · 이세화 · 박애규 · 조   윤
조은진 · 김태균 · 이희정 · 이현숙 · 김인아 · 김인옥 · 라미진 · 김선희
공저

Filial Therapy

학지사

🏠 머리말

아동·청소년을 만나는 상담자 또는 심리치료자라면 누구나 부모의 변화가 주는 영향을 생각하며 부모상담의 필요성을 절감한다. 아이러니한 것은 부모상담의 필요성을 절감하면서도 아동·청소년 심리치료자들이 가장 힘들어하는 것이 부모상담이라는 것이다. 더 아이러니한 것은 아동·청소년 심리치료에서 아동·청소년의 심리치료 결정권을 갖고 있는 사람이 부모라는 것이다. 따라서 치료자는 부모를 암묵적으로는 내담자라고 생각하면서 공식적으로는 협력자라는 이중적인 역할을 부모에게 주면서 아동상담을 위해 부모를 동기화해야 하는 어려움을 느낀다. 더 구체적으로는 부모상담 방법에 대해서 어려움을 느낀다. 부모상담은 부모교육과 성인 개인상담 사이에 있으며 부모마다 그 정도 또한 다르다. 그러다 보니 일괄적으로 방법을 정하기 어려운 상담이다. 그러면서도 부모상담이 잘 되었을 때 아동의 변화가 성공적으로 일어난다는 것을 경험한다.

부모놀이치료 프로그램이 만병통치약은 아니지만 지금까지의 임상경험과 연구결과를 볼 때 매우 효과적인 부모상담 프로그램이라는 것은 분명한 사실이다. 자녀와 대화하는 기술, 상호작용하는 기술, 공감하는 기술 등 기술중심적으로 접근하기 때문에 부모가 쉽게 프로그램 참여를 받아들이게 된다. 또한 기술을 연습하는 과정에서 부모 자신의 이슈가 자녀에게 어떤 영향을 미쳤는지 통찰하는 경우가 많기 때문에 더 큰 변화를 이끌어 내는 장점을 갖고 있다. 부모가 이 프로그램에 성실히 참여했을 때 아동의 변화도 더 촉진되고 빨라지며 지속되는 것을 자주 경험한다.

이 프로그램은 한국에 처음 소개된 지 꽤 오래되었고, 아동·청소년 상담에서 상당히 활용되고 있음에도 불구하고 그 방법과 사례 등 구체적 내용이 체계적으로 소개되지 않았다. 이에 주목한 치료자들은 매우 실제적인 내용과 워크북을 소개하고 더불어 다양한 아동집단의 부모들에게 이루어진 부모놀이치료 사례를 소개하기 위해 이 책을 기획했

다. 지금 이 순간도 아동 · 청소년 상담심리치료 현장에서 부모들과 고군분투하는 치료
자들에게 이 책이 애매하고 모호하며 갈피가 잡히지 않는 부모상담에 하나의 가이드라
인이 되기를 바란다.

2024년 11월
저자 일동

🏠 차례

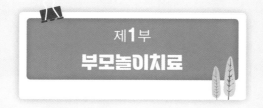

제1부
부모놀이치료

제1장 **부모놀이치료** · 11

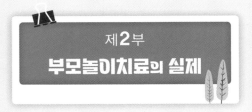

제2부
부모놀이치료의 실제

제3부
부모놀이치료 사례

제 **1** 부

부모놀이치료

제**1**장

부모놀이치료

1. 부모놀이치료

4차를 넘어 5차 산업혁명의 시대라 불리는 이 시대의 개인과 가족들은 여러 가지 어려운 상황에 직면해 있다. 가장 큰 문제는 가족을 포함한 공동체 가치의 약화이다. 공동체의 약화가 인간에게 미치는 영향의 긍정성과 부정성의 판단은 이 책의 범위가 아니기 때문에 구체적으로 언급하지는 않겠지만 한 가지 분명한 것은 공동체 가치의 약화가 발달하고 있는 아동에게는 불리하다는 것이다. 특히 가족공동체 가치 약화 및 그로 인한 기능의 약화는 아동에게 치명적일 수 있다. 다른 공동체가 대신할 수 있다고 보는 사람들도 있겠지만 아동양육을 담당한다면 다른 공동체 역시 가족기능을 하기 때문에 넓은 의미의 가족공동체에 속한다고 볼 수 있다. 특별한 대안이 없는 상황에서는 건강한 아동양육을 위해 부모의 기능을 강화하는 것이 아동의 최선의 이익을 보장하는 최고의 방법일 것이다. 부모 또는 가족가치 및 기능의 약화와 더불어 또 하나 흥미로운 사실은 부모들이 그 어느 때보다 교육에 열성적으로 참여하고 있는 시대가 되었다는 것이다.

부모놀이치료는 아동과 가족을 약화시킬 수 있는 문제를 극복하거나 예방하는 데 매우 유용한 방법으로 아동상담 현장에서 광범위하게 사용되고 있는 프로그램이다. 이 프로그램은 1960년대에 사회, 정서, 행동 문제를 가진 아동을 돕기 위해 Guerney 교수 부부에 의해 개발되었다(B. Guerney, 1964; L. Guerney, 1983).

부모놀이치료는 기본적으로 심리교육적 또는 교육적 개입모델을 지향한다. 교육적 모델을 지향하는 이유는 교육적 접근이 심리치료에 대한 부모들의 저항을 줄일 수 있기 때문이다. 교육적 모델은 새로운 행동 학습이나 기술 습득을 통해 부적절한 행동을 대치하고 변화가 일어남을 전제로 한다. 특히 부모놀이치료 프로그램은 타인에게 긍정적 변화를 미치는 기술을 준전문가나 비전문가인 치료매개자 또는 변화매개자에게 가르치고 이들이 전문가로부터 훈련과 슈퍼비전을 받아 내담자에게 전달하는 방법을 사용한다. 이런 교육형식으로 인해 심리치료 전문가가 아닌 부모를 교육한다(Authier et al., 1975; Guerney et al., 1970). 심리교육적 모델이라는 점에서 부모놀이치료는 문제적 관점에서 부모자녀 관계를 보는 전통적인 의료적 모델과는 완전히 다른 접근이며 교육훈련이 긍정적 치료효과를 갖는다고 보는 입장이다. 부모놀이치료는 현재 많은 전문가가 아동심리치료 장면과 부모교육에 사용하고 있으며 응용한 형태로 다양한 집단에서 이루어지고 있다.

교육적 모델을 첨가한 것뿐 아니라 부모놀이치료는 가족 구성원을 위해 치료자의 역할을 할 수 있도록 한 가족 구성원을 개입시킨다는 점에서 매우 독특하다. 부모-자녀처럼 가족의 하위체계가 변화를 위해 설계된 프로그램에 참여한다면 그것이 가족체계 전체에 영향을 주는 것은 당연하다. 기존에 이루어진 부모놀이치료의 효과성에 관한 문헌을 보면, 종종 부모-자녀뿐 아니라 부모, 즉 부부간의 관계역동이나 확대 가족과의 관계 역동에 긍정적 변화가 일어난다는 것을 알 수 있다(장미경, 1998). 전체 가족기능에 영향을 준다는 측면에서 부모놀이치료는 가족치료의 한 유형이라고도 할 수 있다. 자녀의 어려움 해결이라는 측면은 부모 및 가족의 참여를 강하게 동기화할 수 있는 요소라는 점에서도 장점을 갖고 있다. 부모놀이치료를 통해 모든 자녀와 각각 개별 놀이시간을 가질 수 있는 점에서도 가족에 대한 개입을 포함한다.

비전문 치료매개자의 역할을 하는 부모들에게 전문가가 가르치고자 하는 것은 부모가 자녀와 놀이하는 방법이다. 이 놀이방법은 놀이치료의 기본 기술이며 이때의 놀이치료는 아동중심 놀이치료이다. 아동중심 놀이치료의 기본 기술을 부모들에게 교육하는 이유는 아동중심 놀이치료 이론이 Rogers의 인간중심 상담이론을 바탕으로 하고, 전통적으로 준전문가들을 양성하는 데 가장 많이 활용되어 왔으며, 다른 접근에 비해 비교적 짧은 시간에 학습될 수 있다고 보기 때문이다.

부모놀이치료가 적절한 대상은 약 2~12세의 아동과 부모이지만 부모와 아동의 상호작용 방법을 변형하면 더 어린 아동이나 청소년에게도 적용할 수 있다. 이 접근은 개별 부모, 청소년이나 대학생인 예비부모, 신혼부부 등에게 적용할 수 있다. 외국에서는 초등학교 5학년을 대상으로 유아와 놀이로 상호작용하는 부모놀이치료를 하기도 했다. 부모놀이치료를 부모에게 가르치는 과정에 대한 이론적 접근은 앞서 언급한 아동중심 놀이치료뿐 아니라 교육방법으로서 부분적으로 행동치료의 요소를 사용한다. 즉, 행동치료적 방법은 부모들에게 놀이 세션을 수행하는 기술을 가르칠 때 사용되며 모델링, 역할놀이, 행동시연 등의 방법이 여기에 해당한다. 모든 기술훈련은 Rogers의 상담원리에 따라 학습과 변화를 최대화하기 위해 수용, 공감, 따뜻함, 긍정적 관심의 분위기 속에서 이루어진다. 또한 놀이치료 기술의 사용과 학습 및 개입과정, 그리고 부모들의 감정에 대해 슈퍼비전이 이루어진다. 부모가 치료매개자이기 때문에 부모가 놀이치료 기술을 얼마나 효율적으로 사용하는가가 중요한 부분이지만 또한 중요한 것은 기술에서 묻어나는 이들의 정서 상태이다. 그런 면에서 부모놀이치료는 두 가지 영역이 통합되어 있는 프로그램이다. 2인 관계, 역동성, 부모들이 공감적으로 변화해 가고 통제를 잘할 수 있게 되면서 기대치 않았던 부모 자신의 개인적 성숙을 이루는 현상이 나타나고 부모 자신의 대인관계 문제와 정서 문제들이 자녀의 문제와 직접적인 관계가 있다는 것을 깨닫는 효과가 나타난다.

2. 부모놀이치료의 역사

부모놀이치료를 1960년대에 개발한 Guerney는 아동중심 놀이 집단리더이자 로저스학파의 치료자였다. 또한 그는 Sullivan의 대인이론(Sullivan, 2013)을 훈련받았다. 이런 배경과 경험으로 인해 그는 놀이치료를 부모에게 적용하여 부모-자녀관계 형성을 도울 수 있는 방법으로 보게 되었다. Guerney는 Freud의 정신분석에도 익숙한 학자였다. Rogers는 Freud의 지시에 따라 Rogers의 딸이 어린 자녀와 아동중심 놀이치료를 할 수 있게 하였다(Fuch, 1957). 아동심리학자였던 Baruch(1949)는 예방적 목적에서 부모들이 자녀와 놀이를 할 것을 제안하는 책을 저술했다.

이런 초기의 역사를 거쳐 1990년대로 오면서 부모놀이치료 프로그램 사용이 매우 증가하였고 놀이치료의 한 분야로서 확고한 위치를 잡아 갔다(R. Guerney, 2003). 또한 대상이 되는 부모와 아동의 범위도 매우 확대되었다. 이혼가정의 한부모(Brantton & Landreth, 1995), 미국 내 중국이민가족(Chau & Landreth, 1997), 만성질병으로 입원한 아동의 부모(Glazer-Waldman et al., 1992), 투옥 중인 부모(Harris & Landreth, 1997), 아버지를 대상으로 한 연구(Landreth & Lobaugh, 1998), 그리고 한국의 일반 어머니들(장미경, 1998)과 대학생 예비부모(장미경, 임원신, 2004), 청소년 예비부모(손초롱 외, 2016), 다문화 부모(김연숙, 박응임, 2016), ADHD 아동의 부모(홍주연, 김현희, 2015), 아동암환자의 부모(Moradpour, Hajiarbabi, & Badiei, 2022), 위탁부모 및 치료자(Gilmartin & McElvaney, 2020) 등을 대상으로 연구와 프로그램들이 이루어져 오고 있다. 기간 면에서도 초기에는 심각한 심리, 발달상의 어려움을 가진 아동들을 대상으로 장기간에 걸쳐 이루어졌으나 최근에는 일반 부모와 아동의 어려움을 예방하는 차원에서 8~10주 정도의 단기 프로그램들도 이루어진다.

3. 왜 놀이인가

많은 사람은 놀이에 대해 쓸데없거나 시간을 낭비하는 비생산적이고 유치한 행동으로 어린 아동들에게나 하는 것이라고 생각한다. 그나마 긍정적 측면에서 놀이를 보려 하는 사람들은 놀이가 일상경험의 단순한 반복이나 모방이라고 생각한다. 심지어 일부 놀이치료자들조차 놀이치료 세션에서 아동의 놀이보다는 아동의 언어에 집중함으로써 이러한 생각이 만연해 있음을 보여 준다. 그러나 놀이는 본성적이고 원형적이며 인간의 궁극적인 측면들과 깊이 관련되어 있다.

놀이가 무엇인지, 왜 하는지에 대해서 여러 가지 이론이 있을 수 있으나, Brown과 Vaughan(2009)은 놀이가 본능적인 것이라 보았고 그 근거로서 인간을 비롯한 포유동물에게 놀이를 시작하는 본능적이고 내재화된 신호가 있다고 주장했다. 신호는 아동이 미소를 보이며 시선을 응시하는 것, 동물이 눈을 부릅뜨고 직선으로 상대를 향해 걸어가지도 않고 둥글게 움직이거나 지그재그로 움직이는 행동 등을 말하는 것으로 상대에게 놀이 의사를 보내는 신호라는 것이다. 사냥이나 종족 번식 행위처럼 생산적이거나 목적성이 뚜렷해 보이지 않음에도 동물조차 놀이행동을 하는 이유에 대해 연구자들은 단순히 사냥이나 싸움연습이 아니라 집단이나 무리 안에서 친밀한 관계를 맺고 관계에 필요한 신호와 동작을 연습하는 것이라고 주장했다. 놀이가 관계발달에 기여한다는 이론과 일맥상통하는 부분이다. 한편, 일견 보기에 이것은 단순히 모방학습이라고 말하기 쉬우나 분석심리학의 원형이론의 관점에서 보면 원형의 목적적 기능(teleological function), 즉 인간이 전체인격을 실현하며 살아가도록 안내하는 힘이라는 원형 개념을 잘 반영하는 개념화라고 할 수 있다. 구체적인 놀이행동보다는 놀이하게 만드는 힘 또는 본질인 원형적 충동(archetypal impulse)을 가리키는 말이다(장미경, 이여름, 2020).

놀이를 심리치료에 활용한 치료자 중 한 사람인 Winnicott(1971)은 놀이를 아동 정신의 분리, 독립을 위한 중간현상 또는 중간개념으로 설명했다. 놀이는 아동이 정신적으로 분화, 독립하기 이전에 현실과 정신, 타인과 자신, 현실과 상상을 구분하기 위한 중간적 국면이라는 것이다. 이 놀이 개념 속에는 놀이는 본능적이기도 하면서 또한 정신적인 것이라는 의미가 내포되어 있다. 이는 Jung(1960/1981)의 원형개념과 매우 유사하다. 놀이가 단순한 생물학적 본능에 불과한 것이 아니며 그렇게 만드는 어떤 기제 또는 원리가 작동하고 있다는 전제를 갖고 있기 때문이다(장미경, 이여름, 2020).

예를 들어, 아동이 '브루마블' 게임을 열심히 하고 있다고 가정해 보자. 이렇게 정형화되고 규칙 있는 게임이 어떻게 본성적이고 원형적 힘에 의해 이루어지는 것인가라는 의문이 생길 수 있다. '브루마블' 게임은 기본적으로 편을 나누어 '싸우는' 게임이다. 그 기원이 싸움일 수 있다는 것이다. 창, 칼, 총을 들고 싸우는 것만 싸우는 행위는 아니다. 우리는 심정적 · 내적으로도 싸운다. 자신의 행동을 조절하기 위해 싸우기도 하고 두려운 정서나 무기력한 정서에 압도당하지 않기 위해서도 싸운다. 물론 어릴수록 자신이 원하는 것을 얻기 위해 또는 불만족스러움을 표현하는 하나의 수단으로 직접 몸싸움을 한다. 그러나 성장하면서 우리는 심리적으로, 상징적으로 또는 우회적으로 싸운다. 아동이 싸우거나 게임을 포함한 싸움놀이를 하는 동안은 변화와 개선의 가능성이 존재한다. 그러나 문제가 지속되거나 심화되면 싸우기조차 포기한다.

Jung의 원형은 인류가 생긴 이래로부터 인간이 가지고 있는, 타고난 것이며, 유전에 의해 전달되는 정신의 구조이다. 원형은 인간의 삶과 행동을 규정짓고 방향을 가져오는 준비성이자 그것을 실현시켜 나가는 본성이다(장미경, 이여름, 2020). 원형은 시적 상상이고 판타지이며 상상과 환상 이미지를 통해 기본적인 행동충동의 형태로 의식에 출현한다(von Franz, 1996). 이것은 놀이에 대한 설명과 매우 유사하다. 즉, 놀이는 판타지이며 상상이자 인간의 삶과 행동을 규정짓고 방향을 가져오는 준비성이자 그것을 실현시켜 나가는 본능인 것이다. 그런데 원형이미지가 배열될 때에는 강렬한 정서를 수반하며, 특히 자기원형 에너지의 배열은 초월적이고 신성하며 고양된 정서로 경험된다(Stein, 1998). 이 강렬한 정서는 치유를 가져오며 자아를 오랜 트라우마와 콤플렉스로부터 해방시킨다. 물론 아동에게 초월과 신성성을 경험하는 능력이 있는지는 알 수 없으나 아동이

이 상태를 편안함과 심리적 안정감으로 경험한다는 것은 분명하다. 이 역시 놀이와 유사한 측면을 갖고 있다. 놀이할 때 정서가 일어나며 놀이의 정서는 치유를 가져온다.

놀이를 인간 본성이며 원형의 작용에 의한 현상이라고 본다면, 놀이가 치유를 가져온다는 점에서 놀이는 신성성과 치유적 목적을 갖고 있다고 할 수 있다(장미경, 이여름, 2020). 성장과정 자체가 신성하다. 빨기는 인간이 태어날 때부터 갖고 있는 유일한 생명유지 현상이자 놀이행동이다. 아동은 빨기를 통해 세상을 탐색해 간다. 영아들은 모든 자극과 감각을 입을 통해 경험하는 것을 볼 수 있다. 원형 작용에 의해 놀이가 발생하면 놀이행동과 놀잇감에 투사되고, 이 과정에서 정서가 발생하면서 치유와 성숙이 일어난다. 놀이의 특징 중 하나는 혼자, 그리고 두 사람 이상이 함께할 수 있다는 것이다. 즉, 관계적 특성도 갖고 있다(장미경, 이여름, 2020).

놀이의 신성성을 나타내는 직접적 표현이 있다. 산스크리트어에서 놀이에 해당하는 단어는 릴라(lila)인데 이 단어는 성스러운 절대자의 창조적 놀이를 통해 우주를 포함한 모든 세계가 생겨났다는 뜻을 담고 있다. 이 놀이 개념은 놀이가 창조 행위와 연결되어 있음을 나타낸다. 그런 의미에서 인간의 놀이는 바로 신의 창조 행위를 재연하는 것이라고 할 수 있다. 인간은 놀이를 통해 개별 인간 안에 내재되어 있는 신성을 발현, 즉 '창조' 한다. 다른 말로 진정한 발달을 이루어 간다.

인간은 놀이할 때만 완전한 인간이라고 Schiller 같은 고대 철학자들이 언급한 것도 놀이의 본성적이고 원형적 특성을 인지했기 때문일 것이다. Jung도 "상상력의 창조적 활동은 '아무것도 아닌 것에 불과한 존재'라는 매임으로부터 인간을 자유롭게 해 주며, 인간을 놀이하는 상태로 상승시켜 준다."(1954/1993)라고 언급했다. 하나의 인간으로서 아동뿐 아니라 성인조차 창조적 존재가 될 수 있는 것, 그리고 전인격을 이용할 수 있게 되는 것은 오직 놀이할 때뿐이다. 그리고 인간이 자기(self)를 발견하게 되는 것은 놀이할 때와 같이 오직 창조적일 때뿐이다(Winnicott, 1971).

Nachmanovitch 역시 놀이의 특징을 놀이와 일의 특성을 구분하면서 놀이가 일으키는 기쁨, 기쁨과 관련된 열광, 과거나 미래에 대한 염려를 모두 잊어버리게 하는 순간의 향유, 자아를 잊게 만드는 강력한 흡입력, 염려, 근심, 불안 등에 시달리지 않고 자신과 주변마저도 상관하지 않음, 신체적 욕구에 대한 주의감소, 몰입의 순간에 겸허하게 되는 무한성(timelessness), 결과보다는 과정성, 에너지 방출감, 긴장이완 등이 치유적 속성을 갖고 있다고 기술했다(Nachmanovitch, 1991).

놀이는 또한 유쾌함과 가벼움을 느끼게 하며, 유쾌함과 가벼움은 변화에 대해 마음을 개방하게 하는 열쇠이다. Jung은 자신의 내적인 개인적 삶과 외적인 직업적 삶에서 놀이의 중요성을 인식하고 정신을 유지시키기 위해 취리히 호숫가에서 자갈과 모래를 가지고 놀이(sand-play)를 했다. 놀이정신, 그리고 놀이가 만들어 내는 마음의 가벼움에 관해 Rolof(2014)는 Jung의 『레드북(The Red Book)』(2009a)의 '심층의 정신(spirit of the depths)'을 인용하여 "전체 삶은 (놀이에서 비롯되는) 웃음과 경배에서 결정된다(Jung, 2009b, p. 122)."라고 하면서 놀이의 치유적 효과를 언급했다(장미경, 이여름, 2020).

4. 놀이가 발달에 미치는 영향에 대한 신경생물학적 근거

많은 연구자가 유아와 어머니의 상호작용이 어린 유아의 애착발달, 정서조절, 그리고 이후의 지적 발달, 그리고 더 나아가 관계형성, 상호 공감 등 사회적 발달에 필요한 능력의 발달 등 아동의 전반적 발달에 기초가 된다는 점을 강조해 왔다. 그런데 이것은 부모가 유아에게 무엇인가를 가르치고 주입시켜서 이루어지는 발달이 아니다. 대부분의 연구자는 이것을 놀이라는 표현이 아니라 단지 상호작용의 관점에서 발달의 작용원리를 설명하려 했기 때문에 일반인들은 이 상호작용이 놀이를 의미한다는 것을 인지하지 못하는 경향이 있다. 그러한 관점에서 Trevarthen은 놀이의 관점에서 발달을 설명했다. 그는 신생아기에 시작되는 양육자와 아기 간의 상호작용 자체가 원시대화 또는 원형대화(protoconversation)이며 이것을 몸으로 하는 두 사람 간의 원시놀이라고 보았다(Trevarthen, 1993; Schore, 2022b). 아직 언어가 발달하지 않은 아기를 경험해 본 사람이라면 누구나 아기가 양육자의 목소리톤, 얼굴 표정, 눈맞춤, 냄새 등에 반응하며 그것에 자신을 맞추는 조절능력이 있다는 것을 알게 된다. 이것은 신체기능, 지적 능력 면에서 발달하지 않은 아기가 타인과의 관계에서 하는 상호작용이자 즐거운 놀이이다. Trevarthen은 생후 2~3개월 밖에 안 된 유아도 관계에서 우발적 행동이 발생한다는 것, 상호작용의 전후 맥락을 이해하고 어떤 행동이나 상황을 예측한다는 것 또는 기대한다는 것, 그리고 가장 중요한 것은 그것에 맞춰 자신의 표정이나 소리를 전환하는 동기화를 보여 준다는 것을 발견했다. 그는 이것을 인간 상호 주관성의 기원으로 보았다. 직관적인 엄마와 아기가 서로를 열심히 바라보고 경청하는 시각(눈맞춤), 청각, 촉각의 장난스럽고 애정 어린 정서적 의사소통을 하며, 순서를 맞춰 감정 상태를 상호 동기화하고 상호 조절한다. 이것이 그가 말하는 '원형(원시)대화(protoconversation)'이며, 시간의 흐

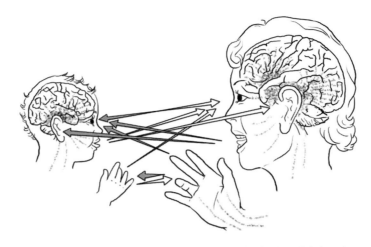

[그림 1] 어머니와 아기가 얼굴을 마주는 보는 상호작용을 통해 감정을 상호 지각하고 상호 조절하는 과정
출처: Trevarthen (1993), p. 7.

름에 따른 이 과정의 반복은 아동의 사회성, 감정조절 등의 발달에 영향을 미친다. 이때 두 사람의 상호작용은 매우 긍정적이고 자발적이며 상호 교환적이고 리드미컬해서 긍정적 감정을 불러일으킨다([그림 1] 참조). 즉, 놀이가 된다.

Trevarthen도 이러한 상호 주관적인 시각, 청각 및 촉각 신호의 양방향 소통은 즉각적인 긍정적 감정 효과, 즉 두 사람에게 흥분과 즐거움을 가져온다고 기술했다. 이것은 일종의 협력적인 정서 교류라고 할 수 있으며, 정서적으로 소통하는 두 사람에게 심리치료에서 깊은 공감이라 부르는 대인관계 공명을 유발하여 동시적인 상호 조절을 가져오고, 이에 따라 긍정적인 정서적 뇌 상태를 공유하게 된다는 것이다. 즉, 놀이가 그러한 효과를 갖는다는 것이다.

Schore는 타고난 인간 뇌의 구조 자체가 이러한 과정에 맞추어져 있으며 우뇌가 주로 이 상호 주관적 관계기능에 기여한다고 보았다. Schore는 Trevarthen의 동기화된 상호 주관성과 관련된 원형대화가 상호작용하는 두 사람의 우뇌 간의 상호작용이라고 기술했다(Schore, 2022). 그는 우뇌 간 상호작용은 신속하고 상호적이며 양방향의 시각(얼굴, 눈맞춤), 촉각, 청각 톤 및 몸짓 등의 비언어적 의사소통으로 이루어진다고 주장했다. 이 정서로 충만한 상상의 비언어적 의사소통을 주고받을 때 주로 우반구의 우측두정엽 접합부(우측 TPJ)가 활성화된다. 우뇌는 사회적 뇌로서 우뇌와 좌뇌를 연결하는 중앙 연결 통로인 TPJ는 우뇌가 담당하며, 이 부분은 시각, 청각, 체감각, 정서적 변연계 영역으로 들어오는 정보를 통합하는 기능을 한다. 여기서 중요한 것은 이 뇌구조와 기능이 전생애 동안 감각정보 및 협력적인 사회적 상호작용, 주관적인 정서경험 표현에 관여한다는 것이다. 사회적 관계 및 정서조절과 관련된 우뇌 편향 또는 우뇌 지배를 입증하는 증거 중 하나로 Schore는 인식 아래 수준에서 인간은 우반구, 즉 '왼쪽 시선 편향'을 나타내는 경향이 있다는 것을 예로 들었다(Schore, 2019/2022a). 즉, 초기 시선은 표현력이 더 풍부한 상대방 얼굴의 왼쪽으로 향하고 왼쪽을 탐색하는 데 더 오랜 시간이 걸린다(Salva et al., 2012).

신생아기의 감각놀이로 시작되는 놀이는 평생에 걸쳐 유지된다는 것을 Winnicott은 보여 주었다. 물론 놀이의 방법과 수단은 신체감각뿐 아니라 다양한 차원이 복잡하게 추가되면서 성인의 놀이에 이르게 된다. Winnicott은 놀이가 성인의 정신세계를 발달시키는 중간현상이라는 개념으로 놀이가 인간발달에 미치는 영향을 이론화했다. 이 중간현상 또는 중간대상이라는 것은 유아기를 지나면서 없어지지 않고 인간의 정신세계를 형성하면서 예술 등 문화현상으로 발전한다. 즉, 인간 행위는 대부분 놀이라는 관점에서 이해될 수 있다는 의미이기도 하다.

아동·청소년 및 부모를 만나는 심리치료자 또는 상담자가 놀이의 중요성을 인식해야 하는 이유가 여기에 있다. 단지 부모 또는 양육자에게 놀이방법을 가르치는 것이 중요한 것이 아니라 놀이하면서 어떤 기적이 인간에게 일어나는지, 그리고 놀이가 과거에 왜곡된 관계과정과 더 나아가 뇌기능을 바꿀 수 있는 작업이라는 것을 인식하는 것이 중요하다.

5. 놀이의 기능

놀이에는 여러 가지 기능이 있다. 놀이의 기능 때문에 현재 영유아교육에서는 교육의 방법이자 목적으로서의 놀이중심의 교육과정을 사용한다. 휴대폰 같은 기계를 가지고 하는 놀이는 진정한 놀이가 아니다. 그러나 부모는 자녀가 휴대폰을 사용하는 동안 자녀가 부모를 번거롭게 하지 않기 때문에 편하다. 부모도 혼자 조용히 휴대폰으로 게임을 하거나, SNS를 하거나, 영상을 시청하고 싶어 한다. 그런데 아동은 아직 발달이 완성된 어른이 아니기 때문에, 그리고 발달을 위해 사람과의 상호작용을 필요로 하기 때문에 기계를 가지고 하는 '놀이'는 부정적이다.

● 학습

놀이에는 학습의 기능이 있다. 여기서 말하는 학습은 단순히 학업 기술 습득의 학습만은 아니다. 아동들은 놀이를 통해 감각적으로 사물의 속성을 알고, 또래와의 역할놀이를 통해 관계의 속성을 학습한다. 이것은 강압적인 방법이 아니기 때문에 아동들이 자연스럽게 학습할 수 있고 아동 자신이 창조적 방법을 고안하여 활용할 수 있게 한다.

● 의사소통

아동들은 언어로 의사소통하는 능력이 성인에 비해 덜 발달한 상태이다. 대뇌의 피질 기능, 즉 논리, 객관성, 언어 등 인지기능의 발달이 성인에 비해 미약하기 때문에 감각적 방식이나 이미지 상징의 방식을 통해 표현하는 경향이 있다. 또한 놀이는 현실과 상상이 섞여 있는 활동이기 때문에 아동들끼리 또는 아동과 성인의 놀이는 아동이 자신의 욕구, 바람, 심리적 어려움, 기쁨 등을 전하고 나누는 방식이다.

● 평가/치유

아동들의 놀이를 관찰하면 현재 아동의 심리적 상태와 관계의 어려움을 진단, 평가할 수 있다. 물론 놀이치료는 평가를 놀이의 주 기능으로 사용하지 않고 치유기능을 강조한다. 진단, 평가 기능은 아동들이 자신이 겪은 부정적 경험, 두려움, 공포, 슬픔, 괴로움 등을 언어로 표현하기보다는 놀이를 통해 표현하기 때문에 사용한다. 또한 치유를 위해 아동에게 놀이할 수 있는 기회를 제공하고 놀이의 세계와 의미를 이해하는 성인과의 놀이 의사소통 관계를 형성하게 한다. 어른들은 놀이가 그저 즐거움만을 가져오는 시간 소모적인 것이라고 생각하기 쉽지만 아동의 놀이를 세심히 관찰하면 즐거운 내용만 놀이하는 것이 아님을 알 수 있다. 그들은 스트레스, 트라우마, 가족의 역기능, 질병, 기타 어려움 등 그들의 실제 생활에 존재하는 어려움도 놀이한다. 놀이는 판타지와 상상을 통해 아동들로 하여금 감정과 어려움을 표출하게 하고 그들의 염려를 분명하게 표현할 수 있게 한다. 놀이치료는 갈등적인 감정에 접근할 수 있는 방법으로 갈등적 감정을 재연하여 문제를 '놀이해 내는' 아동들의 타고난 성향을 활용한다(장미경, 2018). 대량학살 수용소에 있으면서도 아동들은 놀이를 했는데 수용소의 일상과 학살의 장면이 놀이 주제였다. 아동들은 TV에서 본 자연재해나 그들이 직접 겪은 재난과 사고 등을 반복적으로 놀이하는 것을 볼 수 있다. 누군가는 그 모습이 그들이 본 것을 단순히 모방하는 것이라고 단순화하는 사람들도 있다. 그러나 그렇게 말하는 것은 아동들은 사람이 아니라고 말하는 것과 같다. 그들도 고통을 느낀다. 그러나 그 고통을 언어를 통해 해소하려고 노력하는 어른들과 달리 아동들은 놀이를 통해 표현하는 것뿐이다(장미경, 2018).

● 자아증진

궁극적으로 여러 가지 기능을 갖고 있는 놀이경험은 통합적으로 건강한 자아의 발달을 촉진함으로써 아동이 속한 세계에서 건강하게 살아가도록 한다. 또한 놀이에의 몰입은 부정적인 자아의식을 잊게 함으로써 자아강도를 증진하는 기능을 한다.

6. 부모놀이치료 프로그램의 목표

부모놀이치료는 부모와 아동이 놀이하는 방법을 심리교육하는 프로그램이기 때문에 부모와 아동을 위한 목표를 각각 설정한다.

● 아동을 위한 치료목표
  - 아동이 충분히, 그리고 건강하게 자신의 감정을 인식하고 표현할 수 있게 한다.
  - 아동에게 경청받을 수 있는 기회를 준다.
  - 아동이 효과적인 문제해결 및 대처 기술을 개발하도록 돕는다.
  - 아동의 자신감과 자존감을 높인다.
  - 부모에 대한 아동의 신뢰와 확신을 높인다.
  - 부적응적인 행동과 현재의 문제를 감소 또는 제거한다.
  - 친사회적 행동을 발달시킨다.
  - 모든 측면에서 건강하고 균형 잡힌 발달을 촉진하는 개방적이고 응집적인 가족 분위기를 만든다.

● 부모를 위한 치료목표
  - 아동발달에 대한 부모의 이해를 증진한다.
  - 특정 자녀에 대한 부모의 이해를 증진한다.
  - 부모뿐 아니라 아동의 삶에서 놀이와 정서가 중요함을 인식하게 한다.
  - 아동에 대한 부모의 좌절감을 감소시킨다.

- 더 나은 자녀양육을 위한 다양한 기술을 개발하도록 돕는다.
- 부모로서의 능력에 확신을 갖게 한다.
- 자녀와 대화할 수 있는 문을 열고 개방하도록 격려한다.
- 부모가 한 팀으로 함께 일할 수 있게 한다(부모놀이치료 프로그램의 경우).
- 자녀를 향한 따뜻함과 신뢰의 감정을 키우도록 한다.
- 자녀 및 양육과 관련된 부모 자신의 문제를 다룰 수 있도록 위협적이지 않은 분위 기를 만든다.

7. 심리치료와 교육 사이

부모놀이치료는 기본적으로 심리교육적 또는 교육적 개입모델을 지향한다. 교육적 모델을 지향하는 이유는 이러한 접근이 심리치료에 대한 부모들의 저항을 줄일 수 있기 때문이라고 보기 때문이다. 교육적 모델은 새로운 행동이나 기술의 습득을 통해 부적절한 행동을 대치하고 변화가 일어남을 전제로 한다. 이것은 체계적인 기술훈련 방법을 통해 성취된다. 교육적 모델에서는 타인에게 긍정적 변화를 미치는 기술을 준전문가나 비전문가인 치료매개자 또는 변화매개자에게 가르치고 이들이 전문가의 훈련과 슈퍼비전을 받아 내담자에게 전달하는 것이다. 그러나 부모에게는 심리교육이며 치료자에게는 심리치료이다. 기술을 교육하는 과정에서 치유, 즉 심리치료의 목표가 달성되기 때문이다.

제 2부

부모놀이치료의 실제

제**2**장

부모놀이치료 개입의 실제

부모놀이치료는 치료자가 부모와 일대일로 할 수도 있고 집단으로 할 수도 있기 때문에 어떤 형태를 취하느냐에 따라 과정은 달라질 수 있으나 그 안에서 이루어지는 내용은 개별이든 집단이든 동일하다. 다만 개별로 부모놀이치료가 이루어질 경우에는 집단에 비해 기간이 매우 짧기 때문에 짧게는 3~5회에 모든 과정이 끝날 수도 있다.

부모놀이치료는 한부모 또는 양부모에게 치료자가 개별적으로 실시할 수도 있고 집단으로 실시할 수도 있다. 집단을 모으기가 어려운 사설 상담센터의 경우에는 개별적으로 하는 것이 적절하며, 집단으로 할 경우에는 8~10명 정도의 집단이 적합하다. 집단으로 실시할 경우에는 다른 부모들의 경험이나 공통적인 감정과 긍정적인 피드백을 받음으로써 참여효과가 상승되는 장점이 있다.

집단으로 부모놀이치료를 할 경우, 교육과 집단상담의 방식을 통합적으로 사용하기 때문에 간단한 강의, 염려나누기, 피드백, 놀이치료 시범 보이기 등의 방법을 써서 부모들이 놀이치료의 기본 기술을 습득할 수 있도록 돕는다. 한 집단 세션에 소요되는 시간은 대략 2시간에서 2시간 반 정도이며 주 1회 실시한다. 1, 2회 정도의 훈련 세션이 지나면 부모들이 가정에서 특정 자녀와 30분 정도의 부모-자녀놀이 시간을 주 1회 정도 실시하는 과제를 준다(개별 세션의 경우 40~50분 정도). 그 전에 몇 가지의 놀잇감을 준비하게 하고 가정에서 놀이할 장소와 시간을 정하게 한다. 가정에서 놀이시간을 갖기 어려운 경우 기관에 와서 하게 하는 것도 좋은 방법이다. 그다음 주에 부모들이 모여 함께 피드백을 주는 과정을 갖는다. 부모들이 비디오카메라로 녹화한 것을 가져오거나 상담센터에서 녹화를 하게 한다. 특정 자녀와 직접 부모의 관찰하에 놀이시간을 갖기도 한다. 이 점에서 다른 접근과 구별된다고 할 수 있다. 부모-자녀놀이 시간을 함께 관찰한 후 다른 부모들과 함께 기술과 감정을 나누고, 치료자는 강화를 통해 동기를 격려하고 새로운 기술을 가르친다.

1. 부모놀이치료 훈련과정

● 치료자가 부모와 놀이하기

과거에 놀이는 학습의 대상이 아니었다. 동네 골목이나 집 마당에서 아이들과 어울리다 보면 자연스럽게 하게 되는 것이 놀이였다. 부모들은 생업으로 바빠 자녀들과 놀아주기 어려웠고, 크고 작은 아이들끼리 어울리면서 자연스럽게 배우는 것이라고 생각했다. 그러나 세대가 변하면서 동네와 집 마당에서 노는 아이들을 볼 수 없고 놀이터에서도 아이들은 부모와 놀거나 혼자 논다. 이제 놀이는 부모나 성인이 함께 놀아 주는 것으로 바뀌고 있다. 아니면 놀이동산에 가서 놀이기구를 타는 것이라고 생각한다. 더 나쁜 것은 놀이와 학습을 구분하지 못하게 되었다는 것이다. 일견 놀이처럼 보이는 활동을 통해서 학습적 개념을 익힌다고 사람들은 생각한다. 그것마저도 유아기가 지나면 놀이는 쓸데없는 것이라 생각하여 집을 지저분하게 만드는 것으로 보이는 놀잇감을 버리거나 박스에 꽁꽁 싸서 잘 보이지 않는 한쪽 구석에 치워 버린다. 그렇게 된 이유 중에는 아마도 어느 세대부터인가 부와 모는 맞벌이를 하고 동네는 아이들끼리 있기에는 위험해져 버린 이유가 포함될 것이다. 학원이 아이들의 보호기관이자 학습기관으로 그 기능이 변하였고, 아이들은 모두 학원에 가 있게 되었다. 아무도 자연스럽게 놀이를 하지 않는 문화가 된 것이다. 그렇게 성장해 부모가 된 요즘의 부모들은 자녀와 어떻게 놀아야 하는지 모른다. 아니면 '놀아 주어야 하는 것'이 놀이라고 생각해서 온갖 열심을 내어 놀지만 곧 지치게 되고 얼마나 오랫동안 놀아 주어야 하는 것인가 등의 의문을 품는다. 어쩌다 마음을 다잡고 놀아 주다가 힘들면 키즈카페, 놀이동산 등에 아이들을 풀어놓고 누군가가 대신 놀아 주기를 기대하면서 의무를 다하고 있다고 생각한다. 그래서인지 자녀와 놀이하라고 하면 필요성은 알겠으나 '너무 힘든 것'이라거나 '하기 불가능한 것'이라고 말한다. 그러면서 한편으로는 마음속 깊은 곳에서 죄책감을 느낀다. 죄책감과 부담감, 스트레스는 어느 날 폭발해서 자녀에게 화를 내는 모습으로 나타나기도 한다.

이런 부모세대들에게 말로 놀이를 하라거나 놀이방법을 설명하는 것만으로는 마음의 짐을 내려놓게 할 수 없다. 이제 남은 방법은 아동치료자가 부모와 직접 놀이를 연습하는 것이다. 어른의 체면을 내려놓고 퇴행적 마음으로 부모와 놀이를 하는 것이다. 다른 말로 하면 시연을 보이는 것이다. 이 놀이경험을 역할놀이라고 부르기보다 부모에게 놀이경험을 주는 것이라고 하는 것이 더 좋을 것 같다. 놀이는 애쓰고, 힘들게 이끌고, 주도하고 가는 것이 아니라 자연스럽게 물 흐르듯 가는 것이라는 인상을 주는 것이 가장 먼저이고 중요한 부분이다.

그래서 주도하지 않는 놀이, 지시하지 않는 놀이, 가르치지 않고 훈계하지 않는 놀이, 기다려 주고 공감하는 놀이, 그러면서 필요할 때는 제한설정하는 놀이를 경험하는 것이 놀이를 이해할 수 있는 가장 빠른 방법이다. 치료자와 이런 놀이를 경험해 본 부모는 자신이 생각했던 놀이와 매우 다르다는 표현을 한다.

부모와 놀이하기는 두 가지 종류로 구분할 수 있다. 첫째는 부모 마음에서 떠오르는 대로, 손이 가는 대로, 마음이 가는 대로 하는 자유놀이이다. 둘째는 어떤 놀이 상황을 가정해서 놀이하거나, 가정에서 자녀와의 상황을 가정해서 하거나, 부모-자녀놀이 영상에서 일부를 발췌해서 그 놀이 상황을 치료자와 부모가 놀이하는 것이다. 이 놀이경험은 부모가 놀이에 대해 자신이 알고 있던 것, 그리고 자신이 자녀와 해 온 것이라고 생각하는 놀이와 많이 다르다는 것을 깨닫게 한다.

● 눈맞춤 연습하기

부모는 스스로에 대해 자녀에게 헌신하고 자녀의 삶을 위해 최선을 다한다고 생각하지만 자녀와 상호작용하는 것을 관찰하면 자녀와 눈을 맞추고 진심의 마음을 전하는 방법을 잘 모르는 것으로 보인다. 자녀가 부모의 마음을 다 알 것이라고만 생각한다. 따라서 치료자는 치료자와 놀이하기를 통해 의도적으로 치료자와 눈을 맞추는 연습을 하고, 이것이 자녀와 놀이장면으로 이어질 수 있도록 격려한다. 자녀와의 놀이장면을 녹화해 둔 영상을 보고 분석하는 세션에서도 눈맞춤을 격려하고 부모가 자신의 행동과 반응의 진전을 스스로 확인할 수 있게 함으로써 셀프 보상이 되도록 한다.

부모가 자녀와 눈을 맞추고 자녀의 마음을 이해하려 노력하지 않는 또 다른 이유는 자녀와의 놀이에 경쟁적인 태도나 놀이의 규칙에 집착하는 태도를 보이기 때문일 때도 있다. 학령기 자녀와 게임놀이를 할 때 자녀가 어린 아동이라는 사실을 잊는 부모들이 많다. 어른과 아동이 게임을 하면 당연히 인지적·신체적으로 자녀가 불리하다. 그럼에도 불구하고 부모는 얼굴을 게임도구에 떨구고 이기기 위해 몰입한다. 때로는 자녀가 고개를 들어 그러한 부모의 모습을 의아한 표정으로 쳐다보기도 한다. 게임을 하기 위해 자녀와 놀이하는 것이 아니라 놀이를 통해 자녀와 교감하기 위해 게임놀이를 하고 있다는 사실을 인지하도록 격려해야 한다. 또한 자녀와 놀이할 때조차 이기려고 하는 부모 마음의 역동이 무엇인지에 대해서도 탐색하는 과정이 필요하다. 구체적이고 의도적으로 놀잇감과 자녀의 눈을 번갈아 보는 연습을 하게 한다.

● **공감 경험하기 및 표현하기**

눈맞춤보다 더 안 되는 것이 공감이다. 공감의 의미를 모른다고 생각하는 부모는 없겠지만 공감을 어떻게 하는 것인지 아는 부모는 많이 없는 것 같다. 심지어 심리치료 전문가들조차 공감이 단순히 언어적·정서적 차원에서만 이루어지는 것이라 생각하는 경향이 있다. 그러나 사실 공감은 심리적·신체적 차원, 즉 전인적 차원에서 이루어진다. 공감(empathy)은 '다른 사람의 내적 삶 속으로 자신을 느끼고 생각하는 능력'이다(Kohut, 1971/2006). Blair는 심리적 공감뿐 아니라 "신체적 공감을 포함하는 공감은 타인과의 근접성을 통해 동일한 고통을 육체적으로 경험함으로써 타인의 고통과 슬픔에 반응하는 것"이라고 정의하였다(Blair, 2005). 외적 또는 내적 자극에 대한 신체반응은 자율신경계에서 200분의 1초 미만의 시간 안에 발생할 수 있기 때문에 공감은 직감으로도 불리며, 뇌가 감정(정서) 및 사고(인지) 정보의 입력을 처리하는 데는 300~500분의 1초가 필요하다. 신체반응은 장기적인 유익을 위해 필요한 논리, 전략과 함께 공감의 불을 지피는 불씨가 될 수 있다(Price & Dambha-Mille, 2019).

신체적이고 본능적 속성이 있는 공감을 치료자는 구체적으로 학습하고 아동내담자를 위해 사용하지만, 부모는 학습에 의해서뿐만 아니라 생물학적으로, 그리고 본능적으로 더 자녀를 공감할 수 있는 관계에 있다. 공감의 방법보다 더 중요한 것은 다른 사람의 감정과 행동의 의도와 의미를 읽는 능력이다. 이것은 좋은 부모를 만들어서 아동들이 행복하게 살기를 바라고 애쓰는 치료자들에게는 상당히 좌절스러운 것이다. 그러나 희망을 포기할 필요는 없다. 인간이 갖고 있는 능력과 잠재력은 포기하기에는 위대한 것이다. 부모와 아동의 놀이상호작용 영상을 보면서 아동의 행동의 의미를 이해하고 반응하는 법을 가르치면 모든 행동의 의미를 이해하지는 못하더라도 모르는 어떤 의도가 있을 것이라고 헤아릴 수 있게 되고 최소한 비난하거나 무시하는 것을 중단하는 모습을 볼 수 있다. 거기에 공감 방법을 공부하고 나면 빈 공감이라도 하려고 노력하는 모습을 볼 수 있다. 이때 부모의 노력에 대한 치료자의 지지와 격려가 필요하다.

부모들에게 공감하라는 말만으로는 부족하다. 그래서 구체적으로 공감의 표현들을 리스트로 만들어 치료자와 연습하고, 각각의 표현을 들을 때와 할 때 어떤 감정이 드는지 경험하고, 자녀와의 놀이영상을 보며 해당하는 부분에서 연습해야 한다. 연습한 기술을 부모들이 자녀에게 직접 사용하여 변화를 체험하게 되면 이 체험은 더 열심히 기술을 배우고 연습하게 하는 보상이 된다. 더 나아가 불안이 높거나 잘해야 한다는 압박감이 있는 부모들에게는 연습이 효능감을 줄 수 있다.

연습과정에서 치료자도 구체적인 공감적 기술을 부모에게 사용하고 부모 역시도 치료자에게 사용하게 함으로써 이 경험이 감정적 측면에서 어떻게 느껴지는지를 치료자와 부모가 함께 공유하는 방법도 유용하다.

공감을 표현하는 언어리스트는 간결하면서 구어체적인 것으로 만들어야 한다. 개수가 너무 많으면 우울하거나 잘해야 한다는 압박감이 심한 부모에게는 부담이 되고 처음부터 포기하거나 회피하게 만들 수 있다. 그러나 너무 적은 경우에도 문제가 된다. 새로운 것을 학습할 때에는 적절히 새로운 것과 적절히 낯선 것이 함께 제시될 때 효과성이 높아지는 경향이 있으므로 너무 적고 이미 아는 것이라는 인상을 주는 것은 효과적이지 못하다. 그러나 부모가 이미 다 알고 있는 것이라는 피드백을 준다 해도 연습을 통해 알고 있는 것과 사용 및 느끼는 것은 다른 경험임을 알게 한다.

침묵할 때조차 부드럽고 풍부한 침묵을 사용할 수 있다. 침묵할 때조차 아동을 마음에 품고 불안해하지 않으며 묵묵하고 지지적인 마음으로 아동에게 집중할 때 어린 아동일수록 어른의 그러한 마음을 신체적으로, 본능적으로 느낀다. 부모는 자신의 존재를 통해 아동, 세계를 마음으로 느끼고 경험한다. 목소리, 행동, 표정, 시선이라는 비언어적인 것을 통해 공감을 표현할 수 있다(Stevens, 2018).

● 제한설정 연습하기

아동중심 놀이치료 이론에 기반하고 있는 부모놀이치료 프로그램은 아동의 적절한 경계설정을 위한 제한설정을 매우 중요하게 강조한다. 제한설정은 가정에서 이루어지는 훈육과 같은 것이라고 할 수 있다. 훈육 또는 제한설정은 허용되는 것과 허용되지 않는 것, 남의 것과 나의 것, 타인의 감정과 나의 감정 등 물리적인 것, 감정적인 것, 관계적인 것 사이를 구분하는 능력의 발달과 깊은 연관성을 갖고 있다. 궁극적으로 자신과 타인을 구분하는 경계능력은 감정조절과 행동조절을 가져오고 적절한 한계를 받아들이게 한다. 적절한 감정조절과 행동조절은 원만한 또래관계, 대인관계를 발달시키게 함으로써 평생에 걸쳐 영향을 준다.

더 나아가 감정조절과 행동조절은 지적 능력의 발휘에도 큰 영향을 준다. 높은 지능과 학습에 대한 흥미가 높은 아동이라도 감정조절이 잘 되지 않는다면 오랫동안 앉아서 집중하거나 학습에 대한 동기를 유지하기 어렵다.

불행히도 오늘날의 부모들은 적절한 훈육이 어떤 것이며 어떤 방법을 사용해야 하는지 잘 모르는 경향이 있다. 또한 부모 자신의 제한설정이 잘 되지 않아 자신의 감정과 행동을 조절하지 못하며 자신의 감정과 자녀의 감정을 잘 구분하지 못하여 자녀와 엉망진창의 관계를 만들고, 그로 인한 우울감, 혼란, 불안, 낮은 양육효능감 등으로 힘들어한다. 이런 부모의 자녀 역시 적절한 경계 구분을 하지 못함으로써 또래관계를 잘 형성하지 못한다.

따라서 자녀에 대한 제한설정 연습은 부모의 감정과 행동에 대한 제한설정 연습이기도 하다. 평소의 감정 분출이나 무시가 아닌 제한설정 방법을 사용할 때의 조절효과를 경험한 부모는 그 신기함에 놀란다. 제한설정 연습은 자연스럽게 부모가 자신의 감정을 조절, 즉 제한하고 자녀에게 제한설정을 하게 한다.

제한설정은 생각보다 자연스럽게 잘 되지 않는다. 때문에 적절한 반복 연습이 필요하다. 치료자는 부모와 앉아서 쉬운 상황부터 점점 어려운 상황까지 제한을 설정하는 연습을 차근차근 해야 한다. 또한 가정에서 부모가 힘들어하는 상황을 예로 들어 연습할 수도 있다. 그러나 가정에서의 제한설정이 항상 성공적이지는 않다. 매우 애매한 상황들이 있기 때문이다. 애매한 상황보다는 조금 단순한 상황을 예로 들어 연습하는 것이 좋다. 중요한 것은 부모가 원치 않는 모든 상황에 제한을 설정해야 제한설정이 효과적으로 이루어지는 것은 아니라는 점이다. 단순한 상황에서 공감을 통한 제한설정을 경험한 아동들은 다른 복잡하고 애매한 상황에 스스로 제한설정할 수 있게 된다. 모든 상황에 제한설정을 해야 한다고 생각하는 부모나 치료자가 있다면 부모나 치료자의 완벽주의를 먼저 다루는 것이 필요할 것이다.

● 경쟁하지 않기 연습

부모들은 자녀가 학교나 기타 사회적 장면에서 경쟁에 승리하기를 바라는 마음을 갖고 있다. 부모라면 누구나 그러한 마음을 어느 정도 갖고 있을 것이다. 자극에 좌절하지 않고 도전하고 연습하기를 바란다. 적절한 정도의 경쟁은 더 나은 결과를 성취하도록 돕는다. 부모의 그러한 태도는 부모 자신이 갖고 있는 태도이기도 하다. 그렇다 보니 경쟁심이 심한 부모들은 자녀와도 경쟁한다. 부모와 자녀가 놀이하는 시간에 부모들은 인지적이고 규칙을 지키는 게임놀이를 제안하거나 자녀가 제안한 게임놀이에서 승리하기 위해 자녀가 어떤 감정 상태인지 또는 자녀가 몇 살인지 잊고 이기기 위해 몰두한다. 문제는 자신이 그러고 있다는 것을 모르거나 그것이 자녀 또는 자녀와의 관계에 미치는 영향을 모를 때 발생한다. 또한 지나친 경쟁심은 경쟁에 승리하지 못했을 때 좌절감과 열등감을 일으킬 수 있다. 경쟁하느라 스트레스를 받고 경쟁에 이기지 못할 것 같아 괴로워하는 삶을 자녀에게 물려주고 싶은 부모는 없을 것이므로 경쟁심이 부모의 삶에서 어떤 긍정적 영향과 부정적 영향을 주어 왔는지 분류하고 적절한 경쟁심을 유지할 수 있게 도와야 한다. 부모가 적절성을 유지할 때 자녀와의 관계도 건강한 것으로 변화할 수 있다.

● 자녀 행동의 의미 이해하기 연습

공감의 기술을 배웠다고 해서 그것을 적절한 상황에 적용할 수 있게 되는 것은 아니다. 자녀나 다른 사람의 감정이나 의도를 타당하게 인지했을 때 공감기술을 적용해야 진정한 공감 행위가 이루어진다. 사실 공감기술보다 더 배우기 어려운 것이 이 부분이다. 이 연습은 완벽하게 감정이나 의도를 읽지 못하더라도 오해하고 부적절한 반응을 성급하게 내놓는 것을 막을 수 있다. 이 연습을 위해서는 부모-자녀놀이 영상을 보면서 자녀의 행동의 의미를 부모가 상상하게 하고, 적절하게 이해했다면 격려하고 강화하며, 적절하게 이해하지 못한 부분에 대해서는 치료자가 이해를 도와야 한다. 그럼으로써 부모가 생각하는 것보다 자녀의 행동에 많고 깊은 의미와 의도가 있다는 것을 알게 한다. 다른 기술과 마찬가지로 부모-자녀놀이 영상을 함께 보고 연습하는 모든 세션에서 이 활동을 한다.

2. 부모-자녀놀이를 위한 공간 구성

● 놀잇감[1]

아동중심 놀이치료에서는 주로 다음의 놀잇감들을 사용한다(Landreth, 2003): 크레용,

---

1) 출처: Landrath, G. L. (2003). Child-centered play therapy. In C. Schaefer (Ed.), *Foundation of play therapy* (pp. 76-88). John Wiley & Sons.

도화지, 신문지, 안전 가위, 플레이도, 하드막대기, 접착테이프, 젖병, 인형, 플라스틱 접시와 컵, 간단한 게임도구, 병원놀잇감, 동물(가축과 맹수) 가족, 사람 가족, 인형집, 인형집 가구, 가면, 플라스틱 칼, 총, 뿅망치, 수갑, 군인, 자동차, 비행기, 전화기(2대), 끈, 장신구 등.

아동중심 놀이치료는 다른 접근보다 놀잇감과 놀이도구에 많은 의미를 부여하는 경향이 있다. 아동놀이에서 놀잇감은 아동의 단어이고 놀이는 아동의 언어이기 때문에 신중하게 선별한 놀잇감과 놀이도구가 아동중심 놀이치료의 관계와 놀이과정에 반드시 필요하다고 본다. 모든 놀잇감이 놀이치료 경험에 적합한 것은 아닌데 그 이유는 놀잇감 자체가 자동적으로 아동의 감정, 욕구, 경험의 탐색을 자동적으로 촉진하는 것이 아니기 때문이다. 보드게임을 예로 들면, 보드게임 자체가 성장을 촉진시키는 것이 아니라 그것을 매개로 상호작용하는 과정이 중요하다. 기계적이거나, 복잡하거나, 고도로 구조화되었거나, 치료자의 도움을 필요로 하는 놀이도구는 아동의 경험이나 감정의 표현을 촉진하지 않으며, 아동에게 좌절경험을 주고, 이미 무력감과 부적절감을 느끼는 아동들의 의존을 더 조장할 뿐이다(Sweeney & Landreth, 2003; Landreth; 1991).

상담센터에서 부모-자녀놀이 영상을 촬영한다면 별도의 놀잇감 준비는 필요하지 않다. 다만 녹화를 위한 별도의 시간을 지정해야 한다.

● **놀이장소**

놀이장소는 아무의 방해도 받지 않는 공간이어야 한다. 가정에서 부모-자녀놀이를 할 경우 전화, 초인종 등에도 반응하지 않아야 한다. 아동이 왜 안 받는지 궁금해 하거나 받으라고 하더라도 "○○○와 놀이하는 시간은 매우 소중하기 때문에 이 시간에는 전화를 받지 않을 거야."라고 표현할 수 있게 한다. 물론 상담센터에서 녹화한다면 이러한 불편은 생기지 않는다.

3. 부모놀이치료 프로그램의 개입기법

● **가정 또는 상담센터에서 놀이 세션 구조화**

놀이시간을 위한 구조화 기술은 아동이 전체 틀을 이해하고, 발생할 수 있는 문제들을 피하기 위해 필요한 기술이다. 아동에게 지켜야 하는 경계를 알려 주고 아동을 초대하는 허용적인 분위기를 만들기 위해서 구조화 기술이 필요하다. "지금부터 ○○와 30분 동안 특별한 놀이를 할 거야. 여기 있는 놀잇감을 가지고 ○○가 평소에 놀던 대로 놀 수 있어. 안 되는 것이 있으면 그때 알려 줄게."라고 구조화한다. 아동이 왜 놀이하는지 물어본다면, "평소에 ○○와 많이 놀지 못해서 엄마(아빠)가 ○○와 특별한 놀이를 하고 싶거든." 이라고 대답할 수 있게 한다.

● 놀이실 들어가기

놀이실은 아동이 살고 있는 집 또는 상담센터의 어느 장소를 의미한다. 놀이실에 들어가기에 앞서 부모는 아동에게 매우 특별한 방이며 특별한 놀이시간을 갖는다는 것을 알려 주어야 한다. 놀잇감을 가지고 많은 것을 할 수 있지만 할 수 없는 것이 있을 때는 알려 주겠다고 한다.

● 중간에 화장실 가기

놀이를 시작하기에 앞서 화장실에 다녀오게 하는 것이 좋다. 중간에 아동이 화장실에 가야 하는 상황이 생기면 가게 허용하고 화장실에 다녀오는 데 걸린 시간만큼 더 놀이할 수 있다는 것을 화장실에 가기 전에 알려 준다. 특정한 공간 안에서 놀이하는 것이 경계로서 작용하며 아동이 자기조절을 하게 하는 효과가 있기 때문에 자주 들락거리도록 허용해서는 안 된다. 다녀오면 다시 특별한 놀이시간으로 왔다는 것을 알려 주어 경계가 존재함을 알게 한다.

● 놀이실 떠나기

놀이치료자가 하는 놀이치료와 마찬가지로 부모-자녀놀이도 끝나기 5분 전에 끝날 시간이 5분 남았음을 아동에게 알려 주게 교육한다. 이것은 아동이 미리 마음의 준비를 하고 떠날 준비를 하도록 하는 것이다. 대부분의 아동은 부모와의 특별한 놀이시간을 매우 즐거워하고 고대하기 때문에 끝나는 것을 매우 아쉬워한다. 따라서 미리 시간을 알려 주어 준비를 시키는 것이 필요하다. 부모와 놀이를 하기 때문에 아동이 더 놀겠다고 조르는 경우가 흔하다. 그러나 이때에는 부드럽고 공감적인 태도를 보이지만 규칙을 확고하게 지켜 정해진 시간을 넘기지 않도록 해야 한다.

● **공감적 의사소통**

부모에게 공감적 의사소통 기술을 가르치는 것이 매우 중요하다. 아동의 감정과 욕구를 부모가 이해하고 있음을, 그리고 수용하고 있음을 아동에게 알리는 것이 얼마나 중요한 것인지를 부모에게 교육하는 것이다. 공감적 의사소통 기술은 부모의 관심을 아동에게 보여 주는 것이며, 아동의 의도나 감정에 대해 부모가 무엇을 잘못 알고 있는지를 분명하게 해 주며, 아동으로 하여금 아동 자신의 감정을 분명히 인식할 수 있게 하여 건강한 방식으로 감정을 표현하는 능력을 증진하는 효과가 있다. 공감적 의사소통을 하려면 아동 및 아동의 놀이에 분산되지 않은 관심과 집중을 해야 하고 끝까지 인내심 있게 들어야 한다.

● **자녀와 놀이하기**

부모는 부모나 교육자로서가 아닌 아동과 함께 놀이하는 추종자로서 자녀와 놀이할 수 있는 기술을 배운다. 놀이는 배우는 것이 아닌 자연스러운 행동이지만 대부분의 부모는 놀이와 학습을 잘 구분하지 못한다. 부모가 놀이내용을 주도하거나, 방향을 알려 주거나, 아동이 전개하는 것보다 앞서서 놀이를 해서는 안 된다. 그렇게 하면 아동은 곧 부모와의 놀이에 흥미를 잃고 밖으로 나가려고 한다. 미리 놀잇감을 펴 놓고 "너와 이제부터 특별한 놀이를 할 거야."라고 말한다. 놀이시간이 끝나기 5분 전에 미리 시간을 알려 준다. 이때 사용되는 놀잇감은 그 외의 시간에는 가지고 놀 수 없도록 한다.

● **제한설정하기**

많은 부모는 자신의 자녀가 자기 행동과 감정을 잘 조절하고 사회에 수용되는 사람이기를 원하지만 그러면서도 자녀양육에서 부모들이 가장 힘들어하는 것이 제한설정이다. 다른 말로 하면 확고한 훈육이라고 할 수 있다. 제한설정은 아동중심 놀이치료의 제한설정하기 기술과 동일하다. 먼저 무엇을 하고자 하는 아동의 감정이나 하지 않고자 하는 감정을 먼저 읽어 주고, 그러나 제한이 존재한다는 것을 알려 준 다음에 대안적으로 할 수 있는 것을 제안한다. 하지만 많은 아동이 한 번에 이런 제안을 받아들이는 것은 아니기 때문에 부모가 인내하는 것이 중요하다.

● 부모-자녀놀이의 기본 규칙

〈부모-자녀놀이의 기본 규칙〉

'하라' 규칙	'하지 말라' 규칙
1. 무대를 만들라.	1. 어떤 행동도 비난하지 말라.
2. 아동이 주도하게 하라.	2. 칭찬하지 말라.
3. 행동을 추적하라.	3. 주도적인 질문을 하지 말라.
4. 아동의 감정을 공감하라(반영하라).	4. 놀이를 방해하지 말라.
5. 제한을 설정하라.	5. 어떤 것을 알려 주거나 가르치지 말라.
6. 아동의 힘과 노력에 경의를 표하라.	6. 설교하지 말라.
7. 추종자로서 놀이에 합세하라.	7. 새로운 행동을 시작하지 말라.
8. 언어적으로는 적극적이어야 한다.	8. 수동적이거나 조용해서는 안 된다.

이 규칙들은 첫 시간부터 부모들에게 교육하지만 한 세션에 다 성취할 수 있는 것이 아니며, 부모놀이치료 프로그램 전 세션에 걸쳐서 점진적으로 연습하고 이루어질 수 있도록 해야 한다. 처음에 이 규칙을 들은 부모는 조금 어렵다고 느낄 수 있기 때문에 그 마음 역시 공감해 주고 앞으로 계속 하나씩 자세히 연습할 것이니 걱정하지 말라고 격려해야 한다.

'하라' 규칙

● 무대를 만들라

부모놀이치료에서 부모는 자녀가 주도하고 놀이하는 무대를 만들어 주는 사람이다. 부모가 주연이 아니라는 뜻이다. 정해진 공간에 준비한 놀잇감을 펼쳐 놓고 그다음부터 아동이 원하는 놀이를 주도적이고 자율적으로 할 수 있게 물리적 · 심리적 공간인 무대를 만든다.

● 아동이 주도하게 하라

무대라는 표현에도 의미가 들어 있지만 무대가 만들어지면 아동이 놀이를 주도해야 한다. 많은 부모는 자신들이 자녀의 삶까지 모든 것을 주도하려고 한다. 그러고 있는 자신을 인식하지 못하거나 인식한다 해도 그것이 옳은 부모 행동이라고 생각한다. 그러나 부모의 주도와 자녀의 주도는 균형이 맞아야 한다. 타인의 주도를 수용하는 것과 자신이 주도하는 것 사이에 조화와 균형이 있어야 조화롭고 갈등이 최소화된 삶을 살 수 있다. 무슨 놀이를 할 것인지, 어떻게 놀 것인지, 놀잇감을 무엇이라 명명할 것인지, 게임을 어떤 방식으로 할 것인지 등을 아동이 결정하게 한다. 올바른 게임방법으로 게임놀이를 하지 않으면 아동이 바보가 되거나, 옳지 않은 일을 하고 있거나, 교육적이지 않다고 생각하는 부모는 게임이 놀이라는 사실을 잊어버린 것이다. 학습시간이면 규칙과 규범에 맞아야 하고 그렇게 해야 한다고 반드시 가르쳐야 한다. 그러나 이것은 놀이시간이다. 놀이, 일, 학습을 구분하는 것은 아동이 적절한 경계를 인식하고 각각의 분야마다 다른 규칙이 있다는 것을 학습하게 하는 중요한 것이다.

● 행동을 추적하라

그러면 부모는 무엇을 하는가? 부모가 부모-자녀놀이 시간 중에 해야 하는 일 중 하나는 아동의 행동을 추적하는 반응을 하는 것이다. 아동이 하는 행동을 그냥 간략하게 천천히 읽어 주면 된다. "게임놀이를 하려고 하는구나." "아, 그 2개를 부딪쳐 보는구나." "그 두 사람이 싸우고 있네." "인형 머리를 빗겨 주고 있구나." 등 읽어 줄 것은 매우 많다. 부모가 집중해서 아동이 하는 행동을 읽어 주면 아동은 부모가 자신에게 온전한 관심을 기울이고 있다는 것을 경험하며 공감받는다고 느낀다.

● 아동의 감정을 공감하라(반영하라)

행동 추적에 이어 부모가 해야 할 일은 아동의 감정을 반영하는 것, 즉 공감하는 것이다. 부모들이 이 부분을 가장 어려워한다. 자녀의 표정이 찡그러지면 "표정을 찡그리고 있네. 무엇인가가 마음에 들지 않나 보구나." 자녀가 게임에 이겨 기뻐한다면 "네가 이겨서 기분이 참 좋은가 보다." 무엇인가를 하고 싶어 한다면 "아, 그렇게 하고 싶구나." 엄마와 더 오래 놀이하고 싶어 한다면 "엄마와 오래오래 놀이하고 싶구나." 등이 해당한다. 대부분의 부모는 자녀가 언어로 표현한 부분에 대해서만 공감하는 경향이 있다. 치료자는 부모가 아동의 표정도 보도록 여러 차례 강조하고 연습시킨다.

● 제한을 설정하라

부모들이 자녀를 양육하면서 경험하는 큰 어려움 중 하나는 자녀들이 지시나 규칙을 잘 따르지 않았을 때 어떻게 하면 '통제'할 수 있을까 하는 것이다. 매우 구체적으로 연습시켜야 한다.

● 아동의 힘과 노력에 경의를 표하라

많은 부모가 착각하는 것 중 하나는 자녀에게 칭찬을 많이 했을 때 자녀가 공부를 잘하고 부모의 지시를 잘 따르는 훌륭한 사람이 될 것이라는 생각이다. 칭찬은 일견 당장 효과가 있는 것처럼 보인다. 그러나 칭찬은 의존을 강화한다. 칭찬이 아니라 열심히 노력한 것에 대한 격려가 필요하다. "그것을 하려고 엄청 열심히 했구나." "아, 끝까지 포기하지 않고 해 보려고 하는구나." "아유, 그렇게 힘든데도 하고 있구나." 등이 격려 및 노력의 과정에 대한 칭찬이다.

● 추종자로서 놀이에 합세하라

아동이 놀이를 주도하기 때문에 부모는 추종자여야 한다. 추종자는 무엇을 놀지, 어떻게 놀지를 제안하거나 결정하지 않는다. 부모를 포함한 누군가가 해야 할 것, 방법 등을 대신 결정하는 경험을 한 사람들은 진정으로 자신이 원하는 것이 무엇인지 모르며, 있다 해도 확신이 없고 결과에 불안해하며 누군가 강력한 사람이 대신 결정해 주기를 원한다. 그러나 누군가가 대신 결정한 것의 결과가 마음에 들지 않으면 원망 속에서 불행하게 살아갈 것이다.

● 언어적으로는 적극적이어야 한다

자녀와의 놀이시간에 부모는 언어적으로 적극적인 모습이어야 한다. 아동의 행동과 감정을 읽어 준다는 것은 언어적으로 적극적이어야 한다는 뜻이다.

'하지 말라' 규칙

● 어떤 행동도 비난하지 말라

정해진 공간에서 정해진 놀잇감을 가지고 정해진 시간에 놀이를 한다면 비난할 이유가 없다. 때로는 아동이 놀잇감을 망가뜨리거나 끝날 시간 전에 나가려 하거나 시간이 끝났음에도 더 놀려 하는 등 규칙을 지키려 하지 않을 때가 있지만 그 역시 비난의 대상은 아니다. 제한설정 방법을 통해 행동을 조절하게 경계를 설정해 주면 된다.

● 칭찬하지 말라

앞서 언급한 것처럼 칭찬은 당장 효과가 있는 것처럼 보인다. 그러나 궁극적으로 칭찬에 대한 의존성은 자신의 능력에 대한 불신, 충족되지 않는 인정 욕구, 비교의식, 열등감 발달로 이어져 건강하게 자신의 능력을 발휘하지 못하게 한다. 대신 힘과 노력의 과정을 격려한다.

● 주도적인 질문을 하지 말라

다른 시간에는 얼마든지 주도적인 질문을 할 수 있다. 그러나 부모-자녀놀이 시간의 규칙 중 하나는 부모가 주도적인 질문을 하지 않는 것이다. 주도적인 질문은 자녀가 정답을 말해야 한다는 압박감, 무엇인가 옳은 행동을 하고 있지 않다는 불안감을 느끼게 할 수 있다. 특히 어른의 질문은 그런 힘을 더 가지고 있다. 그런 힘을 느낀다면 자녀는 부모와의 놀이를 안전하고 수용적인 것으로 느끼지 않기 때문에 놀지 않으려 하며 부정적 관계형성이 이루어지게 할 수 있다.

● 놀이를 방해하지 말라

아동이 놀이를 주도하기 때문에 부모가 다른 것에 신경을 쓰거나, 놀잇감을 정리하거나, 제안을 하거나, 질문을 하면 놀이가 방해받는다. 아동이 선택해서 하는 놀이를 공감과 반영을 하면서 따라가고 집중해야 한다.

● 어떤 것을 알려 주거나 가르치지 말라

학습시간이 아니고 놀이시간이므로 어떤 것을 알려 주거나 가르치려 해서는 안 된다. 아동은 그렇게 무능하지 않다. 놀이시간과 학습시간을 구분할 줄 알며 놀이시간에 무엇인가를 알려 주지 않아도 아동은 이미 충분한 지식을 갖고 있거나 앞으로 더 많은 지식을 얼마든지 습득할 수 있다. 어른의 관점에서 본다면 일과 휴식을 구분하지 못하고 일할 때는 쉬기를 열망하며 쉬는 시간에는 못다 한 일, 더 잘해야 하는 일에 대한 염려와 불안으로 편안하게 쉬지 못한다. '자녀도 그렇게 살기를 원하는가'라는 질문을 부모에게 할 필요가 있다.

● 설교하지 말라

이 규칙은 '어떤 것을 알려 주거나 가르치지 말라.' 규칙과 매우 유사한 규칙이다. 부모

들은 자녀가 잘 되기를 바라는 마음으로 설교하지만 자녀에게는 비난과 잔소리로 들릴
뿐이다. 다른 시간에는 해도 좋다. 그러나 부모-자녀놀이 시간에는 자녀의 주도를 따르
고 놀이의 추종자로서만 함께해야 한다.

● 새로운 행동을 시작하지 말라

새로운 행동이라는 것은 부모가 질문을 하거나, 새로운 놀이를 시작하거나, 다른 곳을
보거나, 움직이거나, 일어서거나, 전화를 받거나, 밖에 나갔다 오거나, 놀이를 제안하는
것 등이다. 이것은 자녀가 하고 있던 것에 대해 존중하지 않는 것이다. 이런 행동이 조절
되지 않는 부모라면 부모의 ADHD를 의심해야 할 것이다.

● 수동적이거나 조용해서는 안 된다

이 규칙은 '언어적으로는 적극적이어야 한다.'는 규칙과 일치한다. 아동이 하는 놀이,
언어표현, 감정을 적극적으로 읽어 준다.

4. 부모 성격 역동 다루기

실제로 부모놀이치료 프로그램을 부모와 하면 부모놀이치료 기술을 배우는 데 집중
하는 부모도 있지만 자신의 어려움이나 문제를 이야기하기 바쁜 부모들도 있다. 물론 그
중간에 속하는 부모들도 있다. 극단적으로 자신의 문제만을 얘기하는 부모가 아니라면
부모 문제를 조금 다루다가 부모놀이치료 기술을 다루고 다시 부모 문제 다루기의 사이
클을 사용하면 원만하게 진행할 수 있다. 자녀의 어려움에 도움을 주고자 이 프로그램에
참여했지만 어떤 부모들은 치료자를 자신의 치료자라고 암묵적으로 착각하거나, 치료자
가 자신을 어린 아이처럼 받아주거나 모든 문제를 해결해 주기를 무의식적으로 기대하
는 전이감정을 갖기도 한다. 따라서 아동에게 도움을 주기 위해서는 부모의 이러한 욕구
를 적절히 다루는 노력이 필요하다. 과업중심으로 문제해결 또는 프로그램 목표에 초점
을 맞추어 기술학습에 매이다 보면 부모가 충분한 공감을 받았다고 느끼지 못하거나 중
도에 포기하는 경우가 많이 발생하기 때문에 궁극적으로 아동에게 손해가 된다. 그래서
놀이기술 교육과 부모 문제 사이를 오가는 치료자의 노련함이 필요하다.

5. 부모놀이치료 프로그램에서의 고려사항(또는 다양한 이슈)

● 자신의 이야기만을 주로 하려는 부모

이럴 때는 지나치게 기술중심으로 가르치려 하지 말고 부모의 이야기를 듣는다. 그러나 기술을 완전히 배제하면 부모가 부모놀이치료 프로그램을 떠날 수 있다. 최소한의 기술교육을 시도하고 부모의 이야기를 들으면서 더욱 공고한 라포를 형성하며 부모 개인상담을 할 수 있도록 동기화한다. 이때 부모 개인상담이라는 표현을 사용하지 않는 것이 필요한 부모도 있다. 즉, 시간을 조금 늘려서 절반은 부모 개인상담, 나머지 절반은 부모-자녀놀이 기술교육으로 구조화시키는 것이 필요할 수 있다.

● 치료자에게 자녀가 있는지 묻는 부모

치료자가 너무 젊은 경우 부모들의 신뢰를 얻기 위해 더 많이 노력해야 한다. 그러나 잘 훈련된 치료자라면 부모의 자녀양육의 어려움과 부모 개인의 어려움에 공감하면서 전문성을 활용하여 기술을 연습하게 할 수 있다. 내담자들의 질문에 대해 치료자는 바로 답하려는 태도를 버리고 내담자가 질문하는 의도와 감정을 먼저 다루며 그에 적합한 대답을 하는 것이 내담자를 위한 지혜로운 대처가 된다. 너무 젊어 보여서 신뢰할 수 없을 것 같다는 뉘앙스의 답이 온다면 그것을 그대로 읽어 주면서 충분한 전문성 수련을 받았음을 알려 준다. 또한 부모님이 자녀를 사랑하고 좋은 것을 주려는 마음이 있기 때문에 거기에 부모-자녀놀이 기술을 조금만 배운다면 훨씬 더 훌륭한 부모가 될 수 있을 것이라는 설명을 통해 부모와 치료자가 함께 노력하는 과정임을 설명한다.

● 배우자에게 들어와 녹화하도록 하는 부모

부모놀이치료 프로그램에 참여하는 부모들 가운데는 프로그램 참여 역시 공부하는 것처럼 잘해야 한다는 강박관념 때문에 가정에서 이루어지는 부모-자녀놀이도 잘 녹화해 오려는 부모들이 있다. 잘 녹화해 오는 것 자체는 문제가 안 되지만 그것을 위해 장비를 잘 사용할 줄 모르기 때문에 또는 지나치게 의존적인 태도 때문에 배우자나 제3자가 부모-자녀놀이 시간에 들어와 녹화하는 경우가 있다. 그러한 경우에는 부모의 어떤 태도가 작용하고 있는지 탐색하여 부모 스스로 해 볼 수 있도록 격려하거나 상담센터에 와서 부모-자녀놀이를 할 수 있도록 재구조화하는 것이 필요하다.

● 치료자와 경쟁하는 부모

이상하게도 자녀양육에 대해 도움을 받기 위해 부모놀이치료 프로그램에 참여하거나 자녀가 놀이치료를 받게 하면서도 치료자와 경쟁하는 부모들이 있다. 물론 부모들은 자신이 경쟁적 태도를 갖고 있다는 것을 의식하지 못하는 경우가 대부분이다. 치료자는 힘겨루기를 피해야 하며, 치료자의 어떤 말과 태도가 부모에게 그런 마음을 갖게 하는지 탐색하고 부모의 그런 감정을 공감하여 부모가 스스로 인식할 수 있도록 도와준다.

● 자녀를 가르치려 하는 부모

대부분의 부모는 자녀들이 지적으로 유능하고 많은 지식을 갖기 바라기 때문에 항상 가르치는 태도가 주는 부정적 영향을 생각하지 못한 채 가르치려 한다. 의도 자체는 좋다. 그렇기 때문에 의도에 대해 충분히 공감하고 긍정적 측면을 읽어 주면서 그것이 자녀에게 미치는 부정적 영향에 대해서도 인지할 수 있도록 교육해야 한다. 끊임없이 가르치려는 부모의 태도는 부모의 의도 및 기대와 달리 자녀에게 열등감을 심어 주고 부모의 말을 지겨워하게 만들어 부모와의 대화를 단절하게 하며 공부에 대한 동기를 잃어버리게 한다. 자녀의 감정과 의도를 읽어 주고 시행착오 과정을 통해 학습이 이루어진다는 것을 이해하고 기다려 주면 지적으로도 훨씬 더 효율적인 사람이 될 수 있다는 것을 알게 된다.

● 놀잇감을 준비하지 않는 부모

분명히 치료자가 놀잇감 목록을 주었지만 제대로 준비하지 못하는 부모들이 있다. 물론 놀잇감 목록에 있는 모든 놀잇감을 반드시 다 구비해야 하는 것은 아니며 대체물을 포함시키기도 한다. 그러나 계속 준비하지 않는다면 치료자는 항상 부모의 지적 어려움을 가정해야 한다. 모든 부모가 지적으로 유능하고 효율적일 것이라고 기대해서는 안 된다. 이런 부모들에게는 매우 자세하고 반복적인 안내가 필요하다. 그러나 준비할 놀잇감을 다시 상기시켰음에도 불구하고 준비하지 않거나 수저, 그릇 등 주방용품으로 놀이를 시도하는 부모, 두세 가지 물건을 준비하는 부모도 있다. 이런 부모들은 자기주장이 매우 강하거나 긍정적 권위에 대항하는 역동을 가진 부모일 가능성이 높다. 이때는 힘겨루기를 피해야 한다. 힘겨루기를 피하면서 조심스럽게, 그러나 전문적으로 그렇게 행동하는 이유를 다루고 그것이 자녀와의 관계에 미치는 영향, 양육행동에 미치는 영향을 탐색하고 연결하는 노력을 기울여야 한다. 준비하지 않는 이유가 변화하기 어렵다고 판단되면 상담센터 놀이치료실에서 하도록 구조화한다.

6. 방해 요소

부모-자녀놀이가 상담센터에서 이루어진다면 방해 요소가 없지만, 가정에서 이루어지는 경우에는 여러 가지 방해 요소가 있을 수 있다. 누군가 찾아와 초인종을 누른다든지, 전화가 온다든지, 가족 구성원이 집에 들어온다든지, 다른 방에서 다른 부모와 놀던 형제가 들어오려고 한다든지, 놀이하던 자녀가 중간에 화장실을 가야 한다든지 같은 여러 가지 방해 요소가 있다. 놀이하지 않는 형제는 다른 부모가 돌볼 수 있도록 해야 하며, 그 밖에 다른 방해 요소에 대해서는 자녀와의 놀이시간 30분간은 관여하지 말아야 한다. 놀이하던 자녀가 왜 전화를 받지 않느냐고 질문할 수 있다. 그러면, "너와 집중해서 놀기 위해 놀이시간 끝날 때까지 전화를 받지 않을 거야."라고 말해 준다. 그럼 아동이 어떻게 느낄지 상상해 보라.

7. 부모-자녀놀이 영상 녹화 안내하기

어떤 부모들은 자녀와 놀이하는 장면을 녹화하는 것에 대해 부담을 갖기도 하지만 대부분의 부모는 영상을 녹화하면 자세하게 공부할 수 있다는 것에 대해 매우 긍정적으로 생각한다. 실제로 부모-자녀놀이 영상의 내용을 직접 본 것과 부모들이 말로 보고하는 것 사이에 큰 차이가 있기 때문에 영상을 보면서 상호작용 연습을 하는 것은 매우 유용하다. 부모-자녀놀이 영상을 녹화하는 방법에는 두 가지가 있다. 하나는 놀잇감을 몇 가지 준비하여 가정에서 녹화하는 방법이고 다른 하나는 상담센터에서 녹화하는 방법이 있다. 상담센터에서 녹화하면 놀잇감을 준비해야 하는 번거로움이 없다. 부모가 참여 동기화되는 것이 중요하므로 어떤 방법이든지 부모에게 편리한 방법을 선택할 수 있게 한다. 또한 녹화한 영상은 치료자와 부모만 볼 수 있다는 것도 다시 알려 준다.

8. 부모와 함께 부모-자녀놀이 영상 시청 및 상호작용 연습하기

부모-자녀놀이 영상을 보면서 치료자와 부모가 양육기술을 연습하는 것은 이 프로그

램의 핵심이다. 더불어 부모-자녀의 놀이영상을 보면 부모-자녀 관계 문제, 부모 문제
가 대부분 드러난다. 부모들이 언어로 얘기하는 부모-자녀놀이 시간은 부모의 이슈나
부모중심적 태도로 보는 것이어서 객관성이 부족하거나 왜곡되는 경우가 많다. 때문에
영상을 보면 부모의 보고와 다르다는 것을 종종 경험하게 된다. 가정 또는 상담센터에서
부모-자녀놀이 시간을 녹화한 영상은 30분 정도 되기 때문에 처음부터 끝까지 다 볼 수
는 없으므로 함께 볼 부분을 치료자가 먼저 결정해 두면 좋다. 그러나 미리 보고 결정할
시간이 없더라도 랜덤으로 보면서 할 수 있다. 부모 행동의 특징은 30분 전체에 다 나타
나기 때문이다.

● 소감 나누기
자녀와 놀이를 해 보니 어땠는지 간략히 소감과 경험을 나누는 시간을 갖는다.

● 좋았던 점/어려웠던 점 나누기
소감을 나누면서 자연스럽게 좋았던 점, 어려웠던 점을 이야기할 수 있게 한다. 좋았
던 점은 치료자가 부모의 강점 부분을 설명할 때 연결시키면 좋고, 어려웠던 점은 보완
할 점과 연결시켜 안내하면 좋다.

● 특별한 감정 나누기
부모들은 자녀와 놀이를 하면서 특별한 감정을 느꼈다고 보고하기도 한다. 예를 들어,
"아이가 그렇게 좋아할 줄 몰랐다, 미안한 마음이 들었다." "아이 표정이 너무 좋아진 것
을 보니 기분이 좋았다." "지루했다." "어색했다." "무슨 말을 해야 좋을지 몰라 불편했
다." 등의 감정들이다. 특별한 감정은 대부분 부모 자신의 문제 또는 부정적 역동과 관련
있는 경우가 많기 때문에 자연스럽게 부모 문제와 연결해서 부모의 어려움을 완화하는
데 활용할 수 있다.

● 부모-자녀놀이 영상 시청하기

• 영상을 보면서 새롭게 느껴진 점, 알게 된 점 나누기
상담센터에서 부모-자녀놀이를 하고 녹화했다면 부모는 영상을 처음 보게 된다. 영
상 속에서 놀이 모습을 보면 자신이 느끼고 생각했던 것과 다른 부분이 있다는 것을 알게

된다. 불편하고 어려운 감정이 있었는데 아이는 즐거워하는 것을 보니 너무 불편해할 필요가 없겠다든가, 아이의 행동의 의미나 의도를 놓친 게 보인다든가, 자신이 놀이를 주도했다든가, 질문하지 말라고 했는데 자신도 모르게 비판적인 질문을 많이 했다든가, 계속 가르치는 말투여서 스스로도 듣기가 싫다든가 하는 반응이 여기에 속한다. 치료자들은 부모의 이런 표현에 대해 매우 공감하고 조금 더 구체적으로 얘기하도록 요청한 후 다시 공감해 준다. 이런 표현들은 부모의 보완할 점, 부모 자신의 이슈를 다루는 데 큰 도움이 된다.

• **강점 강조하기**

어려웠던 점, 잘 안 된 점들에도 불구하고 부모에게는 이러저러한 강점이 있다는 것을 강조함으로써 이 프로그램이 부모의 문제에만 집중하는 프로그램이 아니라는 것을 지각하게 한다. 강점이 없어 보여도 치료자는 사소하고 작은 것이라도 찾아내어 격려해 주어야 한다.

• **자녀 행동의 의미와 의도 이해하기**

부모-자녀놀이 영상을 볼 때 필요하다고 판단되는 곳을 반복해서 보면서 자녀의 행동의 의미나 의도가 무엇인지 상상해 보는 시간을 갖는다. 부모가 왜곡하거나 미처 인식하지 못하는 것이 있다면 치료자가 발견해 주고 격려한다.

• **보완할 점 연습하기**

단점이나 문제라는 표현보다 보완하면 더 좋은 것, 보완하면 강점이 더 살아날 수 있는 것이라는 표현을 쓰는 것이 좋다. 자녀 행동의 의미나 의도 파악하기를 했으므로 그중 두세 가지를 가지고 다르게 공감하기 연습을 한다. 제한설정을 해야 하는 부분이 있었다면 구체적으로 제한설정하는 연습을 한다.

말로만 알려 주면 못 알아듣는 부모가 많다는 것을 항상 잊지 말아야 한다. 종이에 써서 주고 종이에 있는 것을 순서대로 하나하나 연습해야 하는 부모가 있다는 것도 잊지 말아야 한다. 워크북은 부모가 가지고 다니지 않기 때문에 매 세션마다 프린트해서 준비해 놓는다.

• '요청하기-반응하기-공감하기'의 의사소통 방법 사용하기

부모상담에서 치료자가 사용해야 하는 의사소통 방법은 '요청하기-반응하기-공감하기'이다. 예를 들어, 치료자가 부모에게 궁금한 것이 있다면 "……에 대해 말씀해 주시겠어요?" 등의 요청하기, 그다음은 부모 반응이 있을 것이고, 부모 반응에 대해 치료자가 공감하는 순서이다. 치료자는 부모 반응에 대해 공감해 준 다음 "아까 ……라고 말씀하셨는데 그 부분에 대해 조금 더 자세히 말씀해 주시겠어요?" "(치료자)방금 영상에서 보신 부분에 대해 공감하기를 해 볼까요?" "(부모)게임에 이기고 싶은데 질까 봐 화가 나나 보네요." "(치료자)아, 네 매우 공감적으로 들리네요. 아이의 화가 쑥 내려갈 것 같아요." 순으로 반복해서 사용한다.

또 다른 예:

치료자: 방금 보신 영상에서 아이의 표정 보셨죠? 그 표정에 대해 우리가 방금 연습한 공감하기를 연습해 볼까요?

부모: 기분이 참 좋구나.

치료자: 아, 네. 공감하기가 참 잘 되었네요. 다음에 그렇게 해 준다면 아이가 더 기분 좋아하겠어요.

치료자: "기분이 참 좋구나."에 이유까지 넣어서 얘기해 준다면 더 완벽할 것 같아요. 한번 해 보시겠어요?

부모: 엄마랑 눈이 마주치니까 ○○ 기분이 참 좋은가 보다.

치료자: 아우, 네 너무 정감 어리게 들리네요.

• 부모 문제 적절히 다루기

부모놀이치료 프로그램에 참여하는 많은 부모가 영상을 보고 자신의 행동 패턴과 동기 또는 자신의 행동과 자녀의 반응 간의 관계를 객관적으로 이해하게 된다. 그러면서 "그러는 줄 몰랐다."라는 표현을 덧붙인다. 이런 표현을 하면 적절한 시간 범위와 깊이 안에서 부모의 문제를 다루어 부모가 소외되지 않는다는 느낌을 갖게 한다.

9. 부모놀이치료가 적절한 시점과 부모놀이치료가
적절하지 않은 부모

부모놀이치료를 치료자가 권하는 시점은 부모마다 다르다. 부모의 정서 및 관계가 비교적 건강한 편이나 공감이나 제한설정 기술이 미흡하다면 처음부터 권할 수 있다. 그러나 부모에게 불안, 우울, 불신 등 정서적 · 관계적 문제가 있다면 치료자와 충분한 라포형성이 되어야 권했을 때 받아들이며, 의지는 있지만 우울해서 무기력한 부모도 우울이 먼저 다루어져야 프로그램에 참여할 수 있는 힘을 얻을 수 있다. 그러나 타인의 조망과 자신의 조망을 많이 구분하지 못하는 부모, 공격적인 부모, 인격장애가 있는 부모는 개별 프로그램으로 접근해야 하며 집단 프로그램 구성에서 제외해야 한다. 어떤 경우에 시작하든 치료자와의 라포형성이 가장 중요하다. 개별로 부모놀이치료를 진행하는 경우 어떤 부모든 대상이 될 수 있지만 부모 자신의 문제가 심각한 경우에는 기술교육이라는 부모놀이치료가 부모가 스스로를 깊이 탐색할 수 있는 동기를 준다는 점에서 유익하다.

제**3**장

부모놀이치료 프로그램

부모놀이치료 프로그램은 집단과 개별로 실시할 수 있다. 두 프로그램의 내용은 유사하지만, 집단은 동시에 여러 명의 부모가 참여하며 개별은 한부모 또는 양부모가 참여한다는 점이 다르다. 또한 집단은 동일한 프로그램 순서를 따르지만 개별 프로그램은 각 부모의 상황에 따라 순서와 속도가 다르며 진행되는 세션 수도 부모에 따라 다르다.

1. 개별 부모놀이치료

요즘은 아동과 부모 모두 바쁘고 개인의 시간을 중요하게 여기기 때문에 집단을 구성할 만큼 시간을 조정하는 것이 어려운 경우가 많다. 따라서 개별 세션을 진행하는 것이 필요하다. 개별 프로그램은 더 많은 개방을 하게 하고 집중적으로 부모-자녀 관계의 어려움, 부모의 어려움을 다룰 수 있게 한다. 무엇보다 큰 장점은 세션 수를 줄일 수 있다는 것이다. 물론 다른 부모들이 겪는 어려움이나 해결과정을 목격하면서 배우는 기회는 제한된다는 것이 단점이다.

• **구성**: 개별 세션으로 진행되는 경우에는 부모—자녀 외에 다른 인적 구성은 존재하지 않는다. 개별로 진행되는 경우 특정 자녀와 특정 부모 간에만 할 것인지, 한부모와 두 명의 자녀가 각각 할 것인지 또는 부모가 각각 다른 자녀와 할 것인지를 정한다. 처음부터 중복 세션을 하면 혼란스럽고 피로할 수 있으므로 한부모와 한 자녀가 먼저 진행하고 그 이후에 다른 자녀와 하도록 안내하는 것도 좋다.

• **구조**: 부모놀이치료는 심리교육 프로그램이기 때문에 매우 간단한 강의, 염려 나누기, 피드백, 놀이치료 시범 보이기, 연습하기 등의 방법을 사용하여 부모들이 놀이치료의 기본 기술을 습득할 수 있도록 돕는다. 한 부모놀이치료 세션에 소요되는 시간은 대략 40~50분 정도이며, 5~10주 정도 동안 주 1회 실시한다. 가정에서 부모—자녀놀이 세션을 하는 경우에는 놀잇감을 미리 준비하도록 한다. 부모—자녀놀이 세션은 30분이다. 놀이시간이 끝나기 5분 전에 놀이시간이 5분 남았다는 것을 미리 알려 주라고 안내한다.

• **부모—자녀놀이 세션**: 부모가 개별적으로 참여하기 때문에 가정 세션보다는 상담센터에서 부모—자녀놀이를 할 수 있도록 세팅을 만드는 것이 유익하다. 치료자는 치료실 안에 미리 녹화 장비를 가능한 한 눈에 띄지 않게 설치하고 부모와 자녀가 놀이치료실에 들어오도록 안내한다. 가정에서 놀이 세션을 할 경우에는 부모가 놀이할 장소에 미리 놀잇감을 펴 놓고 자녀를 들어오게 한다. 사용되는 놀잇감은 그 외의 시간에는 가지고 놀 수 없도록 한다.

• **워크북**: 개별 부모놀이치료 프로그램 워크북의 구성 요소는 집단용과 동일하지만 횟수, 순서 등의 측면에서 조금 다르다. 개별용 워크북을 부모들에게 제공하여 매 세션 가지고 올 수 있도록 안내하지만, 개별로 진행하는 경우 그러지 못하는 부모들이 많기 때문에 매 세션 제공할 수 있도록 준비한다. 워크북이 있는 상태에서 프로그램을 진행하는 것과 그렇지 않은 것 간에는 큰 차이가 있다. 워크북은 학습한 것을 간단히 메모하거나 연습을 기록할 수 있을 정도의 여유를 가지고 제작한다.

• **비밀보장**: 모든 상담 및 심리치료에 적용되는 비밀보장 원칙이 개별 부모놀이치료에도 적용된다. 개별로 진행되는 경우 집단과는 달리 치료자만 있기 때문에 깊이 공개해야 한다는 압박감이 있을 수 있기 때문에 자신을 보호할 수 있을 정도의 적절한 개방을 할 수 있도록 안내하고 치료자가 내담자의 개인 정보나 대화 내용을 밖으로 유출하지 않을 것임을 강조한다. 치료자에게 비밀보장에 대한 법적 · 직업적 · 윤리적 의무가 있음을 전문적으로 공지한다.

- **개별 부모놀이치료 세션 수:** 여러 명이 함께 참여하는 집단 부모놀이치료 프로그램과 달리 개별 프로그램은 말 그대로 개별적으로 이루어지기 때문에 정해진 세션 수가 있는 것은 아니다. 부모와 자녀의 어려움에 따라 적절한 세션 수를 진행한다. 개별, 집단 모두 부모놀이치료는 치료자와의 프로그램이 끝나도 가정에서 놀이 세션을 하는 동안 진행할 수 있도록 안내하는 것이 중요하다. 이후의 가정 세션을 진행하지 않는다고 해서 효과가 없는 것은 아니지만 종료 후에도 가정 세션을 어느 정도 진행하면 효과가 더욱 공고해질 수 있다.

부모놀이치료 워크북(개별 프로그램용)

1회

Ⅰ. 부모놀이치료 프로그램의 개요
(1) 놀이에 대해 나누기
(2) 부모 자신의 어린 시절 또는 그 이후의 놀이경험 나누기
(3) 아동 놀이의 의미
(4) '부모와 치료자를 위한 비지시적 놀이치료의 일곱 가지 기본 원리' 소개
(5) 놀이치료에서 따온 기술 소개: '하라'/'하지 말라' 규칙

Ⅱ. 특정 자녀 또는 부모와 특정 자녀 관계의 어려움에 대해 나누기

Ⅲ. 기본 일정 소개

Ⅳ. 치료자와 놀이를 통해 공감 및 경청 경험하기 & 느낌 나누기

Ⅴ. 비밀보장의 원칙 고지

Ⅵ. 과제
(1) 전에는 보지 못했던 자녀의 신체 특징 알아오기
(2) 한 주 동안 공감적 의사소통 한 가지씩 실천하기(네 가지 기본 감정에 대해)
(3) 놀잇감 준비하기
(4) 부모−자녀놀이 녹화할 시간 정해서 녹화하기(상담센터 등 기관에서 하는 것이 편리함)

세션 운영 유의사항

1. 부모놀이치료 참여를 동기화할 때 부모놀이치료 프로그램에 대해 치료자가 설명했겠지만 첫 세션에 다시 한 번 설명한다.
2. 잘 해낼 수 있을지에 대해 의구심을 표현하는 부모들이 있기 때문에 희망을 갖도록 격려한다.

3. 자녀 상담을 하다가 부모놀이치료에 의뢰된 부모도 있지만 부모놀이치료로 시작하는 부모라면 특정 자녀에 대한 염려를 표현하는 시간이 너무 길어지지 않게 하고 전체 하소연으로 흐르지 않도록 치료자가 시간 배분에 주의해야 한다. 또한 부모 자신의 심리적 어려움이 있다면 부모놀이치료를 하면서 부모 개인의 이슈를 어느 정도 다루어야 하는 부모인지 스크리닝한다.

4. 부모-자녀놀이 영상 녹화에 대한 부담감을 가지지 않도록 친절하고 자세하게 안내한다.

5. 가정에서 녹화하는 것을 불편해하는 부모는 상담센터에서 녹화할 수 있도록 배려한다.

6. 네 가지 감정은 '희로애락'으로, 자녀에게 각 감정이 나타났을 때 공감적 의사소통을 다음 시간까지 1회씩 실천하고 올 수 있도록 안내한다.

   예)

   - '희(기쁨)': 가족 모두와 시간을 보내는 것을 자녀가 기뻐할 때
     - "가족과 함께 있으니 ○○이 기분이 좋구나."
   - '로(화)': 자녀가 다른 형제에게 무엇인가를 빼앗겨 화가 났을 때
     - "○○이가 그것을 빼앗겨 화가 났구나."
   - '애(슬픔)': 자녀가 소중히 아끼던 것을 잃어버려 슬퍼할 때
     - "○○이가 그걸 잃어버려서 너무 속상하고 슬프구나."
   - '락(즐거움)': 자녀가 친구들과 놀 생각으로 즐거워할 때
     - "○○이가 친구들과 즐겁게 놀 생각에 기분이 좋구나."

7. 가능하다면 세션 직후에 부모-자녀놀이 영상을 녹화하는 것이 좋다.

2회

I. 과제복습
(1) 새롭게 알게 된 자녀의 신체 특징 소개하기
(2) 네 가지 기본 감정 실천 내용 나누기
(3) 부모-자녀놀이 장소와 시간 확인하기

II. '부모-자녀놀이 준비' 검토하기

III. 영상에서 부모-자녀놀이 상호작용 장면을 선택하고 치료자와 짝이 되어 역할놀이를 하면서 공감적 의사소통 연습

IV. 자녀의 행동 의미 또는 의도 이해하기 연습

V. 부모-자녀놀이 녹화하기

VI. 과제: '공감적 의사소통' 유인물 읽고 빈칸 채우기

세션 운영 유의사항

1. 새롭게 알게 된 자녀의 신체 특징을 부모들이 소개할 때 발견한 것보다 발견하는 과정에서 느끼게 된 감정에 초점을 맞추어 운영한다. 많은 부모가 다 안다고 생각하지만 모르는 것이 있었다는 것을 알게 되거나 찾는 과정에서 자녀에 대한 애틋한 감정을 느꼈다고 보고하는 경우가 있다. 이런 감정은 부모-자녀 애착을 돈독히 할 수 있는 기회이므로 부모들의 감정에 초점을 맞춘다. 의외로 덤덤한 부모들이 있을 수 있는데, 이때 잠시 부모의 '덤덤함'이 어디에서 연유했는지 다루는 것도 도움이 될 수 있으나 개인적인 것이므로 너무 깊이는 다루지 않아야 한다. 다만 자신에게 그러한 특성이 있다는 것을 인지하게 하는 것이 중요하다.

2. 놀잇감을 모두 준비하는 '완벽주의'에 몰입되지 않도록 주의해야 한다. 또한 경제적으로 부담이 되지 않도록 해야 한다. 물론 상담센터에서 부모-자녀놀이를 한다면 신경 쓸 필요가 없는 부분이다.

3. 처음으로 부모-자녀놀이 영상을 시청했기 때문에 부모를 격려하고 긍정적인 부분들을 찾아내어 강조하는 것이 필요하다.

4. 부모-자녀놀이 시간에 대한 부모들의 다양한 감정과 경험에 공감하고 질문을 다룬다.

5. 공감적 의사소통 연습은 매우 구체적으로 해야 한다. 이해한다는 반응에 지나치게 고무되면 실패하기 쉽다. 이해한 것과 이해한 것을 실천하는 것은 매우 다르다. 치료자와 부모가 세밀하게 연습할 수 있도록 구체적인 예를 많이 제시한다. 이때 부모가 직접 자녀와 겪었던 장면을 소개하고 연습하는 것도 좋지만 지나치게 그쪽으로 기울면 당장 해결책을 원한다든지 기적적인 '솔루션'을 원하는 부모가 생기는 등 대응하기 어려운 상황들에 직면할 수 있기 때문에 적절히 균형을 맞춘다.

6. 치료자는 항상 경청하고 공감적 반응으로 돌려주어야 한다.

3회

I. 과제복습: '공감적 의사소통' 유인물 작성 확인

II. 지난주에 녹화한 부모-자녀놀이 영상 시청하기

III. 영상 속 자녀 행동의 의미 또는 의도 이해하기

IV. 영상에서 부모-자녀 상호작용 장면을 선택하고 치료자와 짝이 되어 역할 놀이를 하면서 놀이기술 연습하기: '하라'/'하지 말라' 규칙, 공감적 의사소통

V. 부모-자녀놀이 녹화하기

세션 운영 유의사항

1. '하라' 규칙과 '하지 말라' 규칙은 이미 앞 세션들에서 설명했다. 여기서는 다시 요약해서 강조하는 것이다. 한 번만으로는 인지하기 어렵다. 이 규칙들이 어떤 이유로 좋은지를 부모에게 다시 설명하고 연습한다.

2. 치료자와 특정 부모가 이 규칙에 맞추어 직접 놀이를 하고 부모가 어떤 경험을 했는지 나누는 것도 좋은 경험학습이다.

3. 또한 이 규칙이 아동중심 놀이치료 이론에서 나온 것임을 놀이치료의 일곱 가지 기본 원리를 설명하면서 다시 강조하고 연습한다.

4. 부모들에게 부모-자녀놀이가 특별한 시간이라는 것을 강조해야 한다. 글자를 마음대로 써도 되고 틀리게 써도 된다는 표현이 어떤 부모에게는 불편할 수 있기 때문이다. 학습시간과 관계형성을 위한 놀이시간은 다른 시간이며, 다르다는 것을 구분하는 연습은 자녀의 관계형성, 학습 등에 있어 매우 필요한 경계 설정이라는 점을 전문적으로 강조해 주어야 한다. 부모들은 겉으로 이런 것이 좋다는 것에 동의한다는 표현을 하지만 속으로는 여전히 학습이 중요하기 때문에 올바른 글자를 가르치는 것이 중요하다고 생각한다. 이런 생각이 강한 부모일수록 부모놀이치료 시간에 배운 규칙대로 부모-자녀놀이를 하지 않는다. 다른 말로 하면 통제적인 부모들이므로 통제적 성향을 다루는 것이 필요하다.

5. 미흡한 부분은 미흡한 부분으로 접근하지 말고 바람직한 부분을 보완하는 부분이라는 관점에서 접근하면 매우 효과적이다. 예: 눈맞춤을 매우 잘하셨는데 거기에 의성어로 반응해 주는 것이 포함된다면 훨씬 더 훌륭할 것 같아요.

6. 치료자가 보완되었으면 하는 부분을 긍정적인 부분과 연결시키는 언어표현을 하여 부모가 모델링할 수 있도록 한다.

7. 영상에서 발견한 미흡한 부분과 새로운 기술을 치료자와 부모가 구체적으로 연습한다.

8. 처음으로 부모-자녀놀이 시간을 가진 것에 대한 부모들의 다양한 감정과 경험에 공감하고 질문을 다룬다.

4회

I. 부모-자녀놀이에 대한 소감 이야기하기

II. 유인물: '제한설정하기'

III. 지난주에 녹화한 부모-자녀놀이 영상 시청하기

IV. 영상 속 자녀 행동의 의미 또는 의도 이해하기

V. 영상에서 부모-자녀 상호작용 장면을 선택하고 치료자와 짝이 되어 역할놀이를 하면서 놀이기술 연습하기: 제한설정하기

VI. 과제: 자녀와 놀이하면서 느낀 강력한 감정 인식하기

VII. 부모-자녀놀이 녹화하기

세션 운영 유의사항

1. 제한설정은 자녀양육에서 훈육하기와 같은 것이다. 부모들의 어려움은 훈육할 때와 공감할 때를 잘 구분하지 못한다는 것에 있다. 두 번째 어려움은 제한설정하는 방법을 잘 모른다는 것이다. 따라서 제한을 설정해야 할 때와 묵인하거나 공감해야 할 몇 가지 경우에 대해 토의하는 것도 좋다. 다만 강조해야 할 것은 항상 구분이 가능한 것은 아니라는 점이다. 완벽주의를 내려놓게 하는 학습과정도 될 수 있다.

2. 제한설정이 자녀의 학습능력 향상과 또래관계 증진에 반드시, 그리고 왜 필요한지 설명한다.

3. 제한설정 방법을 치료자와 부모가 구체적으로 연습한다.

4. 제한설정을 할 때와 받을 때의 감정경험을 나눈다.

5회

Ⅰ. 자녀와 놀이하면서 부모가 느꼈던 강력한 한 가지 감정에 대해 이야기하기

Ⅱ. 유인물: '제한설정이 효과가 없을 때' 읽고 나누기

Ⅲ. 부모-자녀놀이 영상 시청하기

Ⅳ. 영상 속 자녀 행동의 의미 또는 의도 이해하기

Ⅴ. 영상에서 부모-자녀 상호작용 장면을 선택하고 치료자와 짝이 되어 역할놀이를 하면서 놀이기술 연습하기: '하라'/'하지 말라' 규칙, 공감적 의사소통, 제한설정하기 등

Ⅵ. 과제
(1) 신체접촉하기
(2) 부모-자녀놀이 계속하기
(3) 한 가지 선택 주기 연습하기

Ⅶ. 부모-자녀놀이 녹화하기

세션 운영 유의사항

1. 5세션쯤 되면 어느 정도 라포가 잘 형성된다. 잘 형성된 라포는 부모가 자신의 어려움과 심리적 문제에 대해 개방하게 한다. 제한설정이 잘 되는지 아니면 잘 되지만 모든 상황을 통제하고 완벽하게 하려는 성향 때문에 여전히 잘 안된다고 생각하는지 등을 인식하게 되며 그러한 역동이 어디서 온 것인지 다룰 수 있게 된다. 치료자는 매우 공감적으로 부모의 자기 개방을 다루고 문제적 관점이 아닌 극복하기 위해 노력하는 과정에서 생긴 것임을 공감적으로 알게 한다.

2. 그러나 부모 개인의 역동을 너무 긴 시간 동안 다루면 저항하거나 불편해하는 부모가 있을 수 있으므로 적절히 시간 배분과 탐색 깊이를 조절한다.

3. 반대로, 자녀보다는 부모 자신의 역동을 다루는 것에 몰입하는 부모가 있다. 이 경우에도 적절히 시간을 배분해야 하며, 부모의 이런 역동이 강할 경우 개인상담을 받을 수 있도록 안내하는 것도 지혜로운 일이다.

6회

I. 부모-자녀놀이 시간에 경험했던 제한설정하기에 대해 나누기

II. '제한설정이 효과가 없을 때' 유인물 검토하면서 경험 나누기

III. 부모 자신의 '완벽주의와 개인주의' 검토하기

IV. 부모-자녀놀이 영상 시청하기

V. 영상 속 자녀 행동의 의미 또는 의도 이해하기

VI. 영상에서 부모-자녀 상호작용 장면을 선택하고 치료자와 짝이 되어 역할놀이를 하면서 놀이기술 연습하기: '하라'/'하지 말라' 규칙, 공감적 의사소통, 제한설정하기 등

VII. 부모-자녀놀이 녹화하기

VIII. 과제
(1) 3주 동안 자녀에게서 주목되는 점을 노트해 오기(자녀의 긍정적인 성격 자질)
(2) 부모-자녀놀이 녹화하기, 자녀의 놀이 패턴에 주목하기

세션 운영 유의사항

1. 부모들이 부모-자녀놀이 시간에 느끼는 감정이나 공통적으로 부딪히는 문제들은 이 시간에만 보고하는 것은 아니다. 이것은 어느 세션에서나 부모가 얘기할 수 있는 것이지만 이 시간에는 확장해서 다룬다. 그리고 이전에 보고한 감정이나 문제들이 어떻게 변화했는지를 다루는 것도 매우 유익하다.

2. 부모가 느끼는 감정이나 공통으로 부딪히는 문제들 역시 부모의 역동과 관련 있기 때문에 부모의 역동을 다루는 작업을 계속한다. 물론 시간 배분을 적절히 한다.

7회

Ⅰ. 부모-자녀놀이에 대한 소감 나누기

Ⅱ. 부모-자녀놀이 영상 시청하기

Ⅲ. 자녀 행동의 의미 또는 의도 이해하기

Ⅳ. 영상에서 부모-자녀 상호작용 장면을 선택하고 치료자와 짝이 되어 역할
   놀이를 하면서 놀이기술 연습하기: '하라'/'하지 말라' 규칙, 공감적 의사소
   통, 제한설정하기 등

Ⅴ. 공통적으로 부딪히는 문제 다루기

세션 운영 유의사항

1. 강한 라포가 형성되었기 때문에 부모가 자신의 어려움과 문제를 더욱 개방하게 된다. 치료자는
   부모에게 공감적 태도와 반응으로 개방하는 내용들을 다루면서 동시에 부모-자녀놀이 기술 사
   용이 익숙해지도록 균형을 유지한다.

8회

Ⅰ. 부모-자녀놀이 소감 간단히 나누기

Ⅱ. 마지막 부모-자녀놀이 영상 시청하기

Ⅲ. 자녀 행동의 의미 또는 의도 이해하기

Ⅳ. 영상에서 부모-자녀 상호작용 장면을 선택하고 치료자와 짝이 되어 역할
놀이를 하면서 놀이기술 연습하기: '하라'/'하지 말라' 규칙, 공감적 의사소
통, 제한설정 하기 등

Ⅴ. 지금까지 중요했던 규칙이나 주의사항 복습하기

Ⅵ. 끝내기 과정: 그때와 지금
(1) 아동과 부모의 차이점, 변화 내용에 대해 나누기
(2) 긍정적 변화에 대해 얘기하고 격려하기

Ⅶ. 프로그램 종료 후에도 계속 부모-자녀놀이 하기

세션 운영 유의사항

1. 처음에 부모놀이치료 프로그램에 참여하게 만든 이유가 어느 틈에 사라졌다는 것을 깨닫는 부모들이 많아지므로 처음과 종료 시점의 상황을 비교하게 하면 부모 스스로 격려를 받는다.

2. 변화과정이 어떠했는지 상기시킴으로써 삶의 다른 시점, 그리고 다른 부분의 변화과정에 대해서도 인내할 수 있도록 한다. 이 프로그램이 종료된 후에도 가정에서 지속적으로 부모-자녀놀이를 하도록 격려한다.

부모-자녀놀이 준비

1. 놀이치료의 기본 원칙

(1) 아동은 놀이시간 동안 어떻게 놀이할 것인지에 대해 완전히 자유로워야 한다. 아동이 주도하고 부모는 제안이나 질문 없이 따라야 한다.

(2) 부모는 자녀를 공감하고, 자녀 행동의 의도, 자녀의 사고와 감정을 이해해야 한다.

(3) 언제나 아동이 경험하고 있는 것을 언어화해 줌으로써 자녀에게 이해를 전달한다.

(4) 자녀에게 제한설정을 할 때 부모는 분명하고 확고해야 한다.

2. 부모-자녀놀이 시간의 목적

(1) 부모에 대한 자녀의 감정, 태도, 행동을 변화시키도록 돕는 것

(2) 자녀가 (놀이를 통해) 자신의 생각, 욕구, 감정을 부모에게 전달하는 것

(3) 아동이 자기존중, 자기가치, 확신감을 갖는 것

3. 주의사항

놀이 시간과 기술을 자녀에게 기계적으로 적용하지 않고, 순수한 공감과 진실한 이해를 전달하려고 노력한다. 그렇지 않으면 효과가 없다.

4. 부모-자녀놀이에 사용할 놀잇감 목록

(1) 어린 아동

플레이도, 크레파스, 종이, 가위, 풀, 우유병(플라스틱), 칼 2개, 권총, 작은 가족인형, 장난감 군인(10~15개만), 작은 플라스틱 자동차, 가면, 인형집, 인형집 가구, 병원놀이 상자, 아기인형, 동물(맹수, 가축)인형, 공룡 등. 이 외에 기타 놀잇감을 추가할 수 있다.

(2) 큰 아동

큰 아동의 경우 어린 아동을 위한 놀잇감 외에 게임놀잇감 등을 추가할 수 있다.

5. 부모-자녀놀이 세션을 위한 시간과 장소

(1) 가정에서 하는 경우 아동의 주의를 분산시키지 않고 물건을 깨거나 지저분하게 해
도 상관없는 방으로 정한다. 다른 놀잇감이 이미 있는 아동의 방은 피한다. 상담센
터나 기관에서 하게 하는 것이 더 편리하고 효과적일 수 있다.

(2) 미리 시간을 규칙적으로 정한다. 이 시간은 전화나 다른 아동에 의해 방해받지 않
는 시간이어야 한다.

(3) 너무 넓은 곳은 주의가 산만해질 수 있으므로 카펫이나 놀이매트를 깔거나 의자 등
으로 공간을 정한다.

6. 과정

(1) 자녀에게 놀이를 하는 이유를 간단히 설명해 준다.

(2) 부모-자녀놀이를 시작하기 전에 화장실에 다녀오도록 한다(큰 아동의 경우는 예외).

(3) 다음과 같이 자녀에게 말해 준다. "우리는 이제 앞으로 30분 동안 특별한 놀이를 할
거야. 네가 평소에 하던 대로 놀잇감을 가지고 놀 수 있어."

(4) 이 시점부터 아동이 주도하게 한다.

(5) 자녀가 부모와 함께 놀기를 원한다면 자녀와 적극적으로 놀이한다. 다만 놀이를 주
도하지 않는다.

(6) 자녀의 행동과 감정을 말로 추적한다.

(7) 놀잇감의 이름을 먼저 부르지 않는다. "이것, 저것" 등으로 부른다.

(8) 놀이를 끝내기 5분 전에 미리 5분 남았음을 자녀에게 알려 준다.

(9) 정해진 시간을 초과해서는 안 된다. 아동이 더 하겠다고 아무리 고집해도 5분 이내
에 마치도록 한다(제한설정 방법 참조).

부모-자녀놀이의 기본 규칙

■ '하라' 규칙

1. 무대를 만들라.
2. 아동이 주도하게 하라.
3. 행동을 추적하라.
4. 아동의 감정을 공감하라(반영하라).
5. 제한을 설정하라.
6. 아동의 힘과 노력에 경의를 표하라.
7. 추종자로서 놀이에 합세하라.
8. 언어적으로는 적극적이어야 한다.

■ '하지 말라' 규칙

1. 어떤 행동도 비난하지 말라.
2. 칭찬하지 말라.
3. 주도적인 질문을 하지 말라.
4. 놀이를 방해하지 말라.
5. 어떤 것을 알려 주거나 가르치지 말라.
6. 설교하지 말라.
7. 새로운 행동을 시작하지 말라.
8. 수동적이거나 조용해서는 안 된다.

■ 부모 자신의 반응 확인하기

공감적 의사소통

■ 공감 반응의 특징

대부분의 성인이 하는 질문, 명령이 아니라 책임과 자유를 아동에게 전달하는 것으로서 아동의 능력을 믿어야 한다. 아동과 함께하는 치료자로서 성인의 태도를 통해 나타나야 하며, 이는 성인이 외국어를 배우는 것과 같다.

1. 민감한 이해

아동의 주관적 세계를 이해하려고 노력하는 성인은 거의 없다. 성인의 개인적 경험과 기대를 얼마나 버릴 수 있는가에 따라, 그리고 아동의 행동, 경험, 감정, 사고뿐 아니라 아동의 개별성을 얼마나 이해할 수 있는가에 따라 아동을 민감하게 이해할 수 있는 정도가 달라진다.

2. 돌봄적 수용

부모-자녀놀이 시간에는 아동의 관점에서 인내, 신뢰를 보내고, 조언, 설명, 제안, 질문을 하지 않는다. 수용은 모든 것을 허용하는 것이 아니다. 부적절함, 결핍, 행동에 상관없이 아동을 가치 있는 개인으로 여기는 것이 중요하다. 성인의 재촉, 비평, 평가, 판단, 불인정, 비난, 체벌, 처벌, 칭찬, 보상도 해서는 안 된다.

3. 구체적인 치료 반응

성인의 장황한 반응은 아동의 초점을 방해하며, 성인이 말하고 있는 것이 무엇인지 이해하는 데 에너지를 쏟게 만들며 표현의 방향을 바꿔 놓는 경향이 있다. 반응은 짧아야 하고 아동의 감정과 상호작용해야 한다.

4. 공감적 반응

일곱 살짜리 영철이가 첫 번째 놀이시간에 종이에다 '자동차'를 '자도차'라고 쓰고 "이게 맞아요?"라고 질문했다. 여러분이라면 어떻게 반응하겠는가?

• 반응의 예

(1) "이게 맞는 글자인지 궁금하구나."

(2) "글자를 맞게 썼는지 잘 모르겠구나."

(3) "맞게 썼는지 잘 몰라서 엄마가 알려 줬으면 하는구나. 그런데 엄마는 영철이가 '자
    동차'라고 쓸 수 있다는 것을 알고 있어."

(4) "맞게 썼는지 엄마가 알려 줬으면 하지만 놀이시간에는 맞게 쓸지 틀리게 쓸지 네
    가 정할 수 있어."

(5) "이 시간에는 네 마음대로 글자를 쓸 수 있어."

5. 아동에게 책임 돌려주기

(무엇인가를 가리키면서) 어떤 것을 가지고 놀아도 되는지 물었을 때 부모들은 생각하지
도 않고 "물론이지."라고 대답해 버리기도 한다. 첫 번째 놀이시간에 아동은 종종 무엇을
해야 하는지, 무엇을 가지고 놀아야 하는지, 어떻게 해결해야 하는가를 어른이 말해 주
기를 바란다. 모든 것을 어른이 가르쳐 주거나 지시하면 아동의 창의성, 자율성, 주도성
을 억제하고 아동의 표현을 구조화시키거나 성인이 책임을 떠맡는 것이다. 무엇을 가지
고 놀지, 어떻게 놀지, 놀잇감 이름을 무엇이라 부를지 등은 모두 아동이 정한다. 다만 아
동이 도움을 청할 때 구체적으로 무엇에 대해 어떤 도움이 필요한지 물어보고 도와주어
야 한다. "무엇을 도와줄까? 어떻게 해 줄까?"라고 반응한다.

공감적 의사소통

부모-자녀놀이 영상을 보면서 치료자와 놀이상호작용에서 예를 들어 연습할 수 있다.

1. 행동 읽어 주기

아동: (트럭 한 대를 가지고 바닥을 가로지르며 밀고 있다.) 붕―

어른: _____

아동: (트럭 위에 무엇인가를 싣는다.)

어른: _____

아동: (트럭을 한쪽에 두고 놀잇감 진열장 쪽으로 간다.)

어른: _____

아동: (일어나서 방 문 쪽을 본다.)

어른: _____

아동: (비행기를 가지고 와서 날아가는 시늉을 하더니 옆에 두고 공룡을 가져온다.)

어른: _____

아동: (아기 인형을 가져와 보여 준다).

어른: _____

2. 내용 공감하기

아동: 어, 누가 여기에 있었어요? (아동이 허리를 구부린 후 소꿉놀이 상자가 열려 있는 것을 보더니 손가락으로 가리킨다.)

어른: _____

아동: (상자 안을 보면서) 이거 누가 열었어요? ○○이가 열었어요?

어른: _____

아동: (문이 달려 있는 진열장 위쪽 부분을 가리키며) 저 안에 아까 뭐 넣었어요?

어른: _____

아동: (공룡과 악어를 부딪치면서) 으윽 지진이다~

어른: _____

아동: 밖에 나가서 다른 거 가져오면 안 돼요?

어른: _____

3. 감정 공감하기

아동: 학교(또는 유치원, 어린이집, 학원 등) 가기 싫어요. ○○가 내 거 빼앗아.

어른: _____

아동: 이사 가면 친구들 못 만나요?

어른: _____

아동: 아냐, 내가 그런 것 아니야.

어른: _____

아동: (공룡 두 마리를 힘껏 부딪치며) 넌 혼나야 해, 혼나야 해.

어른: _____

아동: 와아~ 이것도 있네요. 이거 어디서 샀어요?

어른: _____

아동: 정말 나만 가지고 놀아요?

어른: _____

4. 의사결정 촉진하기

아동: (놀이치료실에 들어와서는 치료실을 둘러본다.) 뭐하고 놀아요?

어른: _____

아동: (미술용품과 종이 한 장을 꺼낸다.) 이거 가지고 놀아도 돼요?

어른: _____

아동: (음식만들기 놀잇감을 가져다 놓고) 엄마 무슨 음식 좋아해요?

어른: _____

아동: 네…… 무슨 그림 그려요?

어른: _____

아동: (무지개를 열심히 그리기 시작한다.)

어른: _____

부모와 치료자를 위한 비지시적 놀이치료의 일곱 가지 기본 원리

1. 성인은 가능한 한 빨리 아동과 라포를 형성하여 따뜻하고 친밀한 관계를 형성한다.
2. 성인은 아동을 있는 그대로 수용한다.
3. 성인은 아동이 감정을 완전히 표현할 수 있는 허용적인 관계를 만든다.
4. 성인은 아동이 행동 또는 언어로 표현하는 감정을 인식하고 아동이 자신의 행동 의도를 알 수 있도록 감정을 공감해 준다.
5. 성인은 아동에게 기회가 주어지기만 하면 자신의 문제를 스스로 해결할 수 있는 능력이 있음을 깊이 존중한다. 선택하고 변화를 만들어 갈 책임은 아동에게 있다.
6. 성인은 어떠한 방식으로든 아동의 행동이나 대화를 지시하지 않는다. 아동이 주도하고 성인은 따른다.
7. 성인은 치료가 현실에 근거를 두며 관계에서 아동이 자신의 책임을 인식하도록 하기 위해 필요할 때만 제한을 설정한다.

출처: Axline (1959).

제한설정하기

1. 확고한 제한설정이란 무엇인가? 왜 필요한가?

A. 제한설정의 세 단계

(1) 감정 인식하기

"○○가 오늘도 또 놀고 싶구나." "거실에 가서 어제 가지고 놀던 거 가지고 와서 놀면 참 재밌을 거야." "그렇게 하면 정말로 기분이 좋을 것 같다." "엄마랑 노는 게 좋아서 아주 오래오래 놀고 싶구나." "엄마가 매일 매일 이렇게 놀아 주었으면 하는구나." "화가 나서 거실장을 발로 쾅쾅 차고 싶구나." 등

(2) 제한설정하기

"…… 하지만 오늘은 놀 수 없어. 왜냐하면 수요일이 놀이하는 날이기 때문이야." "하지만 답은 안 된다는 거야." "하지만 거실장은 발로 차는 것이 아니야." 등

(3) 대안 제공하기

"다음 주 수요일 2시에 또 놀 수 있어." 또는 "화가 나서 뭔가를 차고 싶다면 여기 있는 이 쿠션을 찰 수 있어." 등

아동이 수긍하지 않는다면 이 과정을 서너 번 반복해야 한다.

B. 이 과정을 서너 번 거친 후에도 아동이 수긍하지 않으면 토론하지 말라: "○○가 끝까지 하고 싶은 마음이 강하구나. 근데 엄마는 이미 그 질문에 대답했어."

C. 만약 여러분이 자녀의 질문에 대답할 준비가 되어 있지 않다면(누군가와 그것에 대해 더 이야기하고 싶다면, 더 많은 정보를 원한다면, 또는 그것에 대해 생각해 더 보고 싶다면)

(1) "엄마는 그 질문에 지금 당장 대답할 수 없어…… (왜냐하면……)."

(2) 아이가 짜증을 내기 시작한다: "만약 ○○가 지금 당장 대답을 듣고 싶다면 엄마 대답은 안 된다는 거야."

D. 만약 아이가 같은 질문을 다시 한다면 침착하라!

"나는 이미 그 질문에 대답했어." 그 외:

(1) "방금 전에 네가 그 질문을 했을 때 내가 대답해 준 거 기억나니?"(아이가 "아니, 기억 안 나."라고 대답한다) "조용한 곳에 가서 생각해 봐. 그러면 기억날 거야."

(2) "나는 이미 그 질문에 여러 번 대답했으니까 그만하면 됐어."

(3) 아이가 이해하지 못했다고 생각되면: "나는 이미 그 질문에 대답했어."

E. 만약 여러분이 대답을 결정하지 못했고 아이의 설득을 들을 준비가 됐다면: "엄마도 잘 모르겠다……. 앉아서 이야기해 보자."

2. 아동이 선택할 수 있는 능력에 상응하는 수용할 만한 선택지를 주어 아동이 선택하게 하라.

3. 제한설정 연습하기

(1) 아동이 가구에 물감을 칠하겠다고 한다.

1단계: _____

2단계: _____

3단계: _____

4단계: _____

(2) 아동이 플라스틱 공을 창문 쪽으로 세게 던지려 한다.

1단계: _____

2단계: _____

3단계: _____

4단계: _____

(3) 놀이시간이 끝났는데도 더 놀겠다고 한다.

1단계: _____

2단계: _____

3단계: _____

4단계: _____

(4) 아동과 칼싸움을 하는데 아동이 어른의 손을 친다.

1단계: _____

2단계: _____

3단계: _____

4단계: _____

'제한설정'이 효과가 없을 때

(1) 아동의 감정을 공감해 주었고

(2) 분명한 제한을 설정하였으며

(3) 아동이 자신의 감정을 표현할 수 있는 대안을 주기 위해 여러 번 노력했지만 아동은 고의적으로 불복종한다. 어떻게 할 것인가?

1. 반항하는 자연스러운 이유를 찾아본다: 피곤, 아픔, 배고픔, 극도의 스트레스, 학대/방임 등. 협조를 기대하기 전에 아동의 신체적 욕구와 위기를 돌보라.

2. 부모 자신과 아동을 존중하면서 통제해야 한다: 아동이 반항한다고 해서 실패한 것은 아니며, 아동이 나쁜 것도 아니다. 모든 아동은 반항을 '실천'한다.

3. 불복종에 따른 적절한 결과를 만들라: 아동이 복종할 것인가 불복종할 것인가를 선택하게 하라. 그러나 불복종에 따른 합리적인 결과를 만들라. 예: "네가 만일 잠자지 않고 TV 보기를 선택한다면, 내일은 하루 종일 TV를 볼 수 없어."

4. 폭력에 대해서는 참지 말라: 아동이 폭력적이 되면 부모 자신은 공격적이지 않으면서도 물리적으로는 못하게 하라. 아동의 분노, 불안 등을 공감하라. 동정적인 통제와 대안을 제시하라.

5. 아동이 선택하기를 거부한다면 당신이 선택하라: 선택하기를 거부하는 것도 선택이다. 결과를 만들라. 예: "네가 만일 (두 가지 중에서) 선택하지 않는다면, 너에게 가장 편리한 것을 내가 대신 선택하게 하도록 할 거야."

6. 결과를 집행하라: "총을 쏠 의도가 아니면 총을 들지 말라." 자녀의 화나 눈물에 마음이 무너진다면 부모로서 당신의 역할을 포기한 것이고 당신의 힘을 잃은 것이다. 터프해지라. 다시 해 보라.

7. 우울의 증상을 인식하라: 만성적으로 화를 내거나 반항적인 아동은 정서적인 문제가 있으므로 전문가의 도움이 필요하다. 자녀에 대한 염려를 함께 나누라: "철수야, 나는 네가 오랜 시간 동안 화나고 기뻐하지 않는 걸 알았어. 엄마는 너를 사랑한단다. 그리고 네가 걱정이 돼. 엄마가 너를 도와줄 수 있다면 우리 모두는 더 행복해질 거야."

'완벽주의와 개인주의'

유능감 콤플렉스가 있는 많은 부모는 부모놀이치료 프로그램에 참여하면서도 완벽하게 배워서 완벽하게 자녀에게 적용해야 한다는 강박감을 느낀다. 때문에 결코 만족을 느끼지 못하고 결과적으로 자녀와 함께 하는 시간을 누리지 못한다.

그러면서 동시에 부모 자신은 열심히 노력하고 있지만 따라와 주지 못하는 것으로 보이는 자녀에 대한 원망감을 느끼며 자신만 수고하고 있다는 개인주의적 생각을 동시에 갖는다. 이로 인해 다음과 같은 공통적으로 부딪히는 어려움을 겪는다.

공통적으로 부딪히는 문제들

1. 우리 아이는 제가 놀이시간에 이상하게 말한다고 합니다. 어떻게 해야 할까요?

2. 우리 아이는 한 가지 놀이를 꾸준히 하지 못하고 줄거리도 없이 이것저것을 마구 가지고 놀이합니다. 문제가 있는 것은 아닐까요?

3. 우리 아이는 너무 재미있어합니다. 너무 놀기만 하는 것은 아닐까요?

4. 저는 아이와 놀이시간이 지루하고 자꾸 시계를 보게 됩니다. 이게 무슨 효과가 있을까요? 이것을 왜 해야 하는지 모르겠습니다.

5. 우리 아이는 제 말에 아무 말도 하지 않습니다. 뭔가 잘못하고 있는 걸까요?

6. 부모-자녀놀이를 아이가 재미없어 하는 것 같습니다. 저는 열심히 노력하고 있는데…… 무엇인가 잘못하고 있는 것일까요?

7. 우리 아이는 질문을 많이 합니다. 어떻게 대답해야 할지 모르겠습니다. 학습적으로 도움이 되려면 답을 잘해 주어야 할 것 같은데…….

8. 배운 대로 하기가 어려워요. 이렇게 못할 바에는 안 하고 편안히 지내는 것이 차라리 낫지 않을까요?

9. 우리 아이는 게임만 하려고 하는데 저는 게임놀이가 재미없습니다. 꼭 아이가 좋아하는 놀이를 해야 하는 것일까요?

10. 우리 아이는 게임놀이를 할 때 규칙대로 하려고 하지 않습니다. 어떻게 해야 할까요?

11. 자꾸 아이에게 질문을 하게 됩니다. 왜 질문을 하면 안 되는 것일까요?

12. 우리 아이는 적극적으로 놀지 않습니다. 그만두어야 하나요?

13. 우리 아이는 정해진 시간보다 더 오래 놀고 싶어 합니다. 더 해야 할까요?

2. 집단 부모놀이치료

- **집단구성**: 부모놀이치료는 한부모 또는 양부모에게 치료자가 개별적으로 실시할 수 도 있고 집단으로 실시할 수도 있다. 집단을 모으기가 어려운 사설 상담센터의 경우에는 개별적으로 하는 것이 적절하며, 집단으로 한다면 8~10명 정도의 집단이 적합하다. 집단으로 실시할 경우에는 다른 부모들의 경험이나 공통적인 감정과 긍정적인 피드백을 받음으로써 참여효과가 상승되는 장점이 있다.

- **구조**: 교육과 집단상담의 방식을 통합적으로 사용하기 때문에 간단한 강의, 염려 나누기, 피드백, 놀이치료 시범 보이기, 연습하기 등의 방법을 사용하여 부모들이 놀이치료의 기본 기술을 습득할 수 있도록 돕는다. 한 집단 세션에 소요되는 시간은 대략 2시간 정도이고, 8~10주 정도 동안 주 1회 실시한다. 2회 정도의 훈련 세션이 지나면 부모들이 상담센터나 가정에서 특정한 자녀와 30분 정도의 놀이 세션을 주 1회 정도 실시하는 과제를 준다. 그 사이에 가정 세션을 하는 부모는 몇 가지의 놀잇감을 준비하게 하고 가정에서 놀이할 장소와 시간을 정하게 한다. 그다음 주에 부모들이 모여 함께 피드백을 주는 과정을 갖는다. 부모들은 녹화한 것을 가져오거나 특정 자녀와 직접 부모들의 관찰하에 놀이 세션을 갖기도 한다. 이 점에서 다른 접근과 구별된다고 할 수 있다. 부모–자녀놀이 세션을 함께 관찰한 후 다른 부모들과 함께 기술과 감정을 나누고, 치료자는 강화를 통해 동기를 격려하고 새로운 기술을 가르친다.

- **부모–자녀놀이 세션**: 상담센터 또는 가정에서 부모가 자녀와 놀이할 때에는 어떤 방해도 받지 않는 장소와 시간이어야 한다. 전화도 받지 말아야 하고, 방문객도 받지 말아야 한다. "○○와 이제부터 특별한 놀이를 할 거야."라고 알려 주고 미리 놀잇감을 펴 놓는다. 놀이시간이 끝나기 5분 전에 5분 남았다는 것을 미리 알려 주라고 안내한다. 이때 사용되는 놀잇감은 그 외의 시간에는 가지고 놀 수 없도록 한다.

- **워크북**: 부모놀이치료 프로그램 집단용 워크북을 부모들에게 제공하고 매 세션 가지고 올 수 있도록 안내한다. 워크북은 학습한 것을 간단히 메모하거나 연습을 기록할 수 있을 정도의 여유를 가지고 제작한다.

- **비밀보장**: 모든 상담 및 심리치료에 적용되는 비밀보장 원칙이 부모놀이치료에도 적용된다. 특히 집단이기 때문에 자신을 보호할 수 있을 정도의 적절한 개방을 할 수

있도록 안내하고 자신의 이야기 외에 다른 참가자의 이야기나 개인정보는 밖에 유
출하지 않도록 안내한다. 치료자에게는 비밀보장의 법적 · 직업적 · 윤리적 의무가
있음도 공지한다.

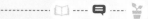

부모놀이치료 워크북(집단 프로그램용)

1회

Ⅰ. 이름표 달기, 두 명이 짝이 되어 자기소개하고 상대방이 발표하기

Ⅱ. 부모놀이치료 프로그램의 개요
(1) 놀이에 대해 나누기
(2) 부모 자신의 어린 시절 또는 그 이후의 놀이경험 나누기
(3) 아동 놀이의 의미
(4) '부모와 치료자를 위한 비지시적 놀이치료의 일곱 가지 기본 원리' 소개
(5) 놀이치료에서 따온 기술 소개: '하라'/'하지 말라' 규칙

Ⅲ. 집단 소개
전체 가족 소개, 특정 자녀에 대한 염려 소개하기

Ⅳ. 기본 일정 소개

Ⅴ. 부모-부모 또는 치료자-부모의 놀이를 통해 공감 및 경청 경험하기 & 느낌 나누기

Ⅵ. 비밀보장의 원칙 고지

Ⅶ. 과제
(1) 전에는 보지 못했던 자녀의 신체 특징 알아오기
(2) 한 주 동안 공감적 경청 한 가지씩 실천하기(네 가지 기본 감정에 대해)
(3) 놀잇감 준비하기
(4) 부모-자녀놀이 세션을 할 시간과 장소 정하기-다음 주에 발표하기

세션 운영 유의사항

1. 아이스 브레이킹을 위한 활동을 한 가지 정도 포함시키는 것이 집단 역동의 응집성을 위해 도움이 될 수 있다.

2. 가족 소개 및 특정 자녀에 대한 염려를 표현하는 시간이 너무 길어지지 않게 하고 전체 하소연으로 흐르지 않도록 치료자가 시간 배분을 주의해야 한다.

3. 부모−자녀놀이 영상 녹화에 대한 부담감을 가지지 않도록 친절하고 자세하게 안내한다.

4. 가정에서 녹화하는 것을 불편해하는 부모는 상담센터에서 녹화할 수 있도록 배려한다.

5. 자신의 부모−자녀놀이 영상을 보는 시간에 갑자기 사전 연락 없이 결석하는 경우를 대비해 세션 운영 내용을 준비해야 한다.

6. 사전에 집단 구성원 중 취약한 구성원이 있는지 치료자가 암묵적으로 스크리닝하고 취약한 구성원이 있다고 판단되면 그에 따라 주의 깊게 대처하는 것이 필요할 수 있다.

7. 공식적으로 스크리닝 검사를 하거나 자녀 상담과정에서 취약한 역동이 드러난 부모의 경우 집단에서 그에 따른 치료자의 대처가 필요할 수 있다.

8. 집단 구성원들 간에 경쟁심이 주요한 관계 감정이 되지 않도록 주의한다.

9. 치료자가 구성원과 소통할 때 적절한 시간 배분과 공감 반응을 모델링하도록 한다.

10. 네 가지 감정은 '희로애락'으로, 자녀에게 각 감정이 나타났을 때 공감적 의사소통을 다음 시간까지 1회씩 실천하고 올 수 있도록 안내한다.

　　예)

- '희(기쁨)': 가족 모두와 시간을 보내는 것을 자녀가 기뻐할 때
  − "가족과 함께 있으니 ○○이 기분이 좋구나."
- '로(화)': 자녀가 다른 형제에게 무엇인가를 빼앗겨 화가 났을 때
  − "○○이가 그것을 빼앗겨 화가 났구나."
- '애(슬픔)': 자녀가 소중히 아끼던 것을 잃어버려 슬퍼할 때
  − "○○이가 그걸 잃어버려서 너무 속상하고 슬프구나."
- '락(즐거움)': 자녀가 친구들과 놀 생각으로 즐거워할 때
  − "○○이가 친구들과 즐겁게 놀 생각에 기분이 좋구나."

2회

I. 과제복습
(1) 새롭게 알게 된 자녀의 신체 특징 소개하기
(2) 네 가지 기본 감정 실천 내용 나누기
(3) 부모-자녀놀이 세션 장소, 시간 확인하기

II. '부모-자녀놀이 준비' 검토하기

III. 놀이기술 연습: 공감하기

IV. 짝이 되어 역할놀이를 하면서 놀이기술 연습하기: 공감적 의사소통

V. 짝이 된 부모의 행동 의미 또는 의도 이해하기 연습

VI. 부모-자녀놀이 영상을 녹화할 부모 순서 정하기

VII. 과제
(1) '공감적 의사소통' 유인물 읽고 빈칸 채우기
(2) 부모-자녀놀이 녹화하기

세션 운영 유의사항

1. 2세션까지는 부모-자녀놀이 영상이 없기 때문에 샘플이 될 만한 영상 사례를 치료자가 준비해서 보여 준다.

2. 새롭게 알게 된 자녀의 신체 특징을 부모들이 소개할 때 발견한 것보다 발견하는 과정에서 느끼게 된 감정에 초점을 맞추어 운영한다. 많은 부모가 다 안다고 생각하지만 모르는 것이 있었다는 것을 알게 되거나 찾는 과정에서 자녀에 대한 애틋한 감정을 느꼈다고 보고하는 부모들이 많다. 이런 감정은 부모-자녀 애착을 돈독히 할 수 있는 기회이므로 부모들의 감정에 초점을 맞춘다. 의외로 덤덤한 부모들이 있을 수 있는데, 이때 잠시 부모의 '덤덤함'이 어디에서 연유했

는지 다루는 것도 도움이 될 수 있으나 개인적인 것이므로 너무 깊이는 다루지 않아야 한다. 다만 자신에게 그러한 특성이 있다는 것을 인지하게 하는 것이 중요하다.

3. 놀잇감을 모두 준비하는 '완벽주의'에 몰입되지 않도록 주의해야 한다. 또한 경제적으로 부담이 되지 않도록 해야 한다.

4. 공감적 의사소통 연습을 매우 구체적으로 해야 한다. 부모의 이해한다는 반응에 지나치게 고무되면 실패하기 쉽다. 이해한 것과 이해한 것을 실천하는 것은 매우 다르다. 치료자와 특정 부모, 부모와 부모가 세밀하게 연습할 수 있도록 구체적 예를 많이 제시한다. 이때 부모가 직접 자녀와 겪었던 장면을 소개하고 연습하는 것도 좋지만 지나치게 그쪽으로 기울면 당장 해결책을 원한다든지 기적적인 '솔루션'을 원하는 부모가 생기는 등 대응하기 어려운 상황들에 직면할 수 있기 때문에 적절히 균형을 맞춘다.

5. 치료자는 항상 경청하고 공감적 반응으로 돌려주어야 한다.

3회

I. 과제복습: '공감적 의사소통' 유인물 작성 확인

II. 지난주에 녹화한 부모-자녀놀이 영상 시청하기

III. 짝이 되어 역할놀이를 하면서 놀이기술 연습하기: '하라'/'하지 말라' 규칙,
   공감적 의사소통

IV. 짝이 된 부모의 행동 의미 또는 의도 이해하기 연습

V. 부모-자녀놀이 영상을 녹화할 다음 부모 정하기

세션 운영 유의사항

1. '하라' 규칙과 '하지 말라' 규칙은 다른 표현으로 이미 앞 세션들에서 설명했다. 여기서는 다시 요약해서 강조하는 것이다. 한 번만으로는 잘 실천하기 어렵다. 이 규칙들이 어떤 이유로 좋은 지를 부모들에게 다시 설명하고 연습한다.

2. 직접 치료자와 특정 부모가 이 규칙에 맞추어 놀이를 하고 부모가 어떤 경험을 했는지 나누는 것도 좋은 경험학습이다.

3. 또한 이 규칙이 아동중심 놀이치료 이론에서 나온 것임을 놀이치료의 일곱 가지 기본 원리를 설명하면서 다시 강조하고 연습한다.

4. 부모들에게 부모-자녀놀이가 특별한 시간이라는 것을 강조해야 한다. 글자를 마음대로 써도 되고 틀리게 써도 된다는 표현이 어떤 부모에게는 불편할 수 있기 때문이다. 학습시간과 관계형성을 위한 놀이시간은 다른 시간이며, 다르다는 것을 구분하는 연습은 자녀의 관계형성, 학습 등에 있어 매우 필요한 경계 설정이라는 점을 전문적으로 강조해 주어야 한다. 부모들은 겉으로 이런 것이 좋다는 것에 동의한다는 표현을 하지만 속으로는 여전히 학습이 중요하기 때문에 올바른 글자를 가르치는 것이 중요하다고 생각한다. 이런 생각이 강한 부모일수록 부모놀이치료 시간에 배운 규칙대로 부모-자녀놀이를 하지 않는다. 다른 말로 하면 통제적이거나 자기중심적인 부모들이므로 통제적 성향을 다루는 것이 필요하다.

5. 처음으로 부모-자녀놀이 영상을 시청했기 때문에 녹화해 온 부모를 격려하고 긍정적인 부분들을 찾아내어 강조하는 것이 필요하다.

6. 미흡한 부분은 미흡한 부분으로 접근하지 말고 바람직한 부분을 보완하는 부분이라는 관점에서 접근하면 매우 효과적이다. 예: "눈맞춤을 매우 잘하셨는데 거기에 의성어로 반응해 주는 것이 포함된다면 훨씬 더 훌륭할 것 같아요."

7. 다른 부모들이 영상 속 부모 행동에 대해 장점을 찾아 표현할 수 있도록 격려한다.

8. 치료자가 보완되었으면 하는 부분을 긍정적인 부분과 연결시키는 언어표현을 해서 다른 부모들이 모델링할 수 있도록 한다.

9. 영상에서 발견한 미흡한 부분과 새로운 기술을 치료자와 특정 부모, 부모와 부모가 구체적으로 연습한다.

10. 처음으로 부모-자녀놀이 시간을 가진 것에 대한 부모들의 다양한 감정과 경험에 공감하고 질문을 다룬다.

4회

I. 부모-자녀놀이에 대한 소감 나누기

II. 유인물: '제한설정하기' 검토하기

III. 지난주에 녹화한 부모-자녀놀이 영상 시청하기

IV. 자녀 행동의 의미 또는 의도 이해하기

V. 짝이 되어 역할놀이를 하면서 놀이기술 연습하기: 제한설정하기

VI. 부모-자녀놀이 영상을 녹화할 다음 부모 정하기

VII. 과제: 이번 주에 자녀와 놀이하면서 느낀 강력한 감정을 인식하기

세션 운영 유의사항

1. 제한설정은 부모-자녀 관계에서 훈육하기와 같은 것이다. 부모들의 어려움은 훈육할 때와 공감할 때를 잘 구분하지 못한다는 것이다. 두 번째 어려움은 제한설정하는 방법을 잘 모른다는 것이다. 따라서 제한을 설정해야 할 때와 묵인하거나 공감해야 할 몇 가지 경우에 대해 토의하는 것도 좋다. 다만 강조해야 할 것은 항상 구분이 가능한 것은 아니라는 점이다. 완벽주의를 내려놓게 하는 학습과정도 될 수 있다.

2. 제한설정이 자녀의 학습능력 향상과 또래관계 증진에 반드시 필요하다는 것과 필요한 이유를 설명한다.

3. 제한설정 방법을 치료자와 특정 부모, 부모와 부모가 구체적으로 연습한다.

4. 제한설정을 할 때와 받을 때의 감정경험을 나눈다.

5. 부모-자녀놀이 영상 시청 후에는 3회에서 사용했던 방법을 계속 사용한다. 즉, 긍정적인 점, 미흡한 점 보완, 경청, 공감, 미흡한 부분의 연습, 새로운 기술 연습의 순서로 이루어지게 한다.

5회

I. 자녀와 놀이하면서 부모가 느꼈던 강력한 한 가지 감정에 대해 이야기하기

II. 유인물: '제한설정이 효과가 없을 때' 읽고 나누기

III. 부모-자녀놀이 녹화영상 시청하기

IV. 자녀 행동의 의미 또는 의도 이해하기

V. 놀이기술 연습하기: '하라'/'하지 말라' 규칙, 공감적 의사소통, 제한설정하기 등

VI. 부모-자녀놀이 영상을 녹화할 다음 부모 정하기

• 과제
(1) 신체접촉하기
(2) 부모-자녀놀이 계속하기
(3) 한 가지 선택 주기 연습

세션 운영 유의사항

1. 5세션쯤 오면 치료자와 부모, 부모들 사이에 어느 정도 라포가 잘 형성된다. 잘 형성된 라포는 부모들이 자신의 어려움과 심리적 문제에 대해 개방하게 한다. 제한설정이 잘 되는지 아니면 잘 되지만 모든 상황을 통제하고 완벽하게 하려는 성향 때문에 여전히 잘 안된다고 생각하는지 등을 인식하게 되며, 이제 그러한 역동이 어디서 온 것인지 다룰 수 있게 된다. 치료자는 매우 공감적으로 부모들의 자기개방을 다루고 문제적 관점이 아닌 극복하기 위해 노력하는 과정에서 생긴 것임을 공감적으로 알게 한다.

2. 그러나 부모 개인의 역동을 너무 긴 시간 동안 다루면 저항하거나 불편해하는 부모가 있을 수 있으므로 적절히 시간 배분과 탐색 깊이를 조절한다.

3. 반대로, 자녀보다는 부모 자신의 역동을 다루는 것에 몰입하는 부모가 있다. 이 경우에도 적절히 시간을 배분해야 하며, 부모의 이런 역동이 강할 경우 개인상담을 받을 수 있도록 개인적으로 안내하는 것도 지혜로운 일이다.

6회

I. 부모-자녀놀이에서 경험한 제한설정 경험에 대해 나누기

II. 유인물: 부모 자신의 '완벽주의와 개인주의' 검토하기

III. '제한설정이 효과가 없을 때' 유인물 검토하면서 대비하기

IV. 부모-자녀놀이 녹화영상 시청하기

V. 자녀 행동의 의미 또는 의도 이해하기

VI. 짝이 되어 역할놀이를 하면서 놀이기술 연습하기: '하라'/'하지 말라' 규칙,
　　공감적 의사소통, 제한설정하기

VII. 부모-자녀놀이 영상을 녹화할 다음 부모 정하기

VIII. 과제
(1) 3주 동안 자녀에게서 주목되는 점을 노트해 오기(자녀의 긍정적인 성격 자질)
(2) 부모-자녀놀이 계속하기, 자녀의 놀이 패턴에 주목하기

세션 운영 유의사항

1. 부모들이 부모-자녀놀이 시간에 느끼는 감정이나 공통적으로 부딪히는 문제들은 이 시간에만 보고하는 것은 아니다. 어느 세션이든 부모들이 얘기할 수 있는 것이지만 이 시간에는 확장해서 다룬다. 그리고 이전에 보고한 감정이나 문제들이 어떻게 변화했는지를 다루는 것도 매우 유익하다.

2. 부모들이 느끼는 감정이나 공통으로 부딪히는 문제들 역시 부모의 역동과 관련 있기 때문에 부모의 역동을 다루는 작업을 계속한다. 물론 시간 배분을 적절히 한다.

7회

Ⅰ. 자녀의 놀이 패턴에 대해 이야기하기

Ⅱ. '공통적으로 부딪히는 문제' 다루기

Ⅲ. 부모-자녀놀이 녹화영상 시청하기

Ⅳ. 자녀 행동의 의미 또는 의도 이해하기

Ⅴ. 짝이 되어 역할놀이를 하면서 놀이기술 연습하기: '하라'/'하지 말라' 규칙,
   공감적 의사소통, 제한설정하기

Ⅵ. 부모-자녀놀이 영상을 녹화할 다음 부모 정하기

Ⅶ. 과제: 계속 부모-자녀놀이하기

세션 운영 유의사항

1. 이 프로그램이 종료된 후에도 가정에서 지속적으로 부모-자녀놀이를 하도록 격려한다.
2. 강한 라포가 형성되었기 때문에 부모들이 자신의 어려움과 문제를 더욱 개방하게 되므로 공감
   적 태도와 반응으로 개방하는 내용들을 다루면서 동시에 부모-자녀놀이 기술 사용이 익숙해지
   도록 균형을 유지한다.

8회

I. 부모-자녀놀이 소감 간단히 나누기

II. 마지막 부모-자녀놀이 영상 시청하기

III. 자녀 행동의 의미 또는 의도 이해하기

IV. 짝이 되어 역할놀이를 하면서 놀이기술 연습하기: '하라'/'하지 말라' 규칙, 공감적 의사소통, 제한설정하기

V. 지금까지 중요했던 놀이기술이나 주의사항 복습하기

VI. 끝내기 과정: 그때와 지금
(1) 아동과 부모의 차이점, 변화내용에 대해 나누기
(2) 긍정적 변화에 대해 서로 얘기하고 격려하기

VII. 프로그램 종료 후에도 계속 부모-자녀놀이 시간 갖기

세션 운영 유의사항

1. 처음에 부모놀이치료 프로그램에 참여하게 만든 이유가 어느 틈에 사라졌다는 것을 깨닫는 부모들이 많으므로 처음과 종료 시점의 상황을 비교하게 하면 부모 스스로 격려를 받는다.

2. 변화과정이 어떠했는지 상기시킴으로써 삶의 다른 시점, 그리고 다른 부분의 변화과정에 대해서도 인내할 수 있도록 한다.

3. 집단에 따라서는 프로그램 종료 후에도 자조모임을 만들고 싶어 하며, 이것은 적극적으로 지지받아야 할 부분이다.

4. 이후에 부모 개별 상담으로 이어지는 경우가 종종 있다. 개별 부모상담 과정에서 부모놀이치료 프로그램 참여 경험은 매우 강력한 효과를 발휘한다.

5. 물론 부모가 개별 상담을 받은 후 부모놀이치료 프로그램에 참여한 경우도 있으며, 이런 경우에는 프로그램 중에 관계 유형의 변화로 인해 치료자가 조심해야 하는 부분도 있지만 성공적으로 이루어진다면 상담의 효과를 강화할 수 있다.

워크북 유인물

부모-자녀놀이 준비

1. 놀이치료의 기본 원칙

(1) 아동은 놀이시간 동안 어떻게 놀이할 것인지에 대해 완전히 자유로워야 한다. 아동이 주도하고 부모는 제안이나 질문 없이 따라야 한다.

(2) 부모는 자녀를 공감하고, 자녀 행동의 의도, 자녀의 사고와 감정을 이해해야 한다.

(3) 언제나 아동이 경험하고 있는 것을 언어화해 줌으로써 자녀에게 이해를 전달하는 것이다.

(4) 자녀에게 제한설정을 할 때 부모는 분명하고 확고해야 한다.

2. 부모-자녀놀이 시간의 목적

(1) 부모에 대한 자녀의 감정, 태도, 행동을 변화시키도록 돕는 것

(2) 자녀가 (놀이를 통해) 자신의 생각, 욕구, 감정을 부모에게 전달하는 것

(3) 아동이 자기존중, 자기가치, 확신감을 갖도록 돕는 것

3. 주의사항

놀이 시간과 기술들을 자녀에게 기계적으로 적용하지 않고, 순수한 공감과 진실한 이해를 전달하려고 노력한다. 그렇지 않으면 효과가 없다.

4. 부모-자녀놀이 세션에 사용할 놀잇감 목록

(1) 어린 아동

플레이도, 크레파스, 종이, 가위, 풀, 우유병(플라스틱), 칼 2개, 권총, 작은 가족인형, 장난감 군인(10~15개만), 작은 플라스틱 자동차, 가면, 인형집, 인형집 가구, 병원놀이상자, 아기인형, 동물(맹수, 가축)인형, 공룡 등. 이 외에 기타 놀잇감을 추가할 수 있다.

(2) 큰 아동

큰 아동의 경우 어린 아동을 위한 놀잇감 외에 게임놀잇감 등을 추가할 수 있다.

5. 부모-자녀놀이 세션을 위한 시간과 장소

(1) 가정에서 하는 경우 아동의 주의를 분산시키지 않고 물건을 깨거나 지저분하게 해도 상관없는 방으로 정한다. 다른 놀잇감이 이미 있는 아동의 방은 피한다. 상담센터나 기관에서 하게 하는 것이 더 편리하고 효과적일 수 있다.

(2) 미리 시간을 규칙적으로 정한다. 이 시간은 전화나 다른 아동에 의해 방해받지 않는 시간이어야 한다.

(3) 너무 넓은 곳은 주의가 산만해질 수 있으므로 카펫이나 놀이매트를 깔거나 의자 등으로 공간을 정한다.

6. 과정

(1) 자녀에게 놀이를 하는 이유를 간단히 설명해 준다.

(2) 부모-자녀놀이를 시작하기 전에 화장실에 다녀오도록 한다(큰 아동의 경우는 예외).

(3) 다음과 같이 자녀에게 말해 준다. "우리는 이제 앞으로 30분 동안 특별한 놀이를 할 거야. 네가 평소에 하던 대로 놀잇감을 가지고 놀 수 있어."

(4) 이 시점부터 아동이 주도하게 한다.

(5) 자녀가 부모와 함께 놀기를 원한다면 자녀와 적극적으로 놀이한다. 다만 놀이를 주도하지 않는다.

(6) 자녀의 행동과 감정을 말로 추적한다.

(7) 놀잇감의 이름을 먼저 부르지 않는다. "이것, 저것" 등으로 부른다.

(8) 놀이를 끝내기 5분 전에 미리 5분 남았음을 자녀에게 알려 준다.

(9) 정해진 시간을 초과해서는 안 된다. 아동이 더하겠다고 아무리 고집해도 5분 이내에 마치도록 한다(제한설정 방법 참조).

부모-자녀놀이의 기본 규칙

■ '하라' 규칙

1. 무대를 만들라.
2. 아동이 주도하게 하라.
3. 행동을 추적하라.
4. 아동의 감정을 공감하라(반영하라).
5. 제한을 설정하라.
6. 아동의 힘과 노력에 경의를 표하라.
7. 추종자로서 놀이에 합세하라.
8. 언어적으로는 적극적이어야 한다.

■ '하지 말라' 규칙

1. 어떤 행동도 비난하지 말라.
2. 칭찬하지 말라.
3. 주도적인 질문을 하지 말라.
4. 놀이를 방해하지 말라.
5. 어떤 것을 알려 주거나 가르치지 말라.
6. 설교하지 말라.
7. 새로운 행동을 시작하지 말라.
8. 수동적이거나 조용해서는 안 된다.

■ 부모 자신의 반응 확인하기

공감적 의사소통

■ 공감 반응의 특징

대부분의 성인이 하는 질문, 명령이 아니라 책임과 자유를 아동에게 전달하는 것으로 서 아동의 능력을 믿어야 한다. 아동과 함께하는 치료자로서 성인의 태도를 통해 나타나 야 하며, 이는 성인이 외국어를 배우는 것과 같다.

1. 민감한 이해

아동의 주관적 세계를 이해하려고 노력하는 성인은 거의 없다. 성인의 개인적 경험과 기대를 얼마나 버릴 수 있는가에 따라, 그리고 아동의 행동, 경험, 감정, 사고뿐 아니라 아동의 개별성을 얼마나 이해할 수 있는가에 따라 아동을 민감하게 이해할 수 있는 정도 가 달라진다.

2. 돌봄적 수용

부모-자녀놀이 시간에는 아동의 관점에서 인내, 신뢰를 보내고, 조언, 설명, 제안, 질 문을 하지 않는다. 수용은 모든 것을 허용하는 것이 아니다. 부적절함, 결핍, 행동에 상 관없이 아동을 가치 있는 개인으로 여기는 것이 중요하다. 성인의 재촉, 비평, 평가, 판 단, 불인정, 비난, 체벌, 처벌, 칭찬, 보상도 해서는 안 된다.

3. 구체적인 치료 반응

성인의 장황한 반응은 아동의 초점을 방해하며, 성인이 말하고 있는 것이 무엇인지 이 해하는 데 에너지를 쏟게 만들며 표현의 방향을 바꿔 놓는 경향이 있다. 반응은 짧아야 하고 아동의 감정과 상호작용해야 한다.

4. 공감적 반응

일곱 살짜리 영철이가 첫 번째 놀이시간에 종이에다 '자동차'를 '자도차'라고 쓰고 "이 게 맞아요?"라고 질문했다. 여러분이라면 어떻게 반응하겠는가?

• 반응의 예

(1) "이게 맞는 글자인지 궁금하구나."

(2) "글자를 맞게 썼는지 잘 모르겠구나."

(3) "맞게 썼는지 잘 몰라서 엄마가 알려 줬으면 하는구나. 그런데 엄마는 영철이가 '자
   동차'라고 쓸 수 있다는 것을 알고 있어."

(4) "맞게 썼는지 엄마가 알려 줬으면 하지만 놀이시간에는 맞게 쓸지 틀리게 쓸지 네
   가 결정할 수 있어."

(5) "이 시간에는 네 마음대로 글자를 쓸 수 있어."

5. 아동에게 책임 돌려주기

(무엇인가를 가리키면서) 어떤 것을 가지고 놀아도 되는지 물었을 때 부모들은 생각하지
도 않고 "물론이지."라고 대답해 버리기도 한다. 첫 번째 놀이시간에 아동은 종종 무엇을
해야 하는지, 무엇을 가지고 놀아야 하는지, 어떻게 해결해야 하는가를 어른이 말해 주
기를 바란다. 모든 것을 어른이 가르쳐 주거나 지시하는 아동의 창의성, 자율성, 주도성
을 억제하고 아동의 표현을 구조화시키거나 성인이 책임을 떠맡는 것이다. 무엇을 가지
고 놀지, 어떻게 놀지, 놀잇감 이름을 무엇이라 부를지 등은 모두 아동이 정한다. 다만 아
동이 도움을 청할 때 구체적으로 무엇에 대해 어떤 도움이 필요한지 물어보고 도와주어
야 한다. "무엇을 도와줄까? 어떻게 해 줄까?"라고 반응한다.

공감적 의사소통 연습

부모-자녀놀이 영상을 보면서 치료자와 또는 부모들끼리의 놀이상호작용에서 예를 들어 연습할 수 있다.

1. 행동 읽어 주기

아동: (트럭 한 대를 가지고 바닥을 가로지르며 밀고 있다.) 붕—

어른: _____

아동: (트럭 위에 무엇인가를 싣는다.)

어른: _____

아동: (트럭을 한쪽에 두고 놀잇감 진열장 쪽으로 간다.)

어른: _____

아동: (일어나서 방 문 쪽을 본다.)

어른: _____

아동: (비행기를 가지고 와서 날아가는 시늉을 하더니 옆에 두고 공룡을 가져온다.)

어른: _____

아동: (아기 인형을 가져와 보여 준다).

어른: _____

2. 내용 공감하기

아동: 어, 누가 여기에 있었어요? (아동이 허리를 구부린 후 소꿉놀이 상자가 열려 있는 것을 보더니 손가락으로 가리킨다.)

어른: _____

아동: (상자 안을 보면서) 이거 누가 열었어요? ○○이가 열었어요?

어른: _____

아동: (문이 달려 있는 진열장 위쪽 부분을 가리키며) 저 안에 아까 뭐 넣었어요?

어른: _____

아동: (공룡과 악어를 부딪치면서) 으윽 지진이다~

어른: _____

아동: 밖에 나가서 다른 거 가져오면 안 돼요?

어른: _____

3. 감정 공감하기

아동: 학교(또는 유치원, 어린이집, 학원 등) 가기 싫어요. ○○가 내 거 빼앗아.

어른: ＿＿＿＿＿＿＿＿＿＿＿＿＿＿＿＿＿＿＿＿＿＿＿＿＿＿＿

아동: 이사 가면 친구들 못 만나요?

어른: ＿＿＿＿＿＿＿＿＿＿＿＿＿＿＿＿＿＿＿＿＿＿＿＿＿＿＿

아동: 아냐, 내가 그런 것 아니야.

어른: ＿＿＿＿＿＿＿＿＿＿＿＿＿＿＿＿＿＿＿＿＿＿＿＿＿＿＿

아동: (공룡 두 마리를 힘껏 부딪치며) 넌 혼나야 해, 혼나야 해.

어른: ＿＿＿＿＿＿＿＿＿＿＿＿＿＿＿＿＿＿＿＿＿＿＿＿＿＿＿

아동: 와아, 이것도 있네요. 이거 어디서 샀어요?

어른: ＿＿＿＿＿＿＿＿＿＿＿＿＿＿＿＿＿＿＿＿＿＿＿＿＿＿＿

아동: 정말 나만 가지고 놀아요?

어른: ＿＿＿＿＿＿＿＿＿＿＿＿＿＿＿＿＿＿＿＿＿＿＿＿＿＿＿

4. 의사결정 촉진하기

아동: (놀이치료실에 들어와서는 치료실을 둘러본다.) 뭐하고 놀아요?

어른: _____

아동: (미술용품과 종이 한 장을 꺼낸다.) 이거 가지고 놀아도 돼요?

어른: _____

아동: (음식만들기 놀잇감을 가져다 놓고) 엄마 무슨 음식 좋아해요?

어른: _____

아동: 네…… 무슨 그림 그려요?

어른: _____

아동: (무지개를 열심히 그리기 시작한다.)

어른: _____

부모와 치료자를 위한 비지시적 놀이치료의 일곱 가지 기본 원리

1. 성인은 가능한 한 빨리 아동과 라포를 형성하여 따뜻하고 친밀한 관계를 형성한다.
2. 성인은 아동을 있는 그대로 수용한다.
3. 성인은 아동이 감정을 완전히 표현할 수 있는 허용적인 관계를 만든다.
4. 성인은 아동이 행동 또는 언어로 표현하는 감정을 인식하고 아동이 자신의 행동 의도를 알 수 있도록 감정을 공감해 준다.
5. 성인은 아동에게 기회가 주어지기만 하면 자신의 문제를 스스로 해결할 수 있는 능력이 있음을 깊이 존중한다. 선택하고 변화를 만들어 갈 책임은 아동에게 있다.
6. 성인은 어떠한 방식으로든 아동의 행동이나 대화를 지시하지 않는다. 아동이 주도하고 성인은 따른다.
7. 성인은 치료가 현실에 근거를 두며 관계에서 아동이 자신의 책임을 인식하도록 하기 위해 필요할 때만 제한을 설정한다.

출처: Axline (1959).

제한설정하기

1. 확고한 제한설정이란 무엇인가? 왜 필요한가?

A. 제한설정의 세 단계

(1) 감정 인식하기

"○○가 오늘도 또 놀고 싶구나." "거실에 가서 어제 가지고 놀던 거 가지고 와서 놀면 참 재밌을 거야." "그렇게 하면 정말로 기분이 좋을 것 같다." "엄마랑 노는 게 좋아서 아주 오래오래 놀고 싶구나." "엄마가 매일 매일 이렇게 놀아 주었으면 하는구나." "화가 나서 거실장을 발로 쾅쾅 차고 싶구나." 등

(2) 제한설정하기

"…… 하지만 오늘은 놀 수 없어. 왜냐하면 수요일이 놀이하는 날이기 때문이야." "하지만 답은 안 된다는 거야." "하지만 거실장은 발로 차는 것이 아니야." 등

(3) 대안 제공하기

"다음 주 수요일 2시에 또 놀 수 있어." 또는 "화가 나서 뭔가를 차고 싶다면 여기 있는 이 쿠션을 찰 수 있어." 등

아동이 수긍하지 않는다면 이 과정을 서너 번 반복해야 한다.

B. 이 과정을 서너 번 거친 후에도 아동이 수긍하지 않으면 토론하지 말라: "○○가 끝까지 하고 싶은 마음이 강하구나. 근데 엄마는 이미 그 질문에 대답했어."

C. 만약 여러분이 자녀의 질문에 대답할 준비가 되어 있지 않다면(누군가와 그것에 대해 더 이야기하고 싶다면, 더 많은 정보를 원한다면, 또는 그것에 대해 생각해 더 보고 싶다면)

(1) "엄마는 그 질문에 지금 당장 대답할 수 없어…… (왜냐하면……)."

(2) 아이가 짜증을 내기 시작한다: "만약 ○○가 지금 당장 대답을 듣고 싶다면 엄마 대답은 안 된다는 거야."

D. 만약 아이가 같은 질문을 다시 한다면 침착하라!

"나는 이미 그 질문에 대답했어." 그 외:

(1) "방금 전에 네가 그 질문을 했을 때 내가 대답해 준 거 기억나니?"(아이가 "아니, 기억 안 나."라고 대답한다) "조용한 곳에 가서 생각해 봐. 그러면 기억날 거야."

(2) "나는 이미 그 질문에 여러 번 대답했으니까 그만하면 됐어."

(3) 아이가 이해하지 못했다고 생각되면: "나는 이미 그 질문에 대답했어."

E. 만약 여러분이 대답을 결정하지 못했고 아이의 설득을 들을 준비가 됐다면: "엄마도 잘 모르겠다……. 앉아서 이야기해 보자."

2. 아동이 선택할 수 있는 능력에 상응하는 수용할 만한 선택지를 주어 아동이 선택하게 하라.

3. 제한설정 연습하기

(1) 아동이 가구에 물감을 칠하겠다고 한다.

1단계: _____

2단계: _____

3단계: _____

4단계: _____

(2) 아동이 플라스틱 공을 창문 쪽으로 세게 던지려 한다.

1단계: _____

2단계: _____

3단계: _____

4단계: _____

(3) 놀이시간이 끝났는데도 더 놀겠다고 한다.

1단계: _____

2단계: _____

3단계: _____

4단계: _____

(4) 아동과 칼싸움을 하는데 아동이 어른의 손을 친다.

1단계: _____

2단계: _____

3단계: _____

4단계: _____

'제한설정'이 효과가 없을 때

(1) 아동의 감정을 공감해 주었고

(2) 분명한 제한을 설정하였으며

(3) 아동이 자신의 감정을 표현할 수 있는 대안을 주기 위해 여러 번 노력했지만 아동 은 고의적으로 불복종한다. 어떻게 할 것인가?

1. 반항하는 자연스러운 이유를 찾아본다: 피곤, 아픔, 배고픔, 극도의 스트레스, 학 대/방임 등. 협조를 기대하기 전에 아동의 신체적 욕구와 위기를 돌보라.

2. 부모 자신과 아동을 존중하면서 통제해야 한다: 아동이 반항한다고 해서 실패한 것 은 아니며, 아동이 나쁜 것도 아니다. 모든 아동은 반항을 '실천'한다.

3. 불복종에 따른 적절한 결과를 만들라: 아동이 복종할 것인가 불복종할 것인가를 선 택하게 하라. 그러나 불복종에 따른 합리적인 결과를 만들라. 예: "네가 만일 잠자 지 않고 TV 보기를 선택한다면, 내일은 하루 종일 TV를 볼 수 없어."

4. 폭력에 대해서는 참지 말라: 아동이 폭력적이 되면 부모 자신은 공격적이지 않으면 서도 물리적으로는 못하게 하라. 아동의 분노, 불안 등을 공감하라. 동정적인 통제 와 대안을 제시하라.

5. 아동이 선택하기를 거부한다면 당신이 선택하라: 선택하기를 거부하는 것도 선택 이다. 결과를 만들라. 예: "네가 만일 (두 가지 중에서) 선택하지 않는다면, 너에게 가 장 편리한 것을 내가 대신 선택하게 하도록 할 거야."

6. 결과를 집행하라: "총을 쏠 의도가 아니면 총을 들지 말라." 자녀의 화나 눈물에 마 음이 무너진다면 부모로서 당신의 역할을 포기한 것이고 당신의 힘을 잃은 것이다. 터프해지라. 다시 해 보라.

7. 우울의 증상을 인식하라: 만성적으로 화를 내거나 반항적인 아동은 정서적인 문제 가 있으므로 전문가의 도움이 필요하다. 자녀에 대한 염려를 함께 나누라: "철수야, 나는 네가 오랜 시간 동안 화나고 기뻐하지 않는 걸 알았어. 엄마는 너를 사랑한단 다. 그리고 네가 걱정이 돼. 엄마가 너를 도와줄 수 있다면 우리 모두는 더 행복해질 거야."

'완벽주의와 개인주의'

유능감 콤플렉스가 있는 많은 부모는 부모놀이치료 프로그램에 참여하면서도 완벽하게 배워서 완벽하게 자녀에게 적용해야 한다는 강박감을 느낀다. 때문에 결코 만족을 느끼지 못하고 결과적으로 자녀와 함께 하는 시간을 누리지 못한다.

그러면서 동시에 부모 자신은 열심히 노력하고 있지만 따라와 주지 못하는 것으로 보이는 자녀에 대한 원망감을 느끼며 자신만 수고하고 있다는 개인주의적 생각을 동시에 갖는다. 이로 인해 다음과 같은 공통적으로 부딪히는 어려움을 겪는다.

공통적으로 부딪히는 문제들

1. 우리 아이는 제가 놀이시간에 이상하게 말한다고 합니다. 어떻게 해야 할까요?

2. 우리 아이는 한 가지 놀이를 꾸준히 하지 못하고 줄거리도 없이 이것저것을 마구 가지고 놀이합니다. 문제가 있는 것은 아닐까요?

3. 우리 아이는 너무 재미있어합니다. 너무 놀기만 하는 것은 아닐까요?

4. 저는 아이와 놀이시간이 지루하고 자꾸 시계를 보게 됩니다. 이게 무슨 효과가 있을까요? 이것을 왜 해야 하는지 모르겠습니다.

5. 우리 아이는 제 말에 아무 말도 하지 않습니다. 뭔가 잘못하고 있는 걸까요?

6. 부모−자녀놀이를 아이가 재미없어 하는 것 같습니다. 저는 열심히 노력하고 있는데…… 무엇인가 잘못하고 있는 것일까요?

7. 우리 아이는 질문을 많이 합니다. 어떻게 대답해야 할지 모르겠습니다. 학습적으로 도움이 되려면 답을 잘해 주어야 할 것 같은데…….

8. 배운 대로 하기가 어려워요. 이렇게 못할 바에는 안 하고 편안히 지내는 것이 차라리 낫지 않을까요?

9. 우리 아이는 게임만 하려고 하는데 저는 게임놀이가 재미없습니다. 꼭 아이가 좋아하는 놀이를 해야 하는 것일까요?

10. 우리 아이는 게임놀이를 할 때 규칙대로 하려고 하지 않습니다. 어떻게 해야 할까요?

11. 자꾸 아이에게 질문을 하게 됩니다. 왜 질문을 하면 안 되는 것일까요?

12. 우리 아이는 적극적으로 놀지 않습니다. 그만두어야 하나요?

13. 우리 아이는 정해진 시간보다 더 오래 놀고 싶어 합니다. 더 해야 할까요?

제**3**부

부모놀이치료 사례

1. 어른으로서 자녀와 관계를 맺지 못하는 키덜트(Kidult) 어머니를 위한 부모놀이치료 사례

1. 서론

부모는 아이의 거울이라는 말이 있다. 부모가 경험했던 삶과 현재의 삶을 이해하는 방식은 자녀에게 비춰져 삶에 강력한 영향을 준다. 한 몸이었던 어머니와 자녀 관계는 태어남과 동시에 신체적 분리를 겪는 특별하고 신비로운 경험을 하게 된다. 이후에도 한동안 정신적으로는 하나인 것처럼 행동하며 어머니와 자녀는 서로 밀접한 영향을 주고받는다. Allan Schore(2022a)는 임신 마지막 3개월에서 출생 후 2년까지의 시기에 영아와 양육자의 정서적 관계가 조율되고, 붕괴와 회복(rupture and repair)을 거치면서 인생에 대한 기본적인 틀을 형성한다고 했다. 이처럼 생애 초기 어머니로부터 제공받은 정서와 감각적 경험은 자녀의 일생에 영향을 미치게 되고, 어머니와 자녀 간에 만들어진 역동은 아동의 또래관계에 영향을 준다.

이러한 까닭으로 아동 치료자는 어머니의 생애 초기 경험에도 관심을 갖는다. 어머니
가 그의 부모와 어떤 관계를 경험했고, 그 경험을 어떻게 이해하며, 지금의 삶을 살아가
는지를 보고자 하는 것이다. 이 관계 특성에 따른 정서는 자녀와의 관계에서도 이어진
다. 어머니가 그의 부모로부터 따뜻한 눈길, 부드러운 신체접촉과 다양한 감정의 수용을
경험했다면 타인과 조율하는 것에 편안함과 안정감을 느낀다. 정서적 안정감을 경험한
어머니는 자녀와의 관계에서도 어려움을 잘 회복하며 다시 자녀와 조율되는 것에 큰 어
려움이 없다. 이러한 긍정적 상호작용에서 자녀는 타인과 조율하며 관계 맺는 법을 습득
하게 된다. 그러나 어머니가 자신의 부모와의 관계에서 부모의 차갑고 무관심한 표정을
자주 봤거나 다양한 감정의 수용을 경험하지 못하고 방임당했다면 어머니의 정서는 무
가치감, 슬픔, 외로움, 소외감, 혹은 분노로 가득 차게 된다. 일관되고 안정된 관계경험의
부재는 타인과 적절하게 관계를 맺고 조율하는 것에 어려움을 겪게 하며, 자녀와의 관계
에서도 붕괴와 회복(rupture and repair) 과정을 어렵게 한다.

이렇듯 생애 초기 부모와 자녀와의 긍정적인 관계는 절대적으로 필요한 것이다. 자녀
는 자신의 욕구에 대한 어머니의 일관성 있고 전체적인 헌신을 경험해야만 심리적으로
발달할 수 있다(Edinger, 1971/2016). 이후 자녀는 성장 발달하기 위해 필연적으로 부모와
의 관계에서 소외되는 경험을 시작한다. 이 과정은 자아가 자기와의 무의식적 동일성으
로부터 성장하고 분리하는 방법이며, 어머니와의 분리와 독립의 반복적인 과정을 통해
이루어진다(Edinger, 1971/2016).

분리와 독립 과정에서 부모와의 부정적인 상호작용으로 인해 이 과정이 손상을 입
는다면 자녀는 von Franz가 말하는 '푸에르 에테르너스(pure aeternus)', 즉 영원한 소년
에 갇히게 될 수 있다. 영원한 소년은 삶에서 자신의 문제를 스스로 해결하기보다 성장
을 거부하고 삶의 책임을 회피하는 정신의 측면을 지칭한다. 어떤 부모들은 어린 자녀
와의 문제에서 자신의 '영원한 소년'을 만나게 되고, 자녀를 통해 다시 분리와 독립이라
는 문제에 직면하게 된다. 이러한 직면은 고통스럽다. 그러나 신은 고통을 주는 것과 동
시에 고통을 견디는 법과 고통이 지나가는 법도 창조했기에 직면은 피할 수 없다(장미경,
2024). 부모는 자신의 문제를 스스로 해결하고 삶을 책임질 뿐만 아니라 자녀의 문제와
삶을 책임지고 건강하게 분리·독립시켜야 할 존재이다. 이에 부모는 어른으로서 자녀
와 관계를 맺으며 살아가야 한다.

삶을 성숙한 태도로 바라보고 책임지는 독립된 인격체로 자녀를 성장시키기 위해서는
Erickson이 말하는 출생 후 1~2년까지 부모와의 관계에서 기본적인 신뢰감을 형성해야

하며 1~3세까지 자율성을 획득해야 한다. 기본적 신뢰는 건강한 분리와 자율을 위한 기초가 된다. 이 시기에 양육자는 자녀를 수용하고 자율성을 격려하면서도 적절한 제한설정, 즉 훈육을 해야 한다. 또한 부모는 자녀가 이러한 발달단계를 안정적으로 획득할 수 있도록 부모 자신이 자녀에게 미치는 영향을 이해해야 한다. 이를 통해 부모는 자신과 자녀의 삶을 함께 바라보는 동시에 자신과 자녀를 분리하여 바라볼 수 있는 눈을 가질 수 있게 된다.

부모놀이치료는 자녀와의 상호작용에서 일어나는 역동을 세심하게 살펴봄으로써 치료자는 어머니의 어려움을 이해하면서도 어머니가 자녀를 수용하고 훈육하며 적절한 분리를 성취할 수 있도록 도움을 줄 수 있다.

본 사례는 어른이 되어서도 피규어를 좋아하고 모으는 것에 많은 리비도를 쏟아붓는 키덜트(Kidult) 어머니의 사례이다. 키덜트(Kidult)는 Kid(어린이)와 Adult(성인)의 합성어로 사전적 의미로는 어른이 되었음에도 여전히 아이들의 물건이나 문화를 즐기려는 사람을 말한다. 어머니는 어린 시절 자신의 부모와 정서적이고 긍정적인 상호작용의 경험이 충분하지 않았으며, 피규어, 즉 놀잇감을 중간대상물로 여기고 있었다. 이 어머니에게 피규어는 어른이 되어서도 여전히 아이의 세계에 머무르고 싶은 어머니의 마음을 나타내는 상징이다. 어머니는 자녀가 놀이치료를 받게 되면서 자신이 어른으로서 자녀에게 존재해 주지 못했다는 것을 알게 되었다. 어른으로서 자녀를 독립적 존재로 인식하고 정서를 공감하며 적절하게 반응하는 구체적인 방법을 배우기 위해 부모놀이치료에 참여했다.

2. 사례 개요

어머니는 자녀가 24개월 때 영유아검진에서 또래보다 언어가 늦으니 상담센터에 가 보는 것이 좋겠다는 권유를 받았다. 첫 상담에서 아동은 또래보다 작고 왜소한 체격에 눈을 잘 마주치지 않았고 다른 사람과 인사도 하지 않았다. 언어도 또래에 비해 5~6개월 정도 늦고 말보다 행동으로 원하는 것을 표현했다. 그러다 과하게 떼를 쓸 때는 부모의 제한을 받아들이거나 잘 달래지지 않았다.

놀이치료실에서는 바닥에 누워 자동차, 기차를 움직이며 바퀴를 관찰하는 놀이를 주로 했다. 치료자는 아동의 행동을 관찰하고 아동의 세계에서 이야기를 시작했다. 아동의 행동을 말로 표현하고 놀이 상황마다 아동이 느낄 법한 감정들을 찾아서 이야기했다. 아동은 점차 치료자와 눈을 마주치고 치료자의 억양이나 말을 따라 했다. 때로는 치료자를 자신의 놀이에 초대하기도 했다. 놀이치료를 시작한 지 1년이 지난 후 아동은 문장으로 말하고 다양한 감정을 표현했다. 그리고 장난감이 아닌 또래, 부모와 같은 사람들과의 상호작용에 관심을 가지며 함께 놀이하는 것을 좋아하게 됐다. 그러자 어머니는 자녀가 언어로 소통이 되고 훈육이 어느 정도 가능해졌다고 생각하여 놀이치료 종결을 원했다. 어머니는 부모상담 중에 자신에게도 정서적인 어려움이 있다는 것을 알게 되었지만 자녀의 어려움만을 해결하길 원했다. 어머니는 우울했고 활력이 저하되어 있었다. 어머니에게 개인상담을 권유했으나, 어머니는 이전보다 우울하지 않고 아이와 소통이 잘 된다고 생각해서 놀이치료를 종결했다.

　놀이치료가 끝나고 1년 후 어머니는 다시 상담센터를 찾아왔다. 부모 자신의 문제가 완화되지 않은 상태에서 자녀의 문제라고만 생각했기 때문에 과거와 유사한 어려움이 반복된 것이었다. 어머니는 자녀를 훈육하는 것에 여전히 어려움을 느꼈는데, 아이가 떼를 부릴 때마다 화가 나고 감정을 조절하기 어려웠다. 자녀가 다른 아이들보다 신체 발달이 조금씩 늦어서 더욱 세심하게 돌보고 에너지를 쏟았는데, 그런 노력에도 불구하고 아동은 어머니의 양육을 잘 받아들이지 않았고 원하는 대로 했다. 이러한 반응은 아이다운 것인데 어머니는 자신이 잘 양육하지 못해 그런가 생각하며 자책하기도 하고, 유별난 아이 탓이라고 여기며 미워하기도 했다.

　어머니는 성장과정에서 자신의 감정을 이해받고 개인의 특별함을 존중받았던 경험이 부족했기 때문에 자녀를 있는 그대로 이해하기 어려웠다. 그러다가 아이에게 화를 내고 나면 죄책감이 들어 과보호를 했다. 때로는 독박육아의 갑갑함과 어려움을 호소하며 정작 자녀와는 함께하지 못했다. 어머니는 아동을 과보호했다가 정서적으로 단절하는 방임적인 양육을 반복했다. 이러한 양육을 경험하면서 아동은 어머니와 안정적으로 애착을 맺기 어려웠고 부모와 자신에 대한 신뢰감도 갖기 어려웠다. 이로 인해 훈육이 필요한 상황에서도 아동은 부모의 이야기를 따르지 않았고, 자신의 주장을 고집하고 떼를 쓰는 방식은 더 강해졌다. 어머니는 아이가 이대로 초등학교에 가면 더 힘이 들 것 같다고 생각되어, 아이와 긍정적으로 관계를 맺고 잘 지내는 방법을 알고 싶다고 했다.

　어머니는 결혼하고 2년간 아이가 생기지 않아 시댁과 갈등이 컸다. 시부모는 손주를 너무 원해서 한약을 지어 주기도 했는데 어머니는 그러한 관심이 지나치다고 생각했고 불편했다. 그런 와중에 시아버지는 술을 마시면 전화로 자주 폭언을 했다. 어머니는 화가 났지만, 그 앞에서는 아무 말도 하지 못하는 난감한 상황이 반복됐다. 이런 시아버지의 폭언에서 남편은 자신을 보호해 주기는커녕 아무런 반응을 보이지 않았다. 어머니는 남편에게 배신감을 크게 느꼈고 이후로도 서운한 감정이 지속되었다. 그 후 어렵게 임신했는데 입덧도 심하고 임신성 당뇨와 임신 중독증이 의심되는 상황이라 스트레스가 더 커졌다.

　어머니는 제왕절개로 주수보다 아동을 일찍 출산했는데 혈류 공급이 제대로 되지 않았고 2.4kg으로 작게 태어났다. 영아기 때는 잘 달래지지 않았고 까다로운 편이었다. 말은 12개월부터 시작했고 언어 발달이 또래보다 5~6개월 정도 늦었다. 어머니는 아기에게 미디어를 자주 보여 주었고 아기를 혼자 둘 때가 많았다. 아동에게 정서적이고 언어적인 자극이 부족했는데, 미디어에서 나오는 사람들의 이야기는 아동에게 와닿지 않았다. 아동에게 따듯한 시선과 관심이 필요한 시기였는데 어머니는 무기력하고 지쳐 있을 때가 많았다. 게다가 남편의 직장 발령으로 인해 연고가 없는 지역으로 이사를 하게 되어 양가 부모님과 멀리 떨어져 살게 되었다. 아동은 몸이 약한 편이라 잔병치레가 잦았는데 그럴 때마다 어머니는 혼자서 감당할 수 없을 것 같은 두려움이 느껴져 불안감은 더 커졌다. 어머니는 아이를 빨리 가지라고 한 시부모가 원망스러웠고, 이런 원망감을 남편에게 표현할 때마다 부부싸움을 하게 됐다. 어머니는 마음을 알아 달라고 이야기한 것인데 남편도 감정을 억압하는 편이라 어머니가 감정을 호소할 때 남편은 어떻게 해야 하는지 몰랐다. 그럼에도 불구하고 어머니는 남편에게 기대고 의지하고 싶은 마음이 컸다. 남편은 집에 오면 아이를 돌보고 집안일을 하려고 애를 썼지만 3교대로 근무를 했기 때문에 항상 지쳐 있었다. 이런 상황 속에서 어머니는 소외감과 우울감을 느꼈고, 그에 대한 분노와 원망은 아동에게 향하기도 했다. 어머니는 감정조절이 어려워져 화를 내고 소리를 지르는 횟수가 많아졌다. 어머니는 주로 아동이 더러운 것을 만지지 않는지, 집안을 더럽히거나 실수하지는 않는지 신경을 썼다. 아이다운 행동을 통제하려다 보니 훈육이 되지 않는다고 생각했고 더욱 지쳐갔다. 아동은 어머니와의 관계에서 신뢰감을 획득하지 못했고 자율성을 제한받았으며 아이다움을 존중받지 못했다. 아동은 건강한 발달을 위해 자신을 표현해야만 했는데 그 행동은 어머니에게 떼를 부리는 일로 나타났다. 어머니는 이러한 아동의 행동 이면의 마음을 알아채지 못했다. 오히려 "내가 더 힘들어! 내 마음을 알아줘!" 하고 말하는 것 같았다.

3. 부모 성격 역동

　　조부는 아버지가 어렸을 때부터 술을 마시고 폭언을 했다. 아버지는 어린 시절 조부와 무언가를 함께 했던 기억이 없었고 거리감을 느꼈다. 아버지는 성장하면서 조부의 폭언에 강하게 대응했는데, 이후로 조부가 아버지에게 폭언하는 것은 줄어들었다. 조모는 다른 사람에게 맞춰 주는 편이고 조부의 폭언에도 참고 넘길 때가 많았다. 아버지는 부모에게 받은 영향으로 인해 사람들과의 관계에서 과도하게 대응하거나 과도하게 억압했다. 결혼 후에 조부가 술을 마시고 아내에게 폭언을 하자 당황스러움을 느꼈고, 조부와 아내 사이에서 어떻게 해야 할지 몰라 눈치를 많이 봤다. 아내가 조부로 인한 어려움과 화를 자신에게 표현하자 회피하게 되었다. 아버지는 이 상황을 해결할 수 없다는 생각에 무력감을 느꼈고, 이런 역동은 자녀와의 관계에서도 반복되었다. 아버지는 아동에게 많은 것을 허용하다가 아동이 반복해서 떼를 부리거나 자신이 참고 있다는 것을 알지 못한다는 생각이 들면 폭발하듯 화를 냈다. 아버지는 자신의 정서를 이해하지 못했고 아내와 아동의 정서에도 공감하지 못했다.

　　어머니는 밝은 컬러의 캐주얼한 옷을 자주 입었다. 어머니는 어릴 때부터 지금까지 피규어를 모으는 것과 만화를 보는 것이 취미였다. 어머니는 어린 시절에 부모님이 바빠서 혼자 있을 때가 많았다. 제일 기억에 남는 것은 초등학교 5학년 때 이사를 했는데, 친구들과 헤어지기 싫어서 다니던 학교까지 버스를 타고 다닌 일이었다. 버스가 잘 오지 않아 걸어가야 할 때도 있었는데 지금 생각해 보면 찻길로 다녀 위험했고 나이도 어렸는데 부모님이 신경 쓰지 않았다는 것이 슬프게 느껴졌다. 어머니는 부모님이 바빴기 때문에 어려움이 있어도 이야기를 하기가 어려웠다. 어머니는 심리적으로 부모가 부재한 상태로 성장했다. 결혼 후에는 남편에게 의지하고 싶었지만 시아버지가 자신에게 폭언할 때 남편이 자신을 보호해 주지 않는다고 느껴져 화가 났고 부부간에 갈등도 깊어졌다(그러나 무기력한 남편이 그 상황에서 무엇을 할 수 있었을까?). 자녀와도 좋은 관계를 맺지 못한다고 생각한 어머니는 자신의 존재가 무가치하고 무기력하게 느껴져 우울했다.

　　이런 어머니의 겉모습은 어른이자 자녀를 낳아 키우는 부모이지만 정서적인 면에서는 어린아이와 같았다. 자신의 자녀를 포함한 주변 사람들이 어머니를 아이처럼 보호하고 받아들여 주길 원했다. 그리고 아이는 어른과 다르다는 것을 인식하지 못하여 아이가 성장과정에서 떼를 쓰는 것이 정상적인 반응이라는 것을 알기 어려웠다.

4. 개입과정과 진척 상황

이 사례는 아동의 놀이치료와 부모놀이치료를 병행했다. 2주간 부모놀이치료 훈련의 기본 원칙과 규칙을 교육한 다음 매주 부모-자녀놀이 영상을 녹화하고 영상을 함께 보며 어머니와 피드백을 주고받는 세션을 4세션 진행하여 총 6세션을 진행했으며, 여기서는 첫 2세션을 제외한 4세션을 기술했다. 부모-자녀놀이 영상 녹화는 상담센터에서 이루어졌다.

1세션

부모-자녀놀이 영상에서 어머니는 아동에게 오늘부터 30분간 특별한 놀이를 할 것이며 놀이시간이 끝나기 5분 전에 알려 줄 것이라고 했다. 아동은 어머니의 이야기에 반응하지 않고 무언가 찾는 듯이 여기저기 돌아다니다가 모래놀이를 시작했다. 어머니는 "뭐 찾는 중인가보다."라고 말하며 아이를 따라다녔다. 부모놀이치료 시간에 어머니는, 말로는 아이 스스로 하라고 했지만 마음속으로는 기다리지 못했다면서 아이가 모래놀이할 때 모래를 흘릴까 봐 걱정이 됐다고 했다. 어머니는 평상시 불안하고 걱정되는 마음에 아이를 자주 통제하고 제한하다가 자유롭게 놀이하도록 내버려 두려니 어색하고 불편한 마음이 들었다고 했다. 치료자는 어머니가 불안하고 불편한 마음인데도 아동을 기다려 주려고 애쓰고 있는 것을 격려했다. 부모-자녀놀이 방식이 어머니에게 익숙하지 않기 때문에 더 어렵게 느낄 수 있다고 말하며 어머니의 어려움을 공감하고자 했다. 그리고 어머니가 아동을 계속 따라다니기보다는 놀잇감이 잘 보이는 한쪽에 앉아 아동을 지켜보도록 했다. 이런 방식은 아동이 자신의 세계를 안정감 있게 탐색하는 데 도움이 된다는 것을 알려 주었다.

아동은 컵에 모래를 담고 색을 섞어 레인보우 주스를 만들겠다고 했다. 크레파스로 모래에 색을 입히려고 했으나 반복적으로 "안 돼요."라고 말했고, 어머니는 "그래? 그럼 어떻게 하면 좋을까?" "네가 하고 싶은 대로 할 수 있어!"라고 말했다. 아동은 크레파스로 계속 시도하다가 안 된다는 것을 깨닫고는 물감으로 바꿔서 모래에 색을 입혔다. 부모놀이치료 시간에 어머니는 아이의 평소 반응과는 달랐다면서, 평소에는 아이가 원하는 대로 되지 않으면 어머니가 즉각 해결해 주길 바랐다고 했다. 그럴 때 어머니는 바로 도와

주려고 하거나 어머니도 잘 못하는 것이면 당황스러워져 못 해 준다고 냉정하게 거절했다. 이러한 거절 반응에 아동은 더 감정적으로 표현했고, 어머니는 참지 못하고 화를 냈다. 사실 아동이 스스로 할 수 있다는 것을 믿으며 시행착오를 견디는 것은 어머니의 인내와 믿음으로부터 시작된다. 어머니가 기다려 줬을 때 아동은 새로운 방법을 찾고 자신의 성취감을 느끼며 성장할 수 있기 때문에 어머니는 인내와 믿음으로 자녀를 대하는 방법을 배워야 했다.

놀이 후반부에 어머니는 서툴지만 자녀의 감정을 읽어 줬다. 아동이 밖에서 나는 소리에 깜짝 놀라자 "무서웠어? 엄마가 옆에 있잖아." 하고 마음을 읽어 주고 안심시켜 주었다. 아동은 어머니에게 잠시 안겨 있다가 다시 모래로 레인보우 주스를 만들었다. 주스를 다 만들자 어머니는 "우와~ 끝까지 해냈구나." 하며 함께 기뻐했다. 부모놀이치료 시간에서 치료자는 어머니가 감정을 읽어 주고 아동이 끝까지 해낸 것을 격려해 준 것에 대해 정말 잘하셨다고 격려했다. 어머니는 평상시 자기 모습과 자녀와의 놀이시간의 모습이 다르다며 아이가 어떻게 생각할지 모르겠다고 했다. 치료자는 어머니가 많이 노력하고 있고 아동도 '특별한 놀이시간'이라는 것을 알고 있기 때문에 괜찮다고 격려했다. 그리고 어머니가 아동에게도 자신이 어떻게 보일지 걱정하고 있는데 치료자에게도 영상을 공유하고 이야기를 나누는 것이 부담되고 평가받는 느낌이 들 수도 있겠다고 말했다. 이에 대해 어머니는 말하기 전에 많이 생각하게 되고 긴장이 된다고 했다. 치료자는 어머니에게 부모-자녀놀이 영상을 녹화하는 것은 어머니를 평가하려는 것이 아니라고 설명했다. 이런 과정을 통해 아동과 어머니가 더 편안하게 정서적 소통을 하며 함께 있는 방법을 배우려는 것이고, 부모-자녀놀이를 계속하다 보면 익숙하게 느껴질 것이라고 지지했다.

이를 종합해 보면, 처음 부모-자녀놀이를 할 때 어머니는 아동이 모래를 흘릴까 봐 걱정을 했지만 놀이가 진행되면서 부모놀이치료의 원칙대로 아동의 놀이에 개입하지 않으려 하고 아동이 주도할 수 있게 했다. 자녀의 행동을 언어로 표현하고 자녀가 하고자 하는 것을 끝까지 기다려 주며 성공했을 때는 노력을 격려했다. 이를 통해 아동은 자신의 마음을 공감받고 어머니의 지지에 자신감을 느끼며 스스로 문제를 해결했다. 긍정적 상호작용을 통해 어머니는 양육효능감을 경험하고 아동은 성취감을 느낄 수 있었다. 어머니는 평가에 대한 부담과 긴장되는 감정을 이야기했기 때문에 어머니를 충분히 공감하고 지지하는 것은 중요한 치료적 요소가 되었다.

〈공감적 의사소통 연습하기 예〉

감정 공감하기
〈밖에서 나는 소리에 깜짝 놀란다.〉 어머니: 무서운 마음이 들었나 보다~ 엄마가 옆에 있잖아~ 아　동: (어머니에게 안긴다.) 어머니: (아동을 토닥거린다.)
의사결정 촉진하기
〈모래에 크레파스로 색을 입히고 싶은데 원하는 대로 되지 않자 어머니에게 안 된다고 이야기를 한다.〉 아　동: (반복적으로) 안 돼요~ 어머니: (평소 어머니는 빠르게 도움을 주었지만 기다린다.) 그래? 그럼 어떻게 하면 좋을까? 　　　　(아동이 스스로 할 수 있도록 유예하며 기다린다.) 네가 하고 싶은 대로 할 수 있어. 　　　　(아동이 원하는 방법을 찾을 수 있도록 격려한다.) 아　동: (아동이 물감으로 바꿔 모래에 색을 입힌다. 다 만든 후에 모래를 컵에 담아 어머니에게 보여 준다.) 어머니: 우와~ 끝까지 해냈구나. 아　동: (어머니와 눈을 맞추며 웃는다.)

2세션

부모-자녀놀이 영상에서 아동은 어머니에게 분리수거통 놀잇감의 문이 열리지 않는다고 했다. 어머니는 바로 개입하지 않고 "어떻게 하는 거지~" 하고 기다렸다. 아동은 "안 돼!!" 하며 짜증을 냈다. 어머니가 "안 되니까 짜증이 났구나~" 하고 감정을 읽어 주자 마음이 누그러지며 "엄마가 해 주세요~"라고 어리광 부리듯이 이야기했다. 어머니가 함께 해 보자고 하니 아동은 그래도 안 된다고 했고, 어머니는 잠시 생각한 뒤에 문을 열어 줬다. 부모놀이치료 시간에 어머니는 아이가 짜증을 낼 때, 평소 같았으면 어머니도 짜증이 났을 것이라고 했다. 마음을 알아주는 것만으로도 아이의 감정이 조절되는 것이 신기하다고 말했다. 치료자는 "어머니가 아이의 감정을 잘 읽어 주고 차분하게 반응하셨네요~ 그런 어머니의 반응에 아이의 짜증도 금방 누그러졌어요. 그리고 평소에는 한 번 안 된다고 하면 끝까지 안 된다고 하는데(어머니가 부모상담시간에 이야기한 내용) 지금은 아이를 잘 관찰해서 아이가 정말 도움이 필요하다고 생각될 때 도와준 것 같아요. 엄마와 아이가 잘 조율됐네요~" 하고 어머니를 격려했다.

그리고 다시 녹화한 영상을 봤다. 아동은 모래를 작은 병에 담았는데 모래가 조금밖에 들어가지 않았다. 아동이 "싫어."라고 말하자 어머니가 "왜 싫어?"라고 물었다. 아동은 "그냥 싫어. 머리 아파."라고 했고, 어머니는 잠시 침묵하다가 "아~ 모래가 안 들어가서 힘들었구나."라고 말했다. 아동은 그렇다고 대답했다. 부모놀이치료 시간에 어머니는 자신이 평소 힘든 상황에서 혼잣말처럼 싫다, 머리 아프다는 말을 한 적이 있는데, 아이가 그런 이야기를 해서 놀랐다고 했다. 어머니는 무심코 한 이야기라도 자녀가 어머니를 관찰하며 따라 한다는 것을 알게 됐다.

아동이 컵에 모래를 담고 다시 큰 계량컵에 모래를 옮겨 담았다. 어머니는 "컵에 모래를 담았구나~ 다른 데 다시 모래를 담았네!"라고 아동의 행동을 언어로 표현했다. 아이는 어머니에게 200ml까지 채웠다며 보여 주자, 어머니는 "우와~ 여기까지 담았구나." 하며 감탄했다. 부모놀이치료 시간에 치료자는 "우와~" "아하!" "이야~" 등의 감탄사는 직관적으로 감정을 반영하고 공감할 수 있는 좋은 방법이니 어머니도 아동과 놀이할 때 지금처럼 감탄사를 적절하게 사용하면 좋겠다고 했다. 그리고 아동이 놀이치료 시간에 무언가를 발견하면 "아하!" 하고 종종 말하는데, 평소 치료자가 사용하는 말을 관찰하고 아동도 따라서 해 보는 것 같다는 것을 알려 주었다. 아동이 어머니뿐만 아니라 다른 사람을 잘 관찰하고 모방하는데, 이것도 아동의 장점이 될 수 있다고 했다. 어머니는 치료자의 이야기를 듣고 평소에는 이것을 아동의 장점이라고 생각하지 못했다고 했다. 영상에서 아동은 어머니가 감탄하며 하는 말에 바로 반응을 보이지는 않았지만, 이후 냄비에 음식과 모래를 담으며 "맛있게 할 거야."라고 했다. 어머니에게 격려를 받은 아동은 자신감 있는 표정으로 모래와 음식을 섞었다. 그리고 어머니에게 리뷰를 부어 달라고 했고 숟가락에 받아 정확하게 계량하며 요리를 만들었다.

어머니는 1세션에서 아동이 모래놀이할 때 바닥에 흘리기도 하고 손에 묻는 것이 걱정됐다고 했는데, 이번 놀이에서는 아동의 놀이를 편안하게 따라가며 공감적인 반응을 했다. 평소에 어머니는 아동의 행동이 조절되지 않는다고 생각하여 미리 짐작하고 제한하는 일이 많았다고 한다. 그런데 아동이 원하는 대로 따라가 보니 생각보다 편안한 마음이 들었다고 했다. 아동은 어머니가 놀이실에서 자신을 새롭고 긍정적인 태도로 바라봐 주며 지지한다는 것을 알고 있는 것 같았다. 아동은 어머니의 격려를 받고 상호작용 놀이를 했다. 아동의 표정에서 자신감이 느껴지고 어머니와 아동의 상호작용이 리듬감 있게 흘러갔다. 아동이 어머니와 함께 새로운 음식을 만드는 것은 아동 내면에 새로운 모성성의 탄생을 의미할 수 있다. 음식과 모래, 물은 여성적인 것을 상징하며(장미경, 2024), 이러한 놀이를 통해 아동은 내적 · 외적 세계에서 모성의 수용적이고 지지적인 이미지를 경험한다.

아동은 영상이 녹화되고 있다는 것을 알고 있었는데, 바닥에 모래와 리뉴가 흐르자 "선생님, 미안해요! 엉망이 됐어요."라고 말했다. 그리고 밖에서 소리가 나자, 행동을 멈추고 문 쪽을 쳐다봤다. 부모놀이치료 시간에 어머니는 처음에는 왜 그러는지 알 수 없었는데 아이가 문 쪽을 바라볼 때 선생님이 올까 봐 걱정한다는 생각이 들었다고 했다. 첫 번째 부모-자녀놀이가 끝나고 나갈 때 놀이실을 정리하는 선생님이 임신한 상태여서 아동이 놀이했던 놀이치료실을 정리하러 가는 표정이 좋지 않았다고 했다. 그런 기억을 떠올리며 어머니는 아이에게 "괜찮아~ 우리 시간이 많이 남았어. 아직 선생님은 오지 않아." 하고 안심을 시켜 줬다. 부모놀이치료 시간에 어머니는 평소 아이가 자신이 하고 싶은 대로만 하고 다른 사람의 불편함이나 어려움에 대해서는 관심이 없는 게 아닐까 생각했었다고 했다. 그런데 이 순간 아이가 다른 사람의 마음과 자신의 욕구를 이해하고 있었다는 생각이 들어서 아이에게 미안한 마음이 든다고 했다.

아동은 어머니의 이야기에 안심한 듯 두 손을 적극적으로 활용하여 모래와 리뉴, 풀과 셰이빙폼을 섞었다. 양손으로 비비고 주무르고 충분히 놀이한 후에 어머니에게 손을 닦아 달라고 했다. 어머니도 아동이 손을 닦아 달라고 할 때까지 기다리고 아동의 놀이를 지켜봤다. 아동은 슬라임 만드는 것을 번번이 실패했는데 이번에는 슬라임을 만들었다. 어머니는 웃으며 "슬라임이 떨어지지 않는 것이 신기하네."라고 말하자 아동도 따라서 웃으며 "신기해요."라고 대답했다. "와~ 네가 만들었구나." 하고 감탄하니 아동도 "슈퍼맨 같아요." 하며 기뻐했다. 부모놀이치료 시간에 어머니는 놀이치료실이 지저분해질까 봐 걱정이 조금은 되었지만, 아이가 좋아하니 같이 기분이 좋았다고 했다. 평소에 아이가 집에서 슬라임을 하고 싶어 해도 되도록 다른 것을 하도록 유도했는데, 아이가 실패하면 어머니에게 떼를 쓰고, 어머니는 감당이 안 된다고 생각이 들면 화를 내게 되니까 아예 안 하는 것이 좋은 방법이라고 생각했었다고 했다. 아동의 욕구를 제한하기만 하면 아동은 어머니가 자신이 원하는 것을 못하게 한다고 인식하기 때문에 더욱 떼를 쓰게 될 것이다. 아동이 실패도 경험하며 마음을 조절할 수 있도록 기회를 주는 것이 필요하다. 이것은 어머니에게도 어른으로서 자녀와 함께하는 경험이 된다. 어머니가 어머니로서 있어 주는 경험은 자신에게도 도움이 될 것이다. 양육에 효능감을 느낄 수 있고, 내면에 부정적으로 자리 잡은 어머니의 이미지를 긍정적으로 활성화하는 데도 도움이 된다. 이후 아동이 어머니를 놀이에 참여시키고 어머니의 말을 똑같이 따라 하는 것으로 보아 어머니의 충분한 수용을 경험할 때 아동도 어머니를 자연스럽게 수용한다는 것을 알 수 있다. 이러한 긍정적이고 순환적인 역동을 어머니와 치료자가 함께 알아 가는 것은 부모놀이치료의 특별함이며, 어머니가 부모–자녀 관계를 객관적으로 인식할 좋은 기회가 된다.

이를 종합했을 때 어머니는 이전 세션보다 아동의 놀이에 민감하게 이해하며 반응하는 것을 알 수 있다. 이러한 민감한 이해는 아동의 마음과 어머니의 마음을 연결하여 상호작용을 유연하고 편안하게 만들어 준다. 또한 이러한 과정에서 어머니는 자신의 평소 행동과 감정을 알아차릴 수 있었다. 아동은 어머니의 반영에 신뢰감을 느끼고 자신의 감정을 언어로 표현하기도 했다. 어머니의 지지와 공감을 경험한 아이는 어머니의 새로운 모성적 측면을 경험하게 되고 어머니와 긍정적인 상호작용을 시도한다. 평소 어머니는 아동의 행동을 신뢰하지 못하고 통제할 때가 많았는데, 부모–자녀놀이를 하며 아동이 원하는 것을 안정적으로 할 수 있도록 격려했다. 아동은 어머니와의 놀이를 긍정적으로 인식하고 어머니를 자신의 놀이에 참여시켰다. 이러한 부모–자녀의 긍정적인 상호작용을 통해 아동과 어머니는 함께 성장할 수 있다.

〈공감적 의사소통 연습하기 예〉

내용과 감정 공감하기/'하라' 규칙: 아동이 주도하게 하라
〈분리수거통의 문이 열리지 않는다.〉
어머니: 어떻게 하는 거지~(아동이 스스로 탐색할 수 있도록 기다려 주며)
아 동: 안 돼~!!(짜증 내며)
어머니: 문이 안 열리니까 짜증이 났구나~
아 동: (짜증이 누그러지며 차분하게 말한다.) 엄마가 해 주세요~
감정 공감하기/'하라' 규칙: 아동의 힘과 노력에 경의를 표하라
〈모래를 컵에 담고 뿌듯해하며 어머니에게 보여 준다.〉
어머니: 우와~ 여기까지 담았구나!(감탄사는 직관적으로 아동에게 감정을 전달할 수 있다)/ 이만큼이나 담아서 기분이 좋았구나~
〈아동이 번번이 실패했던 슬라임을 여러 번의 시도 끝에 만들었다.〉
아 동: 이거 보세요. 슬라임을 만들었어요.
어머니: 와~ 네가 만들었구나. 뿌듯한 마음이 들겠다!

3세션

부모-자녀놀이 영상에서 아동은 카메라에 가까이 다가와 "안녕하세요." 하고 큰 목소리로 신난 듯이 이야기를 한 뒤 피규어장을 둘러보았다. 아동이 "나 하고 싶어."라고 말하니 어머니는 "하고 싶었구나~ 네가 결정할 수 있지~"라고 대답했다. 아동은 자동차를 선택해서 "이렇게 하는 거야~" 하고 어머니에게 설명했다. 아동은 화장대로 가서 뚜껑을 열어 립스틱을 발랐다. "아~ 이걸 열 수 있어?~" "그걸 발랐어?"라며 어머니는 아동의 행동을 언어로 표현했지만 질문형식으로 아동에게 이야기를 했다. 치료자는 어머니가 아동의 언어와 행동을 잘 따라가고 있다고 지지하고, 다만 질문보다는 "열 수 있구나~" "발랐구나~"의 형태로 바꿔서 이야기한다면 아동이 더 편안하게 느낄 것이라고 안내했다.

아동은 "근데 선생님은 어디 있어요?"라고 물었다. 어머니가 "선생님과 놀이하고 싶었구나~" 하고 대답하자 "선생님이랑 하고 싶어요."라고 말했다. 어머니는 "선생님이랑 놀고 싶은데 없어서 아쉽겠다~ 토요일은 선생님이랑 할 수 있어." 아동의 감정을 공감하고 대안을 알려 주었다. 어머니는 제한설정 방법을 잘 숙지하고 있고 적절하게 적용했다. 아동은 토요일에 선생님과 놀이치료를 하고 화요일에는 같은 놀이실에서 어머니와 놀이하는데 어머니와 선생님과 함께 놀이하고 싶은 마음이 들었던 것 같다. 이러한 연결은 새로 탄생한 모성 이미지와 치료자에게 느끼는 모성 이미지를 통합하려는 것으로 생각할 수 있다.

이후 아동은 길을 연결했다. 하지만 길을 연결하는 조각을 찾지 못했다. 이전에는 어머니에게 바로 찾아달라고 이야기했는데 이번에는 "어디 있지?" 하고 주위를 둘러봤다. 어머니는 아동이 찾을 때까지 "어디 있을까~" 하고 아동과 같은 언어로 이야기하고 기다렸다. 아동은 스스로 찾아 길을 완성시켰다. 어머니는 "혼자서 만들었네!" 하고 놀라고 대견하다는 듯 이야기했다. 치료자와 어머니는 그 순간 아동의 표정을 주목하며 이야기를 나눴다. 어머니는 아동이 좋아하는 것 같다고 했다. 여기에 감정도 같이 반영해 준다면 어떻게 할 수 있겠냐고 묻자 어머니는 "혼자 만들어서 기쁘겠다."라고 답했다. 치료자는 정말 잘하셨다고 하며 어머니의 반응을 담아 주었다. 그리고 아동이 뿌듯한 표정을 지었는데, 예를 들어 "우와~ 스스로 찾아보고 다 만들어서 뿌듯하겠다~"라고 구체적으로도 이야기할 수 있다고 말했다. 어머니도 아동이 스스로 찾아서 길을 다 만들었을 때 대견하게 느끼는 것 같다며 어머니의 표정과 감정에 대해서도 이야기했다.

차량 운반 트럭을 보며 아동이 "이거 뭐지?"라고 어머니에게 물어봤을 때 어머니는 "네가 결정할 수 있어!"라고 하자, 아동은 '카 크레인'이라고 부르겠다고 결정했다. 어머니가 아동의 선택을 지지해 주고 반영해 주니 아동은 "아이 신나!" 하고 활짝 웃으며 여러 색의 자동차를 가지고 왔다. 그리고 나서는 비행기를 가져와 어머니 앞에서 실수인 듯 비행기를 떨어트리고 어머니의 표정을 살폈다. 어머니는 "아이고 깜짝이야!" 하며 놀랐다. 아이는 그냥 쓱 지나쳐 갔다. 어머니는 아이가 자신을 놀리거나 장난을 칠 때가 있는데 그럴 때 너무 싫었다고 했다. 아동에게 싫어하는 표현을 하면 더 강하게 장난을 치는데 그러면 불쑥 화가 나서 소리를 쳤다. 치료자는 어머니가 느끼는 감정이 아동에게서 비롯된 것인지, 아니면 다른 감정이 투사된 것인지를 인식하는 것이 중요하다고 말했다. 이에 대한 연상으로 어머니는 자신의 부모가 바빴기 때문에 장난을 치거나 하는 일이 없었다고 했다. 장난은 부모와 하지 않는 행동이라고 생각했기 때문에 아동이 부모에게 장난치는 것이 이해되지 않았다. 놀이의 좋은 기능 중 하나는 웃음이다. 어머니는 부모와 놀아 본 경험이 없기 때문에 그 안에서 일어나는 장난스러운 상호작용에 대해 알지 못했다. 가벼운 장난은 웃음을 주고받으며 시간을 행복하게 만드는 힘이 있다. 때로는 시시한 이야기를 하며 깔깔거리는 것이 마음을 가볍게 해 주고 분위기를 유연하게 해 준다. 하지만 어머니에게 장난스러움은 허용되지 않았다. 그런 아이의 장난스러움을 어머니는 무시하고 골탕을 먹이려고 하는 것으로 이해했다.

어머니의 놀이는 피규어를 모으는 것인데, 피규어를 가지고 놀기보다는 전시하며 만족한다. 어머니의 마음은 어린 시절을 그리워하지만 전시된 피규어처럼 경직되어 있다. 어머니에게는 자유롭게 놀이해 보는 경험이 필요했다. 친정에서 멀리 이사한 뒤 친구들과도 만나지 못했는데 이러한 단절은 어머니의 마음도 경직되게 만드는 것 같았다. 치료자는 어머니에게 놀이를 해 볼 것을 권했다. 친구들과 전화로 수다를 떠는 것도 될 수 있고, 놀이터에 나가 주변 아주머니들과 스몰토크를 하는 것, 혹은 피규어를 좋아하는 사람들과 공감대를 나누며 즐거움을 경험해 보라고 했다. 그리고 치료자와 모래놀이를 경험해 보면 어떻겠냐고 제안했다. 어머니는 개인상담은 거부했지만 모래놀이 경험은 수락했다. 모래를 쓸고 만지고 여러 가지 피규어를 선택하고 배치하며 놀이를 통해 자신의 무대를 만들고 자유로움과 즐거움을 경험했다. 이러한 경험을 통해 어머니는 활력을 조금씩 찾기 시작했다. 주변 아주머니들과 이야기도 나누고 다른 아동들을 보며 원래 아이들은 까불기도 하고 장난도 친다는 것을 알게 됐다.

치료자는 아동이 장난을 치는 행동에 대해 특별한 놀이 공간 밖에서 실수를 하면 어머니의 눈치를 보기도 하고 혼도 나는데 이 공간에서는 어떻게 되는지를 탐색하고 확인하려는 것처럼 보인다고 했다. 치료자는 아동이 이런 행동을 보이는 것은 어머니를 골탕 먹이고 미워하는 마음이 아닌 특별한 놀이를 하면서 어머니가 아이를 민감하게 이해하고 공감해 주었기 때문에 안정감을 느끼고 자신의 부정적인 감정이나 어려움을 해결하려고 하는 시도로 보인다고 안내했다.

아동은 팽이를 선택해서 관찰하다가 어머니가 "이렇게 하는 거야?"라고 질문을 반복하자 팽이를 두고 모래상자로 갔다. 모래 안에는 구슬이 들어 있었는데 아동은 "뭐지?" "먹는 건가?" 하며 어머니의 반응을 살폈다. 이때 밖에서 문소리가 들리자 깜짝 놀라며 표정이 굳었다. "선생님 가면 안 돼……." 하고 말하는데 어머니는 아동에게 "선생님 집에 갈까 봐 그래? 놀이시간이 부족할까 봐?" 하고 말했다. 아동은 "응……." 하고 말하며 뒤돌아서서 모래를 만졌다. 치료자는 어머니에게 아동이 어떤 감정을 느꼈던 것 같냐고 질문했다. 어머니는 선생님이 집에 가면 놀이시간이 빨리 끝날까 봐 걱정하는 것 같다고 했다. 치료자는 아동이 어머니에게 장난을 치며 반응을 살피고 있는데 밖에서 문소리가 나니 화들짝 놀란 것 같다고 했다. 또한 순간 자신이 장난치려고 한 행동이 나쁜 것처럼 받아들여져 죄책감도 느끼고 무서운 마음도 들었을 것 같다고 아동 행동에 담겨 있는 감정을 알려 주었다.

집에서도 비슷한 에피소드가 있었는데, 아동이 어머니에게 장난을 치고 그만하라는 말을 듣지 않자 화가 나서 아동을 혼자 두고 방문을 걸어 잠갔다. 어머니는 마치 자신의 마음을 몰라줘 화가 난 아이 같았다. 아동은 그 순간 어머니와의 애착이 단절되고 혼자 버려진 듯한 고통을 느꼈을 것이고 불안했을 것이다. 때로 어른들은 아동의 마음에 공감하지 못하고 행동만을 보고 자신의 감정에 따라 행동할 때가 있다. 이러한 반응은 아동으로 하여금 어머니가 자신을 지켜 줄 것이라는 신뢰감을 갖기 어렵게 한다. 아동은 치료자와 놀이치료를 할 때도 문밖에서 소리가 나면 "무서워."라고 표현하거나 "무슨 일이지?" 하며 경직된 모습을 보이기도 했다. 아동에게 가장 필요한 것은 불안한 마음을 달래 주고 안심시켜 주는 것이며 일관된 행동으로 다시 신뢰감을 쌓을 수 있도록 하는 것이었다. 어머니에게 "감정과 함께 반영을 한다면 어떻게 할 수 있을까요?" 하고 물어보니 어머니는 "밖에서 소리가 나서 깜짝 놀라고 무서운 마음이 들었구나." 하고 안아 주거나 토닥거려 줄 것 같다고 이야기했다. 치료자는 부드러운 눈빛과 따뜻한 손길로 쓰다듬어 주고 아이의 마음을 읽어 준다면 아이는 안정감을 느끼고 어머니와 신뢰가 회복될 것이라고 안내했다.

이를 종합해 보면 부모-자녀놀이에서 어머니는 아동이 스스로 놀이를 주도할 수 있도록 하고 적극적으로 공감하며 이를 언어화하는 것을 반복해서 연습한 것이라고 할 수 있다. 아동은 어머니에게 물어보지 않고 스스로 물건을 찾아 길을 완성했다. 이를 통해 아동은 자신에 대한 신뢰가 높아지고 주도성과 문제해결력이 증진되는 경험을 할 수 있었다. 이번 놀이에서 인상적인 것은 아동이 어머니의 반영과 지지에 신뢰감을 느끼고 부정적 감정을 표현하기 시작했다는 점이다. 부모놀이치료에서 치료자는 어머니에게 아동이 부정적 감정을 표현하는 것의 긍정적인 면을 이야기하여 어머니가 아동의 부정적 감정을 견디고 아동의 마음을 공감할 수 있도록 했다. 어머니는 아동의 다양한 감정을 이해하려고 노력하는 모습을 보였고 자신의 마음을 더 깊이 알고 싶은 마음을 표현했다. 어머니가 행복해야 자녀도 행복할 수 있다는 말이 있듯이 부모가 자신에 대해 충분히 이해하고 받아들일 때 충분함, 안정감, 행복한 마음 등을 느낄 수 있다. 자녀는 부모의 모습을 보고 거울처럼 비춰진 자신의 뇌에 부모의 행복한 모습을 새길 것이다. 이처럼 부모놀이치료는 부모와 자녀와의 관계의 변화뿐만 아니라 부모의 어려움을 인식할 수 있는 계기가 되었다.

〈제한설정과 공감적 의사소통 예시〉

제한하기
〈어머니와의 놀이 도중 치료자를 찾는다.〉 아 동: 선생님은 어디 있어요? 어머니: 선생님이랑 놀이하고 싶어서 어디 있는지 궁금하구나~ 아 동: 선생님이랑 하고 싶어요~ 어머니: 선생님이랑 놀고 싶구나~ 선생님이 오늘은 안 계셔서 놀 수 없어. 토요일에는 선생님이랑 놀이할 수 있지! *제한설정의 원칙에 따라 아동의 감정을 공감하고, 제한을 설정하고, 대안을 제시한다.
의사결정 촉진하기와 감정 공감하기
〈길을 만들고 있다. 한 조각을 찾지 못하고 완성을 못하고 있다.〉 아 동: 어디 있지? 어머니: 그러게~ 어디 있을까? (아동이 스스로 찾을 수 있도록 기다린다.) 아 동: (원하는 장난감을 찾아 길을 완성한다.) 어머니: 우와~ 스스로 찾아보고 다 만들어서 뿌듯하겠다~

4세션

　부모-자녀놀이 영상에서 어머니는 놀이실에 들어와 아동의 얼굴을 가까이서 바라보았다. 어머니는 평소보다 기분이 좋아 보였고 미소를 지으며 아동을 사랑스러운 표정으로 봤다. 아동은 어머니를 보지 않고 피규어장을 둘러보며 "엄마 뭐해? 떼~!" 하고 거리를 두었다. 아동은 어머니에게 "길 만들어 주세요." 하고 다른 피규어를 둘러봤다. 감옥에 갇혀 절규하는 남성 피규어를 보며 "아저씨 왜 이래요?"라고 말하니 어머니는 따라와서 봤다. 아동이 어머니에게 "떼!"라고 말했는데 이것은 어머니가 자신과 적당한 거리를 유지하기를 바라고 있다는 것을 의미했다. 어머니는 행동이나 정서적으로 존재했다가 사라져 일관적이지 않았기 때문에 아동의 애착은 불안정했다. 아동에게는 적당한 거리에서 항상 존재하는 모성이 필요하다. 부모놀이치료 시간에 어머니는 자녀양육에 많이 부담을 느끼는데 아동이 혼자서 놀이할 때도 편안하게 지켜보기가 어렵다고 했다. 어머니는 부모-자녀놀이 영상을 보니 자신이 자녀가 필요할 때 반응하는 것이 아니라 자신의 기분에 따라 반응하는 것 같다고 말했다. 치료자는 이러한 어머니의 부담감과 속상한 마음을 위로했다. 그리고 부모-자녀놀이 시간에 어머니가 한자리에 앉아 아동의 언어와 행동을 반영하면 아동이 안정감을 느끼고 자신이 원할 때 어머니 곁으로 갈 수 있어 좋을 것 같다고 안내했다. 이 방법은 부모가 아동의 반응을 더 선명하게 볼 수 있게 한다. 그리고 아동에게는 어머니로부터 원하는 거리를 스스로 결정할 수 있게 한다. 어머니는 자신의 기분에 따라 반응할 때가 많다고 했기 때문에 더더욱 한자리에 앉아 아동을 지켜보는 것이 중요했다.

　아동이 도로를 꺼내며 혼자 꺼내기 무섭다고 했다. 어머니는 "장난감이 떨어질까 봐 무서웠구나~" 하고 바꿔 말했다. 아동은 길을 만들며 "무서운 것이 있어. 조심해야 해."라고 말하다가 소리치듯 "이건 어떻게 해야 돼!!!!" 하고 소리쳤다. 어머니는 당황한 듯 침묵하다가 "네가 결정할 수 있어."라고 말했다. 부모놀이치료 시간에 치료자는 아동이 놀이하면서 무섭다는 이야기와 조심해야 한다는 이야기를 자주 하는 편인 것 같다고 말했다. 그래서 감정카드를 활용하여 아동의 마음이 어땠을지 찾아보기로 했다. 어머니는 한참 동안 카드를 살펴보다가 이윽고 눈물을 흘렸다. 긴 침묵 후, 어머니는 자신의 감정을 잘 모르기 때문에 자녀의 감정도 알기 어렵다고 했다. 그래서 자녀의 감정을 반영하는 것이 어렵다고 했다. 어머니는 어린 시절 자신의 부모님이 바빠서 혼자 있을 때가 많았다며, 컴컴한 방에서 혼자 텔레비전을 보고 있는 자신의 어린 시절이 생각난다고 했다. 어머니는 어린 시절 느꼈던 외롭고 쓸쓸하고 슬픈 마음을 마주했다. 잠시 후 어머니는 아동의 감정에 대해서도 이야기했다. 아동이 "조심해!" "무서워~"라고 하는 말 속에는 불안함과 긴장감이 있다고 했다. 치료자는 어머니의 깊은 슬픔을 함께 느꼈다. 어머니의 외롭고 쓸쓸한 어린 시절을 위로하고 함께 있어 주면서 치료자도 이전에 느끼지 못한 부모와의 깊은 연결을 경험했다. 예전에는 교육만을 강조해서 부모를 교육했던 때가 있었는데, 어머니는 치료실에 고해성사를 하러 오는 것 같다고 했다. 교육을 강조했을 때 부모는 치료자를 판결을 내리는 사람처럼 느낄 수도 있겠다는 생각이 들었다. 놀이치료로 부모를 만났을 때는 주 내담자가 아동일 때가 많아서 부모의 감정을 놓칠 때가 있다. 사실 아동만을 위한 방법은 없다. 특별한 경우를 제외하고는 아동에게 가장 중요한 환경이자 대상은 부모이기에 부모의 마음을 이해하며 교육과 상담을 오가는 것이 중요하다. 그동안 부모에게 어떤 치료자였는지, 앞으로 어떤 치료자가 되면 좋을 것인지 깊이 있게 생각하게 된 귀중한 시간이었다.

아동은 길을 만들고 자동차를 오르락내리락하는 것을 반복했다. 그러다가 비행기를 선택하여 날아가다 추락했다며 바닥에 떨어뜨렸다. 비행기는 바닥에 있어서 갈 수 없고 길이 없다고 말했다. 어머니는 언어 반영이 줄고 무표정했다. 부모놀이치료 시간에 어머니는 영상 속 자신의 표정이 이렇게 무표정할 줄 몰라서 당황스럽다고 했다. 조금 더 아동에게 따뜻한 표정으로 대해야겠다고 말했다.

아동은 "엄마! 어린이집에 안 가고 싶은데 어떻게 해야 해?" "태권도는?" 하고 말했다. 어머니는 "태권도는 네가 결정할 수 있어." "어린이집은 가야 해." 하고 대답했다. 한참 놀이가 진행된 후에 어머니는 "근데 왜 어린이집에 가기 싫어?"라고 물어보았다. 아동은 "힘들어서 가기 싫었어."라고 대답했다. 앞서 이야기한 것처럼 어머니는 아동의 정서보다는 행동이나 상황적인 이유에 초점을 맞추어 이야기했다. 치료자는 이러한 부분을 반복해서 이야기한다면 어머니는 비난받고 있다고 생각하거나 방어적인 태도를 보일 수 있을 것이다. 치료자는 아동의 반응에 초점을 두고 어머니와 이야기를 나눴다. 아동은 "힘들어서 가기 싫었어."라는 표현을 했는데 조금씩 자신의 감정을 인식하고 말로 표현하는 것이 긍정적인 것이며, 어머니와의 놀이를 통해서 아동의 부정적인 마음을 어머니가 지속적이고 일관되게 이해하고 표현해 준다면 아동의 마음이 안정되어 떼를 쓰는 방식에서 마음을 언어로 표현하는 방식으로 변화할 수 있다고 지지해 주었다.

아동은 비행기 위에 올라타서 어기적어기적 걸어갔다. 어머니가 이 모습을 보고 웃자 아동은 "이게 웃겨요?" 하면서 따라 웃었다. "근데 날개에 찔러서 아파요."라고 말했다.

드디어 어머니에게 아이의 장난이 허용된 것이다!! 아동은 텐트로 가서 아기인형을 꺼내고 어머니에게 함께 들어가자고 했다. 어머니에게 초인종을 누르고 들어오라고 한 뒤에 이번에는 아동이 밖으로 나가 초인종을 누르고 텐트 안으로 들어갔다. 아동의 행동은 까꿍놀이처럼 보였다. 아동의 까꿍놀이는 어머니와의 애착을 안정적으로 획득하기 위한 것이다. 아동은 간식을 가지러 간다며 소꿉놀이를 탐색했다. 어머니는 아동의 표정을 보며 "기분 좋아 보인다." "이게 재미있구나~" 하고 자연스럽게 반응했다. 치료자는 "엄마가 감정을 반영해 주니 아이가 더 신이 나서 놀이하네요~"라고 이야기하며 어머니의 반응을 격려했다.

아동은 모래를 컵에 담고 우유라고 했고, 리뉴와 물감을 섞어서 레인보우 색을 만들 것이라고 했다. 5분 사인을 주자 아동은 물감 뚜껑이 열리지 않는다며 소리를 질렀다. 어머니는 "시간이 없는데 엄마가 안 도와줘서 화가 났구나." 하고 말했다. 아동은 속상했다는 듯이 "응……." 하고 대답했다. 부모놀이치료 시간에 치료자는 "어머니가 아동의 행동과 감정을 연결해서 읽어 주니 아동의 감정이 조절된 것 보이시죠?"라고 말했다. 어머니는 그렇다고 말하며, 하지만 이런 반응이 일관적으로 되지 않아 어렵다고 말했다. 치료자는 원래 어려운 것이라며 충분히 잘하고 있다고 격려했다. 그리고 처음보다 자연스럽게 아이 마음을 읽어 주고 있으니 이 경험을 잊지 않고 지속하는 것이 중요하다고 격려했다.

이를 종합해 보면 어머니는 아동과 눈을 맞추고 정서적인 상호작용을 했다. 아동의 감정을 읽어 주려고 노력했고 아동은 자신의 다양한 감정을 표현했다. 어머니가 지속해서 감정을 공감해 주자 아동은 자신의 감정을 표현하고 조절했다. 어머니는 자녀가 하는 행동의 의미를 민감하게 이해하고 아동이 알 수 있도록 이야기하는 것이 중요하다고 생각했다. 어머니의 다양한 감정을 이해하기 위해 감정카드를 사용했다. 어머니는 감정카드를 통해 자신과 아동이 느끼는 여러 가지 감정단어를 찾아봤다. 이러한 방법은 감정적으로 단절되어 있거나 경험이 부족한 부모나 아동들을 위해 도움이 될 것이다.

부모놀이치료 이후 과정

어머니는 부모놀이치료 종결 이후에도 아동의 놀이치료를 위해 정기적으로 부모상담을 했다. 이전에는 부모와 아동 관계를 주로 이야기했는데, 이번에는 부부관계도 다루었다. 부부는 양육에서 의견 차이가 있었는데, 어머니는 훈육에 일관성은 있지만 그 방식이 통제적이고 강압적인 부분이 있었고, 그에 대해 아버지는 비효율적이고 문제를 더 키운다고 생각했다. 아버지는 아동에게 참을 수 있을 때까지 참아 주다가 갑자기 화를 내며 분노를 표현하는데 어머니는 이러한 방식이 옳지 않고 비일관적이라고 생각하며 서로를 신뢰하지 못하고 비난했다. 부모놀이치료를 진행하며 어머니는 자신의 양육방식이 원가족과의 관계에서 비롯된 것임을 이해하게 되었다. 신뢰하지 못하고 비난하는 마음은 자신으로부터 비롯된 것임을 인지하고, 아버지의 방식을 비난하기보다는 이해를 바탕으로 표현하기 시작했다. 아버지도 부모놀이치료를 4세션 진행했는데, 아버지는 아동을 공감하고 수용하는 것이 정말 어려운 일이라는 사실을 깨달았으며 어머니의 노력과 입장에 대해 생각하게 되었다. 아동의 놀이치료 부모상담 시간에 부모놀이치료의 원칙을 적용하여 부부관계에서도 공감하고 수용하는 법을 연습했다. 부부는 부모의 역할과 부부 역할 사이에서 균형을 찾으려고 노력했다.

아버지의 양육은 회사 복직과 함께 자연스럽게 줄어들게 되었다. 어머니는 혼자 양육하는 것을 걱정했지만 이전보다 자신의 양육방식과 소통에 자신감을 가지게 되었고 다양한 상황에서 아동의 마음을 공감하게 되었다. 아동은 떼쓰는 것이 줄었고 말로 자신의 감정을 표현하는 경우가 많아졌다. 아동의 놀이치료 시간에도 아동은 자신의 감정을 다양하게 분화해서 구체적으로 표현했다. 눈을 맞추는 시간이 길어졌고 활짝 웃는 표정이나 속상하다며 입을 삐죽 내미는 등의 다양한 표정을 지었다. 치료자에게 화를 낼 때도 있고 깔깔거리며 짓궂은 장난을 치기도 했다. 자신이 미처 생각하지 못한 잘못이 있다는 생각이 들면 "아! 미안해요~" 하고 진심 어린 사과를 하기도 했다. 아동은 치료자의 제한설정도 편안하게 받아들였고 상황에 따라 유연하게 사고하게 되었다. 아동의 두 번째 놀이치료도 종결됐다. 부모는 아동을 아이답게 바라보려고 노력하고 있으며, 어머니는 자신의 정서를 더욱 깊이 있게 이해하고 싶다며 개인 상담을 시작했다.

5. 효과 및 결론

부모-자녀놀이를 처음 시작했을 때 어머니는 아동에게 자유롭고 주도적인 놀이를 제공하는 것에 부담감이 있었다. 아동이 모래를 선택하면 모래를 많이 흘려 상담센터에 피해를 주게 되지 않을까 걱정했다. 어머니는 자신의 양육방식에 자신이 없고 불안감을 느꼈기 때문에 아동을 통제했다. 어머니는 부모놀이치료를 하면서 자신의 불안을 내려놓고 아동이 주도하는 대로 따라갔다. 이러한 경험은 어머니에게 익숙하지 않은 것이었지만 그가 가진 성실함으로 부모놀이치료의 원칙에 따라 아동의 행동을 읽어 주고 적절하게 반응하기 위해 부단히 노력했다. 아동이 부정적인 감정을 표현할 때도 어머니는 아동의 감정을 읽어 주었고, 아동의 짜증은 빠르게 수그러들었다. 어머니는 아동의 긍정적인 정서뿐만 아니라 부정적인 정서도 공감했다. 어머니는 아동이 일상생활에서 불안감과 긴장감을 느낀다는 것을 알게 됐다. 그리고 자신이 어린 시절에 경험했던 불안과 슬픔의 감정을 만났다. 어머니는 자신이 무의식적으로 쓰는 '싫다'라는 단어를 아동이 쓴다는 것을 인지하고는 깜짝 놀랐으며 자신의 부정적 감정과 표현이 아동에게 영향을 미친다는 것을 알게 되었다. 어머니가 자신과 아동에 대해 깊이 이해하고 공감적 소통이 가능해지자 아동도 어머니와 기분 좋은 감정을 나누고 장난치며 교감하는 일이 많아졌다. 어머니는 아동의 행동보다는 이면의 마음을 공감하고 대안을 제시했다. 이러한 어머니의 행동에 아동은 어머니가 설정한 경계 안에서 자유롭게 놀이하며 자신감과 신뢰감을 쌓았고 자기주도적으로 행동했다. 또한 자신이 원하는 방법이 아닐지라도 인내하고 대안을 찾는 유연한 모습도 보였다.

　치료자는 이 사례를 통해 아동의 어려움뿐만 아니라 부모의 마음을 깊이 공감하고 수용하는 것이 중요하다는 것을 깨달았다. 부모의 이야기를 충분히 공감하지 못한 채 방법적으로 이야기를 전달하는 것은 기계적으로 적용되고 행동의 변화만을 줄 뿐이다. 어머니와 자녀의 긍정적인 상호작용을 증진하기 위해서는 교육과 동시에 치료자가 아동과 부모를 수용하고 공감하는 심리적 접근이 필요하다는 것을 알게 되었다. 그리고 부모-자녀놀이 치료자로서 이 가족과 함께 성장할 수 있어서 감사한 마음이다. 이러한 마음이 전달되었는지 어머니는 치료자에게 이전보다 적극적으로 자기개방을 했다. 어머니의 사랑받고 싶은 마음, 돌봄받고 싶은 마음, 슬픔과 외로움, 소외감 등의 여러 가지 정서에 대해 이야기를 나누었다. 독립적으로 성인이 된 부모가 어린 자녀와 관계 맺기 위해서는 자녀를 수용하고 사랑하는 것과 동시에 자기 자신을 수용하는 것이 중요하다. 어머니는 이처럼 남편에게 의존하려는 마음을 인식하고 스스로 할 수 있는 일을 계획하며 자신의 보호자가 되었다. 이로써 자녀에게도 어른이자 어머니로서 존재하게 되었다.

　이를 요약해 보면, 어머니는 부모놀이치료를 통하여 자신이 어린 시절 충분한 정서적 돌봄을 받지 못했다는 것을 인식하게 되었고, 아동에게 어른으로서(부모, 보호자로서) 존재하지 못했다는 사실을 깨닫게 되었다. 어머니는 아동에게 공감적이고 수용적인 양육을 제공할 때 아이의 자기조절이 향상되고 어머니와의 상호작용 역시 긍정적으로 변화한다는 것을 알게 되었다. 그리고 어머니는 아동의 변화에 양육효능감을 얻고 아버지에게 의존했던 양육방식에서 독립적이고 주체적인 양육을 할 수 있게 되었다. 어머니는 자녀와 자신에게 어른으로서 존재해 주고자 꾸준하게 노력했고, 아동은 자신과 부모에 대한 신뢰감이 높아지고 자기표현이 증가했다. 또한 다양한 상황을 유연하게 받아들이고 부모, 선생님, 친구 관계에서도 긍정적인 상호작용이 늘어났다.

2. 좋은 아빠, 아들과 친한 아빠가 되고 싶지만 방법을 모르는 아버지를 위한 부모놀이치료 사례

1. 서론

부모는 아버지와 어머니를 아울러 이르는 말이다. 그러나 많은 아버지는 양육에 있어서 자신이 어머니보다 적절하지 못한 부모라고 생각한다. 적극적으로 좋은 부모 역할을 하려는 아버지라도 구체적으로 어떻게 양육을 하면 좋을지 막연함을 느낀다. 그리고 자신이 경험했던 아버지 역할을 어린 자녀에게 의식적·무의식적으로 적용하면서, 그것이 잘 적용되지 않는 것에 대해 자녀에게 화를 내거나 통제하려는 태도를 보이기도 한다. 안타까운 것은 그럴수록 자녀와 멀어진다는 것이다. 그대로 시간이 계속 흐르면 어디서부터 잘못된 것인지도 모른 채 가정에서 소외감과 부적절함을 느끼며 '돈을 벌어다 주는 기계'라는 씁쓸한 감정을 품고 살아가기도 한다. 과거의 아버지들은 가부장적 문화 속에서 아버지 역할을 했기 때문에 자녀와 소소한 감정을 나누고 공감하는 것을 어색해하고 어려워하며 다소 권위적인 모습으로 생계를 책임지는 것이 아버지다운 모습이라고 생각했다. 그런 부모에게서 자란 아버지들 가운데는 그것이 자신에게 어떤 영향을 미쳤는지 의식하지 못한 채 다시 자기 아버지의 모습을 반복한다.

그러나 아버지도 어머니 못지않게 훌륭한 부모이다. 미국 과학 학술원(National Academy of Science) 회지에 실린 연구에 의하면, 아버지 역시 어머니만큼 강한 '부모 정신'으로 어머니를 대신할 수 있다. 직접 아이를 양육하고 있는 남성의 경우, 모성애가 발휘될 때 나타나는 여성의 뇌 반응과 매우 유사한 반응이 나타났다(송혜민, 2014. 7. 30.). 또 다른 연구 결과에서도 아버지가 한계를 설정함과 동시에 공감과 수용적인 양육을 할 때 아동의 창의성, 독립성, 관대함과 민감성 발달이 촉진되었다(Mussen et al., 1990). 어머니가 부재한 상황에서 이러한 '능력'은 강화된다.

본 사례에서 아버지는 평소 아들 하민이와 친밀한 관계를 원했고, 자신이 꿈꾸었던 아버지의 모습이 되길 기대했지만 잘되지 않았다. 아동은 아빠를 피하고 말을 듣지 않았으며 고집스러운 행동을 했다. 그러한 아동을 잘 기른다는 명목으로 다그치고 화를 내며 벌을 주는 등 자신의 방법으로 아동을 통제했다. 신앙심이 돈독한 아버지는 어릴 때 성경을 암송하는 것이 지혜로운 사람으로 클 수 있다는 자신의 신념으로 네 살인 자녀에게 성경을 암송하게 했다. 그럴수록 자신을 피하는 아이를 보면서 지난날 자신과 아버지와의 관계를 떠올려 보고 자신의 아버지와 별반 다름이 없음을 알게 되었다.

하민이 아버지는 화를 잘 내는 편이었고 자신이 옳다고 생각하면 어떤 상황에서도 자신의 의사를 바꾸거나 굽히려 들지 않았다. 그러다 보니 회사 내에서도 동료들과 소통하는 것에 어려움이 있었다. 이러한 어려움으로 개인상담을 하던 중에 자녀와의 관계에서도 같은 어려움을 겪고 있다는 것을 알게 되었고, 이에 치료자는 부모놀이치료를 권유했다. 아버지는 자녀와 잘 지낼 수 있는 방법을 알고 싶어 부모놀이치료를 시작했다.

2. 사례 개요

아버지는 기독교인으로 중학교 때부터 선교회 활동을 하면서 신앙인으로 올바르게 살아야 한다는 신념을 가지고 있었다. 중·고등학교와 대학 시절에는 공부도 잘하고 신앙 공동체 안에서 성실하고 믿음이 좋다는 평을 들었기 때문에 관계에 대한 어려움을 느끼지 못했다. 그러나 성인이 되고 직장생활을 시작하면서 주변 동료와 소통이 어렵다는 생각을 하게 되었다.

아버지는 자기 아버지와의 관계에서도 어려움을 느꼈는데, 자신의 아버지는 자신이 어렸을 때 화를 많이 내는 편이었고 물어보는 것에 자상하게 답해 준 적이 없었다고 했다. 자신의 아버지는 지나치게 현실적이었고, 자신의 일상에 관심이 없어 보였으며, 대화를 거의 하지 않았다.

결혼 전 아버지는 자신의 아버지와 달리 친절한 부모가 되고 싶었다. 자녀의 마음을 잘 알아주고, 있는 모습 그대로 바라보며 이끌어 줄 수 있는 자상한 부모가 되길 원했다. 그러나 막상 부모가 되고 보니, 부모의 역할을 어떻게 해야 할지 혼란스러웠다. 그래서 아버지는 양육에 관해 공부를 시작했고, 어떻게 하면 자녀를 잘 양육할 수 있을지 고민하게 됐다. 아버지는 공부를 잘하는 편이라 육아서적을 읽으면 바로 이해가 됐지만, 실제로 자녀에게 적용하는 것은 어려웠고 실질적인 도움이 되지 않는다고 생각했다.

그는 자녀의 필요를 채우고 잘 놀아 주고 싶었으나 자신의 아버지와 마찬가지로 자녀와 어떻게 대화를 해야 할지 몰랐고, 특히 감정을 공감하는 것이 어려웠다. 그러다 보니 아이가 울든 말든 자신의 원칙에 따라 아이를 대하고 화를 낼 때가 많았다. 또 아동이 스스로 할 때까지 기다리지 않고 빨리 해결하길 원했다. 자신의 시간과 여건에 따라 자녀를 대하며 일관성을 갖지 못했고, 허용과 제한에 대한 원칙이 분명하지 않았다. 그러다 보니 아이와 의사소통이 잘 이루어지지 않았고 아이를 힘으로 밀어붙이며 기를 꺾고 혼을 내는 상황이 반복됐다. 이로 인해 아버지가 아동에게 다가가도 아동은 아빠를 피하고 엄마와 놀거나 혼자 놀았다. 아버지는 자녀에게 좋은 아빠가 되어 주지 못한다는 자책감과 상실감을 느꼈다.

3. 부모 성격 역동

아버지는 기독교인으로 신앙생활에 깊이 뿌리 내리고 있으며, 이는 자신의 일상생활과 가치관에 큰 영향을 미치고 있었다. 선교회 활동을 하며 얻은 신념은 자신과 타인에 대한 기대와 행동 지침에 중요한 역할을 했는데, 사실 직장에서 동료들과의 관계에서 겪는 어려움도 자신의 신념과 가치관이 주변 사람들과 충돌할 때 발생했다. 신앙적 가치를 중시하는 아버지의 태도는 동료들과의 소통에서 장벽을 만들었고, 이는 동료들과의 상호작용에서 자신의 정체성을 드러내는 방식과 관련이 있을 수 있다.

어린 시절에 경험했던 하민이 조부의 모습은 하민이 아버지가 부모로서 추구하는 가치와 행동에 깊은 영향을 주었다. 아버지는 조부의 부정적인 양육태도와는 반대로 자녀에게 이해심 많고 지지적인 부모가 되고자 했다. 하지만 조부와의 관계에서 겪었던 정서적 소통의 부재는 아버지가 자녀에게 기대하는 친밀한 관계를 맺는 데 어려움을 느끼게 했다. 또한 아버지에게는 자녀에게 자신의 신앙적 가치를 전달하고자 하는 강한 욕구가 있었다. 자신의 신념을 자녀에게 무리하게 강요하면 자녀는 아버지와의 관계에 부담감을 가지며 거리를 둘 수밖에 없다. 아버지에게는 이러한 접근방식이 자녀와의 관계에 어떤 영향을 미치는지 인식하는 것이 중요했다.

4. 개입과정과 진척 상황

부모놀이치료는 주 1회 한 시간씩 8세션을 실시했다. 1~2세션은 부모놀이치료를 소개하며 놀이 방법과 원칙을 설명했고, 3~8세션은 부모-자녀놀이 영상을 녹화했다. 부모놀이치료 세션에 치료자와 부모가 함께 부모-자녀놀이 영상을 보며 그에 대한 피드백을 주고받았다.

1세션

부모놀이치료 1세션은 부모-자녀놀이 영상을 녹화하지 않고 아버지의 원가족과 자신에 대해 탐색했다. 이후 치료자는 부모놀이치료 목적과 원칙을 소개하고 앞으로의 일정을 조율했다.

치료자는 부모 자신의 이해를 바탕으로 아동과 놀이를 해야 한다는 생각이 들어서 아버지에게 어떤 부모가 되고 싶었는지를 먼저 물었다. "저는 아이가 여러 번 어떤 질문을 해도 친절하게 대답해 주는 아버지가 되고 싶었어요. 제가 어렸을 때 저의 아버지는 화를 많이 내고 묻는 것에 자상하게 답해 준 적이 없었거든요. 그리고 지나치게 현실적인 아버지와 대화가 되지 않았고, 제 마음을 잘 알아주지 않아 답답했어요. 그래서 저는 아이와 대화도 많이 하고, 아이가 자신이 타고난 그 모습대로 살 수 있도록 잘 지원하고 이끌어 줄 수 있는 부모가 되고 싶었어요. 그런데 아이가 아빠인 저를 피하고 엄마만 찾아서 서운해요." 이처럼 좋은 아버지가 되고 싶은 마음이 컸기 때문에 좌절감도 컸다.

치료자는 놀이의 의미를 간략하게 설명한 후 부모놀이치료의 기본 원칙과 목적을 설명했다. 공감적 의사소통을 연습하기 위해 놀이 상황이 적혀 있는 워크북을 활용하여 아버지와 치료자가 함께 역할놀이를 했다. 아버지는 어색해하며 감정을 공감하는 것이 이해는 되지만 직접 아이에게 하는 것은 자신이 없다고 했다. 특히 자신은 감정형보다는 사고형에 가까워서 아이의 감정을 공감하는 말을 어떻게 해야 할지 난감하고 반응을 잘하지 못할 것 같다며 걱정했다. 치료자는 아동을 잘 관찰하는 연습을 하면 어떤 이야기를 해야 하는지 알게 될 것이라고 격려했다. 그리고 한 주간 자녀의 신체를 관찰하며 그동안 알지 못했던 새로운 변화가 있는지 찾아보도록 안내하고 추가로 의미 있다고 생각되는 사진도 가지고 오라고 과제를 줬다. 몇 번을 더 연습한 후에 아버지는 처음에 어렵게 느껴졌지만 방법을 알게 되니 배워 두면 부모 역할을 잘할 수 있을 것 같다고 말했다. 치료자는 아버지를 응원하고 격려했다.

2세션

2세션에 와서 아버지는 한 주간 아이를 바라보는 자신의 눈빛이 달라지는 것을 느꼈다고 했다. 아이를 좀 더 객관적으로 바라보니 아이도 한 명의 인격체라는 것을 깨닫게 되었다. 특히 아이에게 충분히 공감하지 못하고 정서적 교감이 되지 않는 자기 모습을 인식하게 되었다고 했다. 자신의 감정을 잘 드러내지 않고 참는 편인데, 주로 감정을 억압하는 것 같고 또 자신이 평소 감정 기복이 심했다는 것도 알게 되었다.

이러한 자기인식을 통해 아버지는 자녀의 마음을 수용하는 경험을 했다. "아이가 뭔가를 잘못해서 제가 팔을 탁하고 쳤어요. 그랬더니 아이가 화를 내는 거예요. 예전 같으면 혼내거나 같이 화를 냈을 텐데 화내지 않고 "하민이가 많이 화가 났구나!" 이러면서 감정을 읽어 주고 "아빠가 팔 때려서 깜짝 놀랐지? 미안해! 앞으로는 말로 할게……."라고 이야기해 주니까 애가 막 입이 귀에 걸리는 거예요." 부모놀이치료의 원칙인 공감적 의사소통을 적용하자 아동이 긍정적으로 반응하는 것에 대해 놀랐고 기뻤다. 특히 아동이 아버지에게 먼저 놀자고 다가오는 것이 너무 행복해했다.

아버지는 의욕적인 모습으로 지난 세션의 과제였던 아동의 신체 관찰하기와 의미 있는 사진 찾아보기에 대해서 말하며 자녀를 더욱 사랑하게 된 것 같다고 했다. "그동안 목욕을 시키며 아이와 많은 시간을 보냈는데 한 번도 진지한 태도로 아이를 관찰하지 못했어요. 저는 아이의 문제행동에 대한 지적이나 성경 암송 등에 신경을 쓰다 보니 정작 아이와 정서적인 관계는 소홀했어요. 그리고 의미 있는 사진을 고르다 보니 아이가 더 어렸을 때 아무 조건 없이 있는 그대로 아이를 바라보았던 지난날의 감정이 올라와 울컥했고 아이가 더욱 사랑스럽게 보였어요."라고 이야기하며 눈시울이 붉어졌다. 또 한 주 만에 내가 어떻게 이렇게 달라질 수 있는지 정말 신기하다고 했으며, 회사에서의 어려움도 해소되는 것 같다고 했다. 치료자는 아버지가 다른 사람들과의 관계에서 감정을 표현하는 방법을 머리로만 익히는 것이 아니라 실제로 연습을 해 보고 몸으로 습득되도록 반복한 것이 효과적이었다고 말하고 아버지의 변화를 응원하며 함께 기뻐했다.

부모-자녀놀이 영상을 녹화해 다음 세션에 가져오는 과제를 주었다.

3세션

부모-자녀놀이 영상에서 아동은 젖병을 가져와 입으로 빨며 놀이를 시작했다. 아버지는 놀이가 시작되자 아동에게 놀이에 대한 설명을 길게 하며 긴장한 모습으로 아동을 바라보았다. 아동은 말을 별로 하지 않았고 눈을 잘 마주치지 않았다. 두 사람 사이에 어색함이 있었고 아동의 언어나 행동에 대한 반영은 적었지만, 아버지는 배운 대로 하려고 하는 의지가 있었으며 놀이시간 내내 아동에게 집중했다.

치료자가 처음으로 놀이영상을 찍었는데 어떤 부분이 어려웠냐고 물으니 아버지는 너무 완벽하게 놀이를 하려고 했고 그런 방식이 자신을 힘들게 한다는 것을 알게 되었다고 했다. 그리고 아이와 실제로 놀이를 해 보니 어려웠지만 아이를 존중하고 기다리니 이해하지 못했던 아이의 생각을 알게 됐다고 했다. "제가 너무 완벽하게 하려고 한 것 같아요. 아이와 놀이가 틀리면 안 된다고 생각했고 원칙을 잊지 않으려고 하다 보니 종이(워크북)를 옆에 놓고 보면서 놀이를 했어요. 그런 제 모습을 보면서 '내가 너무 힘들게 살았구나.' 하는 생각이 들었어요. 그리고 젖병을 빠는 아이가 기억에 남아요. 아이가 종이를 잘라서 젖병에 넣었는데 "우유, 치즈, 딸기우유."라고 말했어요. 저는 왜 그런지 처음에는 이해되지 않았는데 아이가 말하는 것을 듣고 나서 놀잇감을 명명하지 말라는 이야기가 이해됐어요." 치료자는 아버지가 열심히 노력한 것과 자기 자신을 인식한 것에 대해 격려했다. 아버지는 비록 배운 대로 아동을 따라가고 공감하며 반응하는 것에 익숙하지는 못했지만, 놀이 후 내가 무엇이 부족한가를 인식하는 모습에서 앞으로의 세션이 기대되었다. 아동의 놀잇감을 명명하지 않는 것에 대한 이해를 놀이를 통해 알고 반영해 주었다는 것이 치료자로서 매우 흡족했다.

4세션

부모-자녀놀이 영상에서 아동은 가위를 가져다 종이를 자르는 놀이를 했다. 아버지는 지난 세션과 달리 여유가 있었고 아동의 행동을 언어로 반영했다. 아버지는 잘해 보려는 마음을 내려놓고 아이를 바라보며 자연스럽게 함께 놀기로 마음먹은 것 같았다. 아동과 놀이하며 아버지도 어느새 놀이에 빠져드는 모습이었다.

아버지는 아동이 젖병을 가지고 놀이하고 가위로 자르며 지난번과 비슷한 놀이를 하는 것이 신기하게 느껴졌다고 했다. 그리고 자신이 듣는 것보다 말을 많이 하고 충분히 기다려 주지 못해 문제가 생기면 바로 해결해 줬다는 것을 알게 되었다. 그동안 부모는 자녀에게 먹이고 입히고 문제를 해결해 주는 존재라고 생각했는데 자녀와 놀이를 하다 보니 어린 자녀에게 생각이 있고 그 생각을 존중해 주며 부모로서 자녀와 함께 성장해야 하는 것을 깨달았다.

아버지와 아동이 소소하게 플레이도 통을 가지고 상호작용하며 노는 장면이 매우 인상적이었다.

〈아버지와 아동이 플레이도 통으로 상호작용하는 장면〉

아동: (아동이 플레이도 통을 아빠가 가르쳐 준 방법대로 열기 위해 바닥에 뚜껑을 탁탁 친다. 그리고 뚜껑을 닫고 열고 하는 동작을 반복한다.) 이렇게…… 됐다……!

아버지: 하민이가 뚜껑을 이렇게 닫았네. 보라색, 보라색 뚜껑 다시 닫고, 주황색 뚜껑을 연 다음 찰흙을 빼고 다시 뚜껑을 쾅쾅쾅!

아동: (아빠를 바라보며 미소 지으며 뚜껑을 쾅쾅 친다.)

아버지: 어때? 이번에는 잘 나오지? 쾅쾅 바닥에 찍으니까 잘 나오지.

뚜껑을 다시 닫고 쾅! 쾅! 하고 있어~ 이번에는 핑크색 뚜껑을 열었구나.

(아동이 분홍색이라고 알려 준다.) 분홍색이야? 분홍색 뚜껑을 열고 찰흙을 쳤네~

쾅! 쾅! 쾅! 쾅! 뚜껑을 닫고…… (아동이 노란색이라고 말하며 노란색 통을 가져온다.) 노란색…… 하민이가 좋아하는 노란색이다!

아동: (플레이도가 바로 나오니까) 한 번만 하는데 바로 나오네~ (통들을 손가락으로 가리킨 다음 초록색 통을 보며 말한다.) 이게 끝이야?

아버지: 아~ 통이 이거밖에 없냐고…… 통이 이렇게 5개 있네. 이거밖에 없는지 궁금하구나.

아버지: (아동의 행동을 보며) 다리를 살살 긁으면서 통을 바라보고 있네. 하민이가 다시 다리를 살살 긁으면서(아동이 아빠를 바라보며 분홍색 통을 짚는다.) 분홍색 통을 들고……(아동이 뚜껑을 연다. 행동을 반영하며 이야기한다.)

뚜껑을…… 열었습니다!!!

아동: (노란색 통을 집고 뚜껑을 연다.)

아버지: 노란색 통을 집고 뚜껑을 열었네!!

아동: (아동은 플레이도 통 속에 각각 손을 넣어 통을 마주 놓고 탁탁 치면서) 우리 이렇게 하고 이렇게~ (플레이도 통을 탁탁 치며 아빠에게 같이 하자고 한다.)

아버지: (아동과 플레이도 통을 보면서) 이렇게 하자고?

아동: 아빠도 이렇게…….

아버지: 이거 열었으면 좋겠어? 하민이가 열어 줄래?

아동: 그래! 내가 열어 줄게……. (열리지 않는 뚜껑을 포기하지 않고 끝까지 연다.)

아동: (노란색 통 2개는 아빠에게 주고 2개는 자신이 들며) 이건 아빠 거.

〈아빠와 아동이 양손에 플레이도 통을 끼고 아동이 먼저 탁탁 치면서 1, 2, 3, 4라고 수를 세면 아빠가 따라서 그대로 반영한다.〉

아동: 1, 2.

아버지: 1, 2.

아동: 4, 4 다시 한 번 더.

아버지: 4, 4 다시 한 번 더.

아동: 1, 2, 2, 3, 2, 1.

아버지: 1, 2, 2, 3, 2, 1.

아동: (신나는 표정과 크게 웃으며 큰 소리로) 발음 좀 똑바로 1, 2, 3, 4, 5, 6, 7, 8, 9, 10.

아버지: (너무 웃기다는 표정으로 아동을 그대로 따라 하며) 발음 좀 똑바로 1, 2, 3, 4, 5, 6, 7, 8, 9, 10.

　

아버지는 아동의 놀이를 따라갔고 언어로 반영하며 함께 놀이하는 것을 즐거워했다. 아동과 아버지가 서로 바라보는 눈빛이 따스하게 느껴졌으며 아동의 표정과 목소리가 매우 밝았다. 치료자는 이번 놀이영상을 보며 아버지가 이 시간을 해야 하는 일로 여기는 것이 아닌 아동과 놀이하는 소중한 시간으로 여기고 있다는 생각이 들었다. 아동과 아버지의 교감은 치료자에게도 깊은 감동과 여운을 남겼다.

5세션

부모-자녀놀이 영상에서 아동은 지난주와 비슷하게 플레이도를 가져와 쏟아 놓고 플레이도 통을 가지고 아버지와 상호작용하는 놀이를 했다. 아버지는 아동이 주도하는 대로 잘 따라갔으며 아동은 그러한 아빠의 모습을 보며 여러 가지 다양한 행동을 하며 즐거워했다. 아동이 플레이도 통을 늘어놓고 비행기라고 했는데 아버지는 아동이 명명하는 대로 따라가며 놀이했다. 아동은 플레이도 통들을 이용하여 비행장에 있는 관제탑을 만들고 여러 관제사를 만들었다. 동시에 다양한 비행기의 이름을 말했는데, 아빠가 자신의 놀이에 관심을 가지고 열심히 반영하자 그에 응하듯 적극적으로 놀이를 했고 놀이가 끝났을 때는 더 놀고 싶다고 말했다. 아버지는 아이에게 제한설정의 원칙을 따라 마음을 수용하며 대안으로는 다음에 더 놀 수 있고 아빠는 하민이를 사랑한다고 이야기했다. 부모놀이치료 시간에 치료자는 아버지에게 제한설정을 잘 적용했다고 격려했다. 그리고 아동이 놀이를 주도하게 하고 언어로 열심히 반영하는 것은 아동으로 하여금 아빠에게 지지받고 사랑받는다고 느낄 것이라고 했다.

치료자는 아동과 놀이하며 어떤 감정을 느꼈냐고 물었다. 아버지는 아동이 이렇게 표현을 잘하니까 사랑스럽다는 생각이 들었고 그동안 억압적으로 대했던 자신을 반성하게 된다고 했다. 그동안 성경 구절을 암송하게 했는데 이제 방법을 바꿔서 밤에 아이를 위해 성경을 짧게 읽어 주는 것으로 바꾸고 아이가 조금 더 자랐을 때 암송을 해 보면 좋겠다고 마음먹었다고 했다. 그러면서 자신이 특별한 부모-자녀놀이 시간을 아이보다 더 기다리는 것 같다고 말하며 웃었다. 이제는 아이와 관계가 좋아지는 것이 느껴지고 엄마보다 아빠를 찾는 것이 기분 좋다고 했다. 아버지에게 양육효능감이 높아지고 자신감이 생긴 것이었다.

6세션

부모-자녀놀이 영상에서 아동이 아빠에게 아이스크림을 만들어 주는 놀이를 했다. 이후 아동은 토마토를 썻고 요리를 했다. 그리고 찜닭과 커피를 만들어 아빠에게 줬다. 아동이 신나게 점프할 때 "하민이가 신나게 점프를 하는구나~"라고 반영하니 아동은 더욱더 신나게 뛰면서 놀이를 했다. 아동은 주도적으로 놀이를 하며 자기 의사를 말로 잘 표현했다. 이번 놀이 세션에 나타난 변화는 아동의 말이 많아지고 아버지의 말은 많이

줄어들었다는 것이다. 아동이 놀이 도중 밖으로 나가려고 하고 벽에 테이프를 붙이려고
했을 때 아버지는 일관성 있게 제한설정하기와 대안을 제시했다.

〈제한설정하기 상황〉

아동: 아이스크림 만들 거예요.

아버지: 아이스크림을 만들 거야?

아동: 아빠는 무슨 맛 아이스크림?

아버지: 나? 나는…… 저기…… 하민이가 어떤 맛 아이스크림 주고 싶은데?

아동: 어…… 바닐라 맛이랑, 그리고 바나나 맛.

아버지: 바닐라 맛이랑 바나나 맛? 그 맛으로 줘.

아동: 바닐라 맛이랑? 아…… 바닐라 맛이랑…… 잠깐 이거 들고 있어! (아빠에게 아
　　　이스크림 모형을 준다.)

아버지: (아동에게서 아이스크림 모형을 받으며) 들고 있어?

아동: 잠깐! 잠깐만…… 이걸 빼야 해. 동그란 게 하나밖에 없어. 근데 여기 아이스크
　　　림을 하나 더 만들어야 해. 근데 밖에 있는 거 같아. 동그란 게…… 가져와야 하
　　　는데……. (아동이 밖으로 나가려 한다.)

아버지: 그래? 하민이가 동그란 거 하나를 밖에서 가져오고 싶구나. 그런데 우리 특별
　　　한 놀이시간에는 여기 안에서 이거 가지고만 노는 거라서 갈 수가 없어. 지금
　　　은 여기 있는 걸로 가지고 놀아 보자.

아동: (스카치테이프를 가지고) 이거 벽에 붙이고 싶어

아버지: 벽에 붙이고 싶어? 넌 그것을 벽에 붙이고 싶구나. 그런데 벽에 붙이면 벽이
　　　고장 나니까 여기 종이에 붙일 수 있지.

치료자는 아버지가 일관성 있게 아동에게 제한하고 침착하게 대안을 제시한 부분을
격려했고, 그때 기분이 어땠는지 물었다. 어버지는 아동에게 제한하는 것이 어렵게 느껴
지지 않았고, 부모놀이치료를 하기 전에는 아동에게 화를 많이 냈는데 이제 화를 내지
않고 힘을 쓰지 않아도 제한할 수 있게 되었다며 기뻐했다. 아동과 소통이 잘 되고 자연
스럽게 대화하는 영상을 보면서 마음에 기쁨이 솟아난다고 표현했다. 그리고 자녀가 사
랑스러워서 회사에 가서도 보고 싶은 마음이 든다고 했다. 아동도 감정을 말로 잘 표현
하고 자위 행동도 감소했다고 했다. 그리고 무엇보다도 아동과 놀이하는 경험을 통해 다

른 사람들과도 의사소통을 잘할 수 있을 것이라는 자신감이 생겼다고 했다. 실제로 회사 동료와 관계 맺는 것에도 많은 도움이 되어 처음 개인상담에 오게 만들었던 개인의 문제도 해결되었다. 아버지는 자신의 성장과 돌봄을 위해서 자신만의 휴식시간을 갖기도 했다.

7세션

부모-자녀놀이 영상에서 아동은 아빠에게 커피를 만들어 주고 음식을 만들면서 즐거워 보였다. 아버지는 아동이 여러 번 요리를 만들어 주니 자신이 아이를 통해 돌봄을 받은 경험을 한 것 같아서 감격스러웠고, 놀이하면서 아이가 많이 성장한 게 느껴져 뿌듯하고 기특하다고 했다. 부모-자녀놀이 영상의 아동을 보면 격앙된 목소리, 웃는 소리, 아빠를 바라보는 눈빛이 달라졌다. 말이 많아졌으며 언어표현도 구체적이고 다양해졌다.

5. 효과 및 결론

부모-자녀놀이 초반에 아버지는 아버지로서 역할을 잘하고 있는지, 자녀를 잘 양육하고 있는지에 대해 걱정하고 불안한 마음이 많았다. 그러면서도 자녀가 자신의 규칙을 따르지 않고 반항적일 때는 자신의 희생과 헌신을 알아주지 못하는 것 같아 화가 나고 억울한 마음을 느꼈다. 아버지는 자신의 아버지로부터 경험한 양육방식에 따라 자녀를 양육하였으며 자녀가 올바르게 성장할 수 있도록 조절하고 통제하는 것이 아버지 역할이라고 인식하고 있었다. 그러다 보니 자녀가 자신의 기대대로 따라주지 않으면 화를 내게 되고 소리도 지르며 때로는 협박하거나 때리는 등의 양육태도를 보였다. 이러한 양육태도는 자녀를 통제하기 위한 빠르고 직접적인 방법이라고 생각했다. 그러나 그러한 양육태도는 자녀와의 관계에서 갈등을 일으켜 자녀와 멀어지게 하고 자녀의 문제행동을 유발하는 원인이 되었다. 부모놀이치료를 통해 그는 자신의 양육태도를 되돌아보고 자녀를 존중하며 화를 내지 않고 제한할 수 있다는 것을 배웠다. 자녀에 대한 정서적 공감과 일관성 있는 규칙을 정하고 지켜 나가는 것이 자녀와의 관계를 긍정적으로 맺을 수 있게 한다는 것을 알게 됐다.

또 아버지는 부모-자녀놀이를 통해 조건 없이 자녀를 바라보는 경험을 했다. 자녀와 대화를 나누는 방식이 부드러워졌으며 자녀의 감정에 대해 공감할 수 있게 되었다. 특히 자녀의 행동에 대해 하나하나 지적하던 것이 줄어들었고, 그러다 보니 자녀와의 관계도 회복되었다. 나아가 부모놀이치료에서 배운 대로 공감과 반영, 상호작용에 대한 구체적이고 실제적인 적용을 할 수 있게 되었다.

자녀양육에서 끝없이 '좀 더 나은 자녀'로의 양육을 추구하며 쉼을 갖지 못했는데, 부모놀이치료를 통해 '부모가 갖지 않은 것을 자녀에게 줄 수 없다'는 것을 알게 되면서 자기돌봄의 욕구도 인식하게 되었다. 아버지는 기내에서 산소마스크를 써야 하는 상황에서 부모가 먼저 쓰고 난 후 자녀에게 착용시켜야 한다는 예시가 매우 인상 깊었다고 했다. 자녀가 행복하려면 부모인 내가 먼저 평안한 상태인 것이 중요하다는 것을 깨닫게 되어 휴식을 취하고 자신의 정서 상태를 보살피기 시작하게 된 것이었다.

부모놀이치료 동안에 아버지는 시간을 잘 지키고 해야 할 과제를 성실히 잘 수행했다. 부모놀이치료는 부모의 성실한 참여가 아동뿐만 아니라 부모에게도 많은 변화를 가져오는 효과가 있다.

아버지는 부모-자녀놀이를 통해 자녀와 관계뿐 아니라 아버지 자신의 신념, 어린 시절 가정환경과 자신의 아버지와의 관계, 자녀에 대한 기대, 직장에서의 어려움, 아내와의 관계 등에 대해 넓은 이해가 생겼다.

3. 자녀의 부정적 감정표현에 대해 회피하는 모습을 보이는 어머니를 위한 부모놀이치료 사례

1. 서론

"나는 좋은 부모여야 해."
"내 아이는 다른 사람에게 잘못 보이면 안 돼."
"내 아이는 안 좋은 감정을 느끼면 안 돼, 좋은 감정만 경험해야 해."

당연하겠지만 대부분의 부모는 종종 이런 생각을 가지고 자녀를 양육한다. 그런데 문제는 좋고 긍정적인 것만 가지려 하다 보면 자녀가 일상생활에서 경험하는 다양한 감정에 대해 제대로 알기 어렵다는 것이다. 아동은 다른 사람과의 관계에서 안정감을 얻거나 자신이 원하는 것을 성취할 때 행복감, 기쁨, 즐거움 등 긍정적인 감정을 경험한다. 이에 반해 자신의 욕구가 좌절되거나 다른 사람과의 관계에서 불안정감을 경험하는 경우 분노, 두려움, 슬픔 등 부정적 감정을 경험한다. 그러나 사람이 부정적 감정을 경험하는 것은 너무 당연하고 필요한 것이다. 부정적인 것은 나쁜 것, 없어져야 하는 것이 아니라 부정적 감정을 어떻게 다루느냐가 중요하다. 부정적 감정을 경험할 때 그 감정이 자아강도를 압도하지 않아야 하고, 거칠거나 공격적 행동으로 표출되지 않도록 조절하는 것이 긍정적인 것으로 바꾸는 것이다. 그렇게 하지 않고 부정적 감정 자체를 없는 것으로 한다면 인간으로서의 발달과 삶이 한쪽으로 치우치는 것이므로 매우 건강하지 못한 것이다.

이러한 감정의 조절과 담아 줌은 하루아침에 되는 것이 아니라 태어나면서부터 부모와 소소한 일상의 상호작용을 통해 감정을 느끼고 수용받으며 적절히 조절하고 표현하는 연습을 하면서 이루어진다.

또한 부정적 감정을 없애려 하고 회피한다고 해서 부정적인 감정이 사라지는 것은 아니다. 회피하고 억압할수록 눌린 것이 튀어나오려는 힘이 강해질 뿐이다. 어린 아동은 혼자서 감정들을 감당하다가 자신의 마음을 알아봐 달라고 전달하기 위해 과격하고 올바르지 못하게 문제행동으로 표현할 수도 있고, 또래관계를 비롯한 여러 관계에 큰 어려움을 겪을 수 있다. 실제로 자녀의 부정적 정서에 적절히 반응하지 않으면 아동의 정서 각성 수준이 높아지고 각성조절이 어려워져 결국 아동의 부적응 행동을 야기할 수 있다(Eisenberg et al., 1996). 아동의 해결되지 않는 부정적인 감정으로 인한 행동 문제는 부모를 당황스럽게 하고, 자녀의 감정을 이해하고 올바르게 행동할 수 있게 양육하려는 부모를 더욱 혼란스럽게 만든다.

장애 형제를 둔 비장애 아동이 경험하는 부정적인 감정은 더욱 복잡하고 다양할 수 있다. 비장애 아동은 장애 형제로 인해 발달단계에 필요한 부모의 관심을 적절히 받지 못하고 스트레스를 겪으며 부모의 관심이 장애 형제에게 집중되는 것에 대해 심리적으로 소외감과 불안정감을 경험할 수 있다. 부모는 장애 형제에게는 너그러움과 많은 관심을 베푸는 반면, 비장애 형제에게는 관심과 격려가 부족한 상태에서 독립성과 장애 형제에 대한 의무감만을 강조하는 경향이 있다(이은주, 2001). 따라서 비장애 아동은 장애 형제로 인해 어린 시기부터 겪는 다양한 심리적 어려움과 스트레스, 부정적 정서를 적절히 표현하는 것이 필요하다. 장애 아동의 부모는 장애 아동에게 에너지가 몰입되면서 자신의 채워지지 않는 욕구를 무의식적으로 비장애 자녀에게 보상받으려 할 수 있다. 따라서 비장애 형제가 경험할 수 있는 다양한 상황과 그 안에서 경험되는 스트레스 상황을 가족 내에서 서로 이해하고 공감하며 스트레스에 영향을 주는 요인을 감소시켜야 한다(이자영, 2000). 부모는 장애 아동에게 특별한 관심을 보여 주는 것처럼 비장애 형제에게도 이해와 관심, 그리고 격려와 지지를 주어야 한다.

이 사례는 7세인 우영이와 발달장애가 있는 9세 주영이를 키우고 있는 두 아들의 어머니 사례이다. 어머니는 비장애 자녀인 우영이가 가정과 어린이집에서 문제행동으로 부정적인 감정을 표현할 때 부모로서 어떻게 양육하고 훈육해야 하는지 어려워했다. 어머니는 우영이의 문제행동에 대해 그렇게 하면 안 된다고 통제하고, 문제를 해결하는 데 초점을 맞추는 것으로 대처해 왔다. 그러나 우영이의 문제행동은 나아지지 않았고, 어머니는 지친 마음에 아동이 투정을 부리거나 짜증을 내는 등의 부정적인 감정을 표현하면 이를 회피했다. 어머니는 점점 아동과 함께 있는 시간도 힘들게 느껴진다며 부모놀이치료 프로그램에 참여했다.

2. 사례 개요

어머니는 우영이를 임신했을 때 형 주영이의 자폐 성향으로 병원 및 치료센터를 다니기 시작했다. 어머니는 우영이도 장애를 갖고 태어날지도 모른다는 걱정과 염려가 컸다. 어머니는 대학에서 교육학을 전공했고, 평소 자녀가 잘 성장하기 위해서는 가정에서의 역할이 중요하다는 생각을 하고 있었다. 그러다 보니 임신했을 때부터 자녀가 태어나면 잘 키워야 하고, 좋은 엄마가 되어야 한다고 생각했다. 우영이는 3세 때부터 어린이집을 다니고 있는데, 선생님들은 우영이가 적응을 잘하며 잘 지낸다고 했다. 어린이집 생활을 하면서 몇 번의 전화가 온 적이 있었는데, 그중 하나는 여섯 살 때 어린이집 교실에서 친구에게 "닥쳐."라고 말해 담임선생님으로부터 연락이 온 것이다. 그래서 어머니는 하원하고 돌아온 우영이에게 이에 대해 물어보았는데, 그러지 않았다고 하는 아동을 보고 거짓말을 한다고 생각하여 우영이의 행동을 의심하게 되었다. 또한 어머니는 우영이와 놀이터를 같이 가면 다른 아이들과 놀이하는 과정에서 투덕거리며 놀 수 있다고 생각했다. 그러나 우영이는 놀다가도 어머니에게 와서 "나 아무것도 안 했는데 쟤가 나 때렸어. 난 아무것도 안 했는데……."라고 말했다. 어머니는 '이 정도 컸으면 자기의 생각과 의견을 이야기하면 되는데…….'라고 생각하며 언제까지 어른이 개입해야 하는 건지, 다른 친구들과는 놀지 않고 친한 친구만 따라다니며 노는 우영이의 모습을 보면서 답답한 마음이 들었다. 어떤 날은 친구들에게 계획되지 않은 해외여행을 이번 주에 갈 것처럼 말하거나, 가 보지 않은 장소를 갔다 왔다고 말하는 모습을 보고 어머니는 우영이가 거짓말을 한다고 생각되어 우영이에게 그렇게 말하는 건 거짓말이라며 절대 하면 안 된다고 했다. 우영이의 이런 모습들은 어머니의 훈육에도 불구하고 점점 더 빈번해졌고, "나는 안 그랬어."라고 부인하는 아동의 모습을 보며 어머니는 우영이를 더욱 믿지 못하고 계속 추궁하듯이 집요하게 물어보았다. 이때 어머니는 우영이가 자신이 한 행동에 책임을 지고 그렇게 한 게 맞다고 인정해 주면 좋겠다는 생각을 했다. 어머니는 우영이가 한 행동에 초점을 맞추다 보니 어떤 마음으로 그랬는지 우영이의 감정을 알기 어려웠고, 우영이에게 애정을 갖고 공감적으로 반응하기가 힘들었다.

어머니는 우영이의 행동이 변화되지 않고 지속되는 상황에 화와 답답함을 느껴 2~3회 정도 엉덩이나 꿀밤을 때린 적이 있었다. 이후 우영이는 생각날 때마다 "때린 건 무조건 잘못이기 때문에 엄마가 무조건 나쁜 사람이야!"라고 말했다. 그래서 어머니는 꿀밤을 때린 행동에 대해 우영이에게 사과했다. 하지만 우영이는 어머니의 사과를 받아들이기보다 같은 말을 더 자주 했고, 어머니는 나중에 '우영이가 언제까지 저런 말을 할 건지…….'라는 생각이 들어 못 들은 척 회피했다.

어머니는 우영이가 사소한 일에도 자신이 원하는 대로 해 줬으면 하는 태도가 종종 있어, 집에서도 자주 "놀아 줘."라는 이야기를 하며 심심하다고 칭얼대는 행동들로 힘들었다. 예를 들면, 밖에서는 떼쓰는 게 심하지 않은데 유독 집에서는 "밥을 여기서 먹을 거야, 저기서 먹을 거야, 밥을 세 숟가락만 먹을 거야."라고 하는 모습과 우영이가 어른들이 이야기하면 끼어들고 싶어 하고, 자신의 나이보다 어린아이처럼 행동했다. 어머니는 우영이에게 "엄마는 우영이가 다 좋아~ 딱 한 가지만 빼고."라고 말하면 우영이는 "말 예쁘게 안 하는 거? 알았어~"라고 대답했다. 어머니는 우영이가 다 알고 있으면서도 일부러 그런다는 생각이 들었다. 훈육하는 상황에도 우영이는 "엄마 알아, 엄마 나 다 알아, 엄마 나 다 알고 있어."라고 하면서 어머니의 말을 차단하여 당황스럽고 화가 났다. 평소 어머니는 가족과 함께 시댁에 자주 방문하는데, 우영이가 막내다 보니 관심과 예쁨을 많이 받았고, 그러다 보니 가족들은 우영이가 버릇없이 행동해도 관대했다. 그러나 고모는 우영이가 6세가 되면서 생활 규칙은 어느 정도 필요할 수 있겠다고 생각하여 이야기했는데, 어머니가 보기에 때리는 것 이외에는 방법이 없다고 느껴질 정도로 우영이는 스스로 조절을 못하며 막무가내로 떼를 썼다. 최근 두세 달 사이에 떼를 쓰는 강도가 세지고 빈번해지면서 우영이의 이런 모습은 어머니에게 '어떻게 어른한테 이렇게까지 할 수 있지?'라는 생각이 들 정도였다. 집에 돌아와서 있었던 일들에 대해 이야기하면 우영이는 "안 그럴게요."라고 수긍했고, 이 모습에 '도대체 어떻게 해야 하는 건지, 다른 집도 다 그런 건지, 어느 정도는 이런 게 당연한 발달과정인 건지' 어머니는 우영이의 행동이 더 어렵게 느껴졌다.

우영이는 7세가 되면서 "아 힘들어 죽겠다. 짜증 나 죽겠다. 죽을 것 같다." "아이씨" 등과 같은 부정적인 표현을 더 자주 했다. 어머니는 이런 우영이의 태도가 훈육을 해도 더 심해지는 것 같이 느껴졌다. 어머니는 우영이가 부정적으로 감정과 행동을 표현하는 것에 지치기도 하여 때로는 못 듣거나 못 본 것처럼 회피했다.

어머니는 우영이의 부정적 감정표현을 회피함으로써 우영이는 어머니와 수동 공격적이고 의존적인 관계를 맺고 있었다. 주 양육자와 수동 공격적이고 의존적인 관계를 맺는 아동들은 어느 정도 자기 인식을 가지고 있으나 통합된 자기가 부족하고 자아의 힘이 불균형하여 자기조절, 만족지연, 결과 예상 또는 스트레스 인내에 어려움이 있고 스스로를 달래지 못한다(장미경, 2018). 실제로 우영이는 일상에서 어머니에게 어린이집 하원 시간을 몇 시 몇 분에 올 것인지 자주 묻고, 조금이라도 늦거나 하면 며칠 동안 그 상황에 대해 반복적으로 이야기했다. 집에서 어머니가 밥을 먹을 때에도 언제 다 먹고 놀아 주는지, 그동안에 뭐 하고 놀고 있는지 등 사소한 것을 물어보며 기다리기 힘들어했다. 이런 우영이의 행동에 어머니는 똑같은 대답과 반응을 해 주는 것이 지치기도 하고 별로 중요하지 않다고 여기기도 하여 감정 없이 말하기도 했다. 어머니는 우영이가 자신의 감정을 적절히 표현하고 조절할 수 있도록 우영이의 부정적인 행동과 감정을 공감하면서도 동시에 적절한 제한설정을 함으로써 부모−자녀 간 신뢰를 재구축하는 것이 필요했다.

3. 부모 성격 역동

어머니는 사람과의 관계에서 갈등이나 문제가 생기면 이해해 보려고 노력하다가 해결되지 않을 것 같으면 외면하거나 회피하는 성격이었다. 주변 친척이나 지인들이 교사 직업을 갖고 있는 환경에서 자랐고, 어릴 때부터 자주 들었던 말이 '아이들에게 문제가 있는 건 부모의 문제가 크다.'라는 것이었다. 그러다 보니 자연스럽게 자녀의 행동과 부모인 자신을 동일시하게 되었다. 어머니의 이런 태도는 자녀가 성장하는 과정에서 투정을 부리거나 과격한 말을 하는 등 말을 듣지 않는 행동을 하면 부모에게 문제가 있어서 그런 것이라고 자연스럽게 생각하게 만들었다. 우영이의 아버지는 예민한 성격이지만 부인과 대화하거나 혼자 게임이나 음주하면서 보내는 시간이 많다 보니 자녀와의 관계에서 특별한 어려움을 경험하지 않고 있었다. 어머니는 큰아이와 있을 때 더 편하다고 느꼈기에 우영이와 있을 때가 더 편하다고 하는 남편의 말을 이해할 수 없었다. 어머니는 장애 아동인 큰아이의 행동은 예측할 수 있었지만, 우영이는 어떤 말과 행동을 할지 예측하기가 어려웠기 때문이었다. 어머니는 혼자 두 아들을 양육하며 겪는 스트레스를 해소하는 방법이 없었고, 큰아이에 비해 다양하게 감정을 느끼고 표현하는 우영이가 어렵게 느껴졌다. 그러다 보니 우영이의 문제행동과 부정적 감정표현에 대해 왜 그런지 이해하려고 하기보다 통제하려 했고, 아동을 양육하는 과정에서 힘이 들고 마음대로 되지 않는다고 느끼면 아동의 문제행동과 감정에 대해 회피하게 되었다.

4. 개입과정과 진척 상황

어머니는 첫째 자녀가 다니고 있는 상담센터에서 치료자와 만나 부모놀이치료를 총 9세션을 진행했다. 1세션에는 부모놀이치료를 참여하게 된 배경과 부모놀이치료에 대한 설명 및 기본 원칙에 대해 나눈 후 다음 세션 전에 놀이치료실에서 매주 부모-자녀놀이 영상을 녹화했다. 부모-자녀놀이 영상 녹화 후 어머니와 별도로 일정을 잡아 치료자와 함께 녹화된 여덟 번의 부모-자녀놀이 영상을 보며 피드백을 주고받았고, 영상을 바탕으로 세션별 워크북 내용을 함께 연습했다.

1세션

부모놀이치료의 기본 전제와 목적에 대해 교육했다. 치료자는 놀이가 아동에게 자연스러운 행동이며, 아동이 생각하고 경험하는 것과 감정을 표현하고 전달하기 위한 것이라는 점을 강조하여 설명했다. 어머니는 놀잇감을 통해 자녀와 놀이하는 것은 평소처럼 하면 될 것 같은데 공감적으로 반응하면서 놀이하는 것이 어렵게 느껴진다고 했다. 치료자와 함께 워크북에 있는 놀이치료의 원칙과 공감적 의사소통 방법을 연습했다. 어머니는 평소에 우영이에게 문제가 생기면 빨리 해결되기를 바라는 마음에서 방법을 알려 주는 편이었는데, 부모-자녀놀이를 통해 우영이가 스스로 선택하고 결정할 수 있게 기다려야 한다는 것을 알게 되었다. 어머니는 우영이와 이 특별한 놀이를 잘할 수 있을지 걱정했다. 치료자는 1주일에 한 번 30분의 시간 동안 집중해서 아이와 놀이하는 것만으로도 의미 있는 시간이 될 것이라고 어머니를 격려해 주었다.

2세션

어머니는 우영이와 부모-자녀놀이를 하기 전에 교육했던 내용을 상기하면서 부모-자녀놀이 시간에 우영이가 무엇을 가지고 놀이할 것인지 선택하도록 기다렸다. 녹화영상에서 어머니는 우영이가 고른 개구리 별주기 게임을 함께 했다. 우영이는 게임 방법을 어려워하며 "여기에 끼워 줘~ 어떻게 하는 거야?"라고 말했다. 어머니는 평소와 달리 우영이가 탐색할 수 있도록 기다려 주었으나 속마음은 평소처럼 자신이 해결해 줘야 할 것 같아 기다리는 시간이 힘들었다. 그다음 우영이는 인생게임을 선택했는데, 칭얼거리면서 어렵다고 말하자 어머니는 "어려운데 재미있겠다."라고 하며 아동이 선택한 게임이니 해 볼 것을 권유했다. 이에 우영이는 하고 싶은데 어렵게 느껴져 짜증 나는 자신의 감정을 이해받지 못했다고 느꼈고, 계속 게임을 진행했으나 원하는 대로 되지 않자 "너무해!"라며 보드게임의 부속품을 던졌다. 이후 우영이는 마음대로 규칙을 정하기도 하고 중간에 규칙을 자주 바꾸는 등 지나치게 놀이 상황을 통제하는 모습을 보였다. 그러나 어머니는 이런 상황에서 우영이가 왜 갑자기 화를 내는지 알지 못했다.

어머니는 우영이가 간단한 규칙으로 할 수 있는 에어하키나 축구 게임을 할 때 자신도 모르게 "형도 같이하면 재미있겠다."라고 말했다. 어머니는 발달장애인 첫째가 다양하게 놀이할 수 없어서 간단한 놀이나 게임이 있으면 항상 첫째가 생각난다며 자신도 모르게 그런 말이 나왔다고 했다. 어머니는 치료자와 이 부분에 대해 나누며 부모-자녀놀이 시간을 함께하는 순간에도 우영이는 자신이 어머니의 관심을 받고 있지 않다고 생각할 수 있다는 것을 알았다. 또한 어머니는 우영이가 평소에 형의 장애에 대해 책임감을 느낄 수 있다고 생각하며 사랑받지 못한다고 생각할 수도 있겠다는 생각에 눈물을 흘렸다.

비장애 아동은 장애 형제로 인하여 자신에 대해 부정적인 경험을 하는 경향이 있다. 비장애 형제는 어릴 때부터 온 가족이 발달장애 형제를 중심으로 움직이고 부모는 자신보다 발달장애 형제에게 집중하는 경향이 있어 소외감과 분노를 느끼고, 부모의 높은 기대와 요구로 인한 스트레스를 경험하며, 결과적으로 정서적 어려움을 갖게 될 가능성이 있다(김민정, 2009; 서진실, 박혜준, 2009; 이미숙 외, 2010). 평소에 우영이는 형이 센터에서 상담받을 때 엄마가 기다려 주는 것처럼 자신이 학원에서 수업받을 때도 엄마가 기다려 주기를 바랐다. 어머니는 장애 아동의 형제로서 비장애 아동인 우영이가 가족으로부터 느끼는 소외감과 스트레스를 표현하고 있는 걸 알면서도 모른 척하고 싶은 생각이 들었다. 어머니는 실질적으로 형의 치료와 교육이 많다 보니 우영이에게는 그런 시간을 배려하거나 이해해 주지 못하는 것에 늘 미안한 마음이었는데, 그걸 알면서도 변화하는 것이 어렵다고 느꼈다.

부모-자녀놀이에서 어머니는 우영이가 놀이를 선택하고 주도적으로 할 수 있도록 기다렸다. 어머니에게 기다리는 것은 어려운 일이었지만, 교육했던 내용을 기억하려 노력했다. 놀이에 개입하면 안 된다는 생각이 앞서, 아동의 행동에 공감적으로 반응하는 것을 잘할 수 없었고, 우영이는 짜증을 내기도 했다. 어머니는 우영이가 왜 갑자기 그런 행동을 보이는지 이해하기 어려워했기 때문에 치료자는 어머니와 함께 공감적 의사소통 방법을 다시 연습했다.

<h2>3세션</h2>

3세션에 가져온 부모-자녀놀이 영상뿐 아니라 가정에서도 우영이는 보드게임을 할 때도 2~3개를 미리 꺼내 놓거나 무엇을 할지 정해 놓았다. 그리고 수시로 "엄마 나 뭐 하고 놀아? 엄마 언제 놀 수 있어?" 등의 질문을 했는데, 이러한 태도가 어머니는 이해가 되지 않았다. 어머니는 보드게임 이외에도 무언가를 선택하면 끝까지 해야 한다고 생각했기 때문에 중간에 다른 것으로 바꾸는 우영의 행동이 집중력에 문제가 있는 건 아닌지 걱정했다. 어머니는 우영이의 집중력 없어 보이는 태도가 여러 가지를 함께 많이 하고 싶은 마음일 수 있다는 치료자의 이야기를 듣고 우영이가 표현하는 것을 새로운 방향으로 이해하기 시작했다.

어머니는 평소에 못 놀아 주니 부모-자녀놀이 시간에 아동이 원하는 것을 해 줘야겠다는 마음이 들었다고 했다. 그러다 보니 놀이시간에 열심히 참여해야 한다는 마음이 우선시되어 우영이의 행동에 감정적으로 반응해 주고 이해하지 못한 것이 있었다는 것을 영상을 보면서 알게 되었다. 이러한 모습은 어머니가 우영이와 에어하키 놀이를 할 때 나타났다. 어머니가 골을 자주 넣자 우영이는 "아이씨."라고 말했고, 어머니는 "엄마가 자꾸 넣어서 기분 나빠? 그럼 잘해 봐~"라고 말했다. 그러자 우영이는 "내가 안 하고 있잖아!"라며 신경질적으로 반응했다. 우영이는 점핑몽키 게임을 할 때도 조립은 쉽게 했으나 점프대를 이용해서 원숭이를 나무에 걸리게 하는 것은 계속 실패했다. 우영이는 짜증을 냈고, 어머니는 도와줘야겠다는 마음으로 다급하게 우영이에게 가까이 가서 성공할 수 있는 방법을 알려 주었다. 그러나 이 과정은 우영이가 스스로 알아내는 과정이 아니었으므로 실패할 때마다 자기 머리를 때리면서 "엄마 진짜 못해라." "엄마 진짜 못한다."라고 말했고, 결국에는 짜증 나서 못하겠다고 했다. 우봉고 게임을 할 때 우영이는 테트리스를 맞추는 것이라고 하며 게임의 방법을 자신이 정했다. 원래의 규칙과 다르게 퍼즐을 맞추듯이 게임을 하고 있는데, 어머니가 어려워 보이는 게임인데 잘하고 있다고 격려와 지지를 해 주자 우영이는 어머니의 퍼즐을 먼저 골라 주거나 "엄마가 이기고 내가 졌어."라고 말하는 모습을 보였다. 칭찬도 의존성 때문에 궁극적으로는 바람직하지 않지만, 변화의 중간단계로서 어머니의 변화로 보였다.

다행스럽게도 이 세션에서 어머니는 자신의 반응에 따라 아동의 행동이 어떻게 달라지는지를 부모-자녀놀이 영상을 통해 알았다. 어머니는 다음에도 아동의 행동에 대해 설명하거나 무조건 제한하기보다 격려하고 지지해 주면 아동이 달라질 수 있다는 것을 알게 되었다.

4세션

4세션에 가져온 부모-자녀놀이 영상에서 어머니는 우영이가 부정적으로 감정표현을 하면 이전과 다르게 기다려 주고 공감해 줄 수 있었다. 어머니는 우영이가 선택한 도둑 잡기 게임을 하며 "도둑 어떻게 잡아? 도둑은 누구야?"라고 묻는 우영이의 질문에 네가 정할 수 있다고 말하며 기다렸다. 어머니의 기다리는 태도가 많아지자 우영이는 말과 질문이 많아졌다. 달라진 어머니의 모습에 우영이는 "엄마 재미없어?"라며 묻고, 어머니의 사소한 행동에도 민감하게 반응하는 모습이었다. 어머니는 순간 마음속에서 '나랑 노는 걸 우영이가 정말 재미없어서 물어보나?'라는 생각이 들어 어떻게 해야 할지 고민이 되었다. 그렇지만 그 생각도 잠시, 어머니는 교육내용을 상기하며 공감적이고 지지적인 태도를 유지하려 노력했다. 이 순간 어머니가 말하는 상황에서도 아동은 중간에 말을 끊지 않고 기다리는 변화된 모습을 보였다.

부모-자녀놀이 시간이 10분 정도 지났을 때부터 우영이는 시간이 얼마나 남았는지 자주 확인했다. 어머니는 시간이 얼마 남지 않아서 아쉬울 우영이의 마음을 공감해 주다가도 아동이 반복적으로 물어보니 몇 분 남았다고 계속 알려 주어야 하는 건지 고민되었다고 했다. 시간이 빨리 지나갈까 봐 초조하고 염려되는 아동의 마음을 어머니가 깊이 있게 공감하기는 아직 어려웠던 것 같았다. 초조하고 염려되는 마음을 우영이는 남은 놀이 시간에 신경질적인 반응으로 나타냈다. 우영이는 우봉고나 점핑몽키 게임을 하면서 잘 되지 않을 때마다 "짜증 나! 아, 왜 안 돼!" 등의 표현을 했고, 어머니는 "잘 안 돼서 짜증이 나는구나!" "실패해서 속상하구나."라고 우영이의 감정을 공감해 주었다. 어머니의 공감적인 반응은 우영이가 놀이에서 자신이 원하는 대로 안 되는 좌절과 실패의 상황에서도 스스로 끝까지 해 보려 노력하는 모습으로 이어졌다.

어머니는 자녀의 마음을 알고 반응하는 게 일상생활에서 더욱 잘 되었으면 좋겠다고 하면서 아동의 마음을 잘 알아주지 못했던 것 같아 속상한 마음이라고 말했다. 치료자는 이제 우영이를 신뢰하고 수용하며 지지하는 어머니를 격려해 주었다. 또한 치료자와 대화를 통해 다른 부모들도 자신과 비슷한 자녀양육의 어려움을 경험하고 있다는 것을 알게 되었다. 그러면서 우영이의 마음을 잘 알기 위한 방법으로 부모-자녀놀이 영상을 보며 아동의 얼굴 표정에서 감정 단서를 찾아보는 연습을 했다.

5세션

어머니는 놀이실에 들어오면서 우영이와 부딪히지 않았는데 "엄마 아프잖아~ 엄마가 다리 걸었잖아. 그래서 넘어졌잖아."라고 투정 부리듯이 말하는 아동의 모습에 당황스러워했다. 왜 갑자기 이런 모습을 보이는지, 어떻게 반응해야 할지, 또 아동의 행동에 회피하는 모습을 보이게 될까 고민하면서 어머니는 아무 말도 할 수 없었다.

부모-자녀놀이 영상에서 우영이는 축구게임이나 점핑몽키 게임을 할 때도 이전과 다르게 조금만 잘 안 돼도 쉽게 투정 부리고, 어머니가 잘하지 못하면 "엄마 진짜 못한다." "아이씨, 짜증 나."라는 공격적인 말을 했다. 보드게임을 진행하는 중간에 텐트에 들어가고 어머니에게 점핑몽키 조립을 도와 달라고 하며 "엄마는 애기 같다~ 엄마는 바보니깐 애기 같다."라고 말했다. 그리고 텐트 입구에 있는 유모차에 앉아 있는 아기인형의 치마를 들치고 배꼽 등을 만지며 놀리듯이 "에헤~~" 같은 반응을 보였다. 어머니는 아동의 행동에 당황하여 그건 부끄러운 거니까 그렇게 하면 안 된다고 했다. 그러자 우영이는 "인형은 사람 아니고 바보라서 괜찮아~"라며 텐트 안에서 자기가 죽을 것 같다면서 "아이씨~ 아이씨~"라고 말했다. 놀이 후반에 우영이가 도둑잡기 게임을 골라 준비하는 도중 어머니가 5분 사인을 하자 "빨리빨리"라며 재촉하였고, 어머니는 우영이가 혼잣말하듯이 "총으로 쏴 버릴 거야."라고 하는 말을 듣게 되었다. 어머니는 "시간이 얼마 안 남아서 아쉬운가 보다."라고 하였지만, 진심으로 공감해 주기는 어려웠다.

어머니는 알 수 없고 답답했지만, 그 마음을 치료자와 나누며 이런 과정들은 한 번에 이루어지는 것이 아니며, 그럼에도 노력하고 있다는 것에 격려와 지지를 받으며 힘을 얻었다. 어머니가 수용적으로 바뀌었다는 것을 느낀 아동이 퇴행적으로 어머니를 시험하는 것으로 보였고, 과거 부당하다고 느꼈던 감정들을 쏟아 내는 것으로 보였다. 물론 부정적인 행동과 표현은 바뀌어야 하지만 감정 자체는 이해받아야 하는 것들이었다. 따라서 어머니의 적절한 공감과 제한설정이 필요했다.

아동들의 놀이내용이 갖는 상징성 중에서 공격성을 놀이로 표현하는 것은 건강한 것이며, 이럴 때 부모는 제한설정을 적절하게 하여 아동이 안전하게 공격성을 표현할 수 있도록 기회를 제공해야 한다. 성인처럼 아동도 다양한 감정을 느끼지만, 표현 방법이 적절하지 않을 수 있기 때문에 공격성으로 나타날 수 있는데, 이를 조절해 주지 않거나 비난하게 되면 놀이의 내용이나 아동의 감정은 더 이상 진전될 수 없고 다룰 수 있는 기회가 없어진다. 이번에 어머니는 과거처럼 우영이의 부정적인 감정표현을 또 회피하려는 자신의 모습을 보았다. 어머니는 좌절스러운 마음이었지만 그럼에도 불구하고 회피하지 않기로 다시 용기를 냈다.

이어서 제한설정 방법을 연습했다. 일관성 있는 제한은 예측 가능하며 안전한 환경을 만들어 주고 안정감을 주기 때문에 아동이 자기통제와 자신의 행동에 책임감을 가질 수 있게 된다. 우영이가 표현했던 부정적인 말과 행동에 대해 그렇게 하면 안 된다고만 했던 어머니는 아동의 감정과 욕구가 무엇인지를 알고 공감한 다음 행동을 제한하고, 수용할 수 있는 다른 대안을 마련해 주어야 한다는 것을 알게 되었다.

6세션

어머니는 부모-자녀놀이에서 짜증, 답답함, 속상함 등에 대한 감정들을 공감하는 것에 조금씩 자연스러워졌다. 그러나 예측하지 못했던 아동의 행동을 어떻게 공감해 주어야 하는지에 대해서는 여전히 어려웠다. 예를 들어, 도둑잡기 게임을 한다면서 유모차에 있는 젖병을 입에 가져다 대고 바닥에 누워 "에에에~"라고 칭얼거리며 "엄마가 꺼내줘~"라고 말하는 우영이의 행동에 어머니는 당황스러워 "에이~ 왜 그래~"라고 말했던 것이다. 그리고 도둑잡기 게임을 할 때는 주사위를 일부러 멀리 던지며 어머니에게 빨리 가져오라고 재촉하는 모습을 반복했다. 어머니는 "엄마한테 가져오라고 하는 건 시키는 거니까 '갖다주세요'라고 말하는 거야."라고 말했다. 이때 어머니의 마음은 이제 놀이시간이 익숙해지다 보니 우영이가 집에서처럼 함부로 하는 것 같았고, 평소 같으면 화내거나 못 본 척 회피했는데, 놀이 상황에서는 뭔가를 반응해 주어야 한다는 생각에 힘들었다. 치료자는 놀이시간에 보였던 우영이의 투정 부리고 어리광 부렸던 모습들이 어머니에게 수용받는 경험을 통해 사랑받고 이해받고 싶은 욕구의 표현이 퇴행적으로 나타난 것임을 다시 알려 주었다. 어머니는 일상에서 우영이가 투정을 부리거나 짜증을 내면 예전처럼 회피하지 않고, 놀이 상황에서 했었던 감정을 공감해 주는 모습이 생겼는데, 그러다 보니 좀 더 다양한 감정을 공감해 주고 싶은데 뭐라고 해 주어야 할지 여전히 막막한 마음이었다.

어머니는 이 세션에서 부모-자녀놀이 시간에 감정을 공감하고 반영해 주는 것이 어떤 면에서 어려운지를 나누며 어린 시절을 회상했다. 어머니의 부모님은 맞벌이를 해서 주로 외조모와 이모가 돌봐 주었다. 어머니는 자신이 공부하거나 일상생활에서 모르는 게 있을 때 이모에게 물어보면 늘 사전을 가져와서 알려 주거나 찾아보라고 했던 게 기억났다. 그러다 보니 무언가를 배워야 하는 건 머리로 하는 거라고 자연스럽게 생각하게 되었다. 그래서 치료자와 워크북의 '공감적 의사소통' 부분에 대해 다시 연습하고 마음으로 느껴 보려 노력했다. 또한 감정목록표를 살펴보며 어떤 상황에서 이런 감정을 느낄 수 있는지 치료자와 함께 역할놀이를 했다. 머리로 생각하고 이해하는 것이 익숙했던 어머니는 감정을 느끼고 표현하는 것을 자신이 어려워한다는 것을 알게 되었다.

7세션

부모-자녀놀이 시간에 어머니는 우영이가 에어하키 게임에서 바람이 나와 공이 알아서 움직이는 걸 신기해하는 모습을 보며 같이 즐거워했다. 이제 어머니는 우영이가 놀이를 선택하거나 질문할 때 기다려 주고, 궁금해하는 우영이의 마음에 공감해 주는 것을 자연스럽게 할 수 있게 되었다. 그러다 보니 놀이 상황에서 서로 눈맞춤을 하고 웃으면서 즐겁게 놀이하는 모습이 많아졌다. 우영이는 도둑잡기 게임을 하려다 빙고게임을 꺼냈는데 이 게임은 금방 끝나는 것이니 세 판을 하자고 미리 정했다. 그러나 게임이 진행되면서 어머니는 칩을 넣을 때마다 숫자를 세었는데 우영이가 "세면 반칙이야!"라고 말해 갑자기 중간에 규칙이 생긴 것에 당황스러워했다. 이후에 어머니는 당황스러운 자신의 마음을 전달하고 싶었으나 아이의 감정에 집중해야 한다는 생각에 말하지 못한 것을 아쉬워했다. 우영이는 놀이시간이 얼마 지나지 않았는데 3세션 때처럼 놀이시간이 5분 남은 것 같다면서 초조해했다. 어머니는 놀이시간이 빨리 끝날 것 같아 아쉬울 수 있는 아동의 마음을 이해하고 공감해 주었다. 또한 어머니는 우영이와 도둑잡기 게임을 할 때 아이가 주사위를 높이 던지거나 선반으로 세게 던졌는데, 제한설정의 3단계를 기억하며 우영이가 주사위를 세게 던지고 싶은 마음을 공감해 주었다. 그렇지만 세게 던질 수 없다고 제한하며 보드게임 박스나 텐트 안으로 주사위를 던질 수 있다고 대안을 제시했다. 처음에는 어머니의 말을 받아들이지 않는 우영이의 모습에 어떻게 해야 하나 잠시 고민되는 모습이었지만, 다시 일관되게 제한설정을 했다. 그러자 우영이는 주사위를 텐트 안으로 던졌고, 어머니는 우영이의 변화된 모습을 지지해 주었다.

7세션에 가져온 부모-자녀놀이 영상에서 어머니와 우영이는 눈맞춤이 많아졌고, 즐겁게 놀이를 했다. 어머니는 자신의 말을 듣지 않으려 했던 우영이의 태도에 예전에는 "그렇게 하면 안 돼." "나쁜 행동이야."라고 말했을 텐데, 제한설정의 3단계(공감, 제한, 대안) 과정을 적용한 결과 스스로 변화하는 아동의 모습에 신기해했다. 치료자는 제한설정이 아동에게 행동에 대한 책임감을 가르쳐 주는 과정으로, 아동이 선택한 결정에 따라 결과를 경험해 보는 것을 허용해 주는 과정임을 다시 한 번 전달했다. 어머니는 이제 우영이의 문제를 직접 해결해 주기보다 스스로 변화할 수 있도록 기다릴 수 있게 되었다. 어머니는 우영이에게 부모나 또래 관계에서 문제가 생기면 해결 방법을 알려 주는 경우가 많았는데, 그런데도 우영이의 문제행동은 나아지지 않아 늘 고민이었다. 그러나 특별한 부모-자녀놀이를 하면서 어머니가 설명하지 않고 우영이의 행동 자체를 수정하려는 마음을 내려놓으니 아동의 행동이 변하고 자신의 기분이 더 나아지는 것을 경험했다. 우영이의 감정을 이해하고 수용하며 공감적으로 제한하는 것만으로도 아동과의 갈등관계가 길게 이어지지 않고, 관계 자체가 힘들지 않을 수 있다는 것을 알게 되었다.

8세션

시간이 갈수록 어머니는 일상생활에서 우영이와 갈등이 생기면 빨리 해결이 되는 것을 느꼈다. 부모-자녀놀이를 하기 전에는 아동의 행동 및 발달에 문제가 있어서 부정적인 말과 행동을 한다고 생각했는데, 놀이를 통해 직접 아동과 상호작용하면서 부모로서 아동의 마음을 이해해 주지 못하고 기다려 주지 못했다는 것을 알았다. 그래서 아동을 더 믿고 기다려 줘야겠다는 생각이 들었다고 했다.

부모-자녀놀이 영상에서 우영이는 자주 했던 점핑몽키를 "짜증이 났던 거~"라고 말하며 장난스러운 미소와 함께 어머니에게 꺼내 달라고 했다. 이에 어머니는 "맞아~ 짜증이 났던 거~엄마가 꺼내 주면 좋겠어~"라고 말하며 꺼내 주었다. 그리고 같이 게임 준비를 하면서 우영이가 "조립이 간단해?"라고 물어보았고, 어머니는 "조립이 간단하니까 좋다. 우영이랑 빨리할 수 있으니까~"라고 마음을 전달하기도 했다. 그러면서 이전에 점핑몽키 게임이 잘 안 되어 짜증 났던 마음을 이야기하는 아동의 모습을 불편해하지 않았다. 10분이 지나자 우영이는 놀이시간을 확인했고 어머니는 "시간이 벌써 다 되었을까 봐 신경이 쓰이나 보다."라고 반응해 주었다. 점핑몽키 게임이 끝나고 텀블링 몽키즈 게임을 준비하며 우영이는 "이거는 재미없는데 재미있어져."라고 말했다. 그리고 주사위를 텐트 안으로 던지다가 어머니 쪽으로 던지기도 했다. 어머니는 "엄마 쪽으로 던지면 맞을까 봐 걱정된다~"라고 말하며 안전하게 놀이할 수 있다고 말했지만 우영이는 게임 중간중간 어머니 쪽으로 주사위를 던지는 모습을 보였다. 그래서 어머니는 자꾸 그러면 이제 게임을 더 이상 하지 못할 수도 있다고 제한하였고, 우영이는 어머니 차례가 되자 어머니가 던진 주사위에 맞았다면서 "왜 던져!"라며 오히려 화를 냈다. 그리고 우영이는 주사위를 던지지 않고 떨어진 원숭이를 나무 안에 넣는 걸로 하자며 방법을 바꿨다. 마지막으로는 토끼경주 게임을 했는데 우영이가 먼저 하겠다고 했다. 토끼가 구멍으로 빠질 때 "엄마는 마이너스 5점~나는 마이너스 6점~"이라며 "첫 번째 판은 엄마가 이겼어."라고 했다.

이제 어머니는 아동의 부정적인 감정표현을 힘들어하지 않게 되었다. 오히려 왜 짜증 나는지 아동과 같이 이야기 나눌 수 있게 되면서 우영이의 말에 더 귀 기울이며 아동의 짜증 나는 마음을 이해하고 공감할 수 있었다. 그리고 부모-자녀놀이를 통해 부모인 어머니 자신이 아이를 기다려 주지 못하고 이해해 주지 못하는 게 보여 내 아이를 내가 더 믿어 줘야겠다는 생각이 들었고, 이 과정 자체가 신기하다고 느꼈다. 어머니는 이제 아동이 부정적으로 표현하는 감정을 수용해 줄 수 있게 되었다. 치료자는 워크북에 있는 '제한설정이 효과가 없을 때'에 대해 어머니와 연습하며 아동의 행동을 제한한다는 것은 어려울 수 있지만 중요한 것은 아동의 욕구에 반응하는 것임을 다시 상기시켰다. 또한 어머니가 자녀와의 관계에 자신감을 가질 수 있도록 지지해 주었다.

9세션

어머니는 일상에서 우영이의 애정표현이 많아졌음을 느꼈다. 원래 우영이는 고모가 제일 좋은 사람이었는데, 요즘에는 엄마랑 고모가 똑같이 좋다고 하거나 엄마가 더 좋다고도 말했다. 어머니는 우영이가 변화되었다고 느끼는 또 하나의 행동이 있었는데, 어머니에게 "언제 올 거야?"라고 물어보거나 어머니를 자극하고 매달리듯이 말하는 태도였다. 어머니는 우영이가 부정적인 감정을 표현했을 때, 그런 말이나 표현은 하면 안 된다고 제한하거나 통제하지 않고 우영이의 마음을 이해하면서 아동의 행동을 예측할 수 있었다. 그러다 보니 자연스럽게 어머니는 우영이와의 관계에서 스트레스를 덜 받고 어머니 자신도 우영이가 했던 말이나 행동에 대해 잘못한 거라고 집요하게 반복해서 말을 할 필요가 없었다. 예를 들어, 이전에는 "아빠 싫어."라고 말하면 "싫다는 말을 사람 앞에서 말하면 안 돼."라고 했는데, 지금은 "아까 아빠가 혼내서 싫었지? 그럴 수 있어."라고 말하는 자신의 태도에 대해 변화를 느꼈다. 우영이는 이제 긍정적·부정적 감정표현을 다양하게 많이 하는 것 같았고, 어머니는 부모놀이치료 과정을 통해 "쓸데없이 내가 아이를 지적하지 않고 이해시키려는 태도가 많이 줄어서 그런지 우영이와 같이 있는 게 덜 힘들어요."라고 말했다.

　부모-자녀놀이 영상에서 어머니는 우영이와 축구게임, 에어하키게임, 개구리 벌주기 게임을 했는데 우영이가 "엄마 뭐로 할 거야? 이거는 이렇게 하는 거라 강해."라고 알려 주는 모습에 기분이 좋았다. 또 우영이는 게임이 잘 안될 때 "으으으~"라고 말하며 자기 무릎을 세워 안는 모습을 보였다. 어머니는 우영이가 실패할 것 같은 상황에서도 이제 더 이상 짜증이나 화로 표현하지 않고 긴장되는 마음을 "으으으~"라고 말하며 행동을 조절한다는 걸 알았다. 에어하키 게임을 어머니에게 꺼내 달라고 하며 우영이는 선반에 있는 토이 스토리 군인 피규어들을 쓰러뜨렸다. 에어하키 게임을 진행하면서 우영이는 "대한민국의 메시라고 불리는 손흥민~"이라고 큰 소리를 냈다. 어머니와 우영이는 신나게 놀이하였고, 어머니가 골을 넣어도 우영이는 화를 내거나 억울해하지 않았다. 어머니에게 잠깐 기다리라고 하고는 공사 세트 박스를 가져와 "엄마도 골라~"라고 말했고, 공사하는 사람마다 특징들을 말해 주며 어머니가 좋은 것을 고르도록 했다. 그다음에 우영이는 개구리 벌주기 게임을 골랐는데 어머니가 먼저 이기자 우영이는 "아, 왜~ 한 번 더 해~"라고 말하며 자신의 감정을 안전하게 표현했다. 어머니는 우영이가 이제 실패하고 좌절되는 상황에서도 짜증 내거나 화내지 않고 자신이 할 수 있는 걸 어머니에게 요구하는 모습을 볼 수 있었다.

부모놀이치료 경험에 대한 어머니의 소감

　"저 스스로 어떤지 객관적으로 알게 되었던 것 같아요. '이 정도면 됐지 뭐…… 다른 집도 똑같을 텐데…… 엄마가 이 정도는 혼내겠지…… 엄마가 이 정도는 혼내 줘야지…….'라고 생각했는데, 제가 아이한테 더 잘해 줄 수 있다는 걸 생각해 보지 못했던 것 같아요. 그런데 아직도 좀 많이 부족한 것 같고, 자꾸 아이의 행동만 통제하려고 하고, 아이 마음 알아주는 게 너무 많이 부족했고……(울컥하며 눈물을 보임). 지금도 조금 더 많이 노력하면, 자주 더 쳐다보고, 아이의 말도 더 잘 경청해 주고 할 수 있는데, 첫째한테 너무 신경을 많이 쓰다 보니, 집에서는 둘째한테 애정을 많이 쏟고 있다고 생각했는데 아니었던 것 같고…… '아이가 점점 과격해지는 것이 아닌가?' 그런 마음이 되게 많이 들었고, '왜 이렇게 자꾸 나쁜 것만 빨리 배울까?' 하는 그런 생각이 들었는데, 엄마에게 관심을 많이 받고 싶었던 것 같고, '제가 좀 진작에 신경을 더 썼으면 아이가 원하는 사랑을 더 많이 줄 수 있지 않았을까?' 하는 생각이 들었어요. 너무 유익했어요. 실제로 느껴지는 아이의 변화가 있으니 그 점이 신기했어요. 제가 되게 많이 뭐 해 준 것도 아닌데 태도를 바꾸니 아이의 태도도 부드러워지고, 엄마 아빠한테 반항하지 않고, 금방 감정을 추스르는 것도 너무 신기하고, 그런 변화가 보이니깐 신기한 것 같아요. 엄마가 자기 마음을 알아줬으면 했을 텐데, 그 나이 때는 자기가 어떤 마음인지 모를 수 있어서 제가 알려 줘야 한다는 걸 몰랐던 것 같아요. 그냥 알아서 그런 건 알겠지 했던 것 같아요. 부모놀이치료에 참여하게 되어 너무 다행이었어요."

그러면서 어머니는 학창 시절에 학교나 학원 다니는 게 재미있었고 자녀를 낳기 전에도 관심 있는 게 많아서 제빵이나 미용 등 배우고 싶었던 게 많았는데 자녀를 낳고 모든 것이 멈춰 버렸고, 그때부터 엄마의 역할에 익숙해지기 전까지 생활이 재미도 없고, 우울하며 힘들었던 것을 떠올렸다.

"내가 이걸 언제까지 해야 할까? 초등학교 가면 끝이라고 하는데 형이 장애 진단을 받고 매년 신생아를 키우는 느낌이 초등학교 1, 2학년 때까지는 심하게 들었어요. '이제 이거 할 수 있네?'라는 것들이 조금씩 보이지만 그래도 똑같은 것을 반복하고 아이가 크는 것 같지 않고, 그런 걸 느낄 때 힘들긴 해요. 그런데 우영이가 크는 걸 보니 형과 다른 것에 대해서 오는 힘듦도 있지만 아이가 크는 게 신기하고, 이제 다시 공부를 좀 하고 싶다는 생각이 들어요."

이제 어머니는 우영이와의 관계에서 자신감을 느끼고 두 아들의 엄마로서, 그리고 자신의 삶의 주체로서 무언가를 하고자 용기를 내고 있다.

5. 효과 및 결론

부모놀이치료를 시작하면서 처음에는 6세션을 진행하기로 했었다. 부모놀이치료가 진행되면서 우영이는 일상에서와 다르게 자신을 좀 더 이해해 주는 어머니와의 부모-자녀놀이를 통해 신뢰를 구축했다. 그러나 우영이는 변화과정에서 퇴행적인 모습을 보였고, 평소와 다른 어머니의 모습에 함부로 말을 하거나 행동함으로써 어머니의 신뢰를 지속적으로 확인했다. 어머니는 우영이의 말과 행동을 공감해 주고 제한하는 것을 어려워했다. 이것은 6세션만으로는 부족했고, 이에 3세션을 더 추가하여 총 9세션의 부모놀이치료를 진행하기로 합의했다. 어머니는 부모놀이치료에 대해 주당 30분의 특별한 부모-자녀놀이 시간을 갖는 것만으로 우영이의 문제행동이 나아질 수 있는지, 아동에게 문제가 있는 것 같은데 자기가 어떻게 노력해야 하는 것인지 등에 대해 의아해했다. 그렇지만 다루기 어렵다고 느꼈던 아동의 문제행동보다는 우영이와 관계에 초점을 맞추게 되면서 변화는 시작되었다.

놀이하면서 아동들은 그 외의 상황에서는 표현하기 어려운 자신의 격렬한 감정, 사고, 태도 등을 드러낸다(장미경, 2018). 어머니는 우영이가 자신이 원하는 보드게임을 하는데도 왜 화를 내는지, 말도 안 되는 억지를 부리는지 이해하기 어려웠다. 그러나 아동이 원하는 감정과 생각 등이 놀이를 통해 표현되고 있다는 것을 영상을 보며 이해하기 시작했다. 우영이가 짜증을 내거나 화를 내는 상황 전에 어머니와의 관계에서 어떠한 일이 있었는지, 우영이는 말을 했는데 어머니 스스로 감정에 휩싸여 듣지 못했던 말이 무엇이었는지 등을 부모-자녀놀이 영상을 통해 알 수 있었다. 어머니는 부모-자녀놀이 시간이 거듭될수록 우영이의 부정적인 감정표현을 보이는 대로만 인식하는 것이 아니라, 이유가 있었을 것이라 생각하면서 아동을 믿기 시작했고, 아동과의 놀이에 더 집중할 수 있었다. 어머니는 우영이가 저항이나 방어 없이 자신을 안전하게 표현할 수 있게 되었다는 것을 느꼈고, 우영이가 말하고 행동하는 모습 그대로가 아닌 보이지 않는 아동의 욕구를 이해하는 과정을 배우기 위해 노력했다.

부모놀이치료를 통해 부모들은 공감적으로 변화해 가고 통제를 잘할 수 있게 되면서 기대치 않았던 부모 자신의 개인적 성숙을 이루는 현상이 나타나고, 부모 자신의 대인관계 문제와 정서적 문제들이 자녀에게 놀이치료 기술을 사용하는 것과 직접적인 관계가 있다는 것을 깨닫게 된다(장미경, 2018). 어머니는 부모놀이치료 과정에서 자신의 성장과정과 첫째 자녀를 어떻게 느끼는지에 관해 이야기하며 우영이가 경험하게 될 수 있는 환경들에 집중해 보고 치료자와 나눌 수 있었다. 어머니는 부모-자녀놀이 영상에서 보이는 자신의 태도를 마주하면서 자신이 어린 시절의 가까운 대상들한테서 들었던 "애들이 저러는 건 부모들이 문제인 거다."라는 이야기와 어머니 스스로 가지고 있었던 "~하면 나쁜 사람이고, ~하면 착한 사람이야." 등의 이분법적인 가치관을 통합할 수 있었다. 어머니는 더 이상 우영이가 문제가 있는 아이가 아니라 어머니 자신에게 관심받고 이해받고자 하는 과정에서 과격하고 부정적으로 표현되었음을 알게 되었고, 우영이가 보이는 행동들이 어느 정도는 자연스러운 발달과정에서 나타날 수 있다는 것도 알았다. 어머니는 더 이상 우영이가 부정적으로 표현하는 감정을 회피하지 않고 관계 안에서 안전하게 다룰 수 있게 되었다. 그러면서 어머니는 우영이와 단둘이 있는 시간을 힘들어하지 않게 되었고, 어머니가 우영이의 부정적인 표현에 대해 예민하게 반응하지 않자 우영이도 "엄마가 제일 좋아~" 등 긍정적인 말로 애정표현하는 모습을 보였다. 우영이는 어린이집과 일상생활에서 관계가 조금씩 좋아졌으며, 더 이상 부정적으로만 자기의 감정을 표현하지 않으려고 노력하는 모습도 보였다.

어머니는 부모놀이치료 세션이 종결되는 것을 아쉬워했고 두려움마저 느꼈다. 일주일에 한 번씩 자녀와 놀이하고 치료자와 부모-자녀놀이 영상을 보며 교육받는 시간이 없어지는데 과연 일상생활에서도 배우고 경험했던 것들을 잘 유지할 수 있을지에 대한 것과 다시 예전의 관계로 돌아가면 어쩌나 하는 두려움이었다. 치료자는 아동이 무언가 잘되지 않아 짜증 나거나 화가 날 때 그 마음을 말로 표현해 주는 것만으로도 아동은 현실과 맞설 힘을 갖게 될 수 있을 거라고 어머니의 두려운 마음을 공감해 주었다. 어머니는 우영이의 마음과 행동이 성장할 수 있을 것이라는 믿음이 생기게 되었고, 부모로서 자녀에 대한 인식을 전환할 수 있었다.

4. 자녀의 마음을 도무지 모르겠다고 호소하는 어머니를 위한 부모놀이치료 사례

1. 서론

다른 사람의 마음과 행동을 이해하기 위해서는 많은 노력이 필요하다. 그 사람의 이야기를 들어주고, 행동을 관찰하고, 어떤 감정인지 알아주고, 상대방의 입장에서 생각해 볼 수 있어야 한다. 그러나 대부분의 부모는 자기 자녀에 대해 '아직 어린 아이니까' 혹은 '내 자식이니까'라는 이유로 자녀의 마음을 자신의 기준에서 단정 지어 버리거나 이해하려는 생각을 하지 못한다. 특히 자녀의 문제행동에 대해서는 더욱 이해하지 못하는 경우가 많다. 그러한 이유 중 하나는 자녀의 발달단계에 대한 이해이다. 아동은 빠르게 성장하고 발달단계마다 다양한 특성을 가진다. 예를 들어, 유아기에는 자기중심적 특성이 있다. 연령이 어릴수록 아직 타인의 관점을 조망하는 능력이 다 발달하지 못했기 때문이다. 그러나 부모들은 유아인 자녀가 자신의 마음을 알아주지 않는다며 혹은 형제자매나 또래에게 맨날 자기 멋대로 행동한다며 어려움을 호소한다. 이는 발달단계에 따라 자연스러운 현상이고 부모나 다른 사람들과의 상호작용과 공감을 통해 발달하는 과정에 있기 때문이다. 그러나 부모들은 때로 부지불식간에 아동을 자신과 똑같이 다 성장한 사람처럼 생각하는 경우가 많고 이러한 오해는 자녀의 어려움과 부모–자녀 관계의 어려움을 가중시킨다. 따라서 아동을 이해하기 위해서는 아동의 발달단계와 아동이 처한 상황에 대해 고려해야 한다.

또 다른 이유로는 자녀와 놀이하거나 대화하는 방법을 알지 못하는 것이다. 놀이는 그 자체만으로도 학습, 의사소통, 치유, 자아증진을 할 수 있는 기능이 있다(장미경, 2018). 그러나 자녀에게 필요하다는 이유로 놀이에서 학습적인 부분을 강조하고 확인하거나, 놀이보다는 공부를 하도록 강요하고 부모가 개입하여 아동의 삶을 끌어주려고 한다. 이러한 부모 주도적인 놀이와 의사소통 역시 자녀에 대한 이해를 어렵게 만든다.

마지막으로, 부모 역시 다른 사람에게 공감받고 이해받는 경험이 부족하다는 것이다. 공감은 상대방의 마음으로 들어가 느끼는 것이다. 그러나 타인과의 관계 혹은 원가족에서 이러한 공감을 충분히 경험하지 못했다면 부모들도 공감과 수용을 자녀에게 줄 수 없다.

부모놀이치료는 부모-자녀 관계에 개입하여 놀이를 통해 부모와 자녀가 서로를 이해하고 이해를 바탕으로 한 공감을 나누며 적절한 훈육이 이루어지도록 한다. 본 사례는 자녀를 이해하지 못하겠다고 호소하는 어머니에게 부모놀이치료를 진행한 사례이다.

2. 사례 개요

다감이는 만 4세 남아로 연년생 여동생이 모르는 성인 남자에게 강제추행 당하는 것을 목격했다. 범인은 바로 잡혔고, 그 직후에는 모두 괜찮아진 것 같았지만 한 달이 되어 가면서 동생과 다감이 모두에게 행동 변화가 있어 놀이치료를 받게 되었다. 놀이치료의 부모상담 시간에 어머니는 일상에서 아동의 행동이 도무지 이해되지 않고, 놀아 주는 것도 힘들다며 어려움을 호소했다. 이에 치료자가 부모놀이치료를 권했다. 부모놀이치료는 놀이치료와 동시에 진행되었으며 부모놀이치료는 총 4회를 진행했다.

다감이는 어렸을 때부터 어머니가 계속 양육해 왔다. 이사를 한 적이 있지만 어린이집도 계속해서 같은 곳에 다녔고 크게 환경의 변화는 없었다. 그러나 어린이집에 처음 다니기 시작했을 때 여동생은 빨리 적응했지만 다감이는 적응 기간이 두 달로 더 오래 걸렸다. 엄마랑 떨어지지 않으려 했기 때문이다. 상담센터 내원 당시에도 가끔 어린이집에 가지 않겠다고 했다. 여동생과는 나이 차이가 얼마 안 나 친구처럼 지냈고, 싸울 때는 싸우지만 사이는 좋은 편이었다. 다감이는 낯선 곳에 가면 경계를 많이 하는 편이었는데, 여동생과 있으면 그래도 괜찮아했고 여동생이 없으면 더 힘들어했다. 그러나 두 아동의 성향은 완전히 달랐다. 싸워도 대부분 여동생이 먼저 양보하는 편이고, 거의 항상 다감이가 원하는 대로 놀이 상황이 흘러갔다. 싸우면 여동생은 엄마에게 이야기하고 이르는 편이라면, 다감이는 뒤에서 해결하는 편이었다. 그리고 여동생은 근처 사는 외조부모님 댁에서 자고 오기도 하고 무엇이든 무난했지만, 다감이는 예민하고 무조건 집에서 자야 하는 아이라 어머니가 힘들어했다.

다감이는 성추행 사건 이전부터 예민한 아동이었다. 여동생은 잘 참는 편이고 순하게 크는데 다감이는 그에 비해 훨씬 예민하고 고집이 셌다. 그래서 어머니는 다감이가 좀 더 커도 이렇게 고집스럽고 예민하다면 심리검사나 놀이치료를 받아야겠다는 생각을 여러 번 했다고 했다.

사건 발생 당시 가해자에게 끌려간 다감이는 이상함을 느꼈는지 계속 여동생에게 다가갔지만 가해자는 다감이를 돌려보냈다. 이후 가해자가 도망가고 부모는 신고 후 CCTV를 확인하러 가서 친척들이 다감이와 여동생을 데리고 집으로 바로 돌아갔다. 당시 친척들은 다감이에게 "네가 오빠니까(또는 남자니까) 여동생을 지켜 줘야 해."라고 여러 번 이야기했다고 한다.

다감이는 사건 이후 일상생활을 하다가도 PTSD 증상을 보이며 불현듯 사건 관련 이야기를 꺼내거나 어머니에게 "엄마 나 지켜 줄 거지?"라고 물어보며 계속 확인을 했다. 어머니는 그럴 때마다 범인은 잡혔다며 괜찮다고 이야기해 주었다. 그러나 그런 이야기를 들을 때마다 어머니는 흠칫 놀라며 불안해지고 자신도 가라앉았던 불안이 다시 올라와서 힘들어했다. 또한 다감이는 사건 이후 낯선 곳에 가면 CCTV를 확인하고 무서워했다. 어머니는 처음에 왜 그런지 이해하지 못했다. CCTV를 확인할 뿐 별다른 행동은 없었다고 느꼈었는데 평소에 잘 가던 곳에서 움직이는 CCTV가 있자 울며 안아 달라고 하는 행동을 보이기까지 하여, 무서워한다는 것을 알았다.

또한 다감이는 악몽을 꾸며 매일 자다가 깨는 어려움도 있었다. 심할 때는 무조건 하루에 한 번은 깼었고, 여러 번 깨기도 했다. 빈도가 줄었을 때는 일주일에 세 번 정도 자다가 깼다. 다감이는 악몽을 꾸고 그냥 깨기만 할 때도 있었지만 때로는 울면서 깨기도 했고, '엄마'라고 소리 지르며 깨는 등 야경증 증상을 보였다. 어떤 경우에는 일어나서 여동생이 잘 있는지 확인했다. 어머니는 다감이에게 꿈 내용을 물어보거나 잠꼬대 내용으로 추측해 보았을 때 제지를 당하는 꿈을 많이 꾸는 것 같다고 했다. 다감이는 꿈에서 사고 싶은 것을 엄마가 못 사게 했다고 하고, 자신은 놀이터에서 놀고 싶었는데 놀지 못하게 했다며 일어나 울면서 어머니를 원망했다. 심각할 때는 그런 악몽을 꾸고 일어나서 한 시간에서 한 시간 반까지도 울고, 발악을 한 적이 여러 번 있었다. 그럴 때 어머니는 다감이를 안아 주고 계속 달랬지만 "엄마 싫어, 엄마 말하지 마, 엄마 저리 가."라고 하며 어머니의 입을 막았다. 달래다 지친 어머니가 진짜 자신의 방으로 가면 간다고 다시 더 울었다. 어머니는 그럴 때 옆에서 기다리는 것 밖에 할 것이 없었다. 실컷 울고 나면 "엄마, 이제 자자."라고 하며 스스로 잠이 들었다.

사건 이전부터 다감이에게는 고집스러운 행동이 있었다. 해야 한다고 생각하면 무조건 해야 하고, 다른 사람의 간섭을 싫어해 무조건 자신이 스스로 해야 했다. 예를 들어, 어린이집에 등원할 때 자신의 루틴 같은 것이 있어서 집을 나서기 전 텔레비전을 꼭 자기가 끄고, 엘리베이터 버튼도 자신이 꼭 눌러야 했다. 만약 다른 사람이 끄거나 누르면 그날은 어린이집에 가지 못할 정도로 울고불고 난리가 났다. 어머니는 그럴 때마다 다시 상황을 만들어서 다감이가 누를 수 있게 맞춰 주었다. 그러나 한 번은 엘리베이터가 올라가고 있는데 자신이 안 눌렀다고 버튼을 꺼 버려서 엘리베이터가 내려갔다 다시 올라간 적도 있었다. 그때는 그러한 행동이 위험할 것 같아서 집에 가서 크게 혼을 냈고, 그 이후 그러한 행동이 줄었다가 다시 시간이 지나면서 똑같이 행동했다. 또한 버튼을 보면 무조건 눌렀다. 한 번은 관리실 호출 버튼을 눌러서 경비 아저씨가 온 적도 있었다. 어머니가 말릴 틈도 없이 바로 누르고는 누른 다감이도 깜짝 놀랐다고 했다.

이러한 충동성은 다감이의 또래관계에서도 나타났다. 어린이집 선생님의 말에 의하면 다감이가 인지적인 측면에서 또래보다 뛰어난데, 뭔가를 하고 있을 때 친구들이 다가와 개입하면 친구들을 바로 때리는 공격적 행동을 보였다. 아직 어려서 아이들이 서로 잘 어울리지는 못하지만 다감이가 유독 더 못 어울리는 편이라고 했다. 어머니는 어린이집 선생님에게 이런 이야기를 들으면 다감이를 어떻게 해야 할지 몰라 했고, 자신이 봐도 집에서처럼 행동하면 친구들이 싫어할 것 같았다. 그러나 다감이가 친구들을 싫어하는 것은 아니었다. 집에 여동생 친구들을 불러서 같이 논 적이 있는데 자신도 친구들을 초대하고 싶다고 해서 초대를 하기도 했다. 그러나 어머니는 막상 집에 놀러 온 친구들과 다감이가 함께 있는 모습을 보니 어울리기보다 곁에서 빙빙 도는 느낌을 받았다. 어머니는 계속 다감이를 잘 모르겠다고 했다. 놀자고 하면 될 텐데 그러지 못하고, 친구들을 때리면 안 되는 것을 알면서 왜 때리는지 이해가 되지 않았다. 어떨 때 보면 '어떻게 저런 말을' 하며 놀랍기도 하고, 또 다른 때는 '도대체 왜 저럴까?' 생각하며 설명하기 어려운 아이 같다고 했다.

3. 부모 성격 역동

다감이의 어머니는 어린 시절 부모가 이혼한 후 오빠와 할머니에게 많이 의지하며 성장했다. 그러다 오빠는 성인이 되어서 집을 나갔고, 아버지가 재혼한 후에는 집에 있고 싶지 않아 고등학생 때부터 멀리 나가 혼자 살았다. 혼자 아르바이트를 하며 부모로부터 경제적 도움을 받지 않았다. 그때부터 혼자 살아가야 했기 때문에 자신의 힘든 부분을 이야기할 사람이 없었다. 무엇인가가 잘못되면 자신이 제대로 하지 못해서 그런 것 같아 죄책감을 과도하게 느꼈다. 이러한 성향은 가족과의 관계에서도 영향을 미쳤다. 부모의 이혼 후 친정어머니와는 연락을 하지 않다가 결혼하며 다시 연락하기 시작했고, 아이들 때문에 자주 함께 시간을 보내게 되었다. 결혼 후에는 오빠와 자주 연락하지는 않지만 그래도 만나면 반가워하는 사이가 되었다. 그러나 오빠가 힘든 일을 겪어 도와 달라고 했을 때 자신의 형편도 좋지 않아 도와주지 못해 미안한 마음을 가지고 있다. 또한 오빠와 친정어머니는 서로 연락하고 있지 않아 자신이 중간에 끼어 있는 입장이라고 했다. 둘 사이를 중재하고 있어 난감한 점들을 이야기하며 둘 사이는 알아서 하라고 하고 싶지만, 이러지도 저러지도 못하는 자신에 대한 답답함을 호소했다. 둘 사이에서 자신이 잘하면 다 같이 잘 지낼 수 있는데 그러지 못한 것 같아 역시 죄책감을 느꼈다.

어머니는 사건 이후 처리하는 과정에서 계속 연락을 받았는데, 관련 연락을 받으면 예민해졌다. 사건과 관련된 상황이 계속되면서 평소처럼 사람들이 많거나 아이들만 놀고 있는 놀이터에서 아이들이 놀 때도 무슨 일이 일어났거나 일어날 것 같으면 꼭 아이들 곁으로 직접 가서 확인하고 자신이 중재를 해서 해결해 주었다. 어머니도 사건 후 수면장애와 악몽에 시달렸고, 이와 더불어 다감이의 수면 문제로 더 힘들어했다. 자신이 잠들만하면 다감이가 깬 적도 많아서 잠을 잘 이루지 못했다. 어머니는 이로 인해 심할 때는 낮에 두통이 생겨 진통제를 달고 살았다. 그럴 때면 아이들한테 짜증을 내기도 해서 죄책감을 많이 느꼈다. 죄책감을 덜기 위해 사건 이후 아이들이 어린이집에 가고 싶지 않아 하거나 사건 관련 기억으로 힘들어할까 봐 어린이집을 빼고 자주 캠핑을 다니거나 놀러 다녔다.

다감이 아버지는 일의 특성 때문에 어머니가 혼자 아이 둘을 데리고 다녔다. 이처럼 어머니는 가능한 한 아이들의 욕구를 맞춰 주려고 했다. 아이들을 재촉하지 않고 기다려 주는 모습을 많이 보였다. 예를 들어, 놀이치료가 끝나고 집에 가야 할 때 아이들이 가려고 준비조차 하지 않아도 다감이의 어머니는 아이들이 겉옷을 들고 "그것만 하고 옷 입자."라고 하며 기다리는 편이었다. 그러나 때로는 이러한 모습이 아이들의 행동을 기다려 주는 것이라기보다 어머니의 에너지 수준이 낮아 알아서 하라는 듯이 자포자기한 듯한 또는 방임하는 듯한 모습처럼 보였다.

앞서 기술한 것처럼, 다감이의 어머니는 어린 시절부터 정서적 지지 없이 혼자서 살았다. 모든 일을 스스로 책임지려 했고, 특히 가족에 대한 책임감이 강했다. 자신 역시 부모나 다른 사람으로부터 적절한 공감과 수용을 받아 본 적이 없어, 자녀들에 대해 책임감은 강하지만 감정을 공감해 주고 수용해 주는 것에 대한 경험이 부족했다. 이와 더불어 사건 관련 외상으로 어머니 불안과 죄책감이 더 커진 상태였다. 그러다보니 자녀들에게 지나치게 허용적인 양육태도를 보이고 있었다.

다감이의 아버지는 자영업을 하여 아이들과 보내는 시간이 많지 않았다. 낮에 나가 새벽이 되어서 돌아오고 가게를 운영하다 보니 쉬는 날이 거의 없었다. 그래도 피곤을 무릅쓰고 아이들 등원시간에는 일어나서 아이들과 시간을 보내려고 했다. 특히 다감이는 아버지와 함께 레슬링 놀이하는 것을 좋아했다. 아버지는 또한 묵묵하게 자기 일을 하고 가게에 손님이 영업시간 끝나갈 때쯤 오더라도 받아 주는 등 가족들에 대한 경제적인 책임감이 매우 강했다. 어머니는 아버지가 너무 바빠 아이들과 놀아 줄 시간이 거의 없다는 것에 불만이 없었다. 가게 일이 바쁠 때는 어머니까지 아이들을 친정엄마에게 맡기고 도와주었다.

4. 개입과정과 진척 상황

다감이네는 놀이치료가 끝난 후 이어서 부모놀이치료 세션을 함께 진행했다. 부모놀이치료 세션을 시작하기 전 어머니는 부모놀이치료가 어떻게 진행되는 것인지, 무엇을 하는 것인지 보다 더 자세히 알고 싶어 했다. 치료자가 이에 대해 충분히 설명하자 어머니는 이런 교육에 대해 들어 본 적이 있는 것 같다며, 자신도 해 보고 싶었지만 막상 기회가 없었고 시간도 없었다며 아이들이 한 살이라도 어릴 때 배워 보고 싶다는 의욕적인 모습을 보였다.

치료자는 시작 전 부모놀이치료 진행을 위해 자녀와 놀이영상을 녹화하는 방법에 대해 어머니의 의견을 구했다. 치료자는 어머니에게 집에서 녹화하는 방법과 상담센터 치료실에서 시간을 내어 녹화할 수 있는 방법에 대해 안내했다. 다감이의 어머니는 집에서 하면 여동생이 항상 함께 있어서 진행이 어려울 것 같다며 상담센터에서 놀이하기를 원했다.

다감이와 어머니는 상담센터 놀이치료실에서 부모-자녀놀이 영상을 녹화했다. 녹화영상을 다음 부모놀이치료 세션에서 함께 보며 이야기 나누는 시간을 가졌다. 이러한 방법으로 총 4세션의 부모놀이치료를 진행했다.

1세션

첫 세션을 시작하며 치료자는 어머니에게 평소 집에서 다감이와 어떻게 놀이하는지 질문했다. 어머니는 보통은 아이들 모두 엄마랑 놀려고 해서 난감한 적이 여러 번 있다고 했다. 여동생이 놀아 달라고 하면 다감이는 혼자서도 잘 놀다가 와서 놀아 달라고 요구했다. 다감이는 어머니랑 놀이할 때 역할놀이를 시키기보다는 자신이 하는 것을 지켜보게 하거나 시키는 것만 해야 해서 놀자고 하는 것인지 이해가 되지 않을 때가 많았다. 그래서 어머니는 아이들이 같이 놀자고 하면 어떻게 놀아 줘야 할지 몰랐다. 그래도 둘이 잘 노는 편인데 요즘에는 점점 놀이 수준이 맞지 않아서 어머니에게 놀아 달라고 요구하는 것이 많아졌다. 차라리 셋이 같이 놀면 좋을 텐데, 그러기에는 서로 요구하는 게 달라 그렇게 하기가 어려워 다감이와 놀아 주고 나서 여동생과 놀아 주는 식으로 그때마다 정했다. 그러나 이렇게 정해 놓고도 다감이에게 기다리라고 하면 다감이는 기다리지 못하고 여동생과의 놀이를 방해해서 결국 혼나고 좋지 않게 상황이 끝난 적이 여러 번이었다. 또한 다감이랑 놀아 줄 때 제일 힘든 부분은 다감이의 에너지라고 이야기했다. 다감이는 에너지가 많고 체력이 좋아 어머니는 아이를 따라가기가 너무 벅찼다. 갑자기 기분이 좋아지면 소리를 지르거나 방방 뛰어서 진정시키려 했지만 진정이 잘 안 됐고, 결국 혼을 냈다.

어머니는 이러한 이야기를 하며 부모놀이치료에 대한 기대감을 이야기했다. 집에서는 둘 다 봐 주거나 놀아 줘야 할 때 둘을 감당하기 힘들어 혹은 바빠서 놀아 주지 못했는데, 이렇게 상담센터에 와서 따로 놀이시간을 갖게 되는 것 자체로도 일단 아이들에게 좋을 것 같다며 부모놀이치료에 대한 적극적인 태도를 보였다.

이후 치료자는 어머니에게 부모-자녀놀이를 위한 과정과 부모놀이치료 훈련의 기본 규칙을 교육했다. 먼저 부모-자녀놀이를 시작할 때 다감이에게 부모-자녀놀이 시간을 구조화하는 방법을 알려 주었다. "이제부터 여기서 엄마랑 30분 동안 특별한 놀이를 할 거야. 너는 평소처럼 놀이할 수 있어."라고 시작할 때 어머니가 이야기하도록 권했다. 그리고 놀이시간이 끝나기 5분 전에 "놀이시간이 5분 남았어."라는 5분 사인에 대해 설명했다. 다음으로는 부모놀이치료 훈련의 기본 규칙인 '하라' 규칙과 '하지 말라' 규칙에 대해 교육했다. 치료자는 가능한 예를 들어 설명했다. 그러나 어머니는 규칙을 보고는 너무 많아서 이걸 다 기억할 수 있을지 모르겠다며 걱정했다. 치료자는 어머니의 걱정에 대해 공감해 주면서도 편안하게 자녀와의 놀이에 참여할 수 있도록 격려했다. 처음 하는 거니까 이야기한 훈련 기본 규칙에 대해 신경 쓰기보다는 아동의 놀이행동에 집중하고 평소 하던 것처럼 자연스럽게 놀이할 수 있도록 했다.

첫 번째 부모–자녀놀이를 하고 나서 어머니는 한숨을 푹 쉬고 고개를 절레절레 저으며 나왔고, 다감이는 너무나 신이 난 얼굴로 나와 다음 주에도 엄마랑 또 놀이하는 것인지 물어보았다.

2세션

두 번째 세션에서는 지난 세션 이후 녹화한 부모–자녀놀이 영상을 함께 보았다. 치료자는 영상을 보기 전 함께 놀이하는 것이 어땠는지 어머니에게 물었다. 어머니는 부모놀이치료 세션에서 이야기 나누었던 규칙들을 지키려고 노력했는데 막상 들어가서 놀이하니 하나도 기억나지 않았다며 민망한 듯 웃었다. 그리고 카메라가 있다고 생각하니 신경이 쓰였다고 이야기했다. 어머니가 솔직하게 자신의 감정을 표현한 것에 대해 공감해 주며 누구나 녹화를 하면 신경 쓰이고 불편한 마음이 들 수 있다는 것에 대한 경험을 나눴다.

영상에서 다감이는 들어오자마자 "흐흐 엄마!" 하며 기분 좋은 듯 큰 소리로 웃었다. 어머니는 놀잇감을 가지러 가는 다감이의 손을 붙잡고 "다감아, 엄마 봐봐."라며 이야기를 시작했다. "엄마랑 오늘 여기서 특별한 놀이를 할 건데, 괜찮아?"라고 물었고 다감이의 눈은 놀잇감을 향해 있지만 "괜찮아!"라며 좋아했다. 어머니는 5분 사인에 대한 이야기까지 마무리하고 놀이를 시작했다. 여기까지 영상을 보고 치료자는 놀이에 대해 소개해 준 것을 그대로 기억하고 다감이에게 이야기해 준 것에 대해 어머니를 격려했다.

이후 계속해서 영상을 보았다. 다감이가 카메라를 비추는 곳에서 사라졌고 어머니는 영상이 잘 찍히고 있는지 신경이 쓰이는지 카메라 쪽을 쳐다보았다. 영상에서 다감이가 놀이를 시작하자 어머니는 "뭐야~?"라며 질문을 하기도 하고 "이거 잘하네~"라며 칭찬했다. 그러나 그 이후에는 "다감이가 그걸 들고 있구나." "다감이가 그걸 켠 거야~"라며 다감이의 행동을 읽어 주려는 모습을 보였다. 치료자는 이 부분에 대해 언급하며 계속해서 격려했다.

그러나 다감이가 놀이실에 있는 선물 모양 피규어의 포장을 뜯기 시작하자 어머니는 당황했다. 이 놀이 순간에 대해 물으니 어머니는 놀잇감을 망가뜨리는 것 같아 뜯으면 안 될 것 같은데 어떻게 해야 할지 몰라 고민되었다고 토로했다. 다감이의 어머니가 "뜯으면 안 돼……."라고 조심스럽게 이야기했지만 다감이는 "선물이니깐 뜯어도 되는 거야."라며 뜯었다. 어머니는 다감이의 말을 듣다 보니 틀린 말은 아닌 것 같고 자신이 고칠 수 있을 것 같아 그냥 두었다고 했다. 치료자는 어머니가 아이의 놀이에 개입하지 않고 다감이가 주도적으로 할 수 있도록 기다려 주고 읽어 주는 것에 대해 격려했다. 그러자 다감이의 어머니는 다감이가 워낙 고집이 세서 자신이 뭔가 도와주거나 나서서 해 주려고 해도 그 도움을 웬만하면 절대로 받지 않기 때문에 항상 이런 식으로 놀았던 것 같다고 웃으며 이야기했다.

영상 후반부로 갈수록 어머니의 반응과 목소리는 줄어들었다. 이에 대해 이야기하니 어머니는 사실 중간부터는 힘들기도 하였고, 이렇게 계속 반응하는 것이 맞는지 자신에 대한 의심이 들어서 말이 점점 준 것 같다고 했다. 치료자는 어머니가 적절하게 반응한 것을 다시 한 번 강조하면서도 감정적 공감에 대한 반응이 없음을 설명했다. 부모-자녀 놀이 상호작용에서 어머니는 아이의 행동을 비교적 잘 읽어 주었지만 다감이의 감정에 대해서는 반응하지 않았다. 이에 대해 어머니는 어떤 감정을 어떻게 이야기해야 할지 모르겠다고 했다. 치료자는 영상에서 다감이의 감정이 확실히 표현되는 부분으로 돌려 어머니에게 이 순간 다감이가 어떤 것 같은지 물어보았다. 그러자 어머니는 "신난 것 같아요."라고 답했다. 치료자는 엄마가 지금 느낀 것을 그대로 이야기해 주면 되는 것이라고 격려했다. 그러면서 지난주에 다감이와 놀이하고 나오면서, 그리고 오늘 놀이치료를 시작하기 전에 오자마자 다감이가 "엄마랑은 언제 놀아요?"라고 이야기했던 것에 대해 다감이의 기대감과 즐거움을 이야기해 주었다. 그러자 어머니는 집에 가서도 다감이가 정말 좋아했던 것 같다며, 언제 또 노는지 계속 물어봤다고 했다. 어머니는 다시 용기를 내며 감정에 공감해 볼 것을 다짐했다.

3세션

치료자와 부모의 사정으로 2주를 쉬고 부모놀이치료 세션을 진행했다. 3세션에서 함께 본 부모-자녀놀이 영상에서 어머니는 지난 영상보다 훨씬 많은 반응을 했다. 어머니는 "노력은 했는데……."라고 이야기하며 미소를 지었다. 그런데 하다가 욱한 적이 있다고 큰 소리로 감정을 표출했다. 어떤 부분에서 욱했는지 물어보자, 이번에 중간에 너무 오래 쉬게 된 2주 동안 집에서 놀이시간을 시도했다가 욱했다고 했다. 치료자는 어머니가 집에서 시도했던 것에 놀라워하며 격려했다. 어머니는 다감이도 계속 엄마랑 언제 노는지 물어보기도 했고, 자신도 부모놀이치료가 끝나도 집에서 해야 할 것 같아서 한 번 시도해 보았는데, 부모-자녀놀이 영상을 상담센터에서 찍을 때는 공간이 주는 안정감 때문인지 다감이가 차분하게 놀이를 했는데 집에서는 그렇지 못했다고 했다. 어머니는 치료자가 한 이야기를 기억하고 여동생을 친정어머니에게 맡긴 다음 다감이랑 둘이 다감이 방에서 놀잇감을 준비해서 놀이를 했다. 그러나 집에서는 다감이가 계속 밖에 있는 놀잇감을 가지러 간다고 하거나, 화장실에 간다고 하거나, 갑자기 물을 마시려고 해서 제대로 집중하지 못했다. 어머니가 시작할 때 똑같이 구조화를 했음에도 다감이는 계속 방을 나갔다. 치료자는 어머니가 시도한 것에 대해 의미가 있다고 이야기해 주며 격려했다. 어머니는 갑자기 오래 쉬게 되어 다감이의 마음이 좋지 않을까 봐 걱정이 되어 시도했는데 딱 한 번으로 끝났다며 아쉬워했다. 치료자는 어머니가 다감이의 마음을 알아차리고 다감이의 마음을 충분히 공감하고 있음을 이야기해 주었다.

영상 초반에 어머니는 들어가자마자 구조화를 다시 했다. 전 영상보다 자연스럽게 했지만 이후에는 하지 않아도 되고, 첫 세션에만 하면 되는 것을 안내했다. 이번 부모-자녀놀이에서는 제한설정에 대해 이야기할 상황이 계속 이어졌다. 어머니는 다감이에게 안 되는 것을 이야기하지 못하는 것에 대한 어려움을 호소했다. 다감이에게는 여러 번 하지 말라고 해도 고집을 부리며 하려고 할 때가 있어 그럴 때마다 결국 아이와 싸움으로 이어졌다.

> 다감: (화살을 들며) 이거 사람한테 쏘는 거 아냐.
>
> 어머니: 맞아, 그건 사람한테 쏘는 거 아냐.
>
> 다감: (어머니한테 총을 겨눈다.)
>
> 어머니: 다감아, 그건 사람한테 쏘는 거 아냐.

다감: 근데 이건 장난감 총인데?

어머니: 그래도 사람한테는 쏘는 거 아냐.

다감: (다른 곳을 향하여 총을 누르자 총에서 소리가 난다.) 에이케이!! 얍!!!

어머니: 다감이가 누르니까 거기에서 재미있는 소리가 나네.

다감: 흐~ 재밌다.

……(중략)……

다감: (전동 드릴 놀잇감을 들고 일어난다.) 고쳐야겠다!

어머니: 어떤 거 고치러 갈 건데?

다감: (놀이실 벽에다가 전동 드릴 놀잇감을 가져다 댄다.) 깨지게 하는 거야.

어머니: 다감아…… 근데…… 거기는…… 하면 안 되지 않을까?

다감: (계속해서 전동 드릴 놀잇감을 벽에 대고 돌린다.)

어머니: 다감아?

다감: (계속해서 전동 드릴 놀잇감을 벽에 대고 돌린다.) 괜찮아요!

어머니: 다감아? 옆에 시끄러울 것 같은데…….

……(중략)……

다감: (놀잇감 설명서를 가지고는 색연필로 칠하려고 한다.)

엄마: 다감아, 이건 눈으로만 봐야 해. 그림은 나중에 종이에다가 그리자.

다감: (물감 뚜껑을 열며) 이거 나온다.

엄마: 다감아, 이건 열면 안 돼. 나중에 종이에다가 하자. 이건 눈으로만 볼 수 있어.

다감: (다른 놀잇감을 가져온다.)

……(중략)……

어머니: 다감아, 우리 이제 나가야 할 시간이야.

다감: 근데…….

어머니: 다감아, 이제 나가야 해.

다감: (주방 놀잇감의 가스레인지를 켠다.)

어머니: (다감이에게 다가가며) 다감아, 오늘 엄마랑 약속한 거 지켜야 우리 다음번에
　　　　도 특별한 놀이를 할 수 있어.

다감: (흥얼거리며 노래를 부른다.)

어머니: 다감이가 준비하는 거구나.

다감: 이거 만든 거야. 엄마 먹으라고.

어머니: 다감이가 만든 거구나. 맛있겠다. 다감아, 이제 가자. 엄마랑 약속했지? 약속
　　　　은 지키는 거야.

다감: 네

어머니: 다음에 또 놀자~

　어머니는 다감이에게 목소리 톤을 높이거나 화가 난 목소리로 이야기하지 않고 차분한 톤으로 다감이에게 안 되는 것에 대해 여러 번 반복해서 말했다. 그러나 어머니는 단호하지 못했으며, 똑같은 설명을 반복할 뿐이었다. 치료자는 어머니가 계속 안 된다고 했는데 다감이가 그런 행동을 반복할 때 어떠했는지 물어보았다. 어머니는 욱하기는 하지만 그래도 참고 계속 안 되는 것에 대해 설명해 주려는 편인 것 같다고 이야기했다. 그러다가도 계속하면 결국 혼을 냈다. 치료자는 그럴 때 사용할 수 있는 제한설정 방법에 대해 설명해 주었다. 놀이실에서 어머니를 다치게 하거나, 아동이 스스로를 다치게 하거나 또는 놀잇감을 일부러 망가뜨릴 때는 항상 제한설정을 해야 한다고 이야기해 주었다. 또한 제한설정의 세 단계에 대해 이야기해 주고 영상에서 나온 상황을 그대로 다시 보며 대입하여 연습했다.

　첫 번째 상황에 대해 발사되지 않는 놀잇감 총이었을 때는 수용해 주어도 되고, 다만 화살처럼 실제로 발사가 되어 다른 사람을 다치게 할 수 있는 놀잇감은 제한설정을 해야 된다는 것을 구분해 주었다. 어머니는 다감이가 친구들에게 가끔 공격적인 표현을 해서 이와 관련된 걱정이 많았다. 실제로 얼마 전 다감이가 새총 같은 것을 어린이집에서 만들었는데 그걸 계속 친구들을 향해 쏠 것처럼 한 적이 있어 불안해했다.

　치료자는 발사되는 총을 사람을 향해 쏘려는 상황을 제시하여 이에 대해 연습해 보기로 했다. 치료자는 어머니가 그 순간 다감이의 마음이 어떨지를 느끼는 것이 중요하다고 생각하여 어머니가 직접 그 마음을 생각해 보도록 "어떤 마음일까요?"라고 어머니에게 물었다. 어머니는 잠시 생각하더니 "다감이가 총을 쏘고 싶어 하는 마음?"이라고 답했다. 치료자는 어머니에게 단순하면서도 어려운 다감이의 마음을 읽어 낸 것을 지지해 주

었다. 그리고 그 자체를 알아주는 것이 중요하다고 강조했다. 감정을 공감해 준 다음에는 안 된다고 분명하게 제한을 하고, 이후 다감이가 할 수 있도록 사회적으로 수용 가능한 대안을 제시해 주도록 했다. 이 놀이 상황에서는 대안제시를 어떻게 할 수 있는지 묻자, 어머니는 "저기 있는 보보인형에 해도 될까요?"라고 물었다. 결국 어머니는 머뭇거리며 제한설정을 해냈고 치료자는 이를 지지해 주었다.

> **공감하기**: 총을 쏘고 싶구나.
> **제한하기**: 그렇지만 그건 사람을 향해 쏠 수 없어.
> **대안제시**: 대신 저 보보인형에 할 수 있어.

어머니는 이후 다른 2~3개의 상황에 대해서도 제한설정을 연습했고, 금방 자연스럽게 해냈다. 어머니는 제한설정이 다감이에게 잘 받아들여질지 걱정했다.

다른 놀이영상 부분에서 어머니는 계속 다감이의 행동에 반응해 주려고 했다. "다감이가 그걸 골랐네~" "너는 그게 좋은가 보다~"처럼 다감이의 행동을 읽어 주고 감정을 공감해 주는 반응도 보였다. "우와~" "오!" 등 감탄사를 통해서 반응도 많이 해 주었다. 이전 영상에서 반응이 없고 아동의 목소리나 놀잇감의 소리만 들리거나 적막했던 것에 비해 어머니는 계속해서 반응해 주려고 한 것을 알 수 있었다.

4세션

영상에서 다감이의 어머니는 보다 더 편하게 반응하는 것이 많아지고 목소리의 톤도 올라가 어머니의 목소리에서 즐거움이 느껴졌다.

> **다감**: 이거 어떻게 하는 거지?
> **어머니**: 이거 어떻게 하는지 궁금해~
> **다감**: 이거 처음 보는 거예요.
> **어머니**: 아~ 처음 보는 거야.
> **다감**: 아! 이렇게 하는 거네~
> **어머니**: 오~ 그렇게 할 수 있네!
> **다감**: (놀잇감에서 갑자기 탁 소리가 나서 놀라 엄마를 쳐다본다.) 어?!

> **어머니:** (웃으며 다감이의 얼굴에 묻은 침을 닦아 주며) 아고, 놀랐구나~

어머니는 다감이의 감정을 공감해 주려고 많이 노력했다. 그러면서 자신은 정말 'T'라며 공감하는 것을 힘들어했다. 그런데 다감이는 감정을 알아주는 것이 중요한 아이라는 것을 최근에 알게 된 것 같다고 이야기했다. 어린이집 등교하는 아침에 다감이가 또 집에 있는 장난감을 한가득 가방에 넣어 가려고 하다가 어머니에게 걸렸다. 그래서 놓고 가라고 했는데 다감이는 가지고 가겠다고 고집을 부려서 이번에 배운 제한설정을 시도했다. 그러자 다감이가 망설이면서도 수용하고 한 가지만 선택해서 가져갔다. 어머니는 자신이 계속 아이의 마음을 몰라주었던 것 같다며 미안함을 표현했다.

마지막 세션에서 다감이와 어머니는 함께 구급차 놀이와 아일랜드 상어놀이를 했다. 다감이가 전화를 받으며 "여기 도와주세요." 하자 어머니는 "앗, 출동해야겠네!" 하며 자연스럽게 놀이에 참여했고, 그러다가도 다감이의 놀이가 전환되면 어머니는 거기에 맞춰 다시 다감이의 감정과 행동에 반응해 주었다. 다감이가 차를 움직이면 "출발합니다~" "오~ 거기로 가고 있네~"라고 반응하며 계속해서 다감이의 행동과 감정을 경청하고 공감했다. 또한 상어 보드게임은 세팅을 해야 하는데 다감이가 박스를 보며 설치할 때에도 어머니는 계속 기다려 주고 다감이가 해낼 때마다 "우와! 그렇게 되는 거구나!"라고 다감이의 옆에서 다감이를 계속 격려했다. 보드게임을 다 설치하고 상어가 움직이게 되자 다감이는 환호를 했고, 다감이와 어머니는 서로 눈을 맞추며 즐겁게 웃었다.

어머니는 마지막 세션에 대한 아쉬움을 이야기하며, 최근 다감이가 아빠랑은 같이 놀지 않는 것인지 물어봤다고 했다. 어머니는 다감이가 아빠하고도 이러한 시간을 보내는 것이 필요하다고 느꼈다. 최근에는 부자가 다툴 때가 많은데 서로를 이해할 수 있는 이런 시간을 통해 도움을 받고 싶어 했다. 또한 어머니는 다감이가 고집을 부리면 자신이 끌려 다니는 것 같았는데, 이제 다감이에게 필요한 것이 무엇인지 아주 조금은 알게 된 것 같다고 했다. 그러면서 다시 욱할지는 모르겠지만 집에서 이렇게 놀이할 수 있도록 시도해 보겠다는 다짐을 했다.

5. 효과 및 결론

아동의 주호소 중 외상으로 인한 공격적인 행동이나 수면 문제는 부모놀이치료 세션이 지날수록 줄어들었다. 그러나 주호소가 감소한 것보다 더욱 중요한 것은 어머니가 다감이의 주호소를 이해할 수 있게 되었다는 것이다. 어머니는 순한 딸에 비해 예민한 아들인 다감이를 이해하지 못하고 특이한 아이라고만 생각해 왔다. 사건을 직접 경험한 딸은 금방 괜찮아진 것 같은데 오히려 다감이가 더 예민하게 구는 것 같고, 왜 그러는지 이해가 되지 않았다. 그러나 함께 부모-자녀놀이를 하면서 어머니의 반응에 다감이의 행동이 변하고 자신과의 놀이를 기다리는 다감이의 모습을 보니 똑같은 아이로 느껴졌다. 그러면서 오히려 예민한 아이였으니 사건 당시 더 많은 것을 느꼈을 것 같다며 넓은 조망으로 아이를 이해하게 되었다. 사건 당시 다감이의 불안과 걱정까지 잘 위로해 주지 못해 미안해했다. 또한 자신이 그전까지 집에서 놀이했던 것은 정말 같이 놀이한 것이 아니라 옆에서 지켜보기만 한 것이며 그 결과로 아이들이 충분히 놀았다는 느낌을 받지 못했다는 것도 깨달았다.

어머니는 부모놀이치료를 진행하며 자녀 각각의 성격과 특성에 맞는 시간을 가져야 함을 알게 되었다. 또한 오랜 시간 놀이하는 것보다 짧지만 30분이라도 아동에게 집중해서 놀이하는 것이 더 좋은 경험이 될 수 있음을 알게 되었다. 다감이는 부모놀이치료 이후 충동성을 조절하고 상대방의 감정을 공감하는 행동이 많아졌다. 무엇보다 항상 새로운 곳에 적응을 힘들어하던 아이가 새로운 유치원에서 너무나 빨리 적응했다. 어머니는 이러한 변화에 대해 매우 놀라워했다.

어머니는 부모놀이치료를 통해 자신에 대해서도 이해하게 되었다. 자신이 다른 사람의 감정에 대해 반응하지 못하고 있다는 것을 알았고, 그것이 자녀들에게까지 영향을 주고 있다는 것도 깨달았다. 놀랍게도 그러한 부분도 노력하면 바뀔 수 있다는 것을 알았으니, 이제부터는 특히 아이들의 마음을 이해하기 위해 앞으로도 계속 노력해 보겠다는 결심을 했다. 구체적으로 어머니는 자녀에 대한 애정은 많았으나 이를 적절하게 표현하지 못하고 있었다. 그러나 부모-자녀놀이 영상에서 그 애정이 점점 더 어머니의 표정과 행동, 비언어적인 것에서 언어적인 부분에까지 세밀하게 표현되는 모습을 보여 주었다. 그리고 당연히 이러한 애정을 받아 변화하고 있는 다감이의 모습도 볼 수 있었다.

5. 성학대 외상이 있는 자녀와 버팀목이 되어 주지 못하는 아버지를 위한 부모놀이치료 사례

1. 서론

성학대는 성인이 아동에게 행하는 모든 성적 행위를 의미한다. 성학대 외상 직후 아동들은 잠들기를 거부하거나 자다 깨기를 반복하거나 악몽을 꾸는 수면장애, 학대행위자에 대한 공포심 등 불안 반응이 두드러지게 나타낸다. 시간이 지나면서, 아동들은 부모와 분리되는 상황을 거부하고 잦은 소변 실수를 하며 지나치게 매달리거나 보채거나 관심 끌기, 손가락 빨기 등 퇴행행동과 신체 증상을 포함한 정서적·행동적 증상도 보인다. 특히 성학대 외상을 겪은 아동들은 죄책감과 수치심을 느끼면서 학대가 자신의 잘못으로 인해 일어났다고 여기고 다른 사람들과는 다른 존재가 될 것이라는 두려움을 겪을 수 있다. 또한 위축된 행동을 하고 자기를 무가치하다고 느끼거나 낮은 자존감을 나타내고 다른 사람의 진실성을 불신하는 등 정서적 안녕감에 지속적인 영향을 받을 수 있으며, 장기적으로 해리 증상, 외상후스트레스 장애, 불안장애, 우울장애 등을 나타낼 수 있다.

성학대 외상이 있는 아동들은 종종 놀이장면에서 외상 경험을 재연하거나 자신의 몸에 대해 상처가 생겼다거나 더러워졌다 등으로 언급하거나, 인형을 목욕시키거나 빨래를 하거나 청소를 하는 등의 반복적인 정화 또는 취소 의미의 놀이를 한다. 예를 들어, 다정이는 부모놀이치료를 시작하기 전 개별 놀이치료 세션에서 아기 인형의 성기와 엉덩이를 씻어 주는 목욕놀이를 반복하였고, 모래 속에 곰돌이 인형이나 작은 고양이 피규어를 넣고 꺼내며 모래로 씻는 놀이를 하곤 했다. 이렇듯 놀이의 표현과 주제는 외상 경험과의 무의식적인 연관성을 보여 준다(Kottman & Schaefer, 1994/2006). 외상을 경험한 아동들에게 놀이할 수 있는 기회를 주는 것은 아동들이 안전한 환경에서 놀이를 통해 자신만의 속도로 두려움과 불안감 등의 감정을 안전하게 표현할 수 있게 하며, 외상경험을 반복적으로 정화하고 재구성하면서 외상으로부터의 회복할 수 있게 한다(Spiel et al., 2019).

자녀의 학대 피해 사실을 알게 되었을 때 부모의 일반적인 반응은 분노, 불안, 두려움, 슬픔, 충격일 것이다. 부모의 분노는 학대행위자에 대한 분노와 자녀가 부모에게 말하지 않은 것에 대한 좌절감이며, 이상하게 들리지만 때로는 자녀가 학대 사실을 폭로한 것에 대한 분노이다. 반면, 부모의 슬픔은 일어난 사건으로 인해 가족과 자신의 삶에 일어난 부정적 변화에 대한 슬픔이다. 부모의 이러한 반응이 지속될 경우 자녀와 부모는 일상으로 회복에 어려움을 겪을 수 있다.

또한 성학대 외상을 겪은 아동은 종종 부모와의 관계에서 거리를 두거나 이 행동에서 저 행동으로 빠르게 변하는 경향을 보이며, 특정 개인과 단둘이 있기를 거부하거나 접촉을 거부하는 행동을 보인다. 일부 아동은 자신에게 일어난 외상을 감추려고 하며 감정을 숨기는 모습을 보일 수 있다. 이러한 행동은 다정이와 같이 사건 이후 일상의 관계 속에서 종종 나타났다. 다정이는 사건 이후 아버지와의 관계에서 거리를 두는 경향을 보였다. 다정이의 감정을 이해해 주던 어머니와 달리, 아버지는 사건을 회피하거나 침묵하였고 다정이에게 조심스럽게 행동하며 과잉보호 태도를 보였다.

성학대 외상이 있는 자녀의 부모들은 다정이의 아버지와 같이 흔히 자녀를 보호하기 위해 침묵이나 과잉보호의 대처방식을 사용하는 경향을 보인다. 이는 부모들이 자녀에게 부모 역할을 제대로 수행하지 못했다는 죄책감에서 비롯된 것이다(Kendall-Tackett et al., 1993). 이러한 부모의 행동은 아동의 회복과정을 방해할 수 있으므로 부모의 죄책감은 반드시 다루어져야 한다. 부모의 죄책감이 적절히 다루어질 때 외상에 의한 부정적인 감정에 휩싸인 자녀에게 안정적인 지지를 제공하고 회복할 수 있는 안전한 버팀목이 되어 줄 수 있다. 강조할 필요 없이 성학대 외상을 겪은 아동이 회복하고 치료하는 데 아주 강력한 요소는 부모의 개입이다. 특히 아동이 부모를 자신을 보호해 주는 존재로 인식하는 것이 필요하다(Kottman & Schaefer, 1994/2006). 이는 Winnicott(1971)이 말하는 안전하게 '안아 주는 환경(holding environment)'이라는 치유적 · 양육적 관계를 부모가 자녀에게 제공하는 것을 의미한다. 이러한 환경은 자녀가 자연스럽게 외상 사건에 대한 두려움, 불안감, 공포심 등과 같은 강렬한 감정을 표현하고, 재적응할 수 있도록 돕는다.

　다정이의 아버지는 다정이를 위해 자신이 무엇인가를 해야 할 필요성을 느끼고 치료자를 찾아왔다. 아버지는 일주일에 한 번 쉬는 날을 다정이와 함께 의미 있는 시간을 보내고 싶다고 했다. 이에 대해 치료자는 다정이의 아버지에게 부모놀이치료를 제안했다. 상담센터에서 부모-자녀놀이를 하면서 자녀와 관계를 재형성하고 정서적 상호작용에 대해 배우고, 추후 가정에서도 자녀와 함께 시간을 보낼 수 있도록 상담교육하는 시간이 이루어졌다.

2. 사례 개요

　다정이는 만 4세 여아였다. 접수상담에서 치료자가 다정이에게 인사를 한 다음 놀잇감이 많은 놀이실로 갈 것이라고 안내한 후 놀이실에 가자고 권하자 다정이는 어머니에게 안겨 얼굴을 파묻은 채 고개를 끄덕거렸으나 미동이 없었다. 30초 정도 지나자 일어나서 치료자를 보더니 "엄마랑 가요? 선생님하고 가요?" 하고 물었다. 치료자는 다정이에게 "선생님하고 둘이서 놀이실에 갈 거고, 네가 원하면 엄마가 놀이실 앞까지 데려다줄 수 있어."라고 이야기했다. 30초쯤의 침묵 후 다정이는 어머니의 손을 잡고 놀이실까지 갔고, 어머니에게 "엄마 나 놀다 올게. 거기서 기다릴 거지?"라고 말한 다음 놀이실에 입실했다.

　사건 이전 다정이는 평소 고집스럽고 떼쓰기가 잦은 여동생 때문에 어머니가 힘들어하는 모습을 보고서 대부분 여동생에게 양보하는 편이었다. 다정이는 유치원에서 선생님의 보조 역할을 하거나 평소 동생을 챙기듯 같은 반 친구를 도와주어서, 친구들이나 선생님들에게 인기가 많았다. 다정이의 아버지는 가게를 운영하고 있었으며, 어머니는 종종 가게 일을 도왔고, 종종 새벽까지 가게 일을 했다. 부모가 일하는 동안 다정이와 여동생은 외할머니댁에서 시간을 보낼 때가 많았다. 여동생은 아버지와 어머니가 오실 때까지 잠들지 않고 기다렸다가 함께 집에 갔으나, 다정이는 외할머니댁에서 자고, 다음날 외할머니나 외할아버지와 함께 어린이집 등원을 하는 경우도 많았다. 그러나 사건 이후 다정이는 어린이집 등원이나 하원을 어머니하고만 하겠다고 고집을 부리고 외할머니댁에 가는 것도 거부하면서 어머니와 떨어지지 않으려고 했다. 다정이는 함께 있는 어머니에게 "엄마 뭐해?" "엄마 어딨어?" 등 어머니가 자신의 시야에 사라질 때는 재차 질문을 했고, 자는 동안에도 어머니가 자기 옆에 있는지 확인하기 위해 자다 깨어나는 행동을 주 5회 정도 보였다. 또한 다정이는 사건 장소를 지날 때마다 일상생활에서 사건과 관련된 이야기를 불쑥 꺼내기도 했다. 그때마다 여동생이나 어머니가 나쁜 사람은 이제 없고 잡혔다는 이야기를 해 줬다. 이때 다정이 어머니는 사건 관련 이야기를 하는 다정이와 여동생의 행동에 불편함과 죄책감과 당황스러움을 느꼈으나 되도록 아무렇지 않은 척하려고 노력했다.

사건 이전 다정이는 다른 사람들에게 먼저 인사를 건네면서 호감을 보였지만 사건 이후에는 여자든 남자든 마주치지 않으려고 다른 곳을 응시하거나 어머니에게 매달렸다. 특히 성인 남자에 대한 불안감과 경계심을 보였으며, 가해자와 유사한 외모적 특징을 가진 성인 남자를 보고 몸을 떨면서 긴장한 모습으로 어머니의 다리에 매달린 적도 있었다. 다정이는 평소 외할아버지에게 안아 달라고 하거나 업어 달라고 이야기했었는데 사건 이후 외할아버지에게 가까이 가지 않을 뿐만 아니라 아버지가 다정이를 차에 태우려고 카시트에 앉히려고 안아 줄 때도 거부적인 반응을 보였다.

이 외에 평소 다정이는 간식을 먹거나 미술을 할 때 옷이나 손에 무언가 묻어도 신경을 쓰지 않은 채 활동을 계속했다. 반면, 사건 이후에는 옷이나 손에 조금이라도 뭔가 묻어 있으면 바로바로 손을 닦거나 씻는 행동을 반복적으로 했다. 또한 다정이는 사건 이후에 먹는 양이 이전보다 배로 늘었으며, 유치원 활동지 또는 과자 포장지같이 버리는 것까지 집으로 가져와서 보관하는 행동을 보였다. 다정이의 아버지와 어머니는 허용적인 태도로 반응하였고, 사건 이후 아동의 변화된 행동으로 생각하여 자녀의 행동을 지적하거나 비난하지 않았다.

코로나 이후에 발생한 가계부채와 생계 유지를 위해서 다정이의 아버지는 가게에서 더 많은 시간을 보내야 했다. 아버지는 새벽에 집에 들어오는 경우가 많았고 다정이가 어린이집에 등원할 때는 종종 자고 있었다. 그래서 아버지는 자녀들과 충분한 시간을 보내지 못하는 것에 대해 미안한 마음을 느꼈다. 다정이의 어머니는 평소 자녀들을 양육하며 가게 일을 돕고 있었기 때문에 만성적 피로감을 느꼈고 심리적으로 우울감과 양육 스트레스가 높았다. 어머니는 다정이보다 여동생이 매우 까다롭고 예민한 아이여서 부모로서 양육에 대한 자신감이 낮은 상태였다. 어머니는 다정이가 항상 여동생에게 양보하고 자기표현을 소극적으로 주장해서 안쓰럽게 느껴질 때도 있었다.

사건으로 인해 다정이의 어머니와 아버지는 큰 충격을 받았다. 충분히 돌보지 못했다는 생각에 자책하기도 하고 죄책감을 느꼈다. 다정이에게 어떻게 반응해야 할지 몰라서 부모는 다정이에게 조심스럽게 대했다. 어머니는 사건에 대한 수사와 재판 과정, 아동의 심리치료를 혼자서 처리했기 때문에 과도한 스트레스를 받고 매우 지친 상태라고 호소했다. 또한 어머니 역시 다소 높은 수준의 불안감, 악몽을 꾸거나 작은 소리에도 놀라는 등 외상 증상을 호소했다. 그럼에도 불구하고 어머니는 진 다정이에게 되도록 안정적인 환경을 제공하기 위해 노력하려고 했다.

다정이의 아버지는 쉬는 날에 대부분 자녀들과 시간을 보냈다. 다정이와 여동생은 아버지에게 매달리고 아버지는 자녀들을 안아 들어 올리는 신체놀이를 함께 했다. 물감이나 색칠하는 미술놀이를 하면서 되도록 함께하는 시간을 보내려고 했다. 아버지는 다정이와 놀이를 하고 함께 시간을 보낼 때 주로 관찰하듯 다정이를 지켜보는 편이었다. 다정이가 주도적으로 아버지가 어떻게 반응해야 하는지에 대해 알려 줄 때는 어떤 행동을 하는지 알 수 있어서 편하게 반응했지만 그 외에 자발적으로 대처해야 할 때는 난감해했다. 그럴 때 아버지는 다정이에게 재차 물어보거나 가만히 있는 경우가 많았다. 이렇듯 아버지는 대부분 다정이가 요구하는 것에는 수용적이었고, 다정이가 스스로 정리될 때까지 기다려 주었다. 그러나 제한해야 할 상황에서조차 적극적으로 개입하지 않거나 지나치게 허용적이었다.

다정이의 어머니는 자녀의 요구나 행동에 대해 적절하게 반응하였고, 놀이 상황에서도 자녀가 주도하는 대로 맞춰서 따라가는 편이었다. 다만 정서적인 측면은 이해하기 어려워했고, 주로 보이는 행동에 대해 반응했다. 어머니는 사건 이후 외가에 아이들을 보내지 못하고 두 아이를 돌보느라 피곤하고 지쳐 있었다. 그래서 다정이가 재차 물어보는 질문에 매번 대답하지 못해서 미안한 마음이 든다고 한다.

다정이의 아버지는 사건 이후 혼자 가게를 운영하고 있어 만성적인 피로를 느끼고 건강이 좋지 않아 지쳐 보였다. 다정이의 어머니는 불안감이 높고 무기력감과 우울증으로 에너지 수준이 낮은 상태였다.

3. 부모 성격 역동

다정이의 아버지는 어린 시절 아버지(다정이의 조부)가 다니던 회사가 부도나서 직장을 잃게 되어 친척 집을 전전하며 지냈다고 한다. 청소년기에는 식당에 취업하면서 자취를 하게 되었다. 이처럼 경제적으로 어려웠던 시절을 겪었기 때문에 일정한 수입이 들어

오지 않으면 불안했다. 자녀들에게 경제적으로 부족하지 않도록 하기 위해 아르바이트 생도 고용하지 않은 채 혼자서 가게 일을 했다. 다정이의 아버지는 거절하는 것을 어려워했는데 라스트 오더를 넘겨 찾아온 손님을 받는 경우가 많아 새벽이 되어서야 집으로 돌아왔다. 아침에 등원할 때 자녀를 볼 수 있었지만, 이 역시도 아침잠이 많은 편이라 다정이의 어머니가 깨우면 일어나 자녀들과 인사를 나눈다고 했다.

다정이의 아버지는 내향적이고 조용한 편으로 말수가 적었다. 한편으로는 다른 사람들과 어울리기 좋아해 모임을 종종 간다고 했다. 아버지의 부모님은 무뚝뚝하고 살갑지 않았고, 형에게 관심과 애정이 집중되었다고 한다. 다정이의 아버지는 부모님에게 관심을 받고 싶은 마음이 컸고 힘들어도 부모님의 요구사항을 그대로 반응하려고 했다. 부모님과 내적 친밀감이 낮았고, 자신이 원하는 대로 표현하기보다 부모님에게 맞추며 자신의 진짜 감정이나 생각을 숨긴 채 성장했다. 따라서 다른 사람들과 친밀한 관계를 형성하고 정서적 상호작용에도 어려움을 겪고 있었다. 몇 년 전부터는 다정이의 조부모의 무리한 요구를 듣거나 화가 나는 상황에도 참으면서 감정을 표현하지 않은 채 지나갔으며, 명절 이외에는 연락을 하지 않고 대부분 갈등 상황이나 감정적인 상황에서 회피했다. 이러한 태도를 다정이의 어머니에게도 요구하며, 좋은 게 좋은 거라면서 다정이의 어머니에게 화가 난 일도 참으라는 말을 하기도 하고 다정이의 사건에 대한 수사나 재판 등을 진행하는 과정에서도 관여하지 않고 회피적인 태도를 보였다.

다정이의 어머니는 어린 시절 사람을 만나는 것을 좋아했고, 발표를 즐겼다고 한다. 그러나 갑작스러운 부모님의 이혼으로 이후 소극적이고 사람들 앞에서 긴장하게 되었다고 한다. 친정 친아버지가 재혼하게 되면서 양어머니와 이부형제랑 같이 지내게 되었다. 다정이의 어머니는 집에서 살기 싫어 고등학교를 집과 먼 곳으로 입학하여 자취를 했다. 이후 아르바이트를 2~3개 동시에 하면서 스스로 학비를 벌어서 대학교를 다녔다. 다정이의 어머니는 청소년기 이후로 누군가에게 고민을 털어놓은 적이 없었고, 종종 누군가에게 쫓기는 꿈을 꾸거나 사람이 죽는 꿈을 꿨다. 결혼 이후 친정어머니와 연락이 닿았고, 이후에는 종종 아이들을 맡겼다. 친정어머니가 종종 "이렇게 아이들을 돌보니 노후는 네가 책임져라."라는 말을 해서 부담스럽지만 자녀들을 맡겨야 하는 상황이라서 외면하고 있다고 했다. 다정이의 어머니는 이렇게 표현하는 친정어머니에게 어린 시절 내재된 부정적인 감정을 표현하기보다는 현재 의존할 수밖에 없는 자신의 처지에 대해 비관했다.

다정이의 어머니는 부모님이 모두 존재했지만, 자기 스스로 성장하고 자립하는 고아처럼 자랐기 때문에 심리적인 지지체계가 약했다. 또한 아동기 때 갑작스러운 부모님의 이혼으로 내적 불안감과 자기 자신의 존재 가치가 흔들리는 경험을 했다. 이러한 경험으로 인한 정서는 어머니에게 현재까지 지속되고 있는 우울감, 무기력감에도 영향을 미치고 있었다. 또한 다정이의 어머니는 양육할 때 자녀들의 요구사항을 허용하고 자녀와 부모의 경계를 설정하는 것을 어려워했다. 어린 시절 심리적 부모의 부재로 인해서 다정이의 어머니는 자녀의 요구사항을 모두 해결해 주려고 하고, 무엇이든 허용해 주면서 헌신적으로 이상화된 부모상을 추구했다. 다정이의 어머니는 스스로 스트레스를 관리하지 못하고 무기력하고 부모로서의 자신감이 낮았다.

4. 개입과정과 진척 상황

다정이와 개별놀이치료가 12세션이 되었을 때 부모놀이치료 프로그램을 병행했다. 부모놀이치료는 6세션 진행했다. 6세션 중 2세션은 부모놀이치료의 기본 원칙과 규칙에 대한 교육을 진행한 다음 두 번째 세션 후부터 매 세션이 끝난 후 부모-자녀놀이 영상을 30분간 녹화했다. 이후 4세션 동안에는 부모-자녀놀이 영상을 함께 보며 부모놀이치료 및 상담을 진행했다.

1~2세션

전반적인 부모놀이치료에 대한 안내 및 기본 원칙과 부모-자녀놀이의 기본 규칙에 대해 교육이 이루어졌다. 다정이의 아버지는 자신의 부모와 시간을 보낸 적이 없다는 것을 언급하면서 자신감이 없이 작은 목소리로 "제가 이런 것들을 할 수 있을까요?"라고 이야기했다. 치료자는 아버지가 자녀에게 공감하고 반영하는 새로운 시도를 하는 것이 쉽지 않다고 공감하며 격려하고 지지해 주었다.

치료자가 놀잇감을 선택해 지금 놀이를 해 보면 좋겠다고 아버지에게 권하자 어색한 듯 놀이실을 탐색하고 자동차를 선택했다. 치료자는 아버지의 행동과 어색해하는 마음을 읽어 주었다. 자동차를 앞으로, 뒤로 움직여 보면서 치료자의 반응을 관찰했다. 역할을 바꾸어 치료자가 공을 가져와 같이 놀자고 아버지에게 말하자 아버지는 가만히 바라보다가 "공놀이를 하고 싶은 건가요?"라고 했다. 치료자가 질문이 아닌 문장으로 행동을 그대로 읽어 보면 좋겠다고 하니 "공을 들고 왔네."라고 이야기했다. 치료자는 아직은 어색하지만 계속 하다 보면 익숙해지고 자연스럽게 표현하게 될 것이라고 지지해 주자 이후 상황에서는 머뭇거림이 줄어들었고 행동에 대해 있는 그대로 읽어 주려고 노력했다.

3세션

다정이와 아버지는 상담센터 내 놀이치료실에서 자녀와 첫 번째 놀이를 시작했다. 녹화된 부모-자녀놀이 영상에서 다정이의 아버지는 다정이에게 오늘부터 상담센터에서 아빠와 특별한 놀이를 네 번 할 것이고, 다정이가 원하는 대로 놀이할 수 있다고 안내했다. 30분 동안 놀 예정이고 끝나기 5분 전에 알려 주겠다며 놀이시간을 구조화했다. 이때 아버지가 다정이의 손을 잡은 채로 다정한 어조로 이야기하자 다정이는 미소를 지었다. 일상에서 다정이가 아버지와 거리감을 유지하려는 경향이 있다는 보고와는 달리 다정이는 아버지를 거부하거나 거절감을 표현하지 않았다. 흥미롭게도 10세션의 놀이치료를 진행한 이후부터 다정이의 정서가 안정되기 시작했는데 그 이유는 아마도 부모놀이치료 시작을 하기 2주 전부터 아버지가 다정이에게 "아빠와 특별한 놀이를 할 거야."라는 이야기를 반복적으로 했던 것이 다정이에게 아빠와 함께 있는 것에 대해 안정과 기대감을 주었던 것 때문으로 보였다.

다정이가 선반에 다가가 장난감들을 살피는 동안 아버지는 다정이에게 밀착하며 따라다녔다. 아버지는 부모-자녀놀이 영상 속 자신의 모습을 보고서 "다정이가 도움이 필요할 때 도와주고 싶었어요."라고 했다. 치료자가 도와주고 싶은 마음이 드는 이유에 대해서 물어보자 평소 자녀와 함께하는 시간이 부족해서 이제까지 자녀에게 해 준 것이 없다는 생각이 들었기 때문에 놀이를 하는 동안에는 다정이가 원하는 것을 바로 해 주고 싶은 마음이 들었다고 했다. 치료자는 자녀에게 함께하려는 아버지의 애정과 관심을 표현하는 마음을 공감해 주었다. 다정이가 스스로 해 볼 수 있는 기회를 제공하면 아버지에게 도움을 요청하는 것도 다정이가 스스로 선택할 수 있도록 기다려 줄 필요가 있다고 안내했다.

부모-자녀놀이 영상에서 다정이가 놀잇감에 관심을 보이자 아버지는 "퍼즐 조각 맞추고 싶어?" "다정이가 물고기를 잡을 거야?"라고 물었다. 이에 대해 아버지는 평소에도 자녀들에게 재차 확인하는 이야기를 했다고 말했다. 아버지는 자녀의 마음을 이해하기 어렵다고 하면서 자신이 생각하고 느끼는 것이 맞는지 확인하고 싶은 마음이 들어 자녀에게 질문을 하는 것 같다고 했다. 그러면서 아버지는 자녀에게 '어떻게 이야기를 해야 하지?'라는 생각이 들고 고민이 된다고 했다.

놀이 상황을 치료자와 다시 재연해 보면서 자녀가 어떤 마음을 느꼈을지 생각해 보며 이야기를 나누었다. 그러자 아버지는 다정이가 아빠와 함께 놀고 싶었던 마음이 느껴진다고 말하며 그 당시에는 그저 지켜보고 관찰만 하고 놀이에 소극적으로 참여했던 것처럼 느껴진다고 했다. 그 부분의 영상을 다시 보고 나서 치료자는 아버지에게 다른 반응을 한다면 어떻게 할 것인지 물어보았다. 그러자 다정이의 아버지는 "다정이가 물고기를 잡으려고 집중하네."라고 말했다. 이후 물고기를 잡다가 놓치거나 낚싯대 고리가 빠지는 상황에서 치료자와 아버지는 다정이의 행동을 읽어 주고 감정을 반영하며 다정이가 느끼는 기분이나 생각에 대해 이야기를 나누었다. 이에 대해서 다정이의 아버지는 다정이가 이렇게 반응해 준다면 좀 더 놀이를 재밌게 할 수 있을 것 같다고 반응했다.

병원놀이를 하는 놀이장면에서 다정이는 의사 역할을 하고 아버지는 환자를 데리고 온 보호자 역할을 했다. 자연스럽게 다정이가 주도하니 아버지는 다정이가 설정한 역할을 따라가며 놀이에 참여했다. 이때 다정이와 아버지는 서로를 바라보면서 웃었다. 이에 대해 치료자가 어떤 마음이 들었는지 묻자 다정이의 아버지는 '다정이와 이렇게도 놀 수 있네. 재밌다.'라는 마음이 들었다고 했다. 말하는 아버지의 표정에서도 즐거웠다는 것이 느껴졌다. 감정을 읽어 주면서 다정이도 아버지와 동일한 마음으로 함께 놀이하고 있는 것 같다며 다정이도 아빠를 바라보며 웃고 있다고 말했다.

부모-자녀놀이를 하는 동안 어떤 마음이 들었는지 물어보자 이전 시간에 배운 교육 내용이나 연습했던 것이 기억나지 않아 난감했다고 이야기하면서 그래도 다정이에게 집중하고 따라가 보려고 노력했다고 했다. 또한 자녀와 놀이가 시간 가는 줄 모르게 느껴질 정도로 함께 놀이를 했었던 것 같다고 했다. 치료자는 다정이와 놀이를 즐거워했고 다정이에게 집중해 보려고 하는 아버지의 노력을 격려하였고, 이것은 다정이와 정서적 상호작용을 함께할 수 있는 방법을 배우는 첫걸음이니 앞으로 점차 나아질 것이라며 지지했다.

4세션

부모-자녀놀이 영상에서 아버지는 다정이와 조금 떨어진 위치에 자리를 잡았다. 이 부분에 대해서 치료자는 놀이시간에 자녀와 적당한 거리를 유지하면 좋겠다는 지난 시간의 피드백을 지키려 노력하고 있다며 아버지를 격려했다. 부모-자녀놀이 영상에서 놀잇감을 탐색하면서 다정이가 "아빠 우리 뭐하지? 뭐 할까?"라고 말을 하자 아버지는 "다정이가 하고 싶은 것을 할 수 있어."라고 반응했다. 장난감을 꺼내 하나하나 살펴보는 다정이에게 아버지는 가까이 가려고 일어났다가 다시 제자리에 앉는 모습을 보였다. 치료자는 다정이의 아버지에게 자신과 자녀와의 적절한 거리를 유지해야 한다는 것을 의식하면서 이를 행동으로 실행하는 것까지 해낸 것은 어려운 일이었을 것이라고 공감하자 지난 시간에 이야기 나눴던 것이 떠올랐다며 수줍게 웃었다.

부모-자녀놀이 영상에서 다정이가 꽉 닫힌 상자를 보면서 "아빠~"라고 부르자 아버지는 "아빠가 어떻게 해 주면 좋겠어?"라고 물었다. 치료자는 아버지에게 바로 도와주지 않고 기다리려고 노력했다고 지지했다. 또한 이전 세션에서 나눴던 내용을 기억하려는 노력이 느껴진다고 격려했다. 아버지는 다정이의 행동을 읽어 주고 싶지만, 입 밖으로 말이 나오기까지 쉽지 않다고 했다. 이에 대해 치료자는 아버지에게 지난 세션에서는 다정이가 정한 역할로 놀이했지만, 이번에는 역할놀이가 아닌 자유놀이를 했기 때문에 더 어려웠을 것 같다고 공감해 주었다. 다정이의 아버지는 주어진 역할이 없는 놀이에서 행동 반영하기, 감정 공감하기를 치료자와 함께 연습해 보고 싶다고 먼저 제안을 했다. 이번 세션에서 아버지는 주도적이고 적극적인 태도를 보이며 자기개방적인 모습을 보였다. 그리고 이번 부모-자녀놀이 영상을 녹화할 때 놀이실에 들어오면서 카메라를 보고 녹화를 하고 있다는 것이 의식되었다고 했다. 치료자는 녹화하고 있다는 것이 부담스럽고 평가받는 느낌이 들 수 있다고 공감하며 말과 행동이 조심스러웠을 것 같다고 공감했다. 이때 다정이의 아버지는 누군가에게 잘 보이고 싶고 잘 보이려는 마음이 있구나 하는 것을 인식하게 되었다.

부모-자녀놀이에서 다정이는 화장품을 만지작거리면서 화장품 뚜껑이 자기 마음대로 열리지 않아 "이거 안 할래."라고 말했다. 그러자 아버지는 "그게 잘 되지 않아서 속상해, 다정아?"라고 공감했다. 치료자는 다정이의 감정을 인식하고 읽어 주려는 시도를 지지하면서 다정이 아버지가 다정이의 감정을 이해해 주는 것으로 느낄 것이라고 피드백했다. 그리고 나서 감정을 공감하려면 어떻게 하는 것이 좋을지 이야기를 나누었다. 다정이의 아버지는 "그게 잘 되지 않아서 속상했구나."라고 말하며 감정을 반영해 보려고 노력하였으며 이전보다 적극적인 태도로 변화된 모습을 보였다.

부모-자녀놀이 영상 후반부에서 다정이는 기타를 들고 아버지에게 피아노를 칠 것을 제안하는 등 주도적으로 놀이를 했다. 그러면서 "아빠, 새콤달콤 티니핑 틀어서 연주해 봐~"라고 말하자 아버지는 당황한 모습으로 "새콤달콤 티니핑?" "어떻게?" "디저트 티니핑 연주하고 싶어?"라고 재차 질문했다. 그러자 다정이는 아버지에게 "아빠 휴대폰으로 디저트 티니핑 틀어 주면 좋겠다."라고 이야기했다. 이 장면에 대해 아버지는 휴대폰을 가지고 놀면 안 될 것 같은 마음과 자녀의 요구사항을 들어주지 않으면 안 될 것 같은 느낌이 들었다고 했다. 일상에서는 자녀가 요구하는 경우에는 주로 허용하는 편이라고 했다. 치료자는 다정이의 감정을 공감하고 제한설정을 하며 대안책을 제시하는 방법에 대해 교육했다. 그리고 나서 녹화된 영상을 보면서 치료자와 함께 제한설정을 연습했다. 다정이의 아버지는 '부모라면 허용해야 한다.'라는 생각에서 적절한 제한설정이 자녀에게 필요하다는 생각으로 바뀌었다고 했다.

영상에서는 휴대폰 사용을 허용했다. 다정이가 아버지의 휴대폰으로 〈밤하늘의 별을〉이라는 노래를 찾아서 틀자 반주가 나왔다. 다정이는 기타를 들고 좌우로 몸을 흔들다가 건반을 누르려는 아버지에게 "지금 하는 거 아니에요! 제가 말하면 그때 피아노 치세요!" "지금 하는 거 아니고~"라고 이야기했다. 다정이가 아버지에게 서로 협력하며 놀자는 것처럼 느껴졌다. 아버지가 건반을 누르는 대신 같이 몸을 좌우로 흔들면서 다정이와 눈을 맞췄다. 아버지가 다정이에게 "아빠는 다정이 하는 거 보고 있을게."라고 말하자 다정이가 기타를 바닥에 내리고서 "아빠, 이거 재미없어."라며 놀이를 멈췄다. 녹화된 영상을 보면서 이 상황에 대해 아버지에게 어떤 마음이었는지 물었더니 "어떻게 반응해야 좋을지 몰랐다가 같이 좌우로 몸을 흔드는 동작을 하면서 즐거웠고, 같이 노래를 느낄 수 있을 만큼 커 버린 내 아이의 모습을 보고 대견하기도 하고 슬픈 마음이 느껴졌어요."라고 말하면서 다양한 얼굴 표정과 함께 자신의 감정을 표현했다. 치료자는 그런 아버지의 마음을 공감하면서 앞으로도 함께 시간을 보내고 그동안 하지 못했던 것들을 할 수 있는 시간을 보낼 수 있을 것이라고 말하며 아버지의 감정을 공감했다.

다정이의 아버지는 자녀의 행동을 읽어 주려고 노력하였고, 자녀의 감정을 인식하려고 노력했다. 다정이에게 놀이시간이 5분 남았음을 알려 주자 놀이실을 둘러보면서 "뭐하지~"라고 말했다. 아버지는 "다정이가 뭐할지 고민되는구나."라고 하며 감정을 공감했다. 이에 치료자는 아버지가 다정이의 감정을 읽어 주고 이해해 주니 다정이가 바로 "이거~"라고 이야기를 했으며 다정이가 아버지에게 이해받았다고 느꼈을 것이라고 격려했다. 다정이가 놀이실을 나가면서 "재미없다~"라고 이야기를 했고 이에 대해 아버지는 속상해했다. 놀이시간이 지루해서 그랬던 것 같다는 생각 때문이었다. 치료자가 다정이가 놀이시간이 끝났다는 것을 알렸음에도 불구하고 장난감을 하나하나 정리하려는 모습을 보며 다정이의 마음이 어땠을지 물어보자 아버지는 다정이가 나가기 싫었던 것 같다고 했다. 치료자는 다정이의 언어 속에 숨어 있는 깊은 의미와 감정을 이해할 수 있도록 노력해야 한다는 것을 강조했다. 그러자 아버지는 "다정이가 아쉽다는 말을 재미없다고 이야기했었네요."라며 자녀의 감정을 이해했다.

5세션

부모-자녀놀이 영상에서 다정이는 놀이치료실에 들어오자마자 "아빠 우리 뭐 할까?"라고 이야기했다. 아버지는 "다정이가 선택할 수 있지."라고 반응하면서 자연스럽게 자녀에게 주도권을 주었다. 다정이가 종이에 도장을 찍기 전 화장지에 연습하는 것을 보고 다정이의 아버지는 "아~ 그거 좋은 생각이다. 그렇게도 해 볼 수 있겠어!"라며 이전보다 자신감 있게 반응했다. 물감놀이를 하려다 붓이 보이지 않자 다정이가 손가락으로 해 보고 싶다고 했다. 아버지는 "붓 대신 손가락으로 놀 수 있네."라고 말하면서 다정이를 지지해 주었다. 치료자는 다정이가 자신이 유능하다는 느낌을 경험했을 것이라고 지지했다.

다정이가 "선생님이랑 같이 안 해?"라고 물어보자 아버지는 "아~ 선생님이랑 놀이하는지 안 하는지 궁금했구나."라고 이야기했다. 다정이는 "응~ 궁금했어."라고 대답했다. 아버지는 "아빠랑 특별한 놀이하고 나서 선생님이랑 놀이할 거야~"라며 다정이의 감정을 읽어 주었다. 치료자는 이 상황에서 다정이의 마음을 공감해 주고 감정을 반영했다는 점을 지지했고, 차분하게 설명해 주어 다정이의 마음이 편안했을 것이라고 말했다. 다정이가 "빨간색 물감 나와라~"라고 흥얼거리자 아버지는 다정이와 똑같이 흥얼거리며 "빨간색 물감 나와라~ 나와라~"라고 반영했다. 치료자는 아버지의 반응에 다정이가 자유롭고 즐겁게 놀이를 하고 있다고 이야기했다. 이후 다정이가 물감을 테이블에 치면서 춤추듯 몸을 흔들자 아버지는 "물감을 가지고 춤추고 있어?"라고 말하다가 다시 "다정이가 물감을 들고 춤을 추고 있네~"라고 다시 바꿔서 표현했다. 아버지가 스스로 자신의 언어 표현을 수정했다. 이번 세션에서 아버지는 질문을 하지 않으려고 노력했고, 자녀의 감정을 읽어 주려는 시도가 늘었다.

부모-자녀놀이 영상에서 다정이가 기타를 들고 아버지에게 탬버린을 건네주며 "탬버린은 이렇게~ 치는 거야~"라고 흥얼거리면서 춤을 추었다. 아버지는 그대로 따라 하면서 "아빠한테 알려 주고 있네~ 아빠도 해 볼게~" 하고 같이 흥얼거리며 다정이와 똑같은 행동을 했다. 그리고 서로 마주 보며 악기를 흔들면서 짧게 춤을 추었다. 다정이가

"끝~"이라고 말하자 아버지가 "아쉽다~ 재밌었는데."라고 하며 자신의 감정을 표현했다. 다정이가 "한 번 더 해 볼까?"라고 웃으며 말했고 한 번 더 탬버린을 치며 춤을 추는 놀이를 하고서 마무리했다. 영상을 보면서 아버지는 다정이와 자신이 보이지 않는 끈으로 연결된 것처럼 느꼈다고 했다. 다정이와 아버지는 놀이 속에서 서로의 애정을 확인하기도 하고 '하나됨'을 느끼면서 서로 정서적 수용을 경험했다.

아버지가 5분 사인을 하자 다정이는 분주하게 놀이실을 탐색했고, 그 모습이 안타깝게 느껴져 다정이가 '아쉬움'을 느끼는구나 하는 생각이 들었다고 했다. 이에 대해 치료자는 있는 그대로 느껴지는 감정을 다정이에게 언어로 표현하도록 피드백했다. 그러자 자신의 어린 시절이 생각났다고 했다. 어릴 때 부모님이 맞벌이를 해서 형과 함께 시간을 보낼 때가 많았는데 그러한 연유로 부모님에 대한 갈증이 있었던 것 같다고 했다. 그래서 자기 자녀에게는 부모에 대한 갈증이 없도록 키우려고 했으나 생업이 있다 보니 자녀와 함께 놀이하는 시간이 없었고 그렇게 지내 왔던 날들이 생각나서 다정이에게 미안하다고 했다. 또 자녀에게 일어난 사건에 대해서도 제대로 보호하지 못한 것 같아 죄책감을 느꼈다. 그래서 무엇이든 다정이에게 해 줘야겠다는 마음이 컸노라 고백했다. 아버지는 이러한 마음이 한결같으면 좋겠지만, 모든 상황에서 동일한 반응을 매번 할 수 없다는 것도 깨닫게 되었다. 제한된 상황에서 다정이가 할 수 있는 것을 알려 주고 한계를 알려 주는 것에 대해서도 다정이의 어머니와 대화를 나누고 다정이의 마음을 이해할 수 있도록 부모가 노력해야겠다고 다짐했다. 다정이의 아버지는 좋다, 나쁘다로 단순하게 감정을 표현하고 단답형으로 이야기하는 편이었으나 이번 세션에서는 자녀에게 안정적인 환경을 제공하기 위한 부모의 역할까지 구체적으로 언급한 모습이 매우 인상적이었다.

6세션

공휴일로 인해 2주를 쉬고서 부모-자녀놀이의 마지막 세션을 진행했다. 상담센터에 오지 않았던 주에 아버지는 다정이가 하원하는 시간에 맞춰서 마중을 나가 다정이와 집 근처에서 산책을 20분 정도 했다. 산책을 했던 이유는 여동생이 집에 있어서 단둘이 시간을 보내기 어려운 상황이라서 하원 후 잠시라도 다정이의 손을 잡고 집 근처를 돌았다고 했다. 다정이의 아버지는 쉬는 날에는 잠을 자거나 자녀의 놀이를 관찰하듯 바라보기만 할 뿐 직접적으로 시간을 보내진 않았었다. 부모놀이치료에 참여함으로써 아버지와 다정이가 둘만의 특별한 시간을 보내게 되었다.

　마지막 세션에 함께 본 부모-자녀놀이 영상에서 다정이는 낚시놀이를 가져와 아버지에게 낚시를 하자고 제안했다. 낚시게임을 웃으면서 들고 오는 다정이에게 아버지는 "즐거운 얼굴로 그걸 가져오네."라고 처음으로 감정 공감 반응을 했다. 그러자 다정이는 "응, 이거 재밌어~ 아빠랑 할 거야~ 여기~"라며 낚싯대를 전해 줬다. 낚싯대 연결 부위가 분리되어 다정이가 가만히 혼자서 낚싯대를 끼우자 아버지는 "네가 고치려고 하는구나."라며 행동을 바로 읽어 주었다. 치료자는 아버지가 다정이의 감정 반영, 행동 반영을 했다는 점을 언급하면서 아버지가 이전보다 자연스럽게 반응했고 자신감이 있는 모습이라고 격려했다. 아버지는 낚싯대를 혼자서 끼우는 다정이의 모습이 대견스럽기도 하고 도와 달라고 요청하기 전까지 기다려야 한다는 것을 계속 의식했다고 말했다. 단순히 자녀의 행동과 놀이를 관찰했던 것과 달리 이번 세션에서 다정이의 아버지는 자녀가 스스로 성공할 수 있는 기회를 주었다. 치료자는 아버지가 다정이가 할 수 있다는 것을 믿고 지지해 주면서 기다렸던 것이 커다란 발전으로 느껴졌다.

　다정이가 낚시를 계속하다가 낚싯대를 놓고 두 손으로 물고기를 잡았을 때 아버지는 당황하면서도 크게 웃었다. 다정이도 같이 마주 보면서 웃었다. 다정이가 잡은 물고기들을 세면대에 놓고 씻으면서 "아빠가 이렇게 했잖아~ 내가 음식 만들어 줄게요."라고 이야기했다. 다정이의 아버지는 "아 아빠가 했던 걸 기억하고 있었구나. 기대된다~ 어떤 음식이 나올지~"라며 자연스럽게 반응했다. 이후 다정이가 웃으면서 "이렇게 물고기를 냄비에 넣고 불을 켜고 볶고 물도 넣고~ 아빠처럼 요리하는 거야~"라고 흥얼거리면서 요리를 하자 아버지는 "재밌게 요리를 하는구나. 이렇게 아빠한테 설명도 해 주고~" "다정이가 아빠처럼 요리를 하기도 하는구나."라고 말했다. 치료자가 이때 마음이 어땠는지 물어보자 아버지는 "다정이가 요리를 만드는 모습을 보니 평소에 요리하는 아빠한테 관심도 있는 것 같고 뭔가 애정도 있을지도 모르겠어요."라고 이야기했다. 아버지는 여전히 감정을 반영하는 데 어려움을 보였으나 점점 익숙해지고 있으며, 자신의 감정을 표현하기도 했다. 아버지는 자신이 자녀와 놀이를 할 때 무엇을 해야 하는지 알게 되었다.

　놀이시간이 끝나고서도 떠날 준비가 되지 않은 다정이에게 아버지는 이전과 다르게 반응했다. "다정이가 많이 아쉬운가 보구나. 우리 이제 놀이시간이 끝났어. 다음에도 이렇게 아빠랑 놀 수 있어."라고 하자 다정이가 "싫어. 더 놀고 싶단 말이야."라고 했다. 아버지는 "더 놀고 싶구나. 그렇지만 이제 나가야 할 시간이야. 다음 주에도 이 시간에 놀이하자."라고 제한설정을 했다. 그러자 다정이가 놀이를 마치고 나갔다. 이때 감정이 어땠는지 묻자 아버지는 "단호할 땐 단호해져야겠어요. 전에 느꼈던 미안함보다는 같이 놀이실에 나올 때 뿌듯했어요."라고 이야기했고 아버지는 이제 다정이에게 정시에 끝내도록 제한설정을 할 수 있었다. 아버지는 자녀의 욕구에 맞게 조절하여 반영해 주는 반응을 해 보기도 하고 제한설정을 적절하게 함으로써 부모로서 자신감도 느꼈다.

다정이의 아버지는 이번 세션을 마지막으로 부모놀이치료를 마무리하는 것에 대해서 불안감과 걱정스러움을 표현했다. 앞으로 가정에서 다정이와 규칙적으로 놀이시간을 가지는 것에 대해 잘할 수 있을지 걱정되는 마음을 표현하다가 다정이와 산책했을 때를 떠올리면서 할 수 있다는 다짐을 표현했다. 추후 가정에서 부모-자녀놀이를 하면서도 치료자와 연락할 수 있다는 것을 알리면서 유선상으로 상담할 수 있도록 계획하였고, 다정이의 개별놀이치료 시간에도 부모상담을 통해 부모-자녀놀이를 유지할 수 있도록 격려했다.

5. 효과 및 결론

치료자는 부모놀이치료를 통해 아버지에게 자녀의 행동과 감정에 대한 이해를 증진하여 민감하게 반응하고 적절하게 반영을 할 수 있도록 심리교육을 했다. 또한 자녀와의 정서적 상호작용을 위해 직접 놀이하며 놀이치료의 기본 기술을 획득할 수 있도록 교육했다. 이를 통해 다정이의 아버지는 부모로서의 능력에 확신을 가지고, 자녀와의 관계를 향상시키며, 궁극적으로 다정이의 감정이나 깊은 의도를 이해할 수 있었다.

서로 연결되고 하나됨을 경험했다는 아버지의 보고에서도 알 수 있듯이 부모-자녀놀이를 통해 아버지가 자녀를 있는 그대로 이해할 수 있게 되고 서로 공명하며 상호 주관성을 경험했다. Schore(2021)는 퇴행으로부터 상호작용을 하는 관계적 상호 퇴행이 이루어지며, 이러한 관계는 신체감각적 의사소통을 사용하는 우뇌적 소통을 통해 보다 긍정적인 변화를 이루는 관계로 발전하게 된다고 기술한 바 있다.

다정이는 현재 개별놀이치료를 계속하면서 외상사건으로 인한 불안감과 불안정함 등 부정적 감정들을 안전하고 안정된 환경 속에서 자연스럽게 표현하고 견딜 수 있는 수준으로 다루고 있으며 일상으로 회복해 나가고 있다. 이전에 호소하였던 분리불안 증상은 사라졌으며, 외상 관련 증상도 크게 감소했다. 특히 다정이는 낯선 사람이 많은 상황에서도 더 이상 불안을 느끼거나 매달리는 행동을 보이지 않고 있다.

다정이의 아버지는 부모놀이치료를 진행하는 동안 부모의 놀이경험과 자신의 부모와의 관계에서 느꼈던 감정을 인식했다. 그리고 부모로서 자신감을 갖는 경험을 하게 되었다. 다정이의 아버지는 자녀와 놀이를 하면서 놀이는 함께 공유하고 서로의 마음을 느끼는 경험이라는 것을 알게 되었다. 다정이의 아버지에게 아동중심 놀이치료 기법을 교육하고 역할놀이를 진행하면서 부모놀이치료 세션에서 치료자와 함께 자신의 감정을 나누고 이해받아 안정감을 느꼈다고 보고했다. 또한 이 경험으로 인해 부모-자녀놀이에서 다정이에게 부모로서 어떻게 해야 하는지 알게 되었다고 보고했다. 다정이의 아버지는 자신이 느꼈던 것들을 자녀와 공유했으며, 자녀의 자기표현을 이해하고 수용하는 것이 중요하다는 것과 동시에 자녀에게 적절한 통제도 필요하다는 것을 알았다. 현재 가정에서 부모-자녀놀이 시간을 규칙적으로 갖고 있다. 다정이의 아버지는 부모로서의 자신감이 회복되고 부모효능감이 증진되었고 양육에 더욱 적극적으로 참여하게 되었다. 아버지로서 자녀에게 일관성 있고 지지적 태도로 대하여 안정적이고 수용적인 환경을 제공하려는 노력을 기울이고 있다. 이러한 변화는 다정이와 아버지 간의 관계 회복뿐만 아니라 자녀의 건강한 자아 발달과 아버지의 심리적 안정을 촉진하여 더욱 긍정적 변화를 이끌어 낼 수 있을 것이다.

다정이 사례가 보여 준 것처럼 부모놀이치료가 부모-자녀 관계를 회복하는 데 매우 효과적이고 가치가 있다는 것을 확인하였으며, 이를 통해 치료자는 놀이의 치유적 기능에 대한 강렬한 확신을 다시금 갖게 되었다.

6. 파괴적 기분조절장애 및 ADHD로 고통받는 자녀와 우울, ADHD 문제를 가진 어머니를 위한 부모놀이치료 사례

1. 서론

　파괴적 기분조절장애는 우울장애의 하위 유형으로, 주로 아동기 이후에 나타나며, 불쾌한 기분을 조절하지 못하고 만성적인 짜증과 간헐적인 분노 폭발로 표출하는 것이 특징이다. 이러한 분노 폭발은 종종 공격적이고 파괴적인 행동으로 이어진다(최정윤 외, 2017). 이러한 특성을 가진 아동에게 ADHD가 동반될 경우, 상호작용의 어려움은 더욱 복합적으로 나타난다. ADHD 아동은 적절한 자극에 선택적으로 주의 집중하기 어려우며, 주의를 기울여도 행동이 달라지지 않아 매우 산만하게 보인다(정원철, 2000). 이로 인해 부모의 통제 경향이 강해지고, 가족 구성원 간의 갈등이 빈번하게 발생할 수 있다(심봉희, 2013). 이러한 갈등이 지속될수록 ADHD 아동은 가족관계에서 거부당한다는 배척감을 느끼고 좌절감에 빠지며, 자아존중감이 낮아지는 경향이 있다. 이들은 애정 욕구나 내면의 정서를 부적절한 행동으로 표출하여 가족원들과 부적응적인 상호작용을 반복하게 된다.

　이러한 부정적인 상호작용의 순환은 아동이 청소년기에 이를 때까지 지속되며, 모든 가족 구성원은 상당한 부담과 스트레스를 경험하게 된다(이승희, 2006). 특히 아동의 양육자가 개인적인 어려움을 겪고 있다면, 자녀의 어려움을 효과적으로 다루기 어렵고 양육에 대한 부담과 스트레스는 가중된다. 예를 들어, 어머니가 우울증을 겪고 있을 경우,

에너지와 인내심이 부족해져 자녀의 부정적인 행동에 대해 일관성 있는 반응을 보이기 어렵다. 이는 자녀가 혼란스럽고 불안해지는 원인이 되며, 자녀의 부정적인 행동을 더 심화시킬 수 있다. 어머니가 자신의 감정을 관리하기 힘들어지면, 자녀의 행동에 과도하게 감정적으로 반응하게 되어 상호 간의 갈등과 좌절감이 증가할 수 있다.

또한 어머니가 ADHD를 겪고 있다면, 집중력과 조직력의 저하로 인해 자녀의 행동 문제를 효과적으로 다루는 데 어려움을 겪는다. 어머니가 자녀에게 필요한 주의를 기울이지 못하거나 중요한 일상적인 과제를 놓치는 경우, 자녀는 더 많은 행동 문제를 보일 가능성이 높아진다. 이는 자녀가 어머니로부터 충분한 지지와 관심을 받지 못한다고 느끼게 하여, 자녀의 자아존중감을 낮추고 부정적인 행동을 증가시키는 악순환을 초래할 수 있다. 이러한 부정적인 상호작용은 상호 간의 좌절감과 적대감을 증폭시키며, 자녀와 어머니 모두에게 지속적인 스트레스를 유발한다. 자녀는 어머니의 일관성 없는 반응과 부족한 지지로 인해 더 큰 혼란과 불안을 느끼며, 이는 자녀의 정서적 및 행동적 문제를 더욱 악화시킨다. 어머니는 자녀의 부정적인 행동에 효과적으로 대처하지 못해 더욱 좌절감을 느끼며, 이는 기존의 우울증이나 ADHD 증상을 악화시키는 결과를 초래할 수 있다.

이러한 문제를 해결하기 위해 Barkley(1997)는 ADHD 성향 아동의 행동을 직접적으로 통제하기보다는 주변 환경의 변화가 효율적인 변화를 이끌 수 있다고 주장하였고, 장미경(1998)은 부모-자녀 관계 증진을 통해 아동의 행동 문제를 줄일 수 있으며 가족기능의 개선을 이룰 수 있다는 연구 결과를 보고했다. 부모놀이치료는 ADHD 아동의 자아존중감 향상과 형제관계 개선, 부모-자녀 관계 개선(장미경, 임원신, 2004; 홍주화, 2011), 그리고 부모의 가족탄력성에 긍정적인 영향을 미친다는 연구 결과가 있다(정현준, 2016).

부모놀이치료는 아동에게 어머니와의 수용적이고 안전한 놀이시간을 경험하게 함으로써 불안정했던 관계 패턴을 수정하고, 건강한 방식으로 어머니와 관계를 맺을 수 있도록 도울 수 있다. 또한 어머니는 자녀를 수용하고 관심을 기울이며, 아동 중심적인 놀이시간을 통해 자녀와의 놀이가 기쁘고 즐거운 경험이 될 수 있도록 도울 수 있다. 자녀를 이해하고 자녀에 대한 따뜻함과 신뢰의 감정을 키우며, 효과적인 훈육기술을 습득하는 데에도 도움이 된다. 이러한 부모놀이치료의 효과를 이해하고 있던 치료자는 파괴적 기분조절장애 및 ADHD로 어려움이 있는 삐삐와 우울증 및 ADHD 문제를 겪고 있는 어머니에게 수용적이고 안전한 놀이시간을 통해 불안정했던 관계 패턴을 수정하고 건강한 부모-자녀 관계를 맺을 수 있도록 부모놀이치료를 권유하여 시작하게 되었다.

2. 사례 개요

삐삐는 초등학교 2학년 여아이다. 삐삐가 1학년 때 삐삐의 담임선생님은 어머니에게 "친구들에게 짜증과 화를 자주 내고, 친구들과 자주 다투고 어울리기 힘들어합니다."라고 이야기했다. 어머니도 삐삐가 "놀아 줘."라는 말을 자주 하고, 많이 놀아 줘도 "조금밖에 못 놀았어."라고 말하며 짜증을 내서 키우기 힘들어했다. 이런 이유로 어머니는 삐삐가 초등학교 1학년이었을 때 상담센터를 방문하게 되었다.

뽀얗고 하얀 얼굴, 길고 곱슬한 머리카락, 눈웃음이 가득한 장난기 어린 눈빛, 빠르게 재잘거리는 목소리를 가진 삐삐는 제 학년으로 보이는 외모였다. 삐삐는 눈맞춤에 어려움이 없었고, 목소리가 크고 다른 사람에게 다가가는 데에도 어려움이 없었다. 삐삐는 모래놀이를 좋아하고 상담센터에 오는 것을 좋아했다. 삐삐의 특징 중 하나는 상담 중에 치료자에게 지시하고 시키는 행동을 반복하는 것이었다. 모래놀이치료를 시작한 지 3개월이 조금 넘었을 때, 삐삐는 뜻대로 되지 않으면 짜증을 내고 목소리를 높이며 자신의 요구를 강하게 주장했다. 치료자는 이러한 삐삐의 행동이 상대방을 통제하려는 시도로 느껴졌다. 삐삐는 순간적으로 치료자에게 짜증을 내다가도 관계에 대한 불안이 생기면 곧 행동을 바꿔 미안해하며 다시 친화적인 행동을 취했다. 이와 같이, 삐삐는 또래관계에서도 원하는 대로 되지 않으면 짜증을 내고 때로는 폭발하듯 화를 내어 친구들과 친해졌다가도 관계를 지속하는 데 어려움을 겪었다. 이러한 행동으로 인해 친구들은 삐삐와의 놀이를 꺼리게 되었고, 삐삐는 점점 더 거절감을 느끼게 되었다. 예를 들어, 삐삐는 스쿨버스를 탈 때 친구들과 어울리고 싶어서 친구에게 "같이 타자."라고 이야기하면 친구들이 "같이 안 탈 거야."라고 거절했고, 삐삐는 큰 거절감을 느꼈다.

삐삐의 부모는 연애과정에서 임신 사실을 알게 되었고 결혼 후 친정 옆에서 살며 육아의 도움을 받았다. 그러나 어린 시절 어머니에게 상처를 많이 받았던 삐삐의 어머니는 이때를 가장 우울했던 시기로 기억하고 있었다. 친정 부모님과 가까이 지내는 것이 삐삐의 어머니에게는 괴로운 경험이 되었고, 삐삐의 외조모와의 갈등관계로 인해 삐삐의 어머니는 잦은 좌절과 불안, 분노를 느꼈다. 그래서 삐삐가 어린이집에 갈 무렵 멀리 이사를 나왔고, 이후 바쁜 남편에게 도움을 받지 못한 채 장시간 홀로 육아를 담당했다. 삐삐는 5세경에 유치원에서 언어가 느리다는 이야기를 들었으나 치료를 받은 적은 없었다. 6세까지는 언어 발달이 느려 보였으나 현재는 괜찮아졌고, 심리검사 결과에서도 언어 발달은 정상으로 나타났다. 5세 때 또래와 놀이할 때 뜻대로 되지 않으면 밀치거나 장난감을 뺏는 행동을 보였고, 친구들에 대한 공격적인 행동이 유치원에서 종종 나타났다. 삐삐는 6세까지 한 유치원을 다녔고 7세 때 교육열이 높은 어머니로 인해 뒤늦게 영어유치원을 다니게 되었으며 영어유치원 가는 것을 좋아했다. 그러나 언어로 인한 위축감이나 소외감을 종종 느끼는 것 같았다고 어머니가 보고했다. 이후 좋은 초등학교에 다니기 위해 멀리 이사를 가게 되었다.

초등학교에 들어가서는 "영어를 잘하고 싶어."라는 이야기를 자주 했고 영어를 잘하는 친구들과 비교하며 자신도 학급에서 인정받고 싶어 했다. 이는 교육열이 높고 성취중심적인 어머니의 태도와도 연관이 있어 보였다. 또래관계에 있어서는 초등학교에 들어가서도 친구들과 다툴 때가 많았고, 그러다 보니 사이가 좋지 않아 종종 혼자 있게 되는 때가 잦아졌다. 학교 특성상 동네 친구들이 없다 보니 자주 외로움을 느꼈다. 하굣길이나 방과 후에도 놀이친구가 없다 보니 엄마와 노는 시간을 더욱 갈망하게 되었고, 아이의 갈망이 어머니에게 피로로 느껴졌다. 어머니는 재택근무를 하는 탓에 삐삐가 학교에 갔을 때 일을 하고 방과 후에는 삐삐와 함께 있었으나 주의를 기울여 주지 못하는 시간이 많았다. 삐삐는 어머니와 함께 있어도 혼자서 시간을 보내는 일이 잦았다. 근무 시간이 일정하지 않은 어머니의 직업 특성으로 인해 어느 날은 좀 더 함께 있는 시간이 많았다가 어느 날은 혼자 있어야 하는 날이 있는 등 들쑥날쑥했다. 어머니는 집에 있어도 일을 해야 할 때가 많고 바쁜 스케줄 탓에 종종 삐삐를 재촉하고 빨리 움직이지 않으면 기다려 주다가 갑자기 화를 내는 일이 반복되었다. 이는 삐삐가 일관적이고 안정감 있는 환경을 경험하는 것을 더욱 어렵게 하고 있었다.

3. 부모 성격 역동

삐삐의 어머니는 원가족에서 두 자매 중 첫째로 태어나 어머니(내담자의 외조모)의 기대와 통제를 많이 받고 자랐다. 특히 학업 성적이 나쁠 때에는 어머니에게 심한 체벌을 장시간 당했다. 아동기 때에는 위축되어 지냈다가 그동안 억압되었던 공격성이 청소년기 때 분출되기 시작했고, 특히 집에서 어머니에게 공격적인 행동으로 드러냈다. 어머니와 소리치고 싸우는 일이 빈번해졌다. 그러다가 고등학교 때부터 학업 성적이 잘 나온 뒤에는 어머니가 자신에게 간섭하지 않는다는 것을 알게 되었다. 이후 높은 학업 성취가 어머니와의 사이에 평화를 가져온다는 것을 알게 되었다. 이러한 성장과정으로 인해 삐삐의 어머니는 완벽주의와 강박적인 성격이 형성되었고, 때로 분노와 우울이 조절되지 않는 불안정한 상태가 잦았다.

원가족 안에서 미해결된 감정으로 인해 부부관계에서도 남편에게 인정받고 사랑받고 싶은 욕구는 높았지만, 자신을 공감하지 못하는 남편을 볼 때 매우 화가 났으며 부부관계에서 소리치며 싸우는 행동이 반복되었다. 남편은 '아내가 분노 조절이 잘 되지 않는다.'는 보고를 한 바 있으며, 본인도 남편과 자녀에게 때로 소리치고 가끔은 '그냥 죽고 싶다.'는 생각이 불쑥불쑥 든다고 했다. 삐삐의 아빠는 바빠서 육아에 참여하지 못하고 있었고, 경제적으로 힘들 때마다 친가에 도움을 요청하며 삐삐의 친조모와 정서적으로 융합관계를 맺고 있었다. 동시에 삐삐의 아빠는 부부관계에는 소원한 편이었으며, 부부 갈등 시 회피하고 말을 안 하는 성격이었다. 사회활동과 원가족에게는 친절하고 깍듯하나 부부갈등 시 회피행동으로 일관하는 남편으로 인해 삐삐의 어머니는 더욱 외로웠고 화가 났다. 이러한 불만족스러운 부부관계는 자녀인 삐삐의 심리와 대인관계 패턴에도 부정적인 영향을 미치고 있었다.

특히 삐삐의 어머니는 일에서도 완벽주의 성향이 있었다. 그러다 보니 일을 마치지 못하고 시간관리와 조직화에도 어려움을 보이는 면이 있었다. 때로 심한 우울감이 찾아와 치료자는 정신의학적 진단을 받아 보길 권유했고 우울을 동반하는 ADHD 진단을 받게 되었다. 우울이 심하게 찾아올 때 어머니는 삐삐에게 짜증과 고함치기를 반복했고 삐삐의 내면에는 불안이 형성되었다.

어머니의 양육태도를 보면 자녀에 대한 애정표현이 부족한 반면, 사회적 성취와 성공에 대한 욕구가 높은 편이었다. 이로 인해 과업수행과 관련된 측면에서 삐삐는 과도하게 긴장하거나 위축되었으며 때때로 짜증과 서러움을 표현하곤 했다. 반면에 어머니는 자녀의 일상에 대해 자율성을 인정해 주는 면도 있었지만, 양육태도는 비일관적이었다. 이러한 역동으로 인해 삐삐는 어머니의 행동을 예측하기 어렵고 혼란스러움을 느꼈을 수 있다.

또한 어머니는 주변인들과 잘 어울리지 못하는데 이는 자녀의 또래관계 형성에도 부정적인 영향을 끼칠 가능성이 있었다. 대인관계에서의 어려움을 살펴보면 깊은 내면에서 '버림받을지도 모른다.'는 불안이 있었다. 그러다 보니 어머니는 관심 있는 타인에게 가까이 다가가지 못했고, 겉보기에는 대인관계에 관심이 없고 일에만 몰두하는 모습으로 보였을 것이다. 관계보다는 일에 몰두하다 보니 자녀와의 관계에서 자녀의 행동이나 감정에 주의를 기울여 주지 못했고, 삐삐는 어머니의 애정과 관심이 결핍된 상태로 성장했으며, 어머니에게 짜증과 더불어 때때로 걷잡을 수 없는 화를 표출했다.

4. 개입과정과 진척 상황

　부모놀이치료를 하기 전 먼저 어머니가 상담센터에서 우울을 주 호소로 개인상담을 진행했다. 개인상담을 통해 어머니는 급격한 우울로 침체하는 빈도가 줄어들었고 자녀에게 소리치는 행동을 억제하는 데 도움이 되었다고 보고했다. 개인상담에서는 원가족에서 받아 왔던 트라우마 치료가 중점적으로 진행되었다. 개인상담을 하던 중에 자녀가 초등학교에 입학하고 학교에서 또래관계의 어려움과 감정조절의 어려움이 나타나 다른 치료자와 함께 모래놀이치료를 시작하게 되었다. 동시에 부부갈등이 어머니의 우울을 지속시키는 데 상당한 기여를 하고 있다고 파악되어 가족치료자에게 부부상담을 의뢰하여 10세션이 진행되었다. 이를 통해 부부관계가 다소 개선되었고, 부부상담을 통해 모든 것이 아내 탓이라고만 여겼던 남편은 자신을 돌아보는 계기가 되었다. 자녀의 모래놀이치료가 20세션 이상 진행되었을 때 부모-자녀 상호작용의 개선이 가장 시급하다고 파악되어 부모놀이치료를 권유하게 되었다.

1세션

　삐삐의 어머니는 부모놀이치료 과정을 소개했을 때 매우 반가워하며 잘 배우고 싶다고 했다. 첫 시간에는 관계형성 및 기본 기술, 즉 공감적 경청과 그에 따른 자녀의 행동 읽어 주기와 감정 공감하기를 교육했다. "어릴 때 어머니로부터 적절한 양육을 받지 못해서 저도 삐삐가 짜증 낼 때 어떻게 해야 할지 모를 때가 많았어요. 놀아 달라고 할 때는 겁부터 나고 부담이 많이 되기만 했고요. 함께 노는 것이 즐겁다는 생각이 잘 안 들었어요."라고 이야기했다. 삐삐 어머니는 자신의 어머니에게서 학업에 대한 고도의 스트레스를 받았고, 심한 체벌로 인해 마음의 상처를 많이 받았다고 했다. 긍정적이고 지지적인 돌봄과 적절한 훈육을 받은 경험 또한 부족했기 때문에 자녀양육이 어렵다고 했다. 자녀를 잘 기르고 싶어 하는 마음과 헌신적인 노력은 많았는데 충분히 좋은 엄마로서 반응해 주고 함께해 주는 것이 구체적으로 어떤 관계인 것인지를 인지하지 못했다. 삐삐 어머니가 먼저 삐삐의 행동이나 감정에 주의를 기울여 주는 것이 중요했다. 첫 세션에서 부모놀이치료의 기본 원칙 및 목적, 주의사항, 그리고 이 과정을 통해 기대하는 변화나 개선에 대한 이야기를 나누었다. 어머니는 이 시간을 통해 부모놀이치료에 대한 동기부여가 되었고, 특히 아동의 자율성을 길러 주는 공감기법을 배우는 것에 대한 기대를 표현했다.

2세션

이번 세션에서는 부모-자녀놀이에서 필요한 놀잇감과 시간 및 장소 정하기, 놀이과정 전반에 걸쳐 소개했다. 삐삐의 어머니는 교육내용을 잘 이해했고, 공감적 의사소통과 제한설정하기에 대해 교육받을 때 더 반가움을 표현했다. 그러면서 삐삐가 일상에서 "다 망쳤어."라고 이야기하며 울 때가 자주 있다고 상기했다. 치료자와 제한설정에 대한 이야기를 나눈 후에 어머니는 "감정을 잘 수용하고 속상한 마음을 받아 주지만 그렇다고 아이가 해 달라는 대로 다 해 주는 게 아니라 아이가 할 수 있는 것이 무엇인지 말해 줘야 할 것 같다."라고 표현했다. 공감적 의사소통을 연습을 할 때는 조금이라도 더 배우기 위해 연습은 물론 필기까지 하면서 적극적인 태도로 임했다. 어머니는 "아이의 행동이나 감정에 대해 반영을 잘 안 해 왔던 것 같아요."라고 표현하면서 후회를 하고 안타까워했다. "제가 힘이 드니까 저에게 초점이 맞춰져 있었고 아이의 마음을 잘 읽지 못했던 것 같아요."라는 이야기를 할 때는 자책감이 느껴졌다. 치료자는 삐삐의 어머니가 지금까지 어려운 과정에서도 최선을 다해 왔음을 상기시켰고, 특히 적극적인 태도를 반영해 줌으로써 교육에 대한 동기부여를 했다. 어머니는 부모놀이치료를 통해 배운 점을 묻는 질문에 "제한설정을 배울 때 먼저 공감을 하고 규칙을 알려 주는 것이 매우 도움이 되었어요."라고 했다.

3세션

부모-자녀놀이 영상에서 어머니는 배운 대로 삐삐에게 특별한 놀이시간 소개를 했고, 삐삐가 놀이를 선택하고 주도할 수 있도록 잘 따라가는 모습을 보였다. 삐삐는 놀잇감 중에서 슬라임 놀이를 선택했다. 삐삐는 엄마와 함께 하는 특별한 놀이시간에 대한 기대와 설렘으로 다소 흥분되어 있었고 말이 매우 빨랐다. 영상에서 무슨 말을 하는지 잘 알아들을 수 없는 부분도 꽤 있었다. 이 영상에서 삐삐의 두드러진 행동은 삐삐가 엄마에게 동시에 몇 가지를 지시하거나 엄마와 상호작용에서 통제적인 행동이 많이 나타났다는 것이었다. "엄마, 이것 좀 들어 줄래?" "엄마, 내가 이거하고 있을게 엄마는 이걸 좀 가져와 줘."라고 말하며 엄마의 행동을 통제하고 지시했다. 그러면 어머니는 "삐삐는 엄마가 이걸 들어 주길 원하는구나."라고 반영하면서 힘없이 시키는 대로 행동했다. 놀이를 하는 동안 어머니는 힘이 없어 보였고, 지치고 힘들어하는 듯한 표정이었다. 30분 동안 한결같이 밋밋한 표정과 수동적인 태도들이 보였다. 흥분되어 있고 설렘으로 가득 찬 삐삐와는 상반된 어머니의 태도와 행동을 부모-자녀놀이 영상을 통해 함께 확인할 수 있었다. 어머니는 영상에서 보이는 자신의 표정을 보고 나서 자녀와의 시간에 대한 부담감, 무게감에 대해 이야기했다. 어머니는 "삐삐는 '놀아 줘.'라는 말을 자주 하는 편이에요. 그럴 때마다 놀아 주려고 노력은 하는데, 놀아 줘도 놀아 줘도 끝이 없는 것 같이 느껴졌었어요."라고 이야기했다. 영상을 보면서 어머니가 이야기한 것처럼 자녀와 함께 하는 시간을 버거워하는 표정을 확인할 수 있었다. 자녀의 행동과 감정을 반영하는 행동의 빈도도 매우 적었고 목소리도 작고 톤이 거의 일정했는데, 이를 통해 어머니의 지루한 마음이 많이 드러났다. 그래도 '하라' 규칙인 행동 추적하기의 빈도는 잦은 편이었다.

치료자는 그동안 어머니의 양육하며 지쳤던 마음을 공감하였고, 힘든 상황에도 불구하고 부모놀이치료에 참여하며 자녀와의 긍정적인 상호작용을 위해 노력하는 점을 지지했다. 그리고 어머니에게 부모놀이치료를 계속할 수 있도록 동기부여를 지속했다. 이후 어머니가 자녀의 행동과 감정을 반영할 수 있도록 시범을 보여 주면서 교육하는 시간을 가졌다. 어머니는 부모놀이치료를 통해 자신의 힘든 마음을 공감받으며 조금씩 용기를 가지게 되었다. 자녀와 놀이시간에 자신의 지루해 보이는 표정을 영상을 통해 확인하면서 인식하였고, 자녀와 놀이시간에 좀 더 집중하고 즐겁게 놀아야겠다는 동기가 확실히 생겼다.

4세션

이번 주 부모-자녀놀이 영상에서 지난 주 교육의 효과가 뚜렷이 나타났다. 어머니의 공감적 반응이 대폭 늘어나자 삐삐는 놀이를 시작할 때 "근데 엄마는 왜 내 말을 따라 해?"라고 물었고 어머니는 "내가 네 말을 따라 하는 게 이상한가 보구나."라고 대답했다. 삐삐는 "응, 엄마가 따라 하니까 좀 이상하잖아. 조금만 이야기해 줘야지."라고 했다. 어머니는 "어~ 조금만 이야기해 주면 좋겠구나."라고 이야기하고 놀이에 집중했다. 부모놀이치료 시간에 이 부분에 대해서 어머니는 당황스러웠다고 표현했다. 그러면서 "이런 이야기할 때 어떻게 말해야 할까요?"라고 질문했는데, 치료자는 "특별한 놀이시간이라서 그래."라고 설명해 주도록 안내했다. 이 날 영상에서 삐삐는 유튜브에서 보았던 놀이를 했다. 처음 놀이를 시작할 때 매우 기대에 차 있었고 말이 빠르고 활발했다. 그러다가 15분쯤 지나서 놀잇감이 유튜브에서 보았던 것과 똑같이 되지 않는다며 "아니 유튜브에서 봤던 거랑 다르잖아. 이게 이렇게 돼야 하는데 왜 안 되는 거냐고."라는 말을 반복했다. 삐삐는 점점 톤이 올라가고 짜증을 내다가 울음을 터뜨렸다. 어머니는 "삐삐가…… 어…… 잘 안 되서 속상하구나."라고 감정을 공감했다. 언어로는 공감적 반응을 했지만 어머니는 위축되고 어쩔 줄 몰라 하며 난감한 태도를 보였다. 삐삐가 짜증을 내기 시작하자 어머니가 급격히 위축되는 모습을 보인 것이다. 치료자는 당황스러운 상황에서도 감정을 반영하고 공감해 주려 했던 어머니의 노력을 지지해 주었다. 어머니의 공감적 반응이 지난주에 비해 늘어난 점과 자녀와 놀이시간에 집중하고 에너지가 향상된 점을 지지했다. 특히 자녀의 행동을 반영하는 빈도가 늘어났고 감정을 공감하기 위해 노력했다.

그러나 어머니의 톤이 평이한 점은 눈에 띄었다. 리듬을 타기보다 일정한 톤으로 반영하는 어머니의 말투에서 정서적인 교류를 하는 것이 서툴다는 점을 알게 됐다. 치료자는 이에 대해 구체적으로 교육했다. 자녀가 짜증을 내거나 울음을 터뜨릴 때는 "그게 안 돼서 속상하구나. 너무 속상해서 눈물이 나네."와 같이 감정을 공감해 주고 수용해 주며, 어머니가 부정적인 감정까지도 담아 줄 수 있도록 안내했다. 역할놀이를 통해 '감정 공감하기'를 연습했다. 또 한 가지 어머니의 두드러진 행동은 자녀가 문제를 해결할 때까지 기다려 주기보다 엄마가 먼저 앞서서 문제를 해결해 주려는 모습이었다. 이에 대해 반복해서 영상을 보면서 '먼저 제안하거나 해결해 주지 말 것'을 교육했고, 자녀가 문제를 스스로 해결할 수 있도록 기다려 주는 것이 아동의 주도성과 자율성을 길러 주고 이를 통해 자존감이 향상될 수 있다는 것을 교육했다. 어머니는 삐삐가 짜증 내고 재촉하고 울음을 터뜨릴 때 대처하는 교육을 받으면서 양육에 대해 조금씩 자신감을 찾아갔다. 그리고 자녀와 관계에서 반복되는 어려움을 부모놀이치료 시간에 이야기하면서 암울했던 마음은 조금씩 안정을 찾아갔다.

5세션

부모-자녀놀이 시간에 어머니의 행동 반영과 더불어 감정 반영을 하는 모습에서 자신감이 향상된 것을 확인할 수 있었다. "이게 잘 안 돼서 속상하구나." "더 잘해 보고 싶구나."라며 삐삐의 감정과 의도 등을 잘 파악해서 반영했다. 삐삐의 행동과 내용을 반영하는 빈도도 매우 높아졌다. 이렇게 향상된 부분을 영상으로 확인하면서 치료자는 어머니의 노력을 지지했다. 삐삐의 행동에도 변화가 있었다. 삐삐가 어머니에게 지시하고 통제하는 모습이 줄어들었다. 삐삐가 "이건 어떻게 하는 거지?"라고 물으면 어머니는 "이걸 어떻게 하는 건지 궁금하구나."라고 말하고 삐삐가 "이렇게 하면 되는 거네."라고 이야기하자 "아! 그걸 어떻게 하는지 알아냈구나."라고 하며 삐삐에게 구체적으로 반영하며 말했다. "이렇게 좀 해 줘."라고 지시를 할 때는 "엄마가 이걸 해 주기를 원하는구나. 그런데 네가 할 수 있을 것 같은데."와 같이 반응하면서 자녀가 주도할 수 있도록 반응했다. 이번 영상에서 부모-자녀 간의 긍정적인 상호작용이 늘어났고 삐삐가 30분간 짜증 내는 행동 없이 즐겁고 편안하게 특별한 놀이시간을 가졌다고 보고했다. 치료자는 감정 공감하기에 대해 집중적으로 교육했고 아동의 의도와 욕구를 반영하는 의사소통에 대해서도 구체적인 예시를 들어 교육하는 시간을 가졌다. 어머니는 부모-자녀놀이 시간을 통해 긍정적인 상호작용이 많이 늘어나서 그런지 평소에도 삐삐가 짜증 내는 행동이 줄었다고 했다. 삐삐의 긍정적 변화로 인해서 어머니 또한 양육에 대한 자신감을 찾아가고 있었다. 또한 삐삐가 친구들과 사이에서도 짜증을 내는 행동이 줄어들었다고 보고했다.

6세션

부모-자녀놀이 영상 전반부에는 대체로 즐겁고 흥미로운 시간을 많이 가졌다. 놀이 중반부 즈음에서 삐삐는 유물을 발굴하는 놀잇감을 선택해서 놀기 시작했는데, 생각했던 대로 발굴이 안 되자 짜증을 냈다. 그때 어머니가 "잘할 수 있어."라는 말을 했고 삐삐는 "잘 안 되잖아."라는 말을 하면서 더욱 짜증을 냈다. 영상을 보기 전에는 "아이가 왜 중간에 짜증을 내기 시작했는지 모르겠다."라고 생각했는데 자신의 행동을 영상을 통해 확인하고 나서 삐삐의 마음을 알겠다고 했다. 삐삐가 끝까지 잘할 것을 촉구하는 자신의 반응과 응원의 표현에 오히려 삐삐가 흥미를 잃고 짜증을 내기 시작했다는 것을 이해했다. 영상에서 삐삐는 발굴놀이를 그만두고 짜증과 화를 내면서 소리를 점점 높이고 울음을 터뜨렸다. 어머니는 "삐삐가 잘하고 싶은데 잘 안 돼서 짜증이 나는구나."라며 감정을 읽어 주었다. 치료자는 부정적인 감정을 반영해 주고 자녀의 감정을 담아주는 데 인내심을 발휘한 어머니에 대해 지지했다. 그리고 나서 치료자는 어머니가 삐삐의 짜증이 나서 그만두고 싶어 하는 마음을 반영하면 더 좋았을 것이라고 이야기했다. 예를 들어, "잘 안되니까 속상해서 놀이를 그만두고 싶구나."라고 이야기할 수 있을 것이라고 했다. 이에 대해 어머니는 "제 마음 속에서는 삐삐가 끝까지 잘 해내기를 바라는 마음이 더 컸을 수 있겠어요."라고 말했다. 영상을 통해 구체적으로 자신의 행동과 자녀의 행동을 치료 자와 함께 확인하는 작업은 매우 효과적이었다. 평소에 눈치채지 못했던 부모-자녀의 상호작용을 확인할 수 있는 귀한 자료였다. 어머니는 자녀의 성취에 집중되어 있는 자신 의 모습을 영상을 통해 확인하고 인식하는 시간을 가질 수 있었고, 이때 자녀가 오히려 흥미를 잃고 자신감이 떨어지는 모습을 보인다는 것을 확인했다. 그동안 왜 자녀가 쉽게 포기하려고 했고 짜증을 냈었는지를 발견하는 시간이 되었다. 어머니는 이 시간을 통해 자신의 성취지향적인 특징이 자녀와의 상호작용에서 어떻게 영향을 미치는지 확인하고 자신을 돌아볼 수 있었으며, 둘의 관계에서 자녀의 욕구나 흥미를 반영해 주기보다 자신 의 성취지향적인 욕구가 앞설 때 자녀가 흥미를 잃는다는 것을 구체적으로 알아 가며 더 욱 민감하게 삐삐에게 반응할 수 있었다. 이후 어머니가 삐삐의 욕구와 감정에 민감하게 반영해 줄 수 있도록 연습하는 시간을 가졌고, '제한설정이 효과가 없을 때'를 교육했다.

7세션

부모-자녀놀이 영상을 찍는 날에 어머니가 외국으로 출장을 가게 되어 출장을 다녀 온 다음 날 삐삐와 놀이시간을 가졌다고 했다. 영상에서 삐삐는 가라앉은 표정으로 놀이 에도 흥미와 집중을 보이지 않았다. 치료자는 어머니와 떨어져 있던 시간에 삐삐가 엄마 를 매우 그리워했다고 이해했다. 이는 놀이시간이 15분 쯤 지났을 때 확인할 수 있었는 데, 삐삐가 엄마에게 "시간이 얼마나 남았어?"라고 물었고 "15분쯤 남았어."라고 하자 삐 삐는 "15분밖에 이제 안 남았잖아. 1분 1초가 너무 아까운데 이게 왜 이렇게 안 되는 거 야."라고 이야기하며 짜증을 냈다. "시간이 멈춰 버렸으면 좋겠어. 나는 계속 놀고 싶은 데 시간은 계속 가잖아."라는 삐삐의 이야기에 어머니는 "더 놀고 싶은데 시간이 아깝구 나."라고 반영했고, 삐삐가 짜증을 내자 어머니의 행동이 위축되었다. 어머니의 말소리 가 점차 작아지고 주눅이 들었다. 영상을 통해 이러한 모습들을 확인했고, 치료자는 지 난 시간에 배웠던 '제한설정이 효과가 없을 때'를 설명하며 한 주간 엄마와 떨어져 지내 면서 쌓였을 짜증과 불안이 제한설정을 따르고 싶지 않은 행동으로 나타나고 있다는 것 을 이야기했다. 엄마가 출장을 다녀와야 해서 집을 떠났다는 것을 삐삐는 알고 있었겠지 만, 이러한 상황이 삐삐에게 힘들게 느껴졌을 가능성이 있었다. 어머니는 이에 대해 "삐 삐가 어렸을 때 남편과 싸우고 마음이 너무 힘들면 나가 버리는 행동이 반복되었어요."

라고 보고했다. 이제 삐삐에게 갑작스런 엄마와의 이별이 반복되는 일은 나타나지 않았지만 엄마의 부재가 무의식적으로는 불안과 긴장으로 느껴질 수 있으니 이러한 점을 인지하고 있어야겠다는 이야기를 나누었다.

치료자는 평소에 삐삐가 학교를 다녀왔을 때 어머니와 삐삐가 이야기를 나누며 함께 간식도 먹고 노는 시간을 충분히 갖도록 제안했다. 그리고 어머니와 함께 갖는 짧지만 질적인 시간이 삐삐에게 도움이 될 것이라고 말했다. 이후 '제한설정이 효과가 없을 때'의 경우를 다시 살펴보는 시간을 가졌는데, 삐삐가 돌 이전부터 경험했던 어머니의 간헐적인 가출에 대해 자세히 이야기 나누게 되었다. 어머니는 만 3세까지 친정어머니 곁에 살면서 삐삐 육아를 거의 같이 하다시피 했었고 친정어머니에게 매우 의존적이었다고 했다. 이러한 영향으로 삐삐와 어머니의 애착이 불안정하게 형성되었다. 치료자는 자녀가 어머니에게 자신의 욕구를 표현하고 수용받는 경험을 통해 애착을 재형성할 수 있는 기회로 삼을 수 있다고 안내했다. 자녀와 안정적인 놀이와 대화 시간이 양적으로도 질적으로도 더 필요하겠다는 부분에 대해 알 수 있게 된 것은 어머니의 동기부여에 큰 몫을 하게 되었다. 이것은 이후 삐삐의 발달에 긍정적인 영향을 줄 것이다.

8세션

부모-자녀놀이 영상에서 삐삐는 스쿼시북 만들기 놀이를 선택했고, 엄마와 놀이하는 시간을 매우 즐거워하며 이전처럼 짜증 내거나 시간이 적다고 불평하지 않았다. 어머니는 지난주 일이 많아서 피곤했다고 했다. 피곤해서 그랬는지 처음에는 느린 속도로 반응을 하다가 놀이에 점점 몰입하면서 반영 횟수가 증가하고 질이 좋아졌다. 행동 읽어주기는 이제 자연스럽게 잘하게 되었고 감정 반영에서 놓치는 부분이 있었으나 이전에 비해 매우 좋아졌다. 삐삐는 종이를 가위로 자르면서 엄마에게 "이 부분은 엄마가 잘라 줘."라고 부탁했고 어머니는 "그래, 여기는 엄마가 잘라 주기를 원하는구나."라고 하면서 놀이에 참여했다.

어머니는 삐삐가 스스로 숙제를 잘하고 있다고 보고했다. 방이 지저분해지면 스스로 정리도 하고 있다고 덧붙이며 삐삐가 기특하고 양육하는 것이 많이 편해졌다고 했다. 어머니는 삐삐가 짜증 내거나 속상해할 때 부정적인 감정도 잘 반영하고 수용해 주려고 노력하게 되었다고 하며 "제가 삐삐한테 잘하기를 바라면서 힘든 감정은 잘 못 받아 주었던 것 같아요."라고 했다. "삐삐가 욕심도 많고 자기도 잘해 보고 싶은 마음이 있다 보니 짜증도 나고 했던 건데 제가 잘 못 받아 주었던 것 같아요."라고 말했다. 요즘은 아빠와도 잘 놀게 되어 한결 수월해졌고, 어머니가 휴식할 수 있는 시간도 가질 수 있게 되어서 일에도 집중할 수 있고 이전보다 자유롭게 지낼 수 있다고 했다. 부모놀이치료를 하며 긍정적인 효과에 대해서 어머니는 "놀이를 통해 삐삐가 짜증 내는 시간이 대폭 줄었고, 엄마를 시키는 횟수도 많이 줄었다. 그러다 보니 제가 많이 편해진 걸 느껴요."라는 이야기를 했다. 아직 어렵게 느껴지는 부분에 대해서는 "감정 공감을 놓칠 때가 많아요."라고 하여 좀 더 감정을 알아차리고 반영해 줄 수 있도록 교육하는 시간을 가졌다. 그리고 부모놀이치료를 하면서 그간의 어려움과 좋았던 점을 나누고 마무리했다. 그동안의 놀이치료를 통해 삐삐가 가지고 있었던 불안감, 분노들이 상당히 완화되었고 부모-자녀 관계에서도 편안함을 느끼게 되었다. 어머니는 앞으로도 삐삐와의 이런 특별한 놀이가 더 필요하겠다고 생각하여 동기부여가 되었고, 이후에도 부모-자녀놀이 시간을 지속적으로 갖겠다고 했다. 특히 삐삐가 엄마와 긍정적인 상호작용이 이루어지며 아빠와도 함께하는 시간을 좋아하게 되었는데, 이러한 변화들은 어머니의 양육효능감을 높이는 데 기여했다.

5. 효과 및 결론

부모놀이치료가 지향하는 변화를 모두 이루지는 못했으나 자녀와 효과적인 상호작용과 민감하게 반응하는 양육기술을 배움으로써 아동에게 결핍되었던 애정욕구, 친밀감의 욕구, 안정감의 욕구가 어머니에게 받아들여졌다. 어머니는 자신과 부모와의 관계를 되돌아보고 현재 나와 자녀와의 관계에서 반복되는 특성들을 이해했고, 그 시간은 어머니에게 큰 반향을 불러일으켰다. 특히 자신의 어린 시절 자신의 어머니에게 받았던 강요와 체벌로 인해 생긴 부정적인 반응이 현재 자녀와의 관계에서도 반복되고 있다는 것을 영상을 통해 확인할 수 있었던 점이 매우 효과적이었다. 이러한 의식적인 통찰로 인해 자녀에게 무의식적으로 무감각하게 반응했던 행동에 변화를 줄 수 있었다.

부모놀이치료 시간을 갖기 이전에 어머니는 막연한 죄책감과 양육을 하면서 미숙한 자신에 대해 불만족감이 있었는데, 부모놀이치료를 통해 자녀양육에 대해 효능감이 향상되었다. 더 나아가 이러한 효능감은 자녀에 대한 애정과 사랑을 더 많이 표현할 수 있는 상태를 지속해 주었다. 결론적으로 부모놀이치료의 효과는 다음과 같다.

첫째, 어머니가 자녀의 행동과 욕구, 감정, 그리고 생각을 수용하고 말로써 인정하는 시간을 통해서 자녀가 자신의 욕구와 감정을 수용하는 능력이 길러졌으며 이를 통하여 감정조절력이 향상되었다.

둘째, 자녀는 자신의 감정이 수용되고 이해받는 시간을 통해서 보다 긍정적인 자존감과 자기가치감, 유능감을 경험하였고, 자신의 행동에 대한 조절과 책임감을 갖게 되었다.

셋째, 자녀는 보다 용이한 방법으로 자신의 욕구를 충족하는 방법을 배우게 되었다.

넷째, 부모-자녀 사이의 관계가 증진되었다. 어머니가 이전보다 자녀와 함께하는 시간에 대해서 부담감이 현저하게 줄어들었고 자녀와 함께하는 시간을 편안하게 느끼게 됐는데, 이로 인해 부모와 자녀의 신뢰감, 안정감, 친밀감이 향상되었다.

부모놀이치료를 통해 부모와의 긍정적인 상호작용의 시간을 늘림으로써 보다 더 빠르게 아동의 행동이 변화한다는 것을 목격할 수 있었다. 8주 정도의 짧은 시간이었음에도 불구하고 자녀의 학교에서 행동에 변화가 많이 일어났다. 삐삐는 친구들에게 짜증 내는 일이 현저하게 줄었고, 숙제와 같이 해야 할 일을 수행하는 데 별 어려움 없이 해냈다. 어머니와의 관계에서도 간헐적으로 칭얼거리며 짜증을 내기도 했지만 이전과 같이 폭발적으로 화를 내거나 짜증과 울음을 멈추지 않는 일은 거의 없어졌다고 보고했다. 수업시간에 집중을 잘하며, 친구관계에서 감정을 조절하며 관계를 맺는 데 어려움이 줄었다고 한다. 이는 결국 부모-자녀 관계 증진이 아동의 또래관계에 유의미한 영향을 미친다는 이전의 연구 결과와 일치한다.

장기적인 효과로는 어린 시절의 결핍으로 인해 자기애가 충족되지 못했던 어머니가 자신의 성취와 성공에 집착, 자기애를 채우는 데 몰입되어 있었다면 이제 자신의 상처가 자녀에게도 반복되고 있다는 것을 알게 됨으로써 자녀와의 시간에 좀 더 에너지를 쏟을 수 있는 힘이 생겼다는 것이다. 부모놀이치료를 통해 배운 관계기술과 더불어 자신의 내면의 상처와 연결되어 있는 자녀의 상처에 대한 통찰을 통해 내가 받고 싶었던 사랑과 인정을 자녀에게 제공해 줄 수 있는 에너지를 갖게 되었다고 평가된다. 이러한 통찰과 관계능력은 이후 자녀와의 관계에 지속적으로 긍정적인 영향을 미칠 수 있을 것이다.

7. 발달장애 형제를 둔 비장애 아동과 부모를 위한 부모놀이치료 사례

1. 서론

　　발달장애 형제를 둔 비장애 아동은 발달장애 형제로 인한 고민과 갈등을 경험하게 된다. 부모가 발달장애가 있는 형제의 발달을 촉진하기 위해 교육하고 돌보는 데 많은 시간과 노력을 쏟는 것을 보며, 비장애 형제는 이를 종종 차별로 느끼고 소외감이나 상실감을 경험하기도 한다(한유진 외, 2019). 또한 부모는 장애가 있는 자녀로 인해 충족되지 않는 욕구를 비장애 자녀를 통해 보상받으려 할 수 있으며, 이 때문에 비장애 자녀는 부모의 기대에 부응하기 위해 자신의 욕구와 바람을 억제하게 된다(김다혜, 한재희, 2016). 비장애 자녀는 부모의 관심과 돌봄을 받아야 하는 어린 자녀임에도 부모에게 부담을 주지 않기 위해 감정이나 요구를 표현하지 못하게 될 가능성이 커진다. 이러한 현실에 놓인 비장애 형제는 시간이 갈수록 장애 형제에 대해 불평과 분노, 외로움, 질투, 좌절, 원망, 창피함, 압박감을 느끼고, 부모에게는 서운함을 느끼며, 자신의 미래에 대한 불안과 혼란 등 끊임없이 복잡한 감정을 갖는다(전상신, 2022). 이로 인해 비장애 아동들은 때로는 장애 형제의 부적절한 행동을 모방하거나 싸움, 거짓말과 같은 문제행동을 보일 수 있고, 또래관계나 학교생활에 어려움을 나타낼 수 있다(김수희, 2004; 이자영, 2000).

2. 사례 개요

　민수는 발달장애 형이 있는 8세 남아이다. 민수의 가족 분위기와 교육환경은 발달장애를 겪고 있는 형에게 집중되어 있었다. 민수의 부모는 형이 장애로 인해 주변으로부터 부정적인 시선을 받지 않고, 또래들에게 배척당하거나 소외당하지 않기를 바라는 마음이 컸다. 이러한 이유로 발달장애 개선을 위한 치료에 집중했다. 이로 인해 민수는 영아 시절부터 형이 다니던 발달센터를 자주 따라다녔다. 부모의 관심은 항상 형에게 먼저 향해 있었으며, 민수에게는 스스로 잘 하기를 기대했고, 부모가 부재한 상황에서 형을 잘 돌보기 바랐다. 더 나아가, 형에게 양보하고 배려하는 것을 지속적으로 요구했다.

　민수가 여섯 살이 되었을 무렵 형의 상동행동을 모방하기 시작했다. 민수의 부모는 민수에게도 발달장애가 있는지 걱정이 되어 상담을 받게 되었다. 상담 결과, 민수의 행동은 부모의 관심과 지지를 받고 싶어 하는 심리적 요인에 의한 것이었다. 이를 통해 부모는 민수에게도 관심과 지지가 필요하다는 것을 깨달았다. 치료자는 민수가 상담을 받기를 권유했으나, 민수의 부모는 가정에서 더 많은 정서적 상호작용을 시도해 보겠다고 말하며 상담을 진행하지 않았다. 부모는 민수가 보통 아이들처럼 발달하고 잘 자라길 기대했으며, 형과 같은 발달적 어려움이 상담과정에서 나타날까 봐 불안과 두려움을 느끼고 있었다. 결국 부모는 당시 상담을 받지 않았다. 이는 장애 자녀를 둔 부모들이 비장애 자녀에 대해 보편적으로 갖는 태도를 보여 준다.

　민수의 부모는 가정에서 민수와 정서적 상호작용을 시도해 보겠다고 했지만, 아동의 발달적 시기에 맞는 양육적 접근과 정서 상태를 이해하고 대응하는 데 어려움을 겪었다. 특히 민수의 어머니는 일상에서 민수의 마음을 이해하려고 많은 질문을 했으나 어머니가 원하는 답을 하지 않으면 다시 질문하거나 가르쳐 주려고 했다. 이러한 상황에서 당연하게도 어린 민수는 자신의 마음이 진정으로 이해받지 못한다고 느꼈고, 점차 대화 시도와 빈도가 줄어들었으며, 혼자 노는 시간이 늘어났다.

　민수 어머니의 상호작용 방식은 주로 지시하고 통제하는 과잉보호하는 경향이 있었으며, 민수가 스스로 문제를 해결할 기회를 제한했다. 이러한 어머니의 상호작용 방식은 민수가 자신의 능력을 발휘하고 자율성과 주도성을 기르는 데 필요한 지지와 격려를 충분히 제공하지 못했다. 결과적으로, 민수는 자신의 감정과 생각을 표현하는 데 어려움을 겪었으며, 어머니와의 깊은 소통이 부족한 상태였다.

그러던 중에 7세 때, 민수는 가족과 물놀이를 갔다가 부모를 잃어버린 경험으로 분리불안 증상을 보이게 되었고, 8세가 되었을 때 다시 상담센터에 방문했다. 그러나 당시에도 상담을 시작하는 것에 대해 부담감을 느끼며 망설였다. 치료자는 심리치료의 동기화, 아동의 행동 문제 감소, 부모의 자녀양육효능감 등을 고려하여 민수 어머니에게 부모놀이치료를 권유했고, 부모는 동의했다.

3. 부모 성격 역동

민수의 아버지는 사회생활에서 활발하고 외향적인 성향으로 다양한 모임에서 중요한 역할을 맡는 것을 좋아했다. 반면에 집에 있을 때는 쉬고 싶어 했으며, 어머니가 자녀들과 외출하거나 집안일을 도와 달라고 요청할 때만 보조하는 역할을 했다. 민수의 어머니는 내성적이며 정형화되고 체계적인 것을 선호하고, 정돈하는 것을 좋아했다. 이러한 성향은 양육방식에도 적용되었는데, 민수와 민수의 형이 이유식을 하거나 밥을 먹을 때 음식을 흘리면 어머니는 그것을 내버려 두지 못하고 반드시 바로 치워야 했다. 민수와 놀이시간에서도 어머니는 무엇을 할지 미리 계획하고, 다음 활동을 제안하는 방식으로 상호작용했다. 이러한 통제적이고 지시적인 양육방식은 민수의 자율성과 주도성의 발달을 제한했다.

4. 개입과정과 진척 상황

부모놀이치료는 민수와 어머니가 참여했으며, 이를 통해 부모와 자녀 간의 공감적 의사소통이 증진될 것을 기대했다. 더 나아가, 민수의 주호소 문제 감소와 자율성 및 주도성 발달을 촉진하는 데 도움이 될 것으로 기대되었다. 어머니와 민수의 부모놀이치료는 주 1회 1시간씩, 7세션으로 진행되었다. 세션별 개입과정과 진척 상황은 다음과 같다.

1세션

민수의 어머니는 부모놀이치료를 시작하면서 민수에 대해 두 가지 마음을 느꼈다. 한편으로 놀이를 통해 민수의 마음을 이해하여 관계가 더 좋아지기를 기대하는 마음이 있었지만, 다른 한편으로는 부모놀이치료 과정에서 자신이 민수에게 충분한 관심과 사랑을 주지 못해 생긴 민수의 상처가 드러날까 봐 걱정되고 불안해하는 마음이 있었다. 민수의 어머니는 다른 가족과 주변 지인들로부터 "민수의 형에게 쏟는 관심의 3분의 1만이라도 민수에게 쏟는다면 민수는 걱정 없이 자랄 것이다."라는 말을 들었다. 이에 어머니는 민수를 잘 양육하지 못했다는 죄책감과 미안함을 느꼈다. 치료자는 어머니의 걱정과 불안함에도 불구하고 부모놀이치료를 시작한 어머니의 용기와 민수를 사랑하는 마음에 대해 이야기했다.

부모놀이치료를 시작하며 어머니의 어린 시절 놀이했던 경험은 어땠냐는 치료자의 질문에 어머니는 어린 시절 같이 놀이했던 대상이나 놀이방법에 대한 기억을 떠올리며 "어린 시절에 놀 때는 좋았던 것 같아요."라고 말했다. 치료자가 아동의 어머니에게 다음 세션에 역할놀이를 하면서 공감적 의사소통을 연습할 것이라고 설명하자, 민수 어머니는 이렇게 말했다. "어린 시절에는 놀이하는 것이 익숙하고 좋았지만, 성인이 되고 나서는 숙제나 과제를 하듯이 지식을 전달하는 것이 익숙해요. 정해진 것 없이 자유롭게 놀면서 감정을 표현해야 하는 상황은 막연해서 긴장되고 너무 어색할 것 같아요." 이처럼 어머니는 잘해야 한다는 마음과 정해진 틀이 없는 것에 대해 불안감을 느끼고 있었다.

치료자는 놀이치료에서 따온 부모-자녀놀이 워크북 내용을 소개했다. '공감적 의사소통', '하라'/'하지 말라' 규칙, '제한설정하기'를 설명했다. 민수 어머니는 메모를 할 정도로 열심히 참여하는 모습을 보였다. 어머니는 워크북을 글로 읽었을 때는 이해가 되고 쉬울 것 같았지만, 실제로 해 보면 어려울 것 같다고 했다. 특히 '하라'/'하지 말라' 규칙에서 민수에게 어떤 것을 알려 주거나 가르치지 않아야 하는데, 순간순간 가르치려는 자신의 모습이 나올 것 같아서 많은 연습이 필요할 것 같다고 말했다.

치료자가 민수는 집에서 어떻게 놀이하는지 질문하자, 어머니는 민수의 놀이 상황을 회상했다. 민수는 집에서 주로 혼자 블록을 조립하여 완성하는 놀이를 했는데, 그때마다 민수의 형이 완성된 블록을 망가트려 민수가 짜증 내는 일이 많았다. 그럴 때마다 민수의 어머니는 민수가 짜증 내거나 화내는 것을 멈추고, 형의 행동을 이해하기를 바랐다. 민수의 감정이 달래지지 않으면 놀이를 중단하고 놀잇감을 정리하게 했다. 어머니와 민수가 함께 놀이할 때 민수가 원하는 놀이보다는 어머니가 학습적으로 필요하다고 느끼는 놀이를 주로 했다. 이러한 방식 때문에 민수는 어머니와의 놀이에서 흥미를 느끼지 못하고, 물을 마시러 가거나 다른 물건을 가지러 가며 산만하게 돌아다니는 모습을 보였다.

첫 세션의 어머니 보고를 토대로 부모놀이치료의 목표를 아동과 어머니를 위해 각각 세 가지로 정했다. 민수를 위한 치료 목표는, '첫째, 민수가 자신의 감정을 인식하고 표현할 수 있도록 돕는다.' '둘째, 민수의 자신감과 자존감을 높인다.' '셋째, 민수가 엄마에 대한 신뢰와 확신을 높일 수 있도록 돕는다.'로 정했다. 어머니를 위한 치료 목표는 '첫째, 자녀 발달에 대한 어머니의 이해를 돕는다.' '둘째, 부모로서의 능력에 확신을 갖는다.' '셋째, 더 나은 자녀양육을 위한 다양한 기술을 개발한다.'로 정했다.

2세션

　새롭게 알게 된 자녀의 신체 특징에 대해 어머니는 민수를 주양육해 왔기 때문에 처음에는 새롭게 알게 될 신체 특징이 없을 것이라고 생각했다. 그러나 과제를 수행하기 위해 어머니는 민수와 신체적 특징에 대해 대화를 나누다 보니, 문득 민수가 얼마나 많이 자랐는지 느끼게 되었다. 이 과제를 통해 평소 민수의 신체를 세심하게 관찰하지 못했던 것을 깨달았고, 자녀를 새롭게 느끼는 경험을 했다. 어머니는 어릴 때와 현재를 비교하며 얼마만큼 자랐는지에 대해 민수와 대화를 나눌 수 있는 특별한 시간이었다고 말했다. 대화 이후 민수 또한 어머니에게 어릴 때 자신이 어떤 아이였는지 물으며 자신만의 특별함을 찾으려고 했다.

　어머니는 아동과 놀이를 할 때 학습처럼 질문하고 답을 알려 주어야 한다고 인지하고 있었다. 이러한 생각은 형의 발달 촉진을 위한 양육태도에서 비롯된 것이었다. 또한 어머니는 놀이치료의 기본 원칙을 이론적으로는 이해했지만 구체적으로 어떤 상황에서 어떻게 반응을 해야 할지 막연해했다. 이에 어머니와 치료자는 역할놀이를 하면서 공감 반응을 연습했다.

　민수 어머니는 역할놀이를 어색해하며 자신이 무엇을 해야 할지 정해 달라고 했다. 정해진 지침이 있으면 마음이 편하다고 하면서, 민수도 비슷한 마음일 것 같아 지시적인 양육태도를 유지해 왔다고 말했다. 이에 치료자는 어머니에게 민수를 바라보는 관점과 자율성, 주도성과 관련된 아동의 발달과정, 그리고 아동중심 놀이에 대해 설명했다. 이후 놀이치료실에서 어머니는 아동 역할을, 치료자는 어머니 역할을 맡아 역할놀이를 했다. 어머니는 놀잇감을 선택할 때도 어색해하며 선택한 이유를 치료자에게 설명했다. 치료자는 어머니의 어색한 마음을 공감하며 행동을 반영했다. 민수의 어머니는 놀이터 놀잇감과 레고 사람 놀잇감을 가져와 놀이터에서 놀이하는 장면을 만들었다. 어머니는 역할놀이 초반에는 놀이를 주도하는 것을 부담스러워 했지만, 치료자가 어머니의 감정을 반영하고 놀이의 흐름을 따라가자, 점차 이야기를 만들며 놀이에 몰입하게 되었다. 어머니는 어색해서 집중이 안 될 줄 알았는데, 놀이를 하다 보니 집중이 잘 되었다며 신기해했다.

그 후 역할을 바꿔 치료자는 아동 역할을, 어머니가 치료자 역할을 맡았다. 어머니는 치료자의 놀이를 언어로 반영하려다가 말을 잇지 못했다. 어머니는 아동과의 상호작용에서도 어떤 말을 하여 공감해야 할지 고민하다가 상황이 지나가 버리곤 한다고 했다. 치료자는 어머니의 이러한 마음을 반영하며, 공감적 의사소통 유인물의 일부를 연습하고 나머지 빈칸은 과제로 해 오도록 했다. 또한 다음 세션에 시청할 수 있도록 부모-자녀놀이를 녹화해 오도록 요청했다.

3세션

어머니는 일주일 동안 민수와의 부모-자녀놀이가 제일 큰 관심사였다. 어머니는 민수에게 함께 놀이하는 시간을 가질 것이라고 이야기했고, 민수는 수줍어하면서도 놀이시간을 기대했다고 했다. 민수가 기대하며 좋아하는 모습을 보면서 어머니는 부모놀이치료를 하길 잘했다고 생각했다.

치료자는 민수 어머니와 '공감적 의사소통' 유인물 과제를 함께 보고, 과제를 하면서 어떠했는지 질문했다. 유인물 과제를 하면서 민수 어머니는 민수에게 공감적인 의사소통이 필요하다는 것을 이해했고, 자신의 의사소통 방식이 지시적이고 통제적인 의사소통 방식이었음을 인지했다. 유인물의 '공감적 의사소통 연습'에서 아동의 의사결정을 촉진하고 아동의 행동을 읽어 주는 의사소통은 잘 반영하는 모습이 보였으나 내용을 공감하고 감정을 공감하는 의사소통에는 어려움을 보였다. 어머니는 아동과의 상호작용에서 자신이 느끼는 것이 아동에게 공감되는 마음인지 확신이 들지 않아 아동에게 질문으로 마음을 확인하거나 눈에 보이는 확실한 행동만 읽어 주며 공감했다.

녹화해 온 부모-자녀놀이 영상을 시청하기 전, 부모-자녀놀이를 하면서 어머니의 마음은 어떠했는지 질문했다. 어머니는 놀이 당시 자신이 너무 반영하지 않았던 것 같고 민수도 조용히 놀이만 했던 것 같아 치료자와 대화를 나눌 내용이 없을 것 같다고 걱정했다. 어머니는 민수와 둘이서 아무런 방해를 받지 않고 30분 이상 놀이를 했던 적이 없어서 어색하다고 했다. 어머니는 집에서 지낼 때 민수는 혼자 놀이하고 자신은 자신의 활동을 하는 것이 자연스러운 일상이고 그렇게 해야 하는 것이라고 생각했다고 했다. 부모-자녀놀이에서 민수는 초반 놀이시간 동안 어색해하는 모습을 보였지만 곧 놀이를 시작했다. 어머니가 놀이시간 동안 다른 생각에 잠겨 있을 때가 있었는데 민수가 어머니를 깨우듯이 대화를 시도해서 다시 놀이에 집중할 수 있었다고 했다. 어머니는 민수의 놀이에 집중하는 것을 어려워했고, 오히려 민수가 놀이할 때 주의 집중력이 짧은 것 같다고 생각했다. 그리고 민수에게 놀이방법을 알려 주고 싶은 마음이 들었다고 했고, 영상에서도 종종 놀이방법을 아동에게 알려 주었다.

지난주에 녹화한 부모-자녀놀이 영상을 시청했다.

(어머니가 민수에게 놀이시간에 대한 구조화를 했다.)

민수: (레고 조립 로봇을 꺼내며) 로봇 재미있겠다. 레고야? 레고다. 이렇게 꽂아.

어머니: 민수가 꽂는 거야.

민수: 응. 이렇게 꽂고. 다리가 작아. 작으면 안 되는데…….

어머니: 다리가 똑같아야 하는데 한쪽 다리가 작네.

민수: 색깔만 다르고 길이 똑같아. (놀이장을 둘러보고 메모리 게임을 꺼내며) 어? 이거 해 볼래.

어머니: 이거 메모리 게임이네. 기억해서 맞추는 게임.

민수: (메모리 카드의 캐릭터를 읽는다.) 스코라~

어머니: 스콜피온.

민수: 나 얘 이름 뭔지 알아. (어머니에게 카드를 보이고 눈을 감으며) 충호귀. (다시 레고 로봇을 꺼내며) 나 말할 게 있는데. 이거 만들고 싶은데 이거랑 똑같은 다리가 필요해.

어머니: 응~ 그 다리가 필요한데…… 다리가 없어?

민수: 이거 만들 때 쓰는 거다.

어머니: (레고가 담겨 있는 상자를 가리키며) 이거 안에 있는 거…… 골고루 찾아봐봐~

민수: 이거 만드는 거다!

어머니: 응~ 거기에도 있었네.

영상을 시청한 후, 어머니는 민수가 놀이에만 집중해서 대화가 없었다고 느꼈는데 영상을 보니 아동이 대화를 시도하고 대화를 많이 나누었다는 것을 알게 되었다. 치료자는 어머니가 아동에게 놀잇감의 명칭과 놀이방법을 알려 주려는 태도가 부모 주도 놀이가 될 수 있다고 이야기하였고, 어머니와 함께 영상 속 상황을 재연하며 공감적 의사소통 연습을 했다.

부모-자녀놀이에서 민수의 어머니는 민수의 의도가 무엇인지 이해하기 어려워서 놀이할 때 민수에게 질문을 자주 했다. 질문으로 인해 놀이의 흐름이 끊겨서 민수가 다른 놀이로 전환하는 모습이 보였다. 민수의 어머니는 자신이 알지 못하는 아이의 마음이 있을 것이라고 생각되어 질문을 했다고 한다. 어머니는 아동에 대해 모든 것을 알고 온전히 반영해 주고 싶은데 그렇지 못하는 것 같다고 느꼈다. 치료자는 어머니와 비언어적인 상호작용을 탐색해 보기로 했다. 영상을 보면서 민수가 놀이에서 상호작용하는 방향, 민수의 표정 및 행동, 놀이실에서 어머니와 민수의 거리 등에 관한 이야기를 나누었다. 민수가 처음에 놀이할 때 어머니와 거리를 두고 등 돌리고 앉아 로봇 조립을 하여 어머니가 상체를 옆으로 숙여야 민수가 어떤 놀이를 할 수 있는지 알 수 있었는데 놀이시간이 점차 흐르자 민수는 어머니와 거리가 가까워지고 어머니를 바라보는 방향으로 바뀌었으며, 목소리 톤이 올라가고 웃는 표정이 늘어났다. 이는 우뇌의 의사소통이 시작되고 있는 것으로 보였다. 우뇌의 의사소통은 암묵적·신체적·정서적·무의식적 과정에 의해 이루어지며 정서적 단서를 신속하게 처리하는데, 여기에서 정서적 단서는 운율화된 언어, 시각적 메시지의 협응, 촉감적/신체적 제스처 등을 의미한다(장미경, 2024).

또한 어머니는 민수가 할 수 있는 것임에도 민수가 힘들거나 어려울 수 있다고 생각하면 어머니가 대신 놀잇감을 꺼내 주는 모습을 보였다. 이는 민수의 형을 양육할 때 습관이라고 했다. 앞으로 부모-자녀놀이 시간 동안 어머니는 민수가 스스로 하도록 기다리고, 도움을 요청할 때만 민수를 돕기로 했다. 부모-자녀놀이가 끝날 시간이 다 되자 민수는 아쉬워했으며, 조립했던 로봇 블록을 그대로 두고 다음 주에 이어서 놀이할 수 있는지 질문했다. 어머니는 민수에게 규칙을 확인해 보자고 하고 놀이를 마무리했다. 치료자는 어머니와 민수의 행동과 질문의 의미에 대해 이야기를 나누었고 어머니는 부모-자녀놀이 시간을 지속하고 싶은 민수의 마음을 이해하게 되었다.

4세션

이전 세션에서 치료자와 어머니는 민수가 어머니를 바라보는 방향에 대해서 이야기를 나누었는데 이 이야기가 일상에서도 많이 생각이 났다고 했다. 그 결과로 일주일 동안 지내면서 민수의 어머니는 아이의 얼굴을 바라보는 횟수가 늘었다고 했다. 이전에는 아이를 바라보지 않고 대답해도 아이가 충분히 관심을 받는다고 생각했는데 영상을 보고 나서 어머니는 아이를 바라보는 방향, 제스처, 눈빛, 자세 등 비언어적인 측면도 집중하게 되었다. 민수의 어머니는 아동과 더 친밀한 관계를 형성해 가고 있는 것으로 보였다. 치료과정에서 친밀한 관계를 맺는 것은 시선, 얼굴 표정, 목소리, 방향 및 터치라는 행동 대화를 통해서 배울 수 있다(장미경, 2024). 일상에서 지내면서 민수는 즐거운 표정을 짓는 일이 많아졌고 부모-자녀놀이 시간을 기다렸다.

먼저 치료자와 함께 어머니는 제한설정의 3단계를 연습했다. 민수의 어머니는 과거 민수를 훈육할 때 제한하는 행동을 반복하면 아이가 말을 듣지 않는 것이 답답해서 왜 그런 행동을 했는지 물어보는 질문만 했었다. 이제 어머니는 답답한 마음을 접어 두고 아이에게 필요한 제한설정 3단계를 연습하기로 했다. 어머니는 이전 시간에 받은 유인물도 냉장고에 붙여놓으며 일상에서 공감적 의사소통을 민수에게 연습해 봤는데 민수는 어머니의 반응을 어색해했지만 좋아했다.

지난주에 녹화한 부모-자녀놀이 영상을 시청했다. 민수의 어머니는 민수와의 놀이가 더 편하게 느껴졌다. 어머니는 민수에게 질문하지 않아도 민수가 무엇을 하고자 하는지 전보다 더 이해가 된다고 하였으며, 실제로 놀이에서 민수에게 질문을 하지 않았다. 또한 민수가 질문한 내용에 어머니는 답을 하지 않고 유보적인 태도로 민수가 놀이를 주도하고 결정하도록 했다. 또한 어머니는 민수의 놀이에 공감적으로 의사소통했다. 다음은 부모-자녀놀이 내용의 일부이다.

> (아동이 마이크 놀잇감의 버튼을 누르자 음악이 나온다.)
>
> 어머니: (어머니가 음악에 맞춰) 라라라~ 라라라~
>
> 민수: (음악과 어머니의 노래에 맞춰 춤을 춘 후 축구게임을 꺼내오며) 엄마, 이런 것도 있어~
>
> 어머니: 우와~ 이런 것도 있구나.
>
> 민수: 빨간 팀 할 거야? 노란 팀 할 거야?
>
> 어머니: 글쎄~ 어떤 팀 할까?
>
> 민수: 나 빨간 팀 할 거야!
>
> 어머니: 민수는 빨간 팀 하고 싶구나. 엄마는 노란 팀~

(축구게임을 한다.)

······(중략)······

민수: (신비아파트의 금비 캐릭터 놀잇감을 꺼내서 보여 주며) 엄마, 금비는 왜 금비인
    줄 알아?

어머니: 글쎄~ 왜 금비일까?

민수: 금색이라 금비야.

어머니: 아~ 금색이라 금비구나.

민수: 우리가 금비랑 공룡들을 잡아갈 거야. (금비와 공룡을 감옥에 가두며) 살려 주
    세요~

어머니: 살려 주세요~ 살려 주세요~

민수: (로봇을 꺼내오며) 출동~

어머니: 메아리처럼 들렸는데~ 누가 출동했어~

민수: 덤벼~ 받아라~ 집게~

어머니: 집게~

민수: (로봇이 쓰러지며) 안 돼~

어머니: 공룡이 엄청 강력하다~

민수: 안 돼~ 간다~ (로봇의 주먹을 가리키며) 여기 뾰족한 거 보여요?

어머니: 보여요~ 뾰족한 걸로 날렸네~

민수: 펀치~

어머니: 엄청 멀리 날아갔다~

민수는 부모-자녀놀이 후, 어머니에게 초등학교 1학년 적응에 대한 걱정을 털어놓았
다. 어머니는 민수에게 학교에 가면 어떤 규칙이 있고 어떻게 생활해야 하는지를 이야기
해 주다가 민수에게 대응책을 말해 주는 것이 중요하지 않다고 생각해서 아이가 걱정하
는 마음에 공감하며 감정 반영을 했다고 했다. 어머니는 민수에게 더 이상 지시하거나 대
응책을 말하지 않아도 되겠다고 느꼈다. 어머니는 민수의 행동을 통제하고 규칙을 지키
도록 하는 것보다 아이의 마음에 공감해 주는 것이 중요하다는 것을 인식한 듯 보였다.
세션을 마무리하며 과제의 유인물로 '제한설정이 효과가 없을 때'를 읽어 오도록 했다.

5세션

어머니는 집에서 민수와 상호작용하는 시간이 늘었음을 보고했다. 예를 들어, 민수가 어머니와 놀이하고 싶다고 말하면 예전에는 집안일을 먼저하고 놀이를 했는데 최근에는 하던 일을 멈추고 아동과 놀이를 했다. 이러한 시간이 쌓여 민수는 어머니와 놀이하고 싶어지는 시간이 많아졌고, 함께 놀이하는 시간도 늘었다. 민수의 어머니도 아동과 놀이가 어색하거나 힘들지 않았다고 보고했다.

지난주에 녹화한 부모-자녀놀이 영상을 시청하고, 어머니가 느꼈던 감정에 대해 이야기를 나누는 시간을 가졌다. 어머니는 민수가 부모-자녀놀이에서 "엄마 이거 봐." 또는 "엄마 그거 알아?"라는 말을 반복하며 적극적으로 상호작용을 하길 원하는 모습을 알아차렸다. 어머니는 민수에게 질문을 하지 않고 아동의 감정을 읽어 주고 반영했다. 민수는 자신이 알고 있는 만화영화 캐릭터에 대해 큰 목소리로 설명했다. 민수는 어머니에게 수용과 인정을 받고 싶어 했다.

6세션

민수는 주말 동안 부모에게 함께 놀이를 하자고 제안했고, 집에서 민수와 부모, 민수의 형이 함께 놀이를 했다. 민수는 휴대폰을 보는 시간이 줄었고 휴대폰을 그만 보도록 제한했을 때 받아들이는 모습을 보였다고 했다. 유인물 '공통적으로 부딪히는 문제'를 검토했다. 어머니는 현재의 상황이 자신의 개인적인 특성으로 인한 어려움이라고 생각했는데 많은 부모가 공통적으로 느낄 수 있는 경험이라고 해서 위안이 된다고 했다.

지난주에 녹화한 부모-자녀놀이 영상을 시청했다. 민수의 어머니는 민수와 칼싸움, 로봇대결 놀이를 하는데 어머니가 많이 놀아 봤던 주제가 아니라서 잘하고 있는 것이 맞는지 의문이 들었고, 에너지를 많이 쏟는 놀이라 힘들어했다. 하지만 어머니는 아동이 즐거워하는 모습을 보고 의문을 갖기보다 놀이시간에 집중하는 것이 중요하다는 것을 느꼈다. 어머니는 부모-자녀놀이 영상을 시청하면서 스스로 미흡했다고 느껴지는 상황을 다시 반영하며 공감적 의사소통을 연습했고, 치료자에게 적극적으로 어떤 반영이 아동에게 도움이 되는지 질문을 했다.

7세션

민수의 가족은 민수가 놀자고 요구해도 들어주지 못하는 상황이 많았다. 그로 인해 민수는 놀이를 하자고 할 때 어색하게 말끝을 흐리곤 했지만 최근에는 주말마다 가족이 함께 놀이시간을 갖는 것을 당연하게 여기고 있다. 부모-자녀놀이를 통해 민수의 어머니는 놀이시간이나 일상에서도 민수의 이야기를 더 많이 듣게 되었다. 가족들도 서로의 이야기에 더 귀 기울이기 시작했다.

지난주에 녹화한 부모-자녀놀이 영상을 시청했다. 어머니는 부모놀이치료 초기에 아동에게 공감을 표현하는 것에 대해 어려움을 겪었다고 말한 적이 있었다. 어머니는 아동이 이미 알 것이라고 생각하여 반영을 하지 않았으나, 행동을 반영하자 아동의 반응이 달라진 것을 인식하게 되었다. 즉, 아동이 알고 있을 것이라고 생각되더라도 표현하는 것이 중요하다는 것을 깨달았다. 그리고 부모놀이치료에서 중요한 규칙과 주의사항을 복습했다. 민수의 어머니는 '하라/하지 말라' 규칙을 하루 한 번씩 볼 수 있도록 거실, 방 등에 붙여 놓고 수시로 보았다.

5. 효과 및 결론

아동의 주호소였던 자기표현을 잘 하지 않는 모습은 부모-자녀놀이 시간이 지날수록 자기표현이 많아지며 변화되는 모습을 보였다. 또한 어머니와의 관계가 개선되면서 분리불안 증상도 사라졌다.

부모놀이치료 초기에는 진행에 어려움이 있었다. 민수의 어머니는 민수에 대한 죄책감이 컸고, 치료자로부터 지적받을까 봐 두려워하는 마음이 있었다. 치료자는 어머니의 불안과 두려움을 이해했고, 이러한 감정으로 인해 어머니에게 공감적 의사소통 하는 것을 교육할 때 어머니가 이를 지적으로 받아들일까 염려하여 소극적으로 교육하게 되는 어려움을 겪었다. 치료자는 역전이를 인지하고, 스스로 이를 다루려 노력했다.

부모놀이치료 세션이 거듭될수록 아동, 부모, 그리고 가족 전체에 긍정적인 변화가 나타나기 시작했다. 아동의 경우, 목소리가 커지고 자신감이 생겨나면서 친구들과의 상호작용이 더 많아졌다. 또한 아동은 형과의 관계도 개선되었다. 이전에 방해로 여겼던 형의 행동이 방해라고 생각하지 않게 되어 거절하거나 짜증을 내었던 행동이 줄었고, 형제가 서로 주고받는 상호작용이 늘어나는 긍정적인 변화를 경험했다.

부모에게도 변화가 있었다. 아동의 아버지는 자녀와 놀아 주는 횟수가 늘어났으며, 가족은 자주 야외 활동을 함께 했다. 어머니는 과거에 아동과 대화를 하고자 할 때 어떤 대화를 해야 할지 부담감을 느꼈지만, 치료과정을 거치면서 아동과 더 많은 정서적인 대화를 나누게 되었다. 이러한 변화는 부모-자녀 간의 소통이 활발해지고 관계가 증진되었음을 나타낸다.

가족 전체의 분위기도 주목할 만하다. 과거에는 집에서 가족끼리 시간을 보낼 때 부모와 자녀 모두 휴대폰을 하는 것에만 집중하던 시간이 많았지만, 부모-자녀놀이 시간 이후 가족 모두가 함께 참여하는 놀이시간을 갖게 되었다. 또한 아동의 어머니는 가족들과 함께 하는 시간 동안 아버지의 행동 및 양육태도에 대해 지적하는 횟수가 줄어들었으며, 부부간의 갈등으로 인해 가족의 분위기가 나빠지는 상황이 줄어들었다고 했다. 이는 가족 전체의 의사소통이 개선되었고, 갈등을 효과적으로 관리하는 방법을 배우게 되었음을 의미한다. 이러한 변화를 통해 부모놀이치료가 아동의 사회적 상호작용과 자신감 증진에 긍정적인 영향을 미칠 뿐 아니라, 부모와 아동 사이, 그리고 가족 간의 관계를 개선하는 데 중요한 역할을 했다는 것을 알 수 있다.

민수의 어머니는 부모놀이치료 과정을 마친 후 소감을 이야기하며, 부모놀이치료를 하지 않았다면 민수를 다그치고 비난하는 말투를 계속 사용했을 것 같다고 말했다. 이제 어머니는 지시하거나 통제하는 모습 대신 아동을 수용하고 이해하려고 노력하며, 민수가 스스로 할 수 있는 기회를 늘리려고 했다. 현재 민수는 소극적이었던 초기 모습에서 벗어나 자신감 있는 말투와 행동을 나타내게 되었고, 어머니와 자연스럽게 일상을 공유하는 대화를 많이 나누게 되었다. 또한 어머니는 치료 전에는 민수에게 미안한 마음을 자주 느꼈으나, 민수를 예쁘고 사랑스럽게 느끼는 순간이 훨씬 많아지는 변화를 경험하게 되었다.

8. 무서운 호랑이 엄마를 위한 부모놀이치료 사례

1. 서론

자녀의 수가 급격히 감소하고 있는 오늘날의 사회에서 부모의 역할은 역설적이게도 자녀양육의 부담을 가중시키고 있다. 부담 속에서 부모는 자녀의 인지와 정서, 사회성 발달에 집중하게 된다. 물론 인지 발달을 최우선으로 생각하는 부모들이 많다. 이것은 부모의 역할에 대해 불안과 두려움을 느끼게 한다. 많은 부모가 인지와 정서는 별개라고 생각했다가 자녀가 공부에 관심이 없거나 심리적 어려움으로 공부에 효율이 오르지 않으면 좌절감을 느낀다. 최근에는 부모의 이런 답답한 마음 때문에 상담센터를 방문하는 일이 늘어나고 있다. 이런 부모는 공부를 잘하려면 정서가 안정되고 관계가 돈독해야 한다는 것을 모르는 경우가 많다.

상담센터에서 자녀가 상담을 받는 것도 중요하지만 자녀와 부모가 대부분의 시간을 보내는 곳은 가정이기 때문에 부모의 변화가 궁극적으로는 필요하다. 부모놀이치료는 부모의 심리적 · 사회적 고충과 불안과 두려움을 조절하고 자녀를 적절하게 양육할 수 있도록 부모와 자녀 사이에 놀이를 활용하는 프로그램이다. 아동에게 가르쳐서 교육하는 방법도 있지만 정서와 관계는 교육이 아니라 실생활에서의 경험과 규칙이 있으면서 지지적인 관계를 통해 발달하는 것이다. 당연히 아동이 출생 후 처음으로 접하는 관계는 부모와의 관계이다. 부모는 자녀를 입히고 씻기고 안아 주면서 자연스럽게 놀이를 한다.

부모가 아동과 자연스럽고 즐겁게 순간순간 놀이하는 경험은 자녀의 정서를 안정되게 하고 관계를 배우게 하며 그것을 기반으로 인지능력을 발휘하게 한다. 따라서 부모가 놀이의 중요성을 인식하고 적절하게 놀이로 상호작용하는 방법을 아는 것은 매우 중요하다. 부모와의 상호작용을 통해 아동은 외부 환경과의 상호작용 방법을 습득할 뿐만 아니라, 특히 정서 중에도 자신의 정서를 조절하는 법을 자연스럽게 터득한다(Calkins, 1997). 또한 아동이 부모와의 상호작용을 통해 관계의 규칙을 만들어 내고, 그 규칙은 아동이 속한 환경에 대한 아동의 내면화된 이해와 기대의 기초 형태가 되며, 상징적 사고를 발달시키기 위한 아동의 능력을 보다 추상적으로 발달시킨다(Beebe & Lachmann, 1994).

이 사례는 어머니의 성격, 심리적 특성으로 인해 부모로서 자신의 한계를 느끼면 감정조절이 되지 않고 자녀에게 불같이 화를 내게 되어 결국 자녀의 행동과 감정에 어려움이 생겨 상담센터를 방문한 경우로서, 부모놀이치료를 통해 부모의 감정조절 및 부모 자녀 관계가 개선된 사례이다.

2. 사례 개요

5세인 토리는 같은 또래에 비해 키가 크고 신체 발달과 언어 발달이 빠른 편이었다. 토리는 머리카락을 한 올도 흐트러짐 없이 하나로 묶은 머리를 했고, 단정하게 옷을 입고 있었다. 눈맞춤은 양호했으나 표정 변화가 적고 입술을 꾹 다문 채 무표정했다. 토리의 어머니가 보고한 아동의 주호소 문제는 눈을 깜박거리거나, 입술과 손톱을 물어뜯거나, 울음을 삼키고 표현하지 않는다는 것이었다. 어머니는 우울로 인한 심한 감정 기복이 있었고, 일상생활에서 토리는 엄마의 표정을 보고 "엄마 화났어? 엄마 미안해~"라고 하며 엄마의 기분을 맞추려고 하거나 "엄마는 괴물이다!"라고 소리를 지르고 화를 내며 울음을 참았다. 또래와의 관계에서는 독불장군처럼 친구들에게 "야!"라고 소리를 지르거나 명령하는 말을 하며, 밀치는 등의 공격적인 행동을 했다. 이 말투는 바로 엄마에게서 들은 것들과 비슷했다. 또한 선생님이 훈육할 때 팔짱을 끼고 대항하면서 씩씩거리는 행동을 했다. 토리는 또래보다 큰 키로 신체 발달과 언어 발달이 잘 되어서 친구들에게 주목을 받는 경우도 많았으며, 친구들과 함께 놀고 싶어 하고 선생님에게 인정받으려는 욕구도 많았다. 그러나 지시하며 소리를 지르는 토리의 공격적인 행동과 표현 때문에 친구들은 같이 놀지 않으려 했고, 선생님에게도 지적받는 일이 많아지면서 토리의 인정 욕구는 계속 좌절되었고 오히려 부정적인 행동만 더 강화되었다. 이러한 토리의 행동과 표현은 토리의 어머니의 폭력적인 감정표현과 관계에서 영향을 받은 것이었다.

토리는 오랜 기다림 속에 8년 만에 태어난 아동으로, 양가 가족 모두의 기쁨 속에 건강하게 태어났다. 태어나면서부터 어머니가 주 양육하였고, 25개월부터 어린이집에 다니기 시작했다. 당시 토리의 아버지는 회사 발령으로 인해 타 지역에서 생활했고, 주말에만 집에 왔다. 토리의 어머니는 장시간 혼자 아이를 돌봐야 하는 양육 환경과 서투른 양육방식으로 어려움을 겪고 있었으며, 이로 인해 심한 감정 기복을 보였다. 어머니는 자신의 감정 상태에 따라 비일관적인 태도로 토리를 대했고, 감정을 주체하지 못할 때는 "할머니한테 가…… 그만! 혼난다! 야! 너 필요 없어, 나가! 가!"라고 크게 소리를 지르거나 밀치는 행동을 하기도 했다. 이러한 양육방식은 부모-자녀 관계에서 부정적인 감정을 극대화시켜, 토리가 어머니를 무섭고 두려운 존재로 느끼게 만들었다. 그 결과, 토리는 눈을 깜박거리거나 손톱과 입술을 물어뜯고, 울음을 삼키는 행동을 보였다.

토리를 삼켜 버릴 것 같은 어머니의 위협적이고 충동적인 감정적 양육방식은 아동의 정서와 관계적 측면의 발달을 지연시켰고, 아동은 어머니의 이러한 모습을 그대로 모델링했다. 자녀를 양육할 때 보이는 어머니의 태도와 행동은 어머니 자신의 개인적 성장과 자녀의 발달에 직접적인 영향을 미친다(이원영, 1983). 토리는 부모-자녀 관계에서 자신의 감정을 어떠한 방법으로, 어떠한 수준으로 표현해야 할지 배울 기회가 없었다. 토리는 감정을 공감받는 경험이 부족했고, 보호받고 수용받는 따뜻한 양육의 경험이 충분하지 못했다. 토리는 어머니의 충동적이고 감정적인 양육으로 인해 '온전히 수용받고 공감받는 시간'을 충분히 갖지 못했고, 자신의 욕구를 나타내기보다는 어머니의 기분에 맞춰 행동을 조절했다. 또한 어린이집에서 친구들과 관계에서는 어머니가 토리에게 그러했듯 친구들이 자신의 기분에 맞춰 주길 바랐으며, 지시를 하거나 맘에 들지 않으면 친구를 밀어 버리는 등의 공격적인 행동을 보였다.

어머니와 토리는 이러한 어려움을 해결하고자 상담센터에 방문하였고, 지속적인 상담을 받기로 했다. 초기 상담 후, 치료자는 부모놀이치료를 통해 아동이 놀이를 매개로 자신의 생각과 요구, 감정을 어머니와 긍정적으로 소통할 수 있도록 돕고, 아동의 긍정적인 자기존중감 발달을 촉진하며, 부적응적인 행동과 현재의 문제를 완화하는 것을 치료의 목표로 정했다. 또한 어머니가 자녀의 발달을 이해하고 새로운 양육기술을 배우며 양육에서 오는 어려움을 감소시키는 것을 목표로 했다.

3. 부모 성격 역동

토리의 어머니는 2남 1녀 중 장녀로, 어린 시절부터 많은 책임을 지고 자랐다. 이 책임 감으로 인해 어머니는 배우자를 만나기 전까지 자신의 커리어에 집중하며 시간을 보냈다. 그러다 토리의 아버지를 만난 지 5개월 만에 '이 사람이면 괜찮겠다'는 확신이 들어, 남들보다 다소 늦은 나이에 결혼을 결심하게 되었다. 아이를 기다리는 8년 동안, 배 속에서 태아의 심장이 멈추는 등의 이유로 세 번의 유산을 겪었다. 세 번의 유산으로 인해 토리의 어머니는 두려움과 부담감이 커져 갔다. 세 번의 유산과 수술을 겪으면서 '포기할까?' 하는 생각도 많았지만 "처음이자 마지막이다."라고 결심했을 때 토리가 생겼다. 그로 인해 다니던 직장을 그만두었다. 토리는 8년 만에 태어난 귀한 아이로, 부모님에게 큰 기쁨과 기대를 안겨 주었다. 오랜 기다림 끝에 얻은 소중한 아이였지만, 현실은 기대와는 달랐다. 결혼한 지 얼마 되지 않아 주말 부부가 된 토리의 어머니는 자녀를 혼자 돌봐야 하는 상황에 처하게 되었다. 그로 인해 산후 우울증이 시작되었고, 점점 무력감에 시달리며 아무것도 하고 싶지 않은 상태에 빠져들었다. 이런 어려움 속에서도 강한 책임감으로 인해 토리 어머니는 자녀를 위해 최선을 다하려고 노력했지만, 그럴수록 우울과 무력감에 더 빠져들었다. 토리의 어머니는 '양육이 힘들다.' '독박 육아이다.'라는 생각을 하면서 육아에 대한 거부감이 생기기 시작했다. 토리의 아버지는 주말에만 집에 올 수 있었고, 친정 부모와 시부모는 거리상으로 멀리 있어 양육의 도움을 받을 수 없는 상황이었다. 초기 상담에서 어머니는 "제가 없는 것 같았어요. 이 아이를 위해 모든 것을 포기하고 살았던 것 같아요."라고 말했다. 이처럼 독박 육아의 무게와 고립감 속에서 토리의 어머니는 자신을 잃어 가는 느낌을 받으며 점점 더 힘들어했다.

어머니는 양육에 지치고 힘이 들 때면 그 화를 참지 못하고 배우자와 토리에게 크게 소리치거나, 집안 살림살이를 던지며 불같은 화를 내거나, 공격적인 행동을 보였다. 아이를 키우는 것이 늘 어렵고 힘들었다. 토리가 어린이집에 가면 거의 집에 있었고, 가끔 산책을 하거나 운동을 할 뿐이었다. 사람들과의 관계도 맺으려 하지 않았다. 토리의 어머니는 자신이 어린 시절 어머니의 모습과 똑같다고 회상했다. 어머니, 즉 토리의 외할머니는 식당 일을 하면서 항상 바빴으며 힘들고 희생적인 엄마였다. 토리의 외할머니는 자식을 사랑했지만, 힘이 들 때면 소리를 지르고 불같은 화를 내는 사람이었다. 늘 바쁘고 힘들어했던 토리의 외할머니는 토리의 어머니가 무엇을 원하는지, 무엇이 힘든지 관심을 가질 여력이 없었다. 이러한 어린 시절 기억 속 양육방식은 토리의 어머니가 토리를 양육하는 데 영향을 미쳤다.

토리 아버지는 외아들로 자랐으며, 예의를 잘 지키고 유순한 성격을 가지고 있었지만 한 번 화가 나면 불같이 화를 내는 면이 있었다. 이러한 성격은 토리의 조부모와 똑같았다. 또한 토리의 아버지는 남자답고, 잔소리가 없으며, 쓸데없는 말을 하지 않는 성격이었고, "네가 알아서 해라!"라는 태도를 가진 사람이었다. 그러나 토리에게 문제가 생기면 참지 않고 적극적으로 대처했다. 예를 들어, 토리가 다니는 어린이집에서 토리가 또래 친구와 작은 갈등이 있었을 때, 토리 아버지는 이야기를 듣자마자 어린이집에 찾아가 선생님들에게 큰소리를 치고 책상과 의자를 다 엎어 놓고 온 일이 있었다. 토리 아버지는 토리를 보호하는 일에는 관심이 많았지만, 아동을 적절히 보호하고 상호작용하는 것에는 어려움을 느꼈다. 대부분 육아는 토리의 어머니에게 맡겼다. 주말에는 회사 지인과 약속이 있으면 집에 내려오지 않는 날이 자주 있었고, 집에 내려오는 날에는 대부분 집에서 TV를 시청하거나 가끔 집안일을 도와주었다. 또한 토리 아버지는 자신의 감정에도 타인의 감정에도 민감하지 않은 편이었다. 토리를 예뻐하지만 토리의 요구나 행동에 대해 어떻게 반응해야 할지 잘 알지 못했다. 자녀를 양육하는 것, 집안일을 하는 것은 토리 어머니의 일이라고만 생각했다.

토리의 부모 모두 어린 시절에 감정을 공감받는 경험이 부족했고, 보호받고, 수용받는 따뜻한 양육의 경험이 충분하지 못했기 때문에, 토리는 성장과정에서 감정을 공감받고 긍정적인 상호작용을 할 수 없었던 것으로 보인다.

4. 개입과정과 진척사항

부모놀이치료는 총 8세션에 걸쳐 이루어졌다. 치료자는 면담에서 어머니와 아동에 대한 전반적인 정보와 염려되는 점에 대해 깊이 있게 이야기를 나누었다. 이와 함께 부모놀이치료에서 중요한 훈련 요점과 그 효과성을 구체적으로 설명하며, 이를 통해 아동의 발달과 정서적 안정에 미치는 긍정적인 효과를 강조했다. 치료자는 부모놀이치료가 아동과 부모 간의 상호작용을 개선하고, 아동의 행동 문제를 효과적으로 다루는 데 얼마나 중요한지 사례를 들어 가며 설명했다. 그 결과, 어머니는 부모놀이치료의 필요성을 의미 있게 받아들이고, 이 프로그램 참여가 아동에게 줄 긍정적인 변화에 대해 깊이 공감하게 되었다. 어머니는 협조적인 모습을 보였으며, 참여과정에서 요구되는 역할과 책임을 이해하고, 이를 충실히 이행하고자 했다. 또한 어머니는 집에서 할 수 있는 부모-자녀놀이와 상호작용 방법에도 관심을 보였다.

부모놀이치료는 일주일에 1회, 1시간씩 진행되었으며, 세션마다 부모놀이치료 훈련의 기본 원칙과 규칙을 교육했다. 어머니는 부모놀이치료 참여 시간 동안 열심히 필기하는 모습을 보였고, 세션과 세션 사이에 주어진 과제를 성실히 해 오려는 태도를 보였다. 부모놀이치료 진행 중에 어머니의 다루기 어려운 감정이 드러나면서 회피하기도 하여 진행에 어려움을 겪기도 했다. 그러나 이러한 과정 또한 의미 있는 시간이 되었고, 어머니는 점차 자신의 감정을 인식하고 다루는 법을 배우게 되었다. 이후 어머니는 남은 세션을 성실히 참여하며 부모놀이치료를 잘 마무리할 수 있었다.

1세션

어머니는 자신을 소개하고 가족에 관한 이야기를 나누며, 자녀에게 도움이 필요한 점에 대해서도 상세히 이야기했다. 자녀의 행동과 감정표현에서 어떤 부분이 어려운지, 어떤 점에서 도움이 필요한지 구체적으로 설명했다. 이 과정에서 어머니는 자녀의 발달에 대한 깊은 관심과 사랑을 표현했다. 이를 토대로 치료자는 어머니와 함께 8주 동안 매주 한 번씩 부모-자녀놀이 시간을 갖기로 계획을 세웠고 녹화 계획도 세웠다. 이 부모-자녀놀이를 통해 자녀와의 상호작용을 개선하고, 자녀의 정서 발달을 지원하기로 했다. 치료자는 다시 한 번 어머니에게 부모놀이치료의 목표와 방법을 설명하였으며, 자녀가 자신의 경험과 감정을 놀이를 통해 자유롭게 표현할 수 있도록 돕는 것이 중요하다고 강조했다. 또한 치료자는 경청과 공감을 통해 긍정적인 의사소통을 향상시키고, 자녀에 대한 민감성을 발달시키는 것이 부모놀이치료의 주요 목표라고 설명했다. 이를 통해 자녀와의 관계를 강화하고, 자녀의 정서적 안정을 도모할 수 있다는 점을 강조했다.

이후 치료자는 어머니와 함께 역할놀이를 진행했다. 치료자가 어머니의 역할을, 어머니가 자녀의 역할을 맡아 진행된 이 활동에서 어머니는 치료자가 시범적으로 보여 주는 공감적 의사소통을 연습할 수 있었다. 어머니는 웃으면서 "생각보다 어렵네요."라고 말하며, 공감적 의사소통을 실천하는 데 어려움을 느끼는 모습을 보였다.

마지막으로, 치료자는 어머니에게 과제를 주었다. 과제는 전에 보지 못했던 자녀의 특징 알아보기, 한 주 동안 공감적 의사소통을 한 가지씩 실천하기, 그리고 놀잇감을 준비하는 것이다.

치료자는 어머니와 함께 지난 시간에 내준 '공감적 의사소통' 과제를 복습했다. 어머니는 과제를 복습하면서 "공감적 의사소통을 어떻게 해야 할지 생각하다 보니 머리가 하얘지고 어렵게 느껴졌어요."라고 했다. 치료자는 어머니와 함께 부모-자녀놀이 영상을 시청한 후, 공감적 의사소통을 연습했다. 치료자가 공감적으로 반응하는 의사소통의 시범을 보이고, 어머니가 이를 따라 연습했다. 예를 들어, 토리가 놀잇감을 선택해 '엄마놀이'를 하자는 상황을 가정하여, 치료자는 어머니에게 "어떻게 공감적으로 반응하면 좋을까요?"라고 물었다. 어머니는 평소와 같으면 "응, 하자!"라고 하거나 "그러라고 할 것 같아요."라고 대답했다. 치료자는 어머니에게 "토리가 엄마놀이를 하고 싶구나."라고 연습할 수 있게 안내하였고, 이는 아동의 욕구를 이해하고 공감하는 반응임을 설명했다. 어머니는 고개를 끄덕이며 이해하는 표정을 지었다. 치료자와 어머니는 역할을 바꾸어 가면서 연습했다.

어머니는 머리로는 이해가 되지만, 막상 연습을 해 보니 공감적으로 반응하는 것이 어색하고 어렵다고 했다. 치료자는 자녀와의 상호작용에서 공감적으로 반응하는 것이 쉽지 않다는 점을 언급하며 아직 익숙지 않고 어색하지만 계속 연습하다 보면 자연스럽게 표현할 수 있을 것이라고 격려했다. 시간이 지나면서 어머니는 아동의 말과 행동에 대해 공감하려고 노력하는 모습을 보였다. 이후 부모-자녀놀이를 위해 치료자는 놀잇감 목록에 따른 준비 사항을 체크하고, 부모-자녀놀이의 기본 원칙과 과정에 대해 설명했다.

이전 시간의 과제와 부모-자녀놀이 시간에 대해 이야기하던 중, 어머니는 "토리와 놀이하는 것에 대해 부담감이 있었어요. 그래서 촬영하지 못했어요."라고 말했다. 어머니는 자신의 공감적 의사소통 능력이 부족하다고 느끼며 부담을 느꼈고, 이러한 부담감 때문에 부모-자녀놀이를 제대로 진행하지 못했다고 털어놓았다.

치료자는 어머니의 아동과의 놀이에 대한 부담감을 공감해 주었으며, 부모놀이치료의 목적이 자녀의 생각과 감정에 대한 민감성을 발달시키고, 자녀와의 긍정적인 상호작용을 촉진하는 것임을 다시 안내했다. 또한 중요한 것은 공감적 의사소통을 완벽하게 잘하는 부모가 되는 것이 아니라, 자녀와 진실한 소통과 공감을 통해 관계를 증진하는 것임을 강조했다. 어머니는 고개를 끄덕였지만, 표정은 여전히 '어렵고 부담스러워요.'라고 이야기하는 것 같았다. 1세션에서 보였던 어머니의 적극성이 점점 줄어드는 것처럼 느껴졌다. 다음 세션을 위해 어머니와 '하라'/'하지 말라' 규칙을 함께 읽어 보면서 부모-자녀놀이의 예를 검토했다. 어머니는 각 규칙이 왜 중요한지, 자녀와의 상호작용에서 어떻게 적용할 수 있는지에 대해 질문했다. 치료자는 규칙을 설명하며 구체적인 사례를 들어, 어머니가 놀이 중 자녀에게 더 효과적으로 반응할 수 있는 방법을 안내했다.

4세션

이후에도 어머니는 개인적인 일로 인해 영상을 녹화하지 못해 부모놀이치료 세션에 참여할 수 없었고, 그로 인해 2주 동안 세션을 미루게 되었다. 그 후 어렵게 부모-자녀놀이 영상을 녹화했지만, 기술적인 문제로 치료자에게 영상을 가져오지 못했다. 어머니는 부모-자녀놀이 영상을 녹화하는 과정에서 겪은 어려움에 대해 보고했다. 어머니의 불편함과 어려움을 돕고자 다음부터는 상담센터에서 부모-자녀놀이 영상을 녹화하기로 했다.

부모-자녀놀이 영상 속에 토리는 어머니와 함께 놀이하는 시간을 행복하고 즐거워하며, 어머니에게 집중하고 있었다. 어머니는 긴장되고 어색했지만, 전반적으로 토리에게 초점을 맞추며 긍정적인 상호작용을 이어 갔다. 또한 어머니는 아동에게 초점을 맞추어 경청하려는 비언어적 반응을 보였으며, 치료자는 이러한 어머니의 노력을 격려하고 지지했다. 치료자는 어머니의 눈맞춤, 고개 끄덕임, 미소와 같은 비언어적 표현들이 아동에게 긍정적인 영향을 미친다는 점을 강조했다.

그러나 놀이 도중 토리가 장난감 칼을 들고 놀기 시작하려 하자, 어머니는 위험한 상황이 아니었음에도 불구하고 놀이를 멈추고 토리에게 장난감 칼을 가지고 노는 것에 대해 제한을 했다. 또한 어머니는 토리의 놀이에 대해 지시하고 가르치려는 모습을 보였고, 이러한 방식은 놀이의 본래 목적을 충분히 충족시키지 못했다. 예를 들어, 사탕 가게 놀이에서 토리가 사탕을 사려고 할 때 어머니는 "사탕은 1개만 먹어야 해! 안 그러면 이가 썩어서 치과에 가야 해." "사탕을 먹고 나서는 꼭 양치해야 해."라고 말하며 자녀에게 사탕 섭취에 대한 건강 규칙을 확인시키고 가르쳤다. 어머니는 부모-자녀놀이 영상을 시청하면서 "제한을 한 것은 자녀가 다칠 위험이 있어서였어요."라고 설명하며, "놀이를 하면서 제가 토리를 가르치려 한다는 것을 알았어요. 토리가 놀이를 하는 것이 아니라 제 지시에 따르는 것 같네요."라고 말했다.

어머니는 부모-자녀놀이 시간이 단순한 학습 시간이 아닌 관계 형성을 위한 특별한 시간임을 이해하는 것이 필요했다. 이에 따라 치료자는 학습과 놀이를 구분하는 연습이 자녀와의 관계 형성에 긍정적인 영향을 미칠 수 있음을 안내했다. 또한 제한설정은 자녀 양육에서 훈육하기와 같음을 이야기하고 제한설정의 세 단계, 즉 감정 인식하기, 제한설정하기, 대안 제공하기 단계를 예를 들어 연습했다.

5~7세션

각 세션마다 부모-자녀놀이 영상을 시청하고, 영상에서 긍정적인 점과 미흡한 점을 보완하며, 경청, 공감, 미흡한 부분의 연습, 새로운 기술 연습의 순서로 진행했다. 부모-자녀놀이 영상에서 토리가 "토리 엄마는 혼내는 엄마! 이렇게 아주 예쁜데…… 예쁜 엄마가 돌아가셨어요. 예쁜 엄마가 다시 왔으면 좋겠다."라고 말하자, 어머니는 감정이 담긴 억양으로 "예쁜 엄마가 왜 돌아가셨어?"라고 질문했다. "토리가 말을 안 들으니까 하늘나라 간 거 아냐……."라고 토리가 답했다. 이 상황에 대해 치료자는 어머니에게 토리의 감정을 이해하고 수용하는 반응이 필요함을 이야기했다. 어머니는 이를 바탕으로 토리와의 상호작용에서 더 공감하고 경청하려는 노력을 기울였다. 어머니는 토리의 말을 경청하고 감정을 공감해 주었으며, 이에 따라 토리의 반응도 긍정적으로 변화하기 시작했다. 점차 토리는 부모-자녀놀이 시간을 기다리며 어머니와 함께 놀이하는 것을 기대했고, 활발하게 놀이를 하며 매우 즐거워했다.

그러나 부모-자녀놀이에서 어머니는 때로 토리에게 민감하게 반응해 주기보다 자신의 감정과 귀찮은 기분에 따라 자녀를 대했다. 이러한 행동은 아동의 놀이를 방해하고 아동이 놀이를 하며 자신의 무대를 만들지 못하게 했다. 특히 어머니는 부모-자녀놀이에서 체력이 떨어질 때 화를 조절하지 못했다. 세션을 진행하면서 어머니는 자신의 감정에 대해 이야기 나누었고, 화에 대한 감정을 표현했다. 이를 통해 어머니는 자신의 분노와 피로가 토리와 놀이에 부정적인 영향을 미친다는 것을 인식하게 되었다.

또한 어머니는 자녀에게 지시적이고 통제적이었던 자신의 모습 때문에 "부모놀이치료가 스트레스로 다가왔어요."고 말했다. 어머니는 "교육을 받는 것이 마치 자녀양육을 잘못하고 있다고 혼나는 것 같은 마음이 들었어요."라고 했다. 그래서 "부모놀이치료가 필요한 것은 알지만, 그만두고 싶은 마음이 들었어요."라며, "다른 엄마들도 나처럼 양육하지 않냐, 다 똑같지 않냐?"라고 저항했다. 치료자는 어머니가 자녀를 잘 양육하지 못하는 것에 대한 불안과 불편함을 느끼고 있음을 함께 이야기 나누었다. 치료자는 그러한 감정이 아동을 잘 양육하고자 하는 마음에서 비롯된 것으로, 부모로서 느낄 수 있는 감정임을 설명하며, 이러한 감정을 표현하기 어려웠음에도 솔직하게 표현해 준 것에 대해 지지했다. 불편한 감정에 관해 이야기를 나눈 후, 어머니는 자신의 이러한 모습이 자기의 친정엄마가 본인에게 한 것과 같다는 것을 알게 되었다. 이 통찰 후 부모-자녀놀이를 더욱 편안하게 진행할 수 있었다.

8세션

마지막 세션은 어머니가 부모-자녀놀이 영상을 시청하며 경험한 것들과 어머니와 토리가 어떻게 변화했는지에 대한 평가를 함께 나누는 시간으로 진행되었다. 어머니는 "제가 내려놓은 게 많아졌어요." "화를 내지 않고 소리 지르지 않기를 노력했어요."라고 말했다. 부모-자녀놀이에서 토리가 "다 내 거야. 내가 다 먹을 거야."라고 말했을 때, 이전 같으면 어머니는 "혼자 다 먹으면 욕심쟁이야, 살쪄!"라고 반응했을 것이라고 했다. 그러나 이번에는 "이것이 다 토리 것이구나, 다 먹고 싶었구나."라고 반응하려고 노력했다고 했다. 어머니는 부모놀이치료에서 행동을 읽어 주는 것은 본인 스스로도 잘 하고 있다고 생각하면서 뿌듯해했다. 하지만 감정 공감하기, 자녀의 의사결정 촉진하기는 어려워서 배운 것을 다 사용하지는 못했다. 연습이 되지 않아 순간 토리에게 어떻게 대답해야 할지 몰라 당황하는 순간도 있었지만, 토리 어머니는 부모놀이치료에서 배운 것을 사용하려고 노력하고 있다고 말했고, 8세션 전체를 스스로 해냈다는 사실에 뿌듯해했다. 부모놀이치료를 통해 토리의 공격적인 문제행동이 완화되었으며, 토리가 "혼내는 엄마는 돌아가셨어요."라고 표현하는 것을 보고 어머니는 토리와의 관계가 증진되었음을 느꼈다. 특별한 부모-자녀놀이 시간은 어머니를 자녀의 세계로 들어가게 하고, 어머니가 함께할 때 아이로서 행동할 수 있도록 허용하며, 부모-자녀 관계를 재구조화되는 변화를 일으켰다.

하지만 어머니는 부모놀이치료를 통해 배운 것들이 얼마나 오랫동안 지속될 수 있을지에 대한 걱정과 불안함을 표현했다. 이러한 어머니의 걱정에 대해 치료자는 치료 후에도 가정에서 꾸준히 부모-자녀놀이를 지속할 수 있도록 격려했다. 이에 어머니는 부모놀이치료의 효과성에 공감하며, 아버지도 부모놀이치료에 참여할 수 있도록 권유하겠다고 했다.

5. 효과 및 결론

이 사례에서 어머니는 자신의 성격 및 심리적 특성으로 인해 부모로서 자신의 한계를 느끼면 감정조절이 어렵고, 자녀에게 불같이 화를 내곤 했다. 이로 인해 자녀는 행동과 감정의 조절에 문제가 생겼고 상담을 받게 되었다. 어머니와 아동은 감정조절 및 부모-자녀 관계를 개선하고자 부모놀이치료를 받기로 했다. 하지만 이 과정이 순조롭게 진행되지는 않았다. 경험해 보지 않은 부모-자녀놀이 시간은 어머니에게 부담과 어려움으로 다가왔고, 그 감정에 대한 방어로 부모놀이치료에 참여하지 않으려 했었다. 부모놀이치료를 거부하는 기간이 늘어나면서 다소 진행에 어려움이 있었지만, 이러한 어머니의 회피하고 저항하는 마음을 솔직하게 표현하는 시간도 가지게 되었다. 세션을 하는 과정에서 어머니는 자신을 되돌아보고 통찰하는 시간을 가질 수 있었다. 또한 친정어머니의 양육방식을 그대로 따라 하는 자신의 모습을 보면서 자신의 감정을 알아차리는 의미 있는 시간을 보냈다. 이러한 통찰이 생기면서 어머니는 부모-자녀놀이를 보다 편안하게 할 수 있었고, 어머니와 아동 모두 놀이의 세계에 몰입할 수 있었다.

또한 토리 어머니가 부모놀이치료에서 겪었던 또 다른 어려움은 아동과 공감적 의사소통을 하며 아동이 놀이를 주도하도록 기다려 주는 것이었다. 어머니는 이전에 지시적이고 통제적인 양육방식에 익숙했기 때문에 부모놀이치료에서 토리가 놀이를 주도할 수 있도록 많은 노력을 기울였다. 이 과정에서 토리는 어머니에게 지시하고 명령하거나, 자신이 불리한 상황에서 우기고 떼쓰는 모습을 보이기도 했다. 그리고 때로는 어머니의 지시적이고 통제적인 양육방식이 다시 나오기도 했다. 긍정적인 어머니와 자녀의 상호작용을 위해서는 어머니가 아동이 먼저 주도적으로 행동하도록 기다리고 뒤로 물러서서 지켜보는 태도가 필요하다(Butler & Eyberg, 2006).

어머니가 감정을 공감하는 연습을 하면서 자녀의 자기주도적 태도를 수용하고, 정서적 표현과 행동에 적절히 개입할 수 있게 되었다. 또한 어머니의 공감적 의사소통이 유의하게 증가하였고, 지시적이고 통제적인 의사소통 방식이 현저히 감소한 것을 발견했다. 이처럼 부모놀이치료는 공감적 의사소통을 통해 부모-자녀 관계를 증진시켰다. 이것은 연구결과에서도 볼 수 있는 긍정적 효과이다. 장미경(1998)은 어머니의 자녀에 대한 공감이 눈에 띄게 증가하였고, 자녀의 행동 문제가 유의하게 감소하였으며, 다른 가족과의 관계도 증진되었다고 보고했다. 최영희(2006)의 연구 결과에서도 어머니의 유아에 대한 공감적 상호작용이 향상되었으며, 자녀의 감정을 수용하는 정도도 유의하게 증가했다.

　이 사례에서도 아동은 종결하게 되었을 때 자신의 감정에 대해 인식하고 조절할 수 있었으며 다양한 감정을 적절하게 표현할 수 있게 되었다. 어머니는 이전보다 양육을 유연하게 받아들이고 통제적이고 지시적인 양육태도를 아동을 존중하는 태도로 변화하려는 노력을 꾸준히 하게 되었다. 따라서 양육과정에서 발생하는 어려움도 상당히 감소했다. 부모놀이치료 과정에서 어머니가 보고한 부모-자녀놀이 과정의 변화, 그리고 아동과 부모의 관계의 변화를 볼 때 부모가 일정 부분 치료적 역할을 할 수 있다는 것(장미경, 1998)을 알 수 있다.

9. 다문화 자폐 아동과 어머니를 위한 부모놀이치료 사례

1. 서론

자폐스펙트럼 장애를 가진 사람들은 특정한 패턴의 행동이나 활동에 과도하게 집착하거나, 루틴에 의존하며, 일상적인 절차에서 벗어나는 것을 어려워하는 경향이 있다. 또한 감각적 특이성이 있어서 일부는 감각 자극에 과민하거나, 반대로 둔감할 수 있다. 많은 사람이 자폐스펙트럼 아동들이 보이는 전형적인 행동에 대해 좋지 않은 것이라 생각하며 없애야 할 행동이라고 생각한다. 때문에 부모들은 자녀가 자폐라는 것을 알면서도 자녀가 보이는 또는 자폐 증상이라고 생각되는 행동을 없애려 한다. 실제로 많은 교육자와 치료자가 어떻게 해서든 그 행동 자체를 없애는 데 치중한다. 그러나 그 행동을 없앤다고 해서 자폐증이 없어지지 않는다. 더 중요한 것은 그 행동이 없어지지 않는다는 것이다. 많은 사람은 자폐 아동이 왜 그런 행동을 하는지 마음이나 동기를 이해하지 않으려 하며, 부모 또한 그러하다. 아무 의미 없는 행동이라고만 생각한다. 이것은 자폐 아동도 감정과 감각을 가지고 있는 인간이라는 사실을 간과한다. 단지 다르다는 이유로 그렇게 한다. 그러다보니 오로지 교육적 차원에서만 자폐 아동에게 접근하려 한다. 자폐성향, 그리고 그로 인한 구별되는 행동을 문제적 관점에서 볼 것이 아니라 아동의 특성 자체로 보려는 노력이 필요하다. 또한 자폐 아동을 둔 부모들의 심정도 이해받고 공감받아야 하며, 그럴 때 자녀에 대해서도 있는 그대로를 보려는 노력이 이루어질 것이다. 어떻게든 자녀를 돕고 자녀의 기능이 최대로 발휘되도록 하기 위한 노력과 마음속 깊은 곳에 있는 회한과 고단함이 이해받고 치유되어야 한다. 부모놀이치료는 일반 아동뿐 아니라 모든 어려움을 가진 아동과 부모들에게 치유적이다.

부모놀이치료는 우리나라에서 처음에 부모-자녀 관계 증진 훈련 프로그램이라는 이름으로 소개되었다. 부모놀이치료는 본래 발달장애 아동의 부모를 대상으로 부모-자녀 관계 개선을 목적으로 개발되었고 실제로 효과를 거두었다(장미경, 1998). 자녀에 대한 부모의 공감능력을 증진시키며 자녀에 대한 수용능력을 증진시킬 수 있었다. 부모놀이치료를 통해 부모가 자폐 자녀의 특성을 올바로 이해하고 수용하며 자녀를 공감하는 놀이로 긍정적인 경험을 함으로써 상호작용에 도움을 받을 수 있다.

본 사례는 다문화 자폐 아동과 어머니를 위한 부모놀이치료 사례이다. 자녀가 놀이치료 하는 과정에서 어머니는 자녀의 자폐를 인정하고 자녀 발달에 도움을 주고 싶다고 하였으나 자녀의 자폐 특성인 상동행동에 대해 왜 그런 행동을 하는지 이해하지 못하였으며 나쁜 것으로 생각해 없애고 싶어 했다. 자폐 자녀의 특성을 이해하고 자녀의 감정과 행동을 공감하고 반영해 주는 방법을 배우기 위해 개별 부모놀이치료 프로그램에 참여했다.

2. 사례 개요

사랑이는 만 3세에 자폐 진단을 받았다. 사랑이의 어머니는 중국인으로 한국어가 서투르나, 자폐 자녀를 둔 부모로서 자녀의 발달에 도움이 되고 싶은 의지가 강했다. 사랑이는 자폐 특성으로 인해 눈맞춤이 포함된 사회적 접촉을 피했고, 갑작스러운 만남에 대한 불안을 느껴 양손을 터는 제한적이고 반복적인 상동행동을 했다. 눈맞춤과 눈 응시에 있어서 비정상적으로 고정되는 경향이 있었고, 다른 사람의 눈을 너무 가깝게 오래 들여다보거나 전혀 쳐다보지 않는 비정상성을 보이기도 했다. 언어적으로는 아파, 엄마, 아빠, 사과 등 단어 수준의 반향어적 표현이 이루어지는 상태였다. 좋아하는 놀잇감은 사운드북이나 소리가 나는 자동차로 주로 음악이나 소리에 반응했다.

사랑이는 한국인 아버지와 중국인 어머니 사이에서 태어났다. 부모는 아동이 자폐로 진단을 받고 나서 심리적으로 힘들어했다. 현실을 부정하며 인정하기 어려웠다. 무엇보다 부모는 사랑이에게 자폐적 특징이 나오면 왜 이런 증상이 나오는지 몰라 더 불안함을 느꼈다. 사랑이를 더 잘 이해하기 위해 자폐에 대해 많이 공부하며 노력했다. 부부관계는 원만하나 어머니가 중국인이어서 한국인 아버지와 문화적 차이로 인한 관계 어려움이 있다고 했다. 이에 치료자는 어머니에게 부모놀이치료를 권했고, 어머니가 아동의 특별함을 이해하고 수용하는 것을 목표로 정했다.

3. 부모 성격 역동

아버지는 6남매(5녀 1남) 중 막내로 태어났다. 아버지의 아버지, 즉 조부는 교사 출신으로 가부장적인 분이었다. 성격이 과격하였으며 가족에게는 관심이 없었고 민주화운동에만 전념했다. 반면, 아버지의 어머니, 즉 조모는 온유하며 순종적이고 헌신적이었다. 아버지는 가족을 돌보지 않는 조부를 대신해 많은 부분을 감당하는 조모에게 안쓰러운 마음과 애처로움을 느끼고 있었다. 자신의 가정조차 돌보지 않으며 민주화운동을 하는 조부에게 가장으로서 무능력함과 분노의 감정을 느꼈으나 억압하고 참았다.

아버지는 책임감이 강하고 성실했다. 자녀들에 대한 애정이 깊게 느껴졌다. 사랑이가 자폐 진단을 받았을 당시 이를 받아들이지 못했고 인정할 수가 없어 심적 고통이 상당했다고 보고했다. 그러나 사랑이의 현실을 인정한 후에는 사랑이의 발달에 도움을 주기 위한 적극적인 자세를 취했다. 상담센터에 올 때는 어머니가 주로 데려왔지만, 의논을 해야 하는 일은 아버지가 같이 참여하며 늘 관심을 가졌다.

아버지는 자신의 성격이 안 좋은 편이나 결혼 후 많이 좋아졌다고 표현했다. 어릴 때부터 표현하지 못해서인지 스트레스를 받아도 참는 편이었다. 어머니에 의하면 남편은 화가 나면 표정에 감정이 다 드러나고 목소리가 커진다고 했다. 화가 날 때 어머니에게는 소리를 지르기도 했으나 자녀들에게는 절대 화내지 않았다. 아버지의 참고 억누르는 감정 안에는 분노와 화가 많았다. 참으며 억압하는 감정은 언젠가 폭발할 가능성이 있다. 자녀들에게 화를 내지 않았지만 어머니에게 소리를 지르거나 화를 내는 상황이 자녀들에게 노출되어 불안을 느낄 수밖에 없었다.

어머니는 외동으로 태어났다. 어머니의 아버지, 즉 외조부는 착하고 온순하며 따뜻한 분이었다. 어머니의 어머니, 즉 외조모는 사회활동을 많이 했고 대장부 같은 스타일이었다. 외조부는 사회활동을 많이 하시는 외조모보다 집안일을 많이 하고 스트레스를 받으면 주로 참거나 밖으로 나갔다. 외조모는 성격이 강하고 불같았다. 스트레스를 받으면

욕을 하거나 울었고 외조부에게 화풀이를 했다.

아버지도 어머니가 화를 자주 내는 편이라고 했다. 어머니가 문화차이로 한국 방식에 대해 어려움을 느끼고 있었고 스트레스를 받으면 자신에게 화풀이한다고 했다. 어머니는 자기 자신을 내향적이고 화가 많으며 기분이 자주 변한다고 표현했다. 또한 걱정이 많다고 했다.

어머니의 성격은 적극적이며 다분히 자기주장이 강하고 주도적이었다. 놀이에서도 사랑이를 주도하려고 했고, 자폐 아동의 기능적인 부분의 향상에 더 초점을 두었으며 교육적으로 가르치려는 성향이 강했다. 사랑이가 상동행동을 보이면 타인의 시선과 반응을 신경 쓰며 나쁜 것이라 생각하고 엄하게 행동했다. 부모-자녀놀이 영상을 보면서 자신의 어머니에게 싫었던 면이 본인에게 있다는 것을 알게 되었다며 눈물을 흘렸다. 어머니는 화를 내는 게 아니라고 생각했는데 화가 난 듯한 표정을 영상을 통해 느꼈다. 그리고 사랑이를 위해 변화해야겠다는 생각을 하게 되었다. 외조모도 너무 이른 나이에 자신을 낳아 기르면서 모르는 게 많았겠다는 깨달음도 얻었다.

4. 개입과정과 진척 상황

사랑이의 놀이치료와 부모놀이치료를 병행하여 진행했다. 주 1회 총 6세션의 부모놀이치료가 진행되었다.

1~2세션

치료자는 부모놀이치료에 관심을 가지고 용기를 낸 어머니를 격려했다. 어머니는 수줍은 미소를 지으면서 "내가 잘할 수 있을까 몰라요."라면서도 "잘 배워 볼게요."라며 의지를 보였다. 치료자도 어머니를 잘 도와드릴 수 있도록 노력하겠다고 말했다. 어머니가 한국말이 서툴기 때문에 전달하는 내용은 최대한 짧게 반복적으로 설명했다. 이해를 돕기 위해 자료를 프린트해서 전달했고, 의미전달이 어려울 때는 번역기 앱을 사용하여 의사소통에 도움을 받았다.

놀이의 의미를 다루면서 어머니의 놀이경험에 대해 이야기를 나누었다. 먼저 치료자가 어렸을 때 골목 놀이나 몸을 주로 사용하는 놀이 경험에 대해 이야기를 하자, 어머니도 "나 어릴 때 친구들과 밖에서 많이 놀았어요."라며 활짝 웃었다. 그때를 회상하기만 해도 행복하다는 마음이 자연스럽게 떠오른다고 했다. 부모놀이치료에서 자녀의 놀이에 어떻게 공감할 수 있는지 치료자가 놀잇감으로 놀이하면서 반영하고 공감하는 것에 대한 예를 보여 주었고, 몇 가지 예를 들어 어머니가 반영하고 공감하는 것을 연습했다. 부모놀이치료에서 부모가 중요하게 다뤄야 할 것은 자녀를 공감하기, 자녀의 행동, 사고와 감정을 이해하고 자녀를 따라가며 놀이하는 것이라는 것을 교육했다.

첫 번째 세션 후 어머니는 발견하지 못했던 자녀의 신체적 특징을 발견하기 위해 사랑이를 관심 있게 살펴보고 접촉하며 울컥하는 감정을 느꼈다. 두 자녀를 키우면서 매일 씻기고 신체를 가까이 접하지만, 어느새 육아는 일처럼 느껴졌고, 여유 있게 살펴보지 못했던 것에 대한 미안함과 애틋함 등 여러 가지 감정을 느꼈다. 네 가지 기본 감정에 대한 공감적 의사소통은 어려웠다고 했다.

부모놀이치료 1, 2세션에서 치료자와 어머니는 '하라'/'하지 말라' 규칙에 대해 준비한 자료를 함께 보았다. 치료자는 필요한 놀잇감 및 시간과 장소 정하기, 놀잇감과 놀이과정을 소개했다. 사랑이와 놀이시간 동안 어떻게 놀이할 것인지에 대해서 생각해 보고, 놀이는 완전히 자유로워야 하고 선택은 아동이 할 수 있도록 안내했다. 부모는 제안이나 질문을 삼가 자녀의 놀이를 방해하지 않아야 한다는 것도 교육했다. 어머니는 사랑이에게 많은 부분을 주도적으로 가르치고 주입하려 했었다. 그래서 자녀가 선택하고 주도하는 놀이와, 놀이에 대한 공감적 의사소통이 어렵고 자신 없게 느끼는 것 같았다. 치료자는 어머니가 지금까지 많은 어려움에도 최선을 다해 왔음을 상기시키고 어머니의 적극적인 태도를 반영해 줌으로써 부모놀이치료에 대한 동기를 부여했다.

3세션

지난주 녹화한 부모-자녀놀이 영상을 보며 이야기를 나누었다. 치료자는 자녀와 놀이하는 것이나 특히 영상을 촬영하는 것은 쉽지 않았을 텐데 적극적으로 참여하고 있는 어머니를 지지했다. 부모-자녀놀이 영상에서 어머니는 어색하지만 부모놀이치료 시간에 배운 대로 아동에게 30분간 특별한 놀이에 대한 안내를 하려고 노력했다. 의자에 앉아 있다 일어나려는 사랑이의 두 팔을 잡고 눈을 바라보며 "지금부터 엄마 놀이시간이야. 30분 특별한 놀이시간."이라고 말했다. 사랑이는 어머니를 쳐다보며 일어나면서 어머니의 말을 부분부분 따라 했다. 특별한 놀이시간에 대한 안내가 끝나자 사랑이의 몸은 의자를 벗어나 있었다. 놀이 장소는 협소한 공간이었다. 작은 책상과 의자를 두었고 책상 위에는 몇 가지 놀잇감이 올려져 있었다. 카메라 각도는 아동이 테이블 앞에 앉으면 테이블 위로 사랑이가 비춰지는 각도로 설정이 되어 있었다. 사랑이가 의자에 앉아서 놀이하지 않으려고 하자 어머니는 "의자에 앉아."라며 지시하였고, 사랑이는 의자에 앉지 않고 바닥에 앉아 놀잇감이 올려져 있는 책상을 흔들었다. 책상이 흔들리면서 놀잇감이 하나씩 떨어졌다. 떨어진 미니카를 올려놓고 몸을 돌려 벽을 쳐다보더니 벽에 눈을 고정하고 손을 흔들었다. 사랑이가 바라보는 벽에 사랑이가 움직이면 그림자가 비쳐 움직였다. 사랑이는 몸을 책상을 향해 돌렸다가 다시 벽에 머리를 대고 손을 꿈지락거리기를 몇 번 반복했다. 움직일 때마다 다르게 비춰지는 자신의 모습을 보고 즐거워하는 것 같았다. 자신의 그림자를 가지고 놀이를 하고 있었던 것이다. 어머니는 한숨을 한 번 쉬고는 사랑이의 행동이 끝날 때까지 한참을 말없이 딴 곳을 응시했다. 어머니는 아이 옆자리 의자에 앉아서 눈이 마주치면 "쳐다보고 있네."라며 사랑이의 행동을 가끔씩 읽어 주려 했다. 사랑이는 협소한 공간에 끼어 있듯 놀이하다 흥미를 잃었는지 바닥에 누웠다. 어머니는 자신이 앉았던 의자에 내려와 "의자에 앉을까? 이거 사랑이 거야."라고 말하니 사랑이는 짜증 섞인 목소리로 "안 해~"라며 의자를 밀어냈다. 누운 채로 밀어낸 의자를 만지작거리며 옆으로 눕혔다가 아래를 쳐다보기도 했다. 어머니는 사랑이 옆에 같이 눕기도 하다가 "이게 뭐지?" 하며 몸을 일으켜 의자를 가져와 "앉아!"라고 했다. 사랑이도 일어나 "앉아 싫어요."라고 말했다. 어머니는 다시 "앉아."라고 했고, 아이는 "앉아 싫어요."를 반복하며 의자를 엄마에게서 빼앗았다.

치료자는 그렇게 협소한 놀이 공간을 선택한 이유를 물었다. 사랑이가 방해받지 않을 공간을 생각하다 보니 방 사이에 있는 저 공간밖에 없어서 협소한 공간을 선택하게 되었다고 했다. 치료자는 놀이 공간이 크지 않아도 되지만 지금의 놀이 공간은 사랑이가 놀기에 제한적임을 알려 주었다. 놀이는 의자에 앉아 놀이하는 것보다 바닥에 앉아서 놀이할 것을 권했다.

치료자는 어머니에게 놀이를 어떻게 느꼈는지 물었다. 놀이를 시작하면서 어머니가 사랑이에게 의자에 앉으라는 반복적인 지시를 했는데 사랑이가 놀이에 흥미를 잃은 것처럼 보였기 때문이었다. 어머니는 그때는 잘 몰랐는데 영상을 보니 사랑이가 의자에 앉기를 거부를 하고 놀이가 재미없게 느껴졌을 것이라고 다짐했다. 치료자는 어머니가 사랑이 옆에 같이 누워 아이의 행동을 따라가며 읽어 주려고 노력하신 부분에 대해 지지했다. 사랑이가 의자를 만지작거리고 탐색하는 것도 놀이라는 것을 이야기하자 어머니는 미처 생각하지 못한 부분이었고 새롭게 알게 되었다고 했다. 사랑이가 선택하고 주도하는 놀이가 중요하다는 것과 어머니가 사랑이의 행동과 감정을 따라가며 공감하고 수용하는 것이 중요함을 교육했다. 치료자는 사랑이가 의자에 앉으려고 하지 않을 때 어떻게 반응할 수 있을까를 어머니에게 물었다. 어머니는 어려운 듯 멋쩍은 미소로 대답을 대신했다. 치료자는 "사랑이가 의자에 앉기 싫구나." "사랑이가 원하는 곳에 앉아 놀 수 있어."와 같은 예를 들었다. 어머니는 "아~~ 그렇게 말하면 돼요?"라며 해답을 찾은 듯 웃었다. 어머니는 "사랑이가 서서 놀잇감을 고르고 있네." "사랑이가 책상을 흔들고 있네." "사랑이가 벽을 쳐다보네. 손을 흔들고 있네."라며 행동을 반영하는 것을 연습했다.

부모-자녀놀이 시간에 대해 다시 한 번 안내했다. 놀이시간 전에 화장실에 다녀오도록 하고, 놀이 시작 전에 다음과 같이 자녀에게 말해 주도록 했다. "우리는 이제 앞으로 30분 동안 특별한 놀이를 할 거야. 네가 평소에 하던 대로 놀잇감을 가지고 놀 수 있어." 치료자가 먼저 말을 하면 어머니가 그대로 따라 해 보며 익힐 수 있게 몇 번 반복했다. 놀이를 끝내기 5분 전에도 5분이 남았음을 알려 주어 놀이에 집중한 사랑이가 놀이시간이 끝났을 때 당황하지 않도록 하면 좋겠다고 안내했다. 치료자가 "특별한 놀이시간이 5분 남았어. 5분 동안 더 놀 수 있어."라고 말하면 어머니도 따라 반복했다.

놀잇감을 준비하는 과정에서 어려운 점은 없었는지 묻자 어머니는 안내받은 놀잇감만큼 준비를 많이 못해 자신감이 없다고 말했다. 놀잇감 목록을 보여 주니 "여기 있는 장난감 모두 사야 돼요?"라고 물었다. 놀잇감을 모두 준비하지 않아도 되며, 집에 있는 것을 최대한 활용하여 좀 더 다양하게 놀잇감을 준비하도록 독려했다. 놀잇감 중에서 1~2개는 새로운 장난감에 대한 기대와 놀이에 대한 기대를 높일 수 있도록 사랑이와 함께 균일가 생활용품점에서 저렴하게 구입해도 좋겠다고 말했다. 어머니는 이해한 듯 활짝 웃으며 "오늘 사랑이랑 다○소에 가야겠어요."라고 했다. 그리고 준비된 놀잇감은 '특별한 놀이시간'에만 놀 수 있도록 다른 장난감과 구별하여 보관하고, 놀이시간 전에 펼쳐 놓는 것에 대해서 다시 한 번 상기시켰다.

어머니는 영상을 녹화하고 전송하는 것에 대해 어려움을 표현했다. 매번 남편에게 도움받는 것이 어렵고, 영상의 용량이 커서 자신의 역량으로 압축하여 메일로 보내는 것이 힘들다고 했다. 어머니는 가정에 설치된 CCTV를 이용하겠다고 아이디어를 냈다. 하지만 소리는 담기는데 영상이 3분 이내로 잘리게 된다고 난감해했다. 그래서 영상을 CCTV를 이용해 찍고, 찍은 영상을 휴대폰에 저장해 오면 치료자가 노트북으로 옮겨서 보기로 했다. 치료자는 어머니 마음의 부담을 덜어 주고 싶었다.

부모놀이치료 3세션에서 어머니는 부모−자녀놀이 영상을 통해 사랑이의 놀이에 개입하고 지시할 때 사랑이가 흥미 없어 한다는 것을 알게 되었다. 치료자는 어머니를 격려하고 싶었다. 특별한 놀이를 배운 대로 하는 것도 어려웠을 텐데 영상까지 찍어야 해서 어머니에게 큰 부담으로 느껴졌지만 용기를 낸 것을 격려했다. 어머니는 사랑이가 선택하고 주도하는 놀이의 중요성을 익히고 아동의 놀이를 따라가고 아동의 행동과 감정을 반영해 주는 것을 연습했다. 특별한 놀이의 시작과 끝을 알리는 멘트를 다시 살펴보고 사랑이가 즐거운 놀이를 하며 어머니와 긍정적인 상호작용을 하기를 기대하며 마무리 지었다.

4세션

부모−자녀놀이 영상을 보기 전 '특별한 놀이'를 위해 적극적으로 아동과 신나게 놀이하려고 애쓰는 어머니를 격려하고 지지하는 것으로 부모놀이치료 세션을 시작했다. 진행하면서 어려움은 없었는지 묻자, 어머니는 "어려운 것 없어요. 사랑이한테 좋으면 저도 좋아요. 계속 그렇게 생각하고 있어요."라고 대답했다. 치료자는 어머니가 그렇게 자녀를 위해 애쓰고 있는 마음이 자녀에게 전달이 될 것이라고 지지했다.

부모−자녀놀이 영상에 어머니가 강한 어조로 "사랑이, 이리 앉아."라고 하며 바닥을 두 번 두들겼고, 사랑이는 어머니의 부름에 테이블 앞에 와서 앉았다. 어머니가 카메라 각도를 맞추는 동안 카메라를 들여다보며 사랑이는 알 수 없는 말을 중얼거리다가 시선을 내려 테이블 아래로 고개를 숙여 시선을 고정하고 있었다. 어머니는 파란색 천 소재의 동그란 놀잇감을 들고 한껏 힘이 들어가고 흥분된 목소리로 말했다. "사랑아 엄마 보세요! 이제 특별한 놀이시간이야. 30분 놀아. 이제 시작!"이라고 말하며 놀이 시작을 알렸다. 사랑이는 엄마를 잠깐 쳐다보다가 테이블 아래로 시선이 돌아갔고 어머니는 오른손을 불끈 쥐어 뻗고는 다시 "시작!"이라고 외쳤다. "어떤 놀이 하고 싶어?"라고 물어보기도 하고, 자신의 놀이에 빠져 집중하지 않는 사랑이 앞에 천사점토가 들어 있는 상자를 내밀며 "열어!"라고 했다. 사랑이는 어머니를 잠깐 응시했다가 고개를 돌리면서 테이블에 비친 자신의 모습에 눈이 멈추었다. 그리고 나서 몸을 흔들며 손으로 가슴을 툭툭 치다가 터는 듯한 행동을 하더니 이번에는 테이블 쪽으로 더 가까이 가서 비춰진 모습의 변화에 집중했다. 사랑이의 행동을 발견한 어머니는 굳은 표정과 차가운 목소리로 "사랑이 하지 마!"라고 말했다. 사랑이의 시선이 테이블로 다시 돌아가려고 하자 "하지마! 이쁘게

~~ 이쁘게."라고 다시 주의를 주었다. 사랑이는 천사점토에 시선을 두었고, 삽을 쥐고 점토를 퍼내는 놀이를 했다.

부모-자녀놀이 영상을 같이 보면서 어머니에게 사랑이가 기대감을 가지고 신나게 놀이할 수 있도록 초대한 부분을 격려했다. 그런데 어머니는 특별한 놀이시간으로 아동을 초대하는 장면을 보다가 어색한 웃음을 보였다. "목소리가 좀…… 사랑이 부를 때 목소리가 좀……."이라며 자신의 억양이 화내는 것처럼 들린다는 것을 인식했다. 치료자도 어머니가 사랑이를 부를 때 목소리가 강하게 느껴졌다. 치료자가 받은 느낌을 어머니와 공유했고, 영상을 통해 어머니는 자신의 모습을 보며 객관적으로 자신을 인지하게 되었다.

부모-자녀놀이 공간은 새로운 공간으로 변화했다. CCTV가 비추는 각도를 고려해서 거실에 매트를 깔았고 놀잇감은 더 많이 추가되어 테이블 밑에 두었다. 다만 어머니가 놀잇감을 들고 사랑이를 초대하고 놀잇감을 내민 것은 어머니 주도적인 부분이라 그 부분에 대한 아쉬움을 이야기했다. 어머니는 치료자의 말을 듣고 "안 돼요?"라고 물으며 어떤 부분이 잘못됐는지 의아해했다. 어머니가 손에 놀잇감을 들고 아동을 초대하는 것과 아동이 놀잇감을 선택하는 것을 기다려 주지 않고 내민 부분에서 어머니 주도의 놀이가 될 수 있음을 조심스럽게 전했다. 그런데 어머니는 "아까 내가 얘기할 때 사랑이가 이렇게 (손을 자신의 얼굴 앞에 흔들고 아이의 상동행동을 묘사하며) 하면서 내 얘기를 집중하지 못해요." 그래서 "엄마 봐야지."라는 집중의 의미로 놀잇감을 들고 있었다고 했다. 치료자는 놀이에 집중하게 하려는 어머니의 마음을 충분히 공감해 주었다. 그러면서 특별한 놀이시간만큼은 놀잇감을 들어 집중시키는 것보다 눈을 마주치면서 아동을 초대하고 놀이의 시작을 아동이 선택할 수 있도록 해야 한다고 이야기하자 어머니는 고개를 끄덕이며 받아들였다. 영상을 보면서 어머니가 "이거 할까?"라고 주도하는 장면에 대해서도 사랑이의 놀이를 따라가고 행동을 읽어 주는 것이 중요한 부분임을 상기시켰다.

치료자는 어머니가 아동의 상동행동에 대해 어떻게 느끼고 있는지 궁금했다. 어두워진 표정으로 "사랑이가 왜 이렇게 이상할까요? 사랑이가 집에서 (상동행동을 묘사하며) 이런 행동이 좀 많아요. 그래서 이런 생각. 이렇게 많이 하면 나중에 어떡해."라고 말하며 밖에서 이런 모습이 타인에게 이상하게 비춰지는 것에 대한 염려와 걱정을 나타냈다. 어머니의 그런 마음은 충분히 공감되었다. 그러나 상동행동 자체는 좋거나 나쁜 것이 아니다. 자폐아라서 감정과 감각을 느끼지 못하는 것이 아니다. 치료자는 상동행동을 아동이 좋고 싫음 등의 감정을 표현하는 것이기도 하고, 아동이 느끼는 자극과 스트레스를 조절하는 기능을 하며 아동에게 필요한 것을 해내는 행동임을 설명했다. 상동행동을 바라보는 어머니는 여러 가지 마음이겠지만 아동에게는 필요한 자연스러운 행동으로 받아들여 주길 당부했다. 상동행동 자체를 문제시하며 없애려고 엄하게 교육하다 보면 상동행동 은 없어지지 않고, 없애려는 과정에서 관계나 소통에 부정적으로 작용할 수 있는 가능성 이 더 크기 때문이었다.

　어머니는 영상 속 자신의 표정을 보다가 "나 화났나 봐."라고 말했다. 영상 속 어머니 표정이 화가 난 것처럼 느껴지냐 물었더니 "나 평상시 몰라요. 남편도 가끔 얘기해요. 근 데 나 잘 몰라요. 원래 나 무섭지 않은데 (화면의 내 모습은) 착한 사람이 아니에요. 근데 나 화나지 않았어요."라고 했다. 어머니가 원래 화나고 무섭지 않은데 그렇게 비춰지는 모습을 스스로 느끼면서 여러 가지 생각이 스치고 있는 것 같았다. "근데 바꾸고 싶어도 금방 잊어버려. 너무 힘들어. 애기 때부터 이렇게 살았으니까. 우리 엄마 애기 때부터 나 한테 이렇게 했어. 지금 나는 우리 아이들한테 그렇게 하지 않아. 우리 엄마처럼 그러면 안 돼! 내가 애기 때 생각하면 마음이 아프잖아. 그런데 우리 아이한테 마음 아프게 하면 안 돼!"라고 말하며 마음속 감정을 눈물과 함께 쏟아 냈다. 부모-자녀놀이 영상을 찍고 그것을 보니 엄하고 강했던 자신의 어머니 모습이 스스로에게 보이는 것에 대해 만감이 교차하고 있음이 느껴졌다. 아버지(남편)가 어머니에게 자꾸 지적하는 것에 대한 속상함 도 묻어났다. 치료자는 어머니의 마음에 공감하며 "많이 속상하셨겠어요."라고 했더니 "내가 많이 바꿔야죠. 아이한테 안 좋으니까."라며 씩씩하게 이야기했다. 부모놀이치료 에서 다룰 수 있는 것 중 하나가 부모로 하여금 자신의 양육방식을 보고 느끼게 하는 효 과도 있는데, 무엇보다 어머니 스스로 자신에 대한 이해가 이루어진 것은 아프지만 필요 한 것이었고 어머니도 그 과정을 가고 있어서 많은 격려와 지지가 필요할 것 같았다.

　부모-자녀놀이 영상 속에서 사랑이가 사운드북을 틀어 놓고 놀고 있을 때 어머니도 몸을 흔들며 노래를 즐겁게 따라 하는 긍정적 모습도 관찰되었다. 하지만 어머니는 대부 분 놀이를 주도하고 사랑이의 행동을 읽어 주는 것이 미흡했다. 영상에서 사랑이가 오이 장난감을 들고 흔들고 있을 때 어떻게 행동을 읽어 줄 수 있을지 다룰 수 있는 기회가 되 었다. 치료자는 "오이를 흔들고 있네."로 예를 들어 이야기했다. 그러자 어머니는 "집에 서 자주 오이! 사과! 따라 해봐! 이렇게 가르치려 했나 봐요."라고 자신을 자책했다. 어머 니에게 사랑이를 잘 가르치려는 마음을 알아주고, 그래서 사랑이가 많이 배우고 성장하 고 있는 부분에 대해서는 인정을 해 주었다. 다만 특별한 놀이시간에는 가르치려는 마음 보다는 사랑이의 행동과 감정을 따라가며 공감해 주는 것이 중요하다고 다시 이야기를 나누었다. 어머니도 알고는 있지만 집에서 잘되지 않는 어려움에 대해서 이야기했다.

어머니가 놀이를 흥미 있고 재미있게 하려고 노력하는 반면에 행동과 감정 읽기에 대해서 어려움을 느끼고 있어 치료자는 직접 시연을 보이고 어머니와 함께 연습하는 시간을 가졌다. 미니 자동차와 비행기를 책상에 올려놓고 행동시연을 보인 후 어머니가 어떻게 반응할 수 있는지 같이 이야기해 보았다. 예를 들어, 자동차를 위아래로 움직이고 있다면 "자동차가 위로 움직이는구나!" "자동차가 아래로 굴러가고 있네!" "자동차가 위아래로 움직이는구나." 등의 예를 제시하고 다른 행동에도 어머니가 직접 적용시켜 말로 연습하도록 했다. 사랑이가 반응할 수 있는 감정에 대해서도 기쁠 때, 속상할 때, 화가 날 때 등의 예를 상담자가 직접 시연하고 어머니는 그 감정을 느끼고 따라갈 수 있게 연습하는 시간을 가졌다.

부모놀이치료 4세션에서는 어머니가 상동행동은 나쁜 것이라 여기며 없애려고 사랑이에게 강하게 교육하는 것을 알 수 있었다. 그리고 자신의 무섭고 강한 말투와 표정을 스스로 알아차렸다. 치료자와 대화를 통해서 자폐아의 상동행동은 나쁜 것이고 소거해야 되는 게 아닌 사랑이의 표현방법이라는 것을 이해했다. 양육태도에 있어서도 자신의 어머니에게 싫었던 모습이 본인에게 나오고 있는 것을 인식하며 변화의 의지를 보였다. 자녀의 행동과 감정을 따라가며 읽어 주는 것으로 공감하는 연습과 자녀가 선택하고 주도하는 놀이를 한 번 더 강조하며 '하라/하지 말라 규칙'을 한 번 더 리마인드했다.

5세션

부모-자녀놀이 영상에서 사랑이는 뽀로로 풍선을 보며 "아~~~ 아아아"라며 소리를 내고 있었다. 어머니는 전보다 조금 힘이 빠진 표정으로 "뽀로로."라고 말했다. 사랑이는 풍선을 만지고 노래하듯 흥얼거리면서 곰인형으로 놀잇감을 전환하며 즐기고 있었지만, 어머니는 "곰돌이를 가져왔어요."라며 아동의 행동을 따라가긴 하였지만 풀이 죽어 있는 듯한 모습이었다. 사랑이는 뽀로로 풍선 위에 곰돌이를 올려놓았고, 어머니는 "곰돌이가 뽀로로랑 뽀뽀하고 있네."라고 반영했다.

치료자는 자녀와 놀이하면서 느꼈던 감정에 대해 물었다. 어머니는 자폐를 인정한다면서도 여전히 마음을 내려놓지 않고 자꾸만 가르치려는 자신에 대해 혼란스러운 마음을 느꼈다고 토로했다. 어머니는 "안 해야 하는데 계속 (가르치려는 모습이) 나와서……."라고 이야기했다. 치료자는 어머니도 가르치고 주도하지 말아야 하는 걸 알고 있지만 자꾸 나오는 모습에 당황스러우실 것 같다고 말하며 혼란스러움을 느끼는 어머니의 마음을 공감해 주었다. 발달을 촉진하기 위해 가르치고 주입했던 행동들이 놀이에서도 툭툭 튀어나오며 자유롭지 않은 것 같이 느껴졌다. 그렇지만 어머니가 그것을 인식하고 있는 것에 더 중요한 의미를 두었다. 지금은 생각처럼 잘되지 않지만 자꾸 연습하다 보면 조금씩 멈출 수 있을 거라 용기를 주었다. "계속해야죠. 아이들한테 필요하니까."라면서 힘들지만 노력해 보겠다는 의지를 보였다. 영상에서 어머니가 힘이 없게 느껴지는 것이 무엇 때문인지 궁금했다. 어머니가 느끼는 또 하나의 어려움으로 놀이하는 영상에서 자신의 표정을 받아들이기 어려워하는 것이었다. 어떻게 하면 화가 난 표정이 아닌 내 마음과 같은 표정을 지을 수 있을지 고민하고 있었다. 어머니의 어찌할 바 모르는 마음이 자신감을 잃고 소극적인 모습으로 나타났던 것이었다. 어머니의 경험 속에서 자신도 모르게 습득하고 자신도 닮아 표현하게 된 부정적 정서가 한순간에 고쳐질 수 없는 건 당연하다고 말했다. 어머니가 고치겠다고 결심한 의지가 귀함을 강조하며 무력감에 자책하지 말고 용기를 더 내 보길 권했다. 그러자 어머니는 자신의 지금 상태를 수용하며 조금은 안도하는 듯 미소를 지어 보였다.

부모-자녀놀이 영상에서 곰돌이를 흔들다가 옆으로 팽개치고 뽀로로 풍선인형을 흔들고 놀았다. 그러더니 뽀로로 풍선인형으로 엄마를 때리고 있었다. 어머니는 "엄마 아파, 아파! 때리면 안 돼."라고 웃으며 말했고, 사랑이는 여전히 장난스럽게 뽀로로 풍선인형으로 어머니 머리를 때렸다. 어머니는 "머리는 때리면 안 돼! 사람한테 때리면 안 돼! 그만!"이라고 말했지만 사랑이는 멈추지 않았다. 급기야 어머니는 무섭게 "안 돼!" 하고 소리를 쳤다. 그러자 사랑이가 방향을 돌려 뽀로로 풍선을 허공에 계속 흔들었다.

치료자는 어머니와 '제한설정하기'에 대해 이야기를 나누었다. 제한설정이 무엇인지, 그것이 왜 필요한지에 대해서 교육 자료를 함께 보면서 설명했다. 놀이에서 제한설정을 할 수 있는 상황은 정해진 시간을 넘기거나, 자신이나 다른 사람을 해치거나 놀잇감을 훼손했을 때를 예를 들어 이야기했다. 제한설정 시 중요하게 먼저 다루어져야 할 부분은 그 상황에서 느낄 자녀의 감정에 대한 인식과 공감임을 강조했다. "사랑이가 풍선으로 엄마 머리를 톡톡 치고 싶구나!"와 같이 사랑이에게 제한설정이 이루어져야 하는 순간에 감정을 잘 공감하고 수용해 준다면 사랑이가 제한을 받아들이는 마음이 편안할 것이라고 안내했다. 그리고 스스로 조절하도록 도울 수 있다고 했다. 제한설정을 할 때는 친절한 목소리로 단호하게 하고 그것에 대한 대안도 제공해야 함을 알렸다. "오늘은 노는 시간이 다 끝났어. 그 대신 다음 주 이 시간에 또 놀 수 있어." "오늘은 놀 수 없어. 그 대신 여섯 밤 자고 또 놀 수 있어." 등으로 제한설정할 수 있도록 연습했다. 오늘처럼 사랑이가 엄마를 때리거나 안전하지 않은 상황에는 제한설정이 필요하다고 말했다. "사랑아, 너도, 엄마도 때리면 안 돼! 그 대신 여기 있는 베개를 때릴 수 있어!" "사랑아, 놀잇감을 던지면 다칠 수 있어! 대신 이것(말랑한 공)을 던질 수 있어!"라고 제한설정과 그 대안까지도 함께 설명한다면 사랑이가 좀 더 쉽게 이해할 수 있을 것이라 이야기를 나눴다.

부모-자녀놀이 영상에서 어머니에게 혼이 난 사랑이는 풍선을 내던지고 누르면 말을 하는 아이스크림 자판기 놀잇감을 선택했다. 어머니는 놀잇감에서 흘러나오는 말을 계속 따라 했다. 어머니가 "숨겨진 토핑을 찾아봐."라고 따라 하자 사랑이는 "싫어."라고 대답하며 어머니를 한 번 쳐다봤다. 그리고 사랑이는 한 손으로 어머니 손을 열쇠구멍에 갖다 대었고 다른 한 손은 열쇠를 빼어 어머니 손이 있는 구멍에 가져갔다. 구멍을 열 수 있는 열쇠가 분실되어 사랑이가 스스로 열 수 없자 어머니에게 도움을 요청한 것이다. 어머니는 사랑이의 반응에 깜짝 놀라고 기뻐하며 "잘한다."라고 말했다. 어머니는 "문 열어요?"라고 사랑이에게 물었고 사랑이는 "열어요."라고 답했다. 어머니는 젓가락을 가지고 폴짝폴짝 뛰어와서는 열어 주면서 기뻐했다. 사랑이가 놀잇감에 붙어 있는 콩순이를 쳐다보니 어머니는 "콩순이 보고 있네."라며 행동을 읽어 주었다. 어느새 사랑이도 어머니도 즐겁게 놀이를 하고 있었다.

부모놀이치료 5세션은 어머니가 변화하고 싶은 의지에도 불구하고 자기도 모르게 가르치려는 행동을 하고 자신의 몸에 배어 있는 화나고 무서운 표정을 하고 있는 것에 대한 혼란스러운 마음을 다루는 시간이었다. 또 사랑이가 풍선을 가지고 때리는 듯한 행동이 관찰되어 제한설정에 대해 다루는 시간이기도 했다. 혼란스러움 속에서도 사랑이의 놀이를 따라가며 어머니의 감정도 해소된 느낌을 받았고, 사랑이는 놀이 속에서 성장하고 있음을 보여 주고 있다. 어머니도 지시하고 주도하려는 것을 덜하게 되었고, 사랑이도 즐겁게 놀이를 하게 되는 의미가 있었다.

6세션

부모-자녀놀이 영상에서 사랑이는 즐거워 보였다. 어머니는 특별한 놀이시간을 알리고 놀이를 주도하지 않았다. 사랑이는 어머니가 특별한 놀이시간이라고 하자 "네~"라고 크게 대답했다. 그리고 알아들을 수는 없지만 연신 노래하듯 흥얼거렸다. 사랑이가 "야~~이"라고 하면 어머니도 "야~~이"라고 따라 해 주었고 아동의 놀이를 따라갔다. 그리고 사랑이가 동그라미 놀잇감을 들었을 때 "동그라미."라고 반영했다. 사랑이가 가만히 있을 때는 지그시 사랑이의 눈을 바라보는 것도 관찰되었다. 어머니의 표정이 밝아졌음을 느낄 수 있었다. 지난주 혼란스러웠던 마음을 잘 수용하고 애쓰고 있는 것이 느껴졌다. 사랑이도 어머니의 이런 노력을 느끼는 듯 즐겁게 놀이했다. 어머니는 "우리 사랑이 오늘 기분이 좋네."라고 감정을 읽어 주었고 사랑이는 장난치듯 "아니요."라고 대답했다. 서툴지만 놀이하고 있는 사랑이의 행동과 감정을 계속 읽어 주고 있을 때 사랑이는 장난감 하나를 어머니에게 내밀었다. "도와주세요."라고 말하는 사랑이에게 어머니는 즉각 원하는 답을 들어주기보다 "어떻게 도와줄까?" 하고 물었다. 그런데 사랑이는 "이쁘다."라고 대답했다. 이쁘다고 말하는 사랑이의 말이 엉뚱해 보이지만, 노력하는 어머니를 칭찬하고 격려하고 있는 것 같았다. 사랑이가 멍하니 밖을 보고 있을 때 어머니도 같은 곳을 응시하며 "사랑이 어디 보고 있어? 밖을 보고 있나?"라고 반응하니, 사랑이는 "뜨뜨빠뽀~~따다다다다 다다다~~뽀이요도~~" 노래하듯 흥얼거렸고 어머니도 사랑이를 따라 노래하면서 둘의 즉흥연주가 이루어졌다.

사랑이는 테이블에 비친 자신과 놀이하다 테이블 위에 올라가서는 자신을 찍고 있는 CCTV를 바라보고 있었다. 어머니는 "카메라 보고 있네."라고 말했고 사랑이는 "네~~"라고 말했다. 어머니는 다시 사랑이를 따라 "네~~"라고 반영했다. 사랑이는 카메라를 등지고 몸을 흔들며 어머니를 마주보며 테이블에 앉아 있었다. 어머니가 미소를 띠며 자신을 제지하지 않고 바라보고 있자 사랑이는 일어서서 다른 놀잇감을 탐색했다. 사랑이는 청진기를 양손으로 벌리기도 하고 빙빙 돌려 보기도 하다가 마침내 귀에 청진기 양쪽을 갖다 대고 진찰하는 행동을 했다. 어머니는 "사랑이가 흔들흔들."이라며 행동을 읽어 주다가 청진기로 진찰하는 행동을 하며 "엄마가 들어 줄까?" 하고 말하고는 금세 알아차렸는지 "미안해!"라고 사과했다. 사랑이는 청진기를 내려놓고 뒤뚱뒤뚱 걷는 행동을 하다가 "따다다"라고 흥얼거렸고 어머니도 "따다다" 같은 멜로디로 따라 불렀다. 부모-자녀놀이 영상을 보면서 어머니는 흐뭇한 표정을 지었다. 치료자가 왜 미안해라고 했는지 물어보자 어머니는 "내가 또 잘못했어요. 그래서 바로 사과했어요."라고 했다. 어머니가 사랑이의 놀이 흐름을 깨고 주도하려는 순간을 스스로 발견하고 깨닫는 놀라운 일이었다.

하지만 사랑이가 놀잇감 중 단어 카드를 고르는 장면에서는 어머니의 교육적으로 가르치려는 성향이 나타나기도 했다. 사랑이가 보고 있는 카드를 어머니가 바라보다 "사탕 몇 개예요? 3개."라고 말했는데 그때 사랑이는 카드를 뒤적이다가 오리를 발견하고 "오리지~~ 엄마 오리지~~" 하며 흥얼거렸다. 부모-자녀놀이 영상을 보면서 어머니는 웃음을 참지 못했다. 당시에는 미처 느끼지 못했지만 어머니가 교육적으로 개입하는 순간을 보았고, 그럼에도 놀이를 이어 가고 있는 사랑이도 보았던 것이다. 어머니는 자신의 반응이 적절하지 않아도 원하는 놀이를 하는 사랑이의 모습을 보며 웃고 있었다.

이후 놀이에서 어머니는 사랑이의 놀이를 따라가며 반영하고 흐름을 깨지 않으려 애썼다. 어머니와 상호작용하는 놀이도 관찰되었는데 아동이 자신의 얼굴을 가릴 수 있는 놀잇감으로 가렸다가 내리면 까꿍놀이처럼 반갑게 반응하고 사랑이의 행동을 따라 했다. 어머니와 사랑이의 눈맞춤하는 순간이 많이 발견되었다. 어머니의 기분이 고조되거나 사랑이에게 무섭게 반응하지 않고 자연스러운 태도로 부드럽고 화기애애한 분위기에서 놀이가 지속되었다.

부모놀이치료 6세션에서는 어머니가 사랑이의 놀이를 잘 따라가며 공감적 의사소통을 했고 사랑이도 즐겁게 놀이를 했다. 어머니와 사랑이는 놀이를 즐겁게 즐겼다. 치료자는 불협화음에서 둘만의 하모니를 이루어 가고 있는 느낌을 받았다. 어머니가 가르치고 교육하려는 모습도 있었지만, 알아차리고 사과하는 모습은 감동스럽게 다가왔다. 앞으로의 부모-자녀놀이가 더욱 기대가 되었다.

마지막 세션을 마무리하며 부모놀이치료를 통해 어떤 도움을 받았는지 어머니와 나누었다. 먼저 어머니는 자신을 객관적으로 보며 자신을 이해하게 된 일이라고 했다. 자신의 어머니에게 그렇게 싫었던 면이 자신에게도 나타나고 있었다는 사실은 충격적이었지만 자연스러운 일이었고 사랑이에게는 주고 싶어 하지 않는 어머니의 마음이 있었다. 그리고 사랑이를 가르치는 것보다 공감하는 것이 중요하다는 것을 알게 되었다. 타인을 의식하며 나쁜 행동이라 여겨 없애려 했던 상동행동이 사랑이에게는 감정을 느끼고 감각을 조절하는 필요한 행동임을 알게 되면서 자폐 특성을 비로소 받아들이는 시간이 되었다. 부모놀이치료를 통해 어머니 자신의 감정을 공감해 주고 존중받았던 경험을 소중하게 느끼고 있었다. 그리고 감사를 전해 왔다. 치료자도 이런 변화가 있을 수 있도록 애쓴 사랑이와 어머니에게 감사를 표현했다. 앞으로도 계속 '특별한 놀이'가 이어지길 바라는 마음을 전했고, 어머니는 부모-자녀놀이를 계속하는 것에 대해 의지를 보였다. 부모놀이치료는 마무리되지만 아동의 놀이치료 부모상담 시간에 계속해서 이야기 나눌 수 있다고 전했다.

5. 효과 및 결론

사랑이는 만 3세에 자폐 진단을 받았다. 부모는 사랑이가 자폐 진단을 받고 나서 심리적으로 어려움을 겪었지만 사랑이의 발달에 도움이 되고 싶다며 상담센터에 오게 되었다. 부모놀이치료에서 어머니는 상동행동을 보이면 사랑이를 엄하게 제한했다. 어머니는 사랑이의 기능적인 발달에 초점을 두고 교육적으로 접근했다. 어머니는 놀이를 주도하고 지시적이었다.

부모놀이치료에서 어머니는 사랑이의 놀이에 개입하고 지시했기 때문에 사랑이가 흥미 없는 놀이를 한다는 것을 알게 되었다. 부모-자녀놀이에서 어머니는 상동행동은 나쁜 것이라 여기며 없애려고 강하게 교육했는데, 그 모습이 무섭고 강한 말투를 하며 화난 표정을 하고 있다는 것을 스스로 느끼게 되었다. 부모놀이치료를 하면서 자폐아의 특성인 상동행동은 소거해야 하는 나쁜 게 아니라 아동에게 필요한 행위를 하고 있음을 이해했다. 그리고 자신의 어머니에게 싫었던 모습이 본인에게 나오고 있는 것은 아프게 다가왔지만 자신의 자녀를 위해 바뀌어야 한다며 변화의 의지도 다졌다.

어머니는 사랑이의 놀이를 따라가며 행동과 감정을 반영해 주는 공감하기가 힘들었다. 어머니가 변화하고 싶은 의지에도 불구하고 자기도 모르게 가르치려는 행동이 나왔다. 화가 나 있는 듯한 표정도 쉽게 고칠 수 있는 것이 아니니 혼란스러움도 컸다. 그러나 혼란스러움 속에서도 아이의 놀이를 따라가며 어머니의 감정도 해소된 느낌을 받았고 아이는 놀이 속에서 성장하고 있음을 느꼈다.

부모놀이치료 세션에서 어머니와 사랑이의 긍정적인 상호작용을 증진하기 위한 교육도 중요했지만 동시에 치료자가 부모의 감정을 수용하고 공감하는 것도 중요했다. 한 가정의 부모인 동시에 자신이 자녀로서 느꼈던 경험을 신뢰관계 속에서 개방하고 치료자와 함께 깊이 있게 이해하고 공감하는 과정은 부모에게도 너무 필요한 것이었다. 부모놀이치료에서 부모를 변화하게 하고 자녀에게 긍정적인 영향이 흘러가도록 하는 중요한 과정이 되었다.

어머니는 부모놀이치료를 통해 알게 된 것들을 어렵지만 실천하려고 노력했다. 주도하는 것을 덜 하고, 사랑이의 놀이를 잘 따라가며 공감적 반영을 하자 사랑이도 어머니의 반응에 놀이를 즐겁게 즐기게 되었다. 사랑이가 상호작용을 시도하고 어머니와의 눈맞춤의 빈도가 많아졌다. 어머니와 사랑이의 놀이는 편안한 분위기가 느껴졌다. 부모놀이치료를 통해 부모-자녀 간의 신뢰롭고 안정된 관계를 형성하는 데 도움이 되었고, 어머니의 비지시적이고 공감적인 반응을 통해 부모-자녀 간의 관계의 질은 더욱 향상될 것이라 기대한다.

10. 위축되고 혼자 놀이하는 자녀를 둔 어머니를 위한 부모놀이치료 사례

1. 서론

아동기 또래관계는 사회성 발달에 영향을 주는 중요한 요인으로, 또래들과의 관계에 어려움이 있는 위축된 아동들은 사회적 기술을 발달시킬 수 있는 기회가 제한된다(Hartup, 1996). 사회적으로 위축된 아동은 상호작용에 대한 두려움과 불안을 느껴 스스로를 또래집단으로부터 거리를 두는 경향을 보인다(Gazelle & Rudolph, 2003). 위축되어 보이는 행동과 태도는 발달 시기에 따라 다르게 평가될 수 있다. 영유아기에 어느 정도의 위축되어 보이는 모습은 정상적인 행동 특성으로 여겨지기도 하여 또래 집단의 거부 및 문제행동과는 관련이 적다(Ladd & Burgess, 1999). 그러나 성장하면서 가정에서 어린이집이나 유치원, 학교로 생활 영역이 확대되고 여러 명의 또래와 접촉할 기회가 늘어나기 때문에 위축은 일반적으로 사회적 행동에서 벗어난 부정적인 것으로 인식된다.

따라서 아동의 위축은 부정적인 자아개념과 관련 있으며(Boivin et al., 1995), 위축된 아동들은 또래들에게 다가가서 상호작용을 시도하지 않을 뿐 아니라 친구들의 상호작용 시도에 적극적으로 반응하지 않기 때문에 또래관계에서 소극적으로 보일 수 있다. 또한 위축된 아동들은 상황에 필요한 표현이 적으며 행동 억제적인 성향으로 인하여 낮은 사회적 접근성을 보이므로 또래들에게는 친구 상대로 매력적이지 않을 수 있다(Fordham & Stevenson-Hinde, 1999). 위축은 자신을 적절하게 방어하지 못하는 경향과도 연결되어 또래 괴롭힘의 피해와 거부의 정도를 증가시킬 수 있으며, 소외와 불안 같은 부적응 문제가 생길 수 있게 한다(김수미, 이숙, 2000; Parker & Asher, 1993).

또래관계 외에 아동의 사회적 위축에 영향을 미치는 환경적 요인은 다양하다. 국내외 선행연구에 따르면, 양육행동의 부정적 특성이 아동의 사회적 위축에 영향을 미친다. 그 중에서도 과잉간섭 양육행동은 사회적 위축과 밀접한 관련이 있다(전란영, 김희화, 2016; Coplan et al., 2008; Kiel et al., 2016). 과잉간섭 양육행동이란 자녀의 개인적인 생활에 대해 부모가 지나치게 관여하고 제재를 가하는 것을 의미하는데(허묘연, 2004), 이러한 양육행동은 아동이 스스로 결정하고 자율적으로 행동할 기회를 제한함으로써 아동이 사회적으로 위축되도록 만들 수 있다(Coplan et al., 2008). 또한 과잉간섭 양육행동은 아동이 스스로 새로운 상황을 탐색하는 것을 어렵게 만들며, 대인관계에서의 문제를 자발적으로 해결하는 능력의 발달을 방해할 수 있다(Burgess et al., 2001).

장기간에 걸쳐 아동의 사회적 위축이 어느 정도 완화되지 않으면 부정적 자기개념이 발달할 가능성이 높아진다. 아동의 심리 문제 또는 적응 문제들은 아동의 자아개념과 아동의 경험이 불일치할 때 발생한다. 따라서 심리적 자유나 긍정적 적응은 아동의 경험과 아동의 자기개념이 조화를 이룰 때 존재한다. 그렇지 않으면 악순환적으로 긴장이나 부적응이 일어나고 아동이 기존의 자기개념을 방어하게 만들기 때문에 아동은 이를 위협으로 지각하여 행동이 경직된다. 자기지각에 대한 위협이 없을 때만이 아동은 과거에 자기개념과 불일치하는 것으로 지각한 경험을 수용하고 동화하여 자기개념으로 개선할 수 있다(장미경, 2018).

요약하면, 위축은 부모의 부적절한 양육이나 불안정하거나 부적절한 관계 등에서 기인하는 불안, 낮은 자아존중감과 사회적 기술 부족에 의해 생겨나는 경향이 있다. 또한 위축은 자율성 발달이 충분히 이루어지지 않았음을 의미한다. 자율성은 또래들과 적극적이고 수용적인 모습으로 상호작용을 하며 그 결과로 긍정적인 자아개념 내지 자기개념을 형성하게 한다. 과잉개입으로 위축되어 있는 아동은 자율성을 발달시킬 수 없었던 것이다. 원만하고 건강한 또래관계는 자율성의 긍정적 발달 결과이다. 건강한 사회성은 부모가 아동에게 스스로 결정할 수 있는 자율을 허락하고 그 결과도 책임지게 하는 기회를 줄 때 가능하다. 지지적이고 자율적인 양육 경험은 부모에게도 안심과 신뢰, 그리고 안정감을 갖게 하며 결과적으로 양육효능감을 경험하게 함으로써 긍정적인 관계 순환이 이루어질 수 있게 한다. 부모놀이치료는 바로 부모와 자녀의 놀이 상호작용을 통해 부모에게 아동을 공감하고 지지하며 자율성을 획득할 수 있도록 돕기 때문에 사회적으로 위축감을 느껴 또래관계에 어려움이 있는 아동과 양육효능감에 어려움을 겪는 부모에게 도움이 될 수 있다.

2. 사례 개요

이 부모놀이치료 사례는 5세 여자아이를 양육하고 있는 어머니 사례이다. 어머니는 아동이 4세 되던 해 어린이집 선생님으로부터 아동이 친구들과 잘 어울리지 못한다는 이야기를 들었다. 어머니는 자신이 보기에도 아동이 친구들과 어울리지 못하고 혼자 놀이할 때가 많은 것 같다고 생각했다. 이런 자녀의 모습에서 어머니는 자신의 어린 시절을 떠올렸다. 어머니는 친정어머니가 오랫동안 아팠기 때문에 자신을 표현하고 수용받는 경험이 부족했고 자신의 욕구보다는 상황에 맞춰 순응적으로 살아왔다. 그러다 보니 친구들 사이에서 자기주장을 하는 것이 어려웠으며 점점 자신감도 없어졌다. 자녀도 자신의 어린 시절과 같은 경험이 되풀이되는 것 같아 불안한 마음이 들었지만 자신을 수용받아 본 경험이 부족했기 때문에 자녀를 수용하는 것 역시 어려웠다. 어머니의 불안한 마음은 아동에게 투사되었고 그대로 가다가는 자녀가 잘못될 것 같다는 막연한 걱정과 불안감이 들었다. 어머니는 자신의 불안을 달래기 위한 방법을 몰랐기 때문에 아동의 행동에 일일이 간섭하고 통제했다.

아동의 아버지는 어린 시절 엄격하고 가부장적인 분위기에서 자랐기 때문에 아동이 자신을 드러내지 않고 자신감이 없다는 것에 대해 어머니가 불안해하는 것을 이해하지 못했다. 아버지 역시 어머니의 불안을 공감해 주거나 수용해 주지 못하고 있었다. 아버지는 항상 타인에게 피해를 주면 안 된다는 생각이 있어서 아동의 행동을 많이 제한했다. 이러한 양육방식으로 인해 아동은 자신의 감정을 이해하지 못했고 항상 주눅 들어 있었다. 자신을 신뢰하지 못하고 위축감을 많이 느꼈기 때문에 또래관계에서도 소극적일 수밖에 없었다. 아동은 부모나 친구와 함께 있을 때는 불안을 느끼고 긴장을 많이 하게 돼서 차라리 혼자서 노는 것을 편안하게 느꼈다.

어머니는 이러한 역동을 치료자와 함께 탐색한 후에 아동이 긴장감과 불안감을 해소하면 좋겠다고 했다. 그리고 자신감 있는 모습으로 부모와 친구와도 편안하게 잘 지냈으면 좋겠다고 했다. 이에 치료자가 부모놀이치료를 소개하면서 이 과정을 통해 어머니가 자녀의 정서를 수용하고 공감하는 것을 배우면 아동의 자신감이 증진될 수 있고, 부모와 또래 관계를 잘 맺는 데 도움이 될 수 있을 것이라고 설명하자 어머니는 기대감 가득한 표정으로 동의했다.

3. 부모 성격 역동

어머니는 3녀 중 둘째로 태어났다. 친정어머니의 지병으로 관심과 돌봄을 온전히 받지 못한 채 성장했다. 매사에 조심성이 많아 결정을 해야 하는 상황에서도 쉽게 선택하지 못하고 고민하는 시간이 길었다. 또한 순응적인 성향으로 정해진 규칙과 질서를 따르려 하는 편이었으며 하던 일이 지연되더라도 참고 기다렸다. 이러한 가정환경과 성격으로 어머니는 학창 시절 친구들에게 자신이 원하는 바를 표현하기 어려웠고 관계가 어렵게 느껴질 때가 많았다. 때문에 아동이 어린이집에서 또래와 잘 어울리지 못한다는 이야기를 들었을 때 자신의 어린 시절이 떠올라 더 슬프고 힘들어했으며, 어떻게 해야 할지 몰랐다. 어머니는 자신 스스로도 오랫동안 자신의 마음이 어떤지 모른 채로 성장했기 때문에 아동이 또래와 어울리지 못하는 것을 힘들어할 것이라고 짐작하긴 했지만 왜 어울리지 못하는지에 대한 마음을 알아차리지 못했다.

아버지는 엄격하고 가부장적인 가정환경에서 성장했다. 단조롭고 반복적인 일도 잘 견디며 성실하고 책임감이 강한 편이었다. 아버지는 자신이 성장한 것처럼 가족에게 가부장적인 모습을 보였다. 어머니가 양육에서 어려움을 느끼는 것을 이해하지 못했고 처벌과 지시로 자녀들을 양육했다. 또한 자녀에 대해 자녀의 발달단계에 적합하지 않은 높은 기대수준을 가지고 자녀를 대했다. 때문에 아동은 아버지하고 있으면 항상 긴장을 하고 혼이 날까 봐 무서워하며 거리를 뒀다. 아동은 두렵고 불안했지만 자신의 정서를 표현할 방법을 몰랐고, 아버지 또한 아동에게 자신이 어떤 영향을 미치는지 객관적으로 인식하지 못했다. 부모 모두 어린 시절 정서적인 돌봄이 부족한 채로 성장했기 때문에 자녀의 정서에 관심을 기울이고 자녀를 수용하는 방법을 몰랐던 것이다.

4. 개입과정과 진척상황

가정에서 부모-자녀놀이 영상을 세 번 녹화하였고 부모놀이치료는 총 5세션 진행했다. 첫 세션에서는 부모놀이치료에 대한 기본 교육을 진행하고, 이후 부모-자녀놀이를 가정에서 녹화하기 시작했고, 두 번째 세션부터 부모-자녀놀이 영상을 보며 진행했다.

1세션

첫 번째 세션에서는 부모놀이치료가 무엇인지 앞으로 어떻게 진행해 나갈 것인지에 대한 안내를 하였으며, 어머니가 부모놀이치료에 참여하게 된 계기와 자녀를 키우며 어려운 점에 대해 이야기 나누었다. 어머니는 아동이 또래와 잘 놀았으면 좋겠는데, 어떻게 도와주어야 할지 모르겠다고 했다. 형제들끼리 노는 시간은 많았지만 막상 어머니하고 놀아 본 적은 없었다. 치료자는 어머니가 걱정하고 있는 부분에 대해 공감해 주었다.

그리고 부모-자녀놀이를 위해 가정에서 준비하는 방법, 영상 녹화 등에 대해 안내했다. 어머니는 동생이 있어 따로 녹화할 수 있을지 모르겠다며 걱정을 했다. 치료자는 동생은 아버지와 시간을 보낼 수 있도록 하여 특별한 놀이에 방해가 되지 않도록 환경을 구성하는 방법에 대해 안내했다. 어머니는 자신이 없지만 그래도 해 보겠다고 다짐하며 첫 번째 세션을 마쳤다.

2세션

두 번째 세션에서는 부모-자녀놀이를 해 본 경험에 대해 물으며 시작했다. 처음으로 시도해 본 부모-자녀놀이에서 어머니가 느꼈던 첫 번째 감정은 '어색하고 적응이 안 된다.'는 것이었다. "단둘이서만 무엇을 했던 시간이 거의 없었기 때문에 이런 시간에 대한 부담과 어색함이 크게 느껴졌어요. 30분이라는 시간이 너무나 길게만 느껴져 놀이를 녹화하는 카메라 너머로 시계를 몇 번이나 바라봤는지 모르겠어요. 아이도 20분이 지났을 때쯤 놀이가 어색하게 느껴졌는지 방문 너머에 있는 동생 이름을 불렀어요. 그래서 제가 '동생은 지금 여기 들어올 수가 없고 너하고 엄마만의 특별한 놀이시간이야.'라고 말해 줬어요. 그 말을 듣고 아이가 안기며 '엄마하고 놀이시간이 좋아~' 하고 말했는데 저는 그 순간도 어색하게 느껴졌어요."라고 말했다. 치료자가 어떤 부분이 그렇게 어색하게 느껴졌냐고 묻자 어머니는 동생이 태어나고 두 돌까지는 동생을 돌보느라 놀아 주지 못했고, 이후에는 동생이 커서 둘이 같이 노는 경우가 많았기 때문에 어머니와 아동이 둘이서만 놀이하는 시간이 없었기 때문에 어색한 것 같다고 했다. 치료자는 그럼에도 불구하고 어머니가 자녀와 정해진 시간까지 놀이를 하고 영상을 찍어 온 것에 대해 격려했다.

부모-자녀놀이 영상에서 아동이 가위를 들고 색종이를 오리기 시작했다. 어머니가 아동에게 "이걸 하고 싶었구나~"라고 말하니 아동은 어머니에게 "그걸 하고 싶었구나가 뭐야!"라고 웃으며 말했다. 어머니는 민망한 듯 "낯설었어?" 하고 물으니 아동은 아무 말도 하지 않고 놀잇감에 집중했다. 치료자는 어머니와 부모-자녀놀이 녹화영상을 보며 "이 부분에서 어떻게 느끼셨나요?"라고 물었다. 어머니는 "녹화영상을 보니 아이가 너무 즐거워했네요. 처음에는 어색하게만 느낀다고 생각했는데 제가 그렇게 느껴서 아이도 어색했을 거라고 지레짐작한 것 같아요. 그래서 '그동안 왜 이렇게 못 놀아 줬지?' 생각하고 죄책감도 들었어요."라고 했다. 어머니는 지금까지 자신이 놀아 주지 못해서 그런 것 같다며 자녀에 대해 미안해했다. 치료자는 "아이가 어머니와 노는 것을 이렇게 즐거워하는 것을 보니 미안한 마음이 들었나 봐요~ 아까도 이야기하셨지만 어머니께서 내가 그렇게 느끼니까 아이도 어색해할 것이라고 짐작하셨다고 했는데, 어쩌면 평소에도 '내가 느끼는 감정이나 생각을 아이도 나와 똑같을 거야.'라고 생각할지도 모르겠네요. 그런데 오늘 내 생각과 아이 생각이 다를 수 있다는 걸 발견하신 것 같아요. 아이가 약간 투정하듯이 '그걸 하고 싶었구나가 뭐야!'라고 했는데 어머니가 평소 말투랑 다르게 이야기하니까 어색한 마음이 들었겠지만 표정을 보니 행복해하는 것 같아요. 어머니의 관심과 사랑이 느껴져서 아이가 기뻐하는 마음이 느껴져요."라고 말했다. 어머니는 고개를 끄덕이며 어색하지만 아동이 너무 좋아하니 계속 해 보겠다는 의지를 다지는 모습을 보였다.

3세션

어머니는 최근 아동이 굉장히 고집스럽게 행동하는 것에 대한 힘듦을 이야기했다. 어떤 상황에서 그렇게 느껴졌는지 치료자가 궁금해하자 어머니는 아동에게 학습지를 풀어야 한다고 했는데 아동이 퉁명스러운 말투로 "그만해! 내가 알아서 할게!"라고 했다고 했다. 그러고 나서는 공부를 시작했는데 10분 안에 할 수 있는 분량을 한 문제 풀고 멍하니 있고 한 문제 풀고 화장실을 다녀오며 집중하지 못했다고 했다. 그 모습을 지켜보자니 너무 답답한 마음이 들었고 결국 아동에게 화를 냈다. 그러고는 밤에 잠이 든 아이를 바라보니 후회되고 안쓰러운 마음도 들었고 남편도 학습지 정도 가지고 아이를 왜 그렇게 혼냈냐며 뭐라고 해서 어머니는 더 마음이 좋지 않았다. 치료자는 어머니에게 "아이를 잘 가르치고 싶은데 뜻대로 따라오지 않아서 힘드셨겠어요."라고 하며 어머니의 마음을 공감해 주었다. 그렇지만 아동이 자율성을 가지고 스스로 할 수 있게 분위기를 만드는 것이 중요함을 이야기 나누었다.

이후 치료자와 어머니는 부모-자녀놀이 영상을 함께 봤다. 아동은 플레이도를 가지고 놀이했다. 모양틀로 동그라미를 만들고 그 옆에 눈이 오는 풍경을 만든다고 했다. 아동이 플레이도를 만진 손으로 입과 눈을 만지자 어머니는 황급히 "안 돼! 플레이도 만진 손으로 눈을 만지면 세균이 들어가잖아."라고 이야기했다. 아동은 움츠러들며 어머니를 한 번 쳐다보고는 바로 손을 내렸다. 치료자는 어머니에게 이 장면을 보며 어떤 생각이 드는지 물었다. 어머니는 "정말 답답하고 화가 났어요. 플레이도를 가지고 놀이하던 손으로 눈과 입을 막 만지고…… 그래서 제가 만지지 말라고 했더니 그제서야 안 만졌어요. 그런데 제 눈치를 보는지는 몰랐네요. 영상을 보기 전까지 이렇게 움츠러들었는지도 몰랐어요. 평소에도 (제가) 저랬던 것 같은데……."라고 말했다. 치료자는 아동이 걱정되는 마음이 들면 답답하고 화가 나는 어머니의 마음을 공감하면서 앞서 집에서도 아동에게 답답한 마음을 느꼈던 것과 비슷한 상황인 것 같다고 말했다. 어머니는 자신의 답답한 마음을 알고 있었지만 그 원인이 아동 때문이라고 생각했기 때문에 아동이 자신이 이야기한 부분을 고치거나 바로 행동으로 옮겨야 한다고 생각했다. 어머니는 아동이 위축되지 않고 자신을 잘 표현했으면 좋겠다고 했기 때문에 이러한 관계 패턴을 알아차리고 긍정적인 방식으로 변화할 필요가 있었다. 치료자는 아동과 이 놀이 상황에 공감적 의사소통을 해 보자고 제안했다. 어머니는 "플레이도로 동그라미를 만들고 있네~ 눈이 오나 봐." 하고 말하며 이게 공감하는 것인지 모르겠다고 했다. 치료자는 아동의 행동을 그대로 말해 주시는 것도 공감하는 방법이라며 어머니가 말한 것에 대해 격려해 주었다. 그리고 계속 이렇게 아동의 행동과 표정을 보면서 반응하면 아동이 어떤 기분인지도 자연스럽게 알 수 있을 것이라고 안내했다.

이번 세션에서는 부모-자녀놀이 영상을 통해 어머니가 자신의 행동에 아동이 어떻게 반응했는지 알 수 있는 계기가 되었다. 그러면서 아동의 행동과 마음에 반응하고 공감하는 연습을 했다. 어머니는 스스로 자신의 감정도 잘 알아차리지 못할 때가 많았기 때문에 치료자로부터 충분한 공감과 수용을 받는 경험이 필요했다. 이러한 경험과 어머니와 치료자가 협력하는 관계를 통해 어머니는 효과적인 양육기술을 배울 수 있었다.

4세션

한 주 동안 어떻게 지냈는지에 대해 묻자 "이번 놀이시간은 두통으로 힘들었어요. 전날 부비동염에 머리 앞쪽이 아파서 지치기도 하고 몸살도 있고…… 이번 주는 쉬어 갈까도 했지만 정해진 날짜와 시간에 하는 게 좋다고 해서 놀이를 시작했어요. 그런데 놀이하면서 아이와 실뜨개 놀이를 했는데 아이가 너무 즐거워하고 행복해하는 모습에 저도 미소가 지어졌어요."라고 말했다. 치료자는 어머니가 아픈 상황에서도 자녀와의 약속을 지킨 것에 대해 격려해 주었다. 그러고는 함께 부모-자녀놀이 영상을 보았다. 부모-자녀놀이에서 어머니가 이야기한 것처럼 실뜨개 놀이를 했다. 실뜨개 놀이가 끝나자 아동은 어머니의 얼굴과 머리를 만졌다. 어머니는 아동의 손길을 그대로 받아들이며 서로의 눈을 바라보았다. 아동은 바닥에 누워 깔깔 웃으며 행복해했다. 어머니도 영상 속 아동의 모습을 바라보며 행복한 표정을 지었다.

어머니는 아동이 예전에는 동생을 미워하고 질투할 때가 많았는데 부모놀이치료 이후에 동생을 따뜻하고 다정하게 대하는 변화된 모습에 대해 이야기했다. 치료자는 이러한 변화가 어떻게 일어났다고 생각하는지 물어봤다. 어머니는 "서툴지만 아이의 마음을 알아줘서 그럴까요? 동생이 태어나고 늘 큰 아이처럼 대했거든요. 마음을 알아주려고 했을 뿐인데 이렇게 표현한다는 것이 놀라워요. 그리고 고맙고 미안하고요……." 어머니는 부모가 자녀의 마음을 알아주는 것이 자녀가 변화할 만큼 중요한 요인임을 알아차렸다. 놀이 경험을 통해 어머니는 행복해하는 아동을 보며 그동안은 생각하지 못했던 아동에 대한 여러 가지 감정을 발견했다. 치료자는 이러한 어머니의 변화에 대해 지지하였고, 어머니와 함께 행복하고 뿌듯한 마음을 느꼈다. 이후 부모-자녀놀이 영상에서 어머니는 지나간 시간에 대한 '미안함'과 당일 몸이 좋지 않아 놀이를 하지 않으려고 했던 자신의 마음에 대해 보상을 하려는 듯이 아동이 원하는 것에 적극적으로 반응하고 공감했다. 아동도 자신의 욕구를 표현하였고 어머니는 아동의 욕구에 경청하며 집중했다.

녹화된 영상을 다 보고 어떤 생각이 드는지 묻자 어머니는 아동이 이제까지 자신의 마음을 이야기하지 않았었는데 지난주에는 "왜 동생은 혼나지 않아요?" "나는 왜 동생처럼 안 안아 줘요?" 하고 말했다고 했다. 아이의 진짜 속마음을 들은 것 같았다고 했다. 그러면서 부모-자녀놀이를 통해 아이 마음을 이제라도 조금씩 알아 가게 되어 다행이라고 말했다. '동생처럼 사랑해 주세요!'라는 아동의 마음을 그동안 모른 채로 지나가서 아동은 계속 슬퍼하고 감추고 묻어 놨던 것이다. 아동은 자신에 대한 어머니의 관심이 시작되자 드디어 깊게 숨어 있던 마음속 이야기를 꺼내 놓을 수 있게 된 것이다. 어머니는 이전에도 아동이 동생한테 하는 것처럼 자신에게도 대해 주길 원했던 것 같다고 생각했지만, '언니인데 동생이랑 어떻게 똑같이 해 주라는 거지?' 하고 생각했고, 실제로 아동에게 언니다움을 강요했던 것 같다고 털어놓았다. 이제 어머니는 아동이 말하는 의미와 깊이를 이해하게 되었다.

부모-자녀놀이를 통해 어머니는 세션을 거듭할수록 아동의 정서가 변화하는 것을 발견했고, 어머니와 아동의 관계를 다시 생각해 볼 수 있게 됐다. 어머니의 관점에서 바라보고 판단했던 부분을 아동의 마음이 어떤지 관심을 기울이게 됐다. 어머니의 이해와 관심으로 아동은 위축됐던 마음의 빗장을 풀고 어머니에게 속마음을 이야기할 수 있었다. 어머니와 아동의 이러한 관계가 지속된다면 아동은 또래관계에서도 자신감을 가지고 관계 맺을 수 있을 것이다.

5세션

마지막 세션에서는 지금까지 부모-자녀놀이를 통해 어머니와 아동의 변화에 대해 이야기를 나눴다. 어머니는 아동의 마음과 감정을 반영하는 것이 아직은 완전히 쉽지 않다고 말했다. 평소에도 부모-자녀놀이에서 했던 것처럼 반응해 보려고 했는데 잘 되지 않아 자신에 대해 답답하기도 했다며 민망한 듯 웃었다. 특히 아동이 공부를 건성으로 하는 것이 힘들다고 했는데 그 순간 "이건 겪어 나가야 되는 것 아니겠니……."라고 말했다고 한다. 그런데 말해 놓고 보니 그게 아니라 "공부하느라 힘든가 보구나."라고 공감해 주었어야 했다는 생각이 들어 안쓰럽고 미안한 마음이 들었다. 치료자는 "어머니에게 많은 변화가 있었네요~" 하고 놀란 목소리로 이야기했다. "이전에는 아이의 행동이 답답하게만 느껴졌는데 이제는 아이도 힘들겠다고 생각하면서 아이 마음을 공감하시잖아요~" 하고 말했다. "지금이라도 늦지 않았으니 공감해 주지 못했던 걸 집에 가서 해 주셔도 돼요~" 어머니는 치료자의 이야기에 이내 안심하는 표정을 지었다.

어머니는 할 말이 많은 듯 이야기를 이어 나갔다. "아이가 어제 놀이터에서 친구에게 먼저 다가가서 말을 걸었어요. 그리고 그 친구와 같이 놀이터에서 1시간 정도 놀았어요. 저는 놀이터에서 아이가 놀이하는 것을 지켜보며 기다려 줬어요. 아이가 '엄마 나 집에 가야 돼?'라고 물었는데 제가 더 놀고 싶으면 더 놀고 가도 된다고 했어요. 아이가 '어! 옛날에는 밖에서 많이 놀면 안 된다고 했는데…….'라고 하더라고요. 그래서 제가 '네가 원하면 엄마가 이해하기로 했어~' 하고 말했죠. 그러자 아이가 어느 정도 놀다가 집에 들어갈 시간이 되자 먼저 집으로 가자고 이야기를 하더라고요."라고 말했다.

　　어머니는 아동과 관계가 좋아졌다고 하며 아동도 그걸 느끼는 것 같다고 이야기했다. 그런데 한편으로는 어머니와 아동이 친밀해지자 동생이 질투를 해서 어떻게 하면 좋을지 고민이 된다고 했다. 아동이 아침에 어머니를 보고 안기면서 "엄마 좋아요~" 하고 말했는데 동생이 옆에서 통통 뛰어오르면서 "나도! 나도!" 하며 같이 안아 달라고 했다. 그때 아동이 동생을 손으로 밀어냈는데 그 모습을 보니 이러다 자매 사이가 안 좋아지는 것이 아닐까 걱정이 된다고 했다. 그리고 동생이 지난번에는 아동과 놀이하고 있는 방 문 앞에 와서 문을 두드리며 "나도 놀고 싶어." 하고 말한 적도 있었다. 어머니는 둘 사이에서 어떻게 반응해야 할지 모르겠고 부담을 느끼게 됐다. 치료자는 "어머니와 아이가 친밀해지니까 동생이 그동안 받았던 사랑을 뺏기는 것 같아서 속상한가 봐요~ 둘째의 그러한 마음을 공감해 주는 것이 어떨까요? '언니하고 놀이해서 속상했구나~ 너도 엄마랑 같이 놀고 싶었나 보다!' 하고 마음을 알아주는 거예요. 그리고 시간이 된다면 둘째하고도 특별한 놀이를 해 보세요."라고 말했다. 어머니는 부모-자녀놀이에서 공감적 의사소통 기술을 배웠지만 짧은 세션이기 때문에 일상생활에서 적용하고 익숙해지는 데에는 보다 더 시간이 필요했다. 어머니는 앞으로도 아동과 부모-자녀놀이를 더 해 보겠다고 했고 그 시간이 끝나면 둘째하고도 놀이를 하겠다고 했다. 치료자는 어머니를 격려하고 앞으로도 부모놀이치료에서 배운 내용을 반복해서 연습하고 일상생활에서도 연결해서 생각해 보는 것이 도움이 될 것이라고 격려하며 마무리했다.

5. 효과 및 결론

　　부모-자녀놀이 초기에 어머니는 아동이 또래와 어울리지 못하는 것을 걱정하고 불안해했다. 어머니는 아동의 모습을 보며 슬퍼하고 속상해했지만 정작 아동의 마음을 이해하고 정서적으로 돌봐 주는 것은 어려워했다. 처음 부모-자녀놀이에서 어머니는 아동과 놀이하는 것을 어색해하고 경직되어 있었다. 어머니는 아동의 행동이 이해되지 않으면 치료자에게 자신이 얼마나 답답하고 힘들었는지를 이야기했다. 치료자는 이 과정에서 어머니가 진심으로 공감받고 수용받는 경험을 하는 것이 중요하다고 생각하여 어머니의 마음을 공감해 주고 충분히 이야기를 듣고자 했다. 어머니가 수용받고 공감받은 경험을 바탕으로 자녀를 공감해 줄 수 있도록 아동의 마음을 공감하는 것을 연습했다. 어머니는 부모놀이치료에 진정성을 가지고 참여하고 자신의 마음을 솔직하게 표현했기 때문에 짧은 세션이었지만 변화가 있을 수 있었다. 마지막 부모-자녀놀이 영상에서 아동이 어머니에게 안기고 교감하는 모습이 인상적이었다. 어머니와 아동은 놀이를 편안하게 즐기고 눈을 마주치며 행복하게 웃었다. 아동은 어머니가 자신에 대해 수용해 주려고 하는 마음을 말하지 않아도 알아차렸던 것 같았고, 어머니 역시 아동의 마음을 이해한 것 같았고 서로의 그러한 마음이 통했던 순간처럼 느껴졌다.

　아동은 부모와의 관계에서 위축되고 긴장감을 많이 느꼈기 때문에 또래와도 관계가 어려웠으며, 함께하는 것보다는 혼자서 노는 것을 편하게 느꼈다. 그러나 어머니와 놀이에서 수용받는 경험을 하며 함께 놀이하는 것이 얼마나 즐겁고 행복한 것인지 알았고, 관계에서의 위축과 긴장감이 감소했다. 이러한 변화는 이후 아동은 일상에서까지 변화를 이끌었다. 아동은 점점 더 어머니에게 말을 많이 했고 자신의 속마음까지도 표현했다. 또한 동생과도 함께 놀이하는 시간이 늘어나고 친구들에게도 먼저 다가가며 관계 맺는 것에 대해 적극적으로 행동하게 됐다. 부모-자녀놀이가 끝나고 아동은 초등학교에 입학했고, 어머니가 학교에 등하교를 같이 해 주는 것을 매우 좋아한다고 했다. 어머니는 아동의 마음을 알아주려 최선을 다해 노력하고 있으며, 아동도 학교생활에 적극적으로 참여하고 친구하고 노는 것도 좋아하게 됐다고 한다. 결국 아동의 변화는 부모의 변화와 함께 시작된 것임을 알 수 있었다.

11. 관계의 어려움을 겪는 초등학생 자녀와 통제적이고 강압적인 어머니를 위한 부모놀이치료 사례

1. 서론

부모의 전적인 돌봄 아래 있던 자녀들이 청소년기에 접어들면서 친구나 가족 외의 관계에 더 많은 관심을 갖는 것은 그들의 건강한 성장과 발달의 자연스러운 과정이다. 이를 통해 청소년들은 자아를 확립하고 독립적인 존재로서의 발걸음을 더 내딛게 된다.

인간은 타인과 상호작용하며 사회적 관계를 형성하고 유지하려는 욕구를 가지고 있으며, 타인과 어떤 관계를 맺느냐에 따라 저마다 다른 발달경험을 한다(Sullivan, 2013). Sullivan은 인간 발달을 6단계로 나눴으며, 11~12세는 전 청소년기에 해당한다. 이 시기는 사춘기와 비슷한 신체적·심리적 발달을 겪지만, 여전히 아동기에 머무르는 과도기적 시기이다. 이 시기의 아동들은 많은 친구보다 단짝 친구와의 친밀감과 애정을 중시하고, 또래와의 특별한 관계를 통해 심리적 어려움이나 고민, 비밀을 나누기 원한다. 이러한 욕구가 충족되지 않으면 사회적 고립, 고독감, 친구 사귀기에 대한 불안이 생길 수 있다.

보호자와 신뢰가 바탕이 된 긍정적인 관계를 경험한 아동은 자기조절 능력이 뛰어나고, 이는 곧 긍정적인 또래관계 형성으로 이어진다(Howes & Aikins, 2002). 부모와의 개방적 의사소통은 자녀의 감정 정화와 정신건강에 도움을 주며, 자녀는 자기 자신을 긍정적으로 평가하게 한다. 그러나 부모가 자녀와 통제적이고 역기능적인 의사소통을 할 경우,

자녀는 타인과의 관계에서도 소통에 어려움을 겪고 친밀한 관계를 형성하거나 유지하기 어렵다(Cripps & Zyromski, 2009). 부모-자녀 간의 긍정적인 의사소통이 자녀의 또래관계 유능성을 높이고, 심리적 안녕감을 촉진하기 때문이다. 생애 초기에 자녀가 경험한 부모와의 상호작용은 이후 다른 사람들과의 관계 형성에 중요한 역할을 하며, 이는 학교생활 적응에도 큰 영향을 미친다(Bronfenbrenner & Mahoney, 1975).

2. 사례 개요

나래는 초등학교 6학년 여자아이로 어느 날 학교에 다녀온 뒤 발작하는 것처럼 울어 치료자를 만나게 되었다. 그날 어머니는 나래에게 왜 그러는지 물었지만 나래는 어머니에게 이유를 말하지 않았다. 어머니는 주말이 지나면 상황이 개선될 것으로 생각했으나, 오히려 등교를 거부하고 울음을 멈추지 않았다. 어머니는 자신에게 말하지 못하는 것이 있으면 다른 사람에게라도 속 이야기를 했으면 하는 마음으로 상담을 받기로 했다.

나래는 눈맞춤에는 어려움이 없었으나 고개를 숙이고 있었고 목소리는 매우 작았으며 상담시간 내내 눈물을 흘렸다. 윗입술을 빠는 행동이 눈에 띄었고, 윗입술이 빨갛게 부어오를 정도로 강하고 반복적이었다. 치료자에게는 그 모습이 마치 아기가 젖을 빠는 구강기적 행동처럼 느껴졌고, 길을 잃고 불안해하는 작은 새가 연상됐다.

입술을 빠는 행동 외에 왼쪽 두 번째 손가락을 계속 긁는 행동을 보였는데, 외국에서 영어유치원을 다닐 때 외국 친구로부터 "너 싫어. 몽키 같아. 넌 너무 느려."라며 놀림을 받았다. 이때부터 나래가 교실 밖으로 뛰쳐나갔고, 손가락을 긁는 행동이 처음 시작됐다.

나래의 부모는 결혼 후 초반에는 자녀를 갖지 않고 자유로운 삶을 즐겼다. 그러나 외할머니의 권유로 나래를 임신했다. 나래는 출생 후 음식을 거부하고 잠을 제대로 자지 못했다. 어머니는 음식을 먹이기 위해 노력했지만 나래는 거부했고, 그때마다 어머니는 분노를 느끼며 소리를 질렀다. 이러한 상황이 반복되자 나래는 예민해지고 우는 일이 더 많아졌다. 어머니는 나래와의 관계를 끊고 싶을 정도로 나래로 인해 상처받는 게 싫었다.

나래는 성장과정에서 어린이집, 놀이학교, 영어유치원, 해외 유치원, 전학, 어학연수 등 잦은 환경의 변화가 있었다. 교육열이 높은 어머니가 나래에게 좋은 교육 기회와 다양한 경험을 제공하고 싶은 의도였으나 나래의 마음이나 적응 수준을 고려하지 못하고 내린 결정들이었다. 이러한 교육 환경의 변화는 나래에게 안정감을 주지 못하고 불안을 초래했다. 친구를 사귀고 유지하는 데 어려움을 겪었고 친구들과의 관계가 단절되었다. 여러 번의 전학으로 인한 교사, 또래, 학급 분위기, 규칙 등 낯선 환경은 아동·청소년들의 적응 스트레스를 증가시킨다(Ward et al., 2001). 이는 우울, 불안과 같은 정서적 문제를 야기하고(Dauvan & Adelson, 1996; Nelson et al., 1996; Walling, 1990), 학교생활 부적응으로까지 영향을 주게 된다.

나래는 상담자와의 첫 만남에서 적응의 어려움을 이야기했다. 5학년에 해외에서의 6개월 연수를 시작했을 때 낯선 환경에 적응하는 게 어려웠고, 한국에 돌아와서도 친구를 사귀는 것이 쉽지 않았다고 했다. 이러한 변화는 나래에게 새로운 환경에 적응해야 하는 스트레스가 반복되면서 심리적으로 압박감으로 느껴졌다.

그러나 나래는 새롭고 낯선 자극에 호기심을 보이고 자기의 생각이나 감정을 창조적으로 표현할 수 있는 자원을 가지고 있었으며, 전반적인 발달이 양호하였고 지적 능력이 우수했다.

3. 부모 성격 역동

나래의 어머니는 계획적이고 사고적이며 성실한 사람으로, 지금껏 자기의 삶에서나 속한 집단에서 큰 무리 없이 살아왔다. 외적으로는 따뜻하고 협조적이고 순종적이었다. 동시에 의존적이고 타인에 대한 이해와 공감이 부족하며 주변 사람들에게 다소 무관심하고 냉담한 모습을 보였다. 특히 나래에게 더 냉소적인 모습으로 대하며 통제적이고 강압적이었다. 나래의 행동이나 감정, 사고에 예민하고 부정적으로 지각해 염려하고 불안해하는 경향이 크며 지나치게 과보호적이었다. 어머니는 나래가 부모의 말대로 자라주기를 기대했다. 그러나 나래를 있는 그대로 믿어 주는 게 아니라 어머니의 조급한 성향으로 인해 나래가 목표에 도달하지 못했을 경우 분노나 적개심의 감정을 자주 표출하는 방식을 보였다. "아이가 시키는 대로 키우기 편하게 자라 주길 바랐는데…… 그래야 내가 편한데…… 왜 말을 안 듣고 나를 힘들게 하는지……." 상담 시 어머니는 답답하고 화나며 원망스러운 감정에 울음을 터뜨리기도 했다.

어머니의 아버지, 즉 나래의 외조부는 책임감 강하고 이성적이며 최연소 대기업 임원이 될 만큼 철저한 자기관리로 유명했다. 나래의 외조모는 희생적인 성품으로 상대방의 요구를 예측해 미리 앞서서 준비하고 도와주는 일에 탁월했다. 이런 가정환경 속에서 나래의 어머니는 단순하게 공부에만 집중했고, 학교와 집, 학원 외에 다른 일상은 경험해 보지 못했다. 나래의 어머니는 부모님이 원하시는 대로 순응했고 본인은 그것을 당연하다고 여겼다. 또한 나래의 어머니는 삼풍백화점이 붕괴되던 날 백화점 지하에서 쇼핑하다가 대피방송을 듣고 탈출한 적이 있었다. 이 사건 이후로 외조모는 이전보다 더 딸을 과보호했고, 나래의 어머니 또한 안전에 대한 불안감이 높아져 나래를 더욱 통제하고 과보호하게 됐다.

반면, 나래의 아버지는 다정다감하며 따뜻한 마음을 지녔다. 타인에게 관대하고 우호적이며 자신과 다른 가치관을 가진 사람도 있는 그대로 수용하려고 노력했다. 그러나 다른 사람을 이해하려는 마음대로 대인관계에서 순종적이고 자기주장이 부족한 모습으로 나타나기도 했다. 나래를 대할 때는 높은 목표나 구체적인 규칙을 세우지 않았고, 나래에 대한 애정이 크다 보니 허용적인 태도의 폭이 넓었다. 이런 특징들은 긍정적 측면에서 나래에게 편안함을 주고 의지할 수 있는 든든한 대상이 될 수 있다. 그러나 이렇게 적절한 훈육이나 제한이 없는 아버지의 양육방식은 자녀의 성취동기를 부족하게 하고, 과제를 완성하는 집중력을 낮게 만들며, 문제해결을 위한 노력을 반감시킬 가능성이 높다. 아버지는 아침마다 나래에게 "오늘 괜찮니? 과외나 학원에 갈 수 있겠니?"라고 자주 물어봤는데, 아버지의 이런 질문은 나래의 불안을 더 증폭시키거나, 바람직하지 않은 행동 또는 태도를 강화하고 책임감을 약하게 만들었다.

부모의 일관되지 않은 양육태도는 자녀에게 혼란을 줄 수 있다. 통제적인 어머니와 허용적인 아버지 사이에서 어떤 행동이 허용되고 어떤 행동이 금지되는지 명확히 알기 어렵다. 또한 일관되지 않은 규칙 설정은 나래가 규칙과 경계를 이해하는 데 어려움을 겪게 하고, 이는 불안정한 환경을 조성해 나래의 정서적 안정감에 부정적인 영향을 미칠 수 있다. 나래의 부모는 자녀의 양육에 관한 의견을 나누고, 일관된 양육태도를 유지하고 협력해 자녀에게 안정적이고 지지적인 환경을 제공하는 것이 필요했다.

4. 개입과정과 진척 상황

나래는 먼저 모래놀이치료를 통해 정서적 안정감을 찾았고, 모래놀이치료 10세션 이후부터 부모놀이치료를 병행했다. 어머니에게 부모놀이치료 교육이 나래의 또래관계 어려움을 해소하고, 부모-자녀 간 긍정적인 상호작용을 형성하며, 바람직한 양육태도를 배우는 데 도움이 될 것임을 안내하고 제안했다. 교육과 행동 변화를 중시하는 어머니는 이 심리교육적 접근을 기꺼이 받아들였다. 부모-자녀놀이 영상을 8회 녹화하였고, 어머니와 함께 영상을 보며 피드백을 주고받는 시간을 포함하여 총 10세션의 부모놀이치료를 진행했다.

1세션

첫 세션에서 나래 어머니는 "저는 지금까지 아무 걱정 없이 잘 살았어요. 제 삶은 안정적이었어요. 그런데 저 아이 때문에 내 삶이 무너졌어요. 전 저 애가 하나도 이해가 안 가요. 친구랑 사이가 안 좋아지고 선생님께 실망했다는 말을 들은 게 이렇게도 힘든 일인가요? 별것도 아닌 걸로 저를 힘들게 해요. 엄마들끼리도 친구이고 아이들끼리도 친구라서 한 달 전에 함께 스파에 갔는데 나래가 탈의를 거부했어요. 억지로 옷을 벗겨서 탕 안으로 들어갔는데 목욕탕 바닥에 나래가 쓰러졌어요. 그때 저는 나래에게 '왜 더러운 데 앉아 있니?'라고 했어요. 저는 나래가 거짓으로 연기하는 줄 알았거든요. 그런데 진짜로 정신을 잃었던 거고 정신이 돌아왔을 때는 앞이 안 보인다고 했어요."라고 호소했다.

어머니는 자녀로 인해 느끼는 혼란과 절망감을 치료자에게 이해받고 나서, 나래의 행동을 거짓으로 오해한 후 미안했던 마음을 위로받았다. 또한 자녀가 위험에 처한 상황에서는 안전과 보호를 제공하는 것이 우선이며, 자녀가 거짓된 행동을 할 때는 그 행동의 동기와 마음을 먼저 이해해야 한다는 안내를 받았다.

첫 세션은 부모놀이치료의 기본 원칙 및 목적, 주의 사항, 필요한 놀잇감 및 시간과 장소, 놀이과정 전반에 걸쳐 소개하고 부모놀이치료를 통해 이루고 싶은 나래와 어머니의 목표를 정했다.

2세션

두 번째 세션에 가져온 첫 부모-자녀놀이 영상에서 시작은 어머니가 나래에게 놀이를 선택하도록 한 것이었고, 나래는 '젠가'를 선택했다. 그런데 나래가 통에서 블록 꺼내는 방식이 마음에 안 드는지 어머니의 표정이 싸늘해지면서 놀이를 시작한 지 10초 만에 젠가 통을 가져가 어머니가 직접 꺼내 바로 탑을 쌓았고 놀이 시작도 어머니가 먼저 진행했다. 나무 블록으로 탑을 만들고, 그 탑에서 블록을 뽑아내 위로 올리는 행동이 반복되었다.

모녀 사이에 눈맞춤도, 대화도 거의 없었다. 어머니는 가끔 나래가 틀리게 했거나 탑이 비뚤어진 걸 알려 줬는데 그럴 때마다 나래가 위축되고 몸과 표정이 굳어졌다. 탑을 쓰러뜨리지 않으려고 집중하는 두 사람 사이에 긴장감이 맴돌았다. 탑이 쓰러지자 두 사람이 비로소 깔깔대며 웃는 모습이 나타났다. 이때부터 두 사람 간 긴장이 약간은 풀어지며 나래가 성공할 때면 "오~~!" 하면서 어머니가 소리를 냈다.

나래가 한 가지 놀이만 해야 하냐고 질문했을 때 어머니는 교육에서 배운 대로 "네가 원하는 건 할 수 있어."라며 나래에게 주도권을 주었다. 나래는 '할리갈리'를 선택했고, 할리갈리를 할 때 행동이 적극적이고 빨라졌으며 목소리도 커졌다. 두 사람 사이가 한결 여유롭고 가벼워 보였으며 크게 웃기도 했다. 나래가 카드를 섞을 때 자꾸 떨어뜨리고 부자연스러웠지만 어머니는 끝까지 재촉하지 않고 기다려 주는 모습을 보였다. 어머니는 놀이 초반의 어색하고 긴장된 분위기와는 달리, 놀이가 진행됨에 따라 즐거움을 느끼며 활발하게 참여했다. 감탄사를 통해 놀이의 흥미를 돋구고, 자녀의 행동에 적극적으로 반응했다. 어머니는 지난주에 배웠던 부모놀이치료 훈련 내용을 기억하고 부모-자녀 놀이에 잘 적용했다.

3세션

두 번째 부모-자녀놀이 영상에서 나래가 '할리갈리'를 선택했을 때 어머니가 바로 게임 상자를 가져다가 뚜껑을 열었고 다시 나래가 어머니의 손에서 상자를 가져가 내용물을 꺼냈다. 게임이 진행되는 동안 나래와 어머니는 종의 위치를 계속 바꿨고, 종을 내려치는 힘의 강도가 두 사람 모두 강했으며, 필사적으로 이기려고 했다. 겉으로 보기에는 즐겁고 유쾌해 보였지만 손의 무의식적인 움직임은 경쟁적, 힘겨루기, 쟁탈하기 등이 느껴졌다.

나래가 게임에서 이길 때 어머니는 나래에게 "사기야, 사기. 어이가 없네."라는 말을 비웃으면서 했는데, 이 말은 평소에도 어머니가 나래에게 자주 하는 말이라고 했다. 나래가 규칙에 맞는 방법으로 게임을 해도 어머니 얼굴에는 나래가 뭔가 숨기고 있을 것이라는 의심의 표정이 나타났다. 나래는 어머니가 게임에서 이겼을 때 윗니로 아랫입술을 꽉 깨물었다.

부모-자녀놀이 영상을 보며 할리갈리 게임에서 사용된 스테인리스 종이 차갑고 냉정한 젖가슴 모양으로 보였다. 이 종은 게임에서 승리하기 위해 경쟁하고, 때로는 상대를 제압하기 위해 사용되었다. 종은 게임의 긴장감을 증폭시켰고 모녀 사이의 갈등과 경쟁을 더욱 부각시켰다. 아동들의 심리치료에 놀이를 최초로 도입했던 Melanie Klein의 '나쁜 엄마의 젖가슴'이라는 비유가 있다. 이는 어떤 상황에서는 냉정하고 무자비한 힘을 상징하는 것으로 해석될 수 있는데, 이 종이 마치 어머니의 강력한 힘이나 권위를 상징하는 것 같았고, 게임의 분위기를 더욱 긴장되고 경합적으로 만드는 상징적인 요소로 보였다.

어머니는 치료자로부터 적절한 정도의 경쟁은 더 나은 결과를 성취할 수 있는 자극이 되기도 하지만, 자녀가 제안한 게임에서 승리하기 위해 몰두하다 보면 자녀의 감정 상태를 알 수 없다는 안내를 받았다. 또한 지나친 경쟁심은 경쟁에 승리하지 못했을 때 좌절감과 열등감을 일으킬 수 있으며, 부모가 적절한 경쟁심을 유지할 때 자녀와의 관계도 건강하게 변화할 수 있음을 알게 되었다.

부모-자녀놀이 영상을 본 후 '하라'/'하지 말라' 규칙에 대해 나누었고, 다음 부모-자녀놀이에서는 이 규칙을 적용하여 진행할 것을 요청했다.

4세션

어머니는 나래에 대해 화가 많이 나 있었다. 지난주 나래가 숙제도 하지 않고 과외도 취소했기 때문이었다. 어머니가 과외선생님께 나래가 과제를 잘하고 있는지 확인하기 위해 질문했을 때 과외선생님은 과제 네 문제 중 네 문제 모두 맞혔다고 했다. 그런데 어머니는 나래가 답안지를 보고 베껴 놓고 거짓말을 한 거라고 확신했다. 그래서 기가 막히고 화가 나서 정해진 놀이시간에 놀이할 수 없었다고 했다.

"나래가 하는 행동이나 말이 왜 거짓이고 사기라고 생각하시나요?" 치료자의 질문에 어머니는 자신의 여동생을 떠올렸다. 나래의 어머니는 어린 시절에 순종적이고 모범적인 아이였으며, 친정어머니의 기대에 부응하기 위해 최선을 다했다. 그러나 성적은 만족스럽지 못했다. 반면에 동생은 자유로운 사고와 행동을 보였고, 공부나 정리를 소홀히 하는 편이었지만 다양한 분야에서 재능을 발휘해 상을 많이 받았다. 나래의 어머니는 동생이 좋은 성적이 나오는 것은 속임수나 가짜라고 생각했다. 어머니는 어릴 때부터 동생과의 경쟁적인 구도에서 자라면서 자기 여동생은 타고난 재능으로 인해 최선을 다하지 않고 쉽게 얻어 간다고 생각했다. 이로써 불만과 분노, 질투의 부정적 감정들이 나타나고 있었으며, 상대를 거짓이나 사기 캐릭터로 몰고 가면서 여동생과 비슷한 특성을 가졌다고 느껴지는 딸에게 여동생을 투사했다. 어머니는 여동생 이야기를 하는 긴 시간 동안 목소리 톤이 높고 날카로웠으며 검지로 손가락질하며 비난하는 모습을 보였다.

어머니는 치료자에게 자신의 감정을 솔직하게 표현하면서 경청과 공감을 받았다. 오래된 묵은 감정과 사고가 현재 자신에게 어떤 영향을 미치고 있는지를 인식하는 중요한 시간이었다. 어머니는 자신을 객관적으로 살펴보아야 했고, 자신의 개인적인 가치를 인정하는 것이 나래를 이해하고 존중하며 사랑하는 것임을 이해해야 했다.

어머니는 공감하는 일을 어려워했는데, 공감이 솔직하지 못한 위선이나 포장처럼 느껴진다고 했다. 치료자는 먼저 어머니의 그 부분을 공감해 드린 후, 나래를 위한 배려를 당부했다. 지금 당장 나래의 감정이나 의도를 다 이해하는 건 어렵겠지만, 억지로라도 공감을 하려고 노력하다 보면 나래를 오해하고 부적절한 반응을 성급하게 내놓는 것을 막을 수 있다고 안내했다.

어머니는 전날 과외 선생님으로부터 나래가 과제는 다했으나 오답이 많았다는 얘기를 들었는데 어머니에게 오답이 많은 것은 중요하지 않았다. 나래가 성실하게 과제를 다 한 것에 화가 풀리고 기분이 좋아져 어젯밤에는 부모-자녀놀이 시간을 가졌다고 했다.

어머니는 정해진 부모-자녀놀이 시간에 나래에게 화가 나서 지키지 못했지만, 뒤늦게라도 부모-자녀놀이 시간을 갖고 성실하게 참여한 것에 대해 치료자로부터 격려를 받았다. 대신 어머니의 감정으로 인해 부모-자녀놀이 시간을 변경하거나 취소하지 않아야 하며 '상벌'로 사용하지 않도록 요청했다.

5세션

다섯 번째 세션에서 함께 본 부모-자녀놀이 영상에서 나래는 '젠가'를 선택한 후 원통에 담긴 토막들을 꺼냈다. 그런데 나래의 손놀림이 평소와는 달리 마치 서너 살 아이 같았다. 이를 본 어머니는 순간적으로 불만스러운 표정을 지었지만 다행히 곧바로 표정을 바꾸고 나래의 행동을 지켜봤다. 어머니는 놀이 초반처럼 앞서서 해결하지 않는 변화된 모습을 보였다.

나래는 놀이를 위해 토막을 3개씩 모아 어머니 앞에 시종처럼 공손히 가져다 놓았고, 어머니는 나래가 건네준 토막으로 탑을 쌓았다. 두 사람 사이에 긴장감이 흘렀다. 놀이를 통한 상호작용보다는 탑을 쌓는 행동에만 집중하는 것처럼 보였다. 탑을 높이 쌓았을 때 두 사람 간의 거리가 가까워졌다. 눈을 맞추기도 하고 협력해서 목표를 이루려 노력하는 모습이 보였다. 두 사람이 함께 공동 작업을 하니 얼굴 근육도 풀어지고 심리적 거리가 가까워지는 느낌이었다. 놀이를 시작할 때 보였던 나래 손의 미숙함과 부자연스러움이 사라졌다. 나래는 매우 섬세하고 균형감이 뛰어났으며 전략적이었다.

네 번째 젠가 게임에서 나래는 게임에 흥미를 잃고 이기려고 노력하지 않았다. 그러나 어머니는 탑이 쓰러지려 할 때마다 잡고 다시 세우며 게임을 이어 갔다. 나래는 탑을 쓰러뜨리고 싶어 했지만 어머니가 계속 막았고, 어머니는 나래의 마음을 이해하지 못했다. 이것이 일상생활에서의 두 사람의 관계를 보여 주는 듯했다. 놀이치료는 갈등적인 감정에 접근하는 방법으로써, 문제의 갈등적 감정을 재연해 '놀이해 내는' 아동들의 타고난 성향을 활용한다(장미경, 2018). 어머니는 당위적인 행동 요구만 했을 뿐 나래의 감정이나 욕구를 이해하지 못하고 있었다.

아동들은 때때로 자기가 높이 쌓은 탑을 허물어뜨리며 자기의 행동이 초래하는 결과를 경험하며 통제력과 자신감을 키운다. 탑이 무너질 때의 시원한 해방감은 아동들에게 즐거움을 줄 수 있다. 자신들이 만든 것을 자유롭게 파괴하는 건 창의성을 발휘하고 새로운 걸 시도할 용기를 갖게 하며, 실패에 대한 두려움을 깨고 새로운 시도에 열려 있는 마음가짐을 키운다.

부모-자녀놀이 영상을 본 후 치료자는 어머니에게 자율성과 주도성을 발달시키기 위해 나래가 직접 탑을 쌓으며 놀이할 수 있도록 도와줄 것을 요청했다. 게임을 하는 동안 어머니가 아동의 행동을 읽어 주거나 감정 반응이 없어 다시 한 번 부모놀이치료 규칙에 대해 연습했고, 공감적 의사소통에 대해 나누었다.

치료자는 나래가 매번 젠가를 선택하는 것에 궁금증이 생겨 스스로 질문하고 탐색해 보았다. 나래는 실패와 재시도를 경험하는 과정을 통해 자기의 능력에 대한 불안감을 극복하고 성공적 경험을 쌓고 있는 것일까? 어머니와의 관계에서 안전성과 불안정성을 함께 경험하며, 이러한 감정을 놀이로 표현하고 있는 것일까? 어떤 것이든 나래는 놀이를 통해 나래에게 필요한 발달과업을 이루고 있는 것이었다.

6세션

여섯 번째 세션에서 본 부모-자녀놀이 영상은 나래가 엄마와의 놀이를 기대하면서 얼굴에 미소가 가득한 모습으로 시작되었다. 나래가 젠가를 선택하고 36층까지 쌓고 싶다고 했다. 나래가 나무 블록을 3개씩 모아 어머니 앞에 갖다 놓았으나 어머니는 탑을 쌓지 않았다. 그러자 나래의 목소리가 커지며 왜 안 하냐고 따졌다. 어머니는 지난주 부모 놀이치료 시간에 배운 대로 부드럽게 말했다. "네가 할 수 있어~" 그러자 나래는 "그래 도 도와주긴 해야지. 나 혼자 힘들잖아." "그럼 엄마가 나무토막을 모아 줄 테니 네가 탑 을 쌓아."라고 말했다.

나래의 행동은 유아처럼 어린 행동이었지만 떼 부리고 어머니에게 화를 내기도 하는 모습이 오히려 지난주 다소곳이 시종처럼 행동하는 것보다 자연스럽고 아이다워 보였 다. 탑을 높이 쌓았다가 무너진 후 중간 정도의 높이가 그대로 남아 있자 다시 게임을 시 작하는 것 같았다. 그런데 나래가 탑을 무너뜨리며 "뭐 어때." 하며 어머니에게 약간은 도전적인 표정을 지어 보였다. 나래의 목소리 톤, 표정, 행동이 많이 달라졌으나 어머니 는 감정 반응이나 행동 읽어 주기가 전혀 없었고 말없이 탑만 쌓았다.

이때 치료자로서 무력감이 느껴졌다. 과연 어머니는 이 훈련에서 진전을 보일까? 부 모놀이치료를 통해 어머니에게 긍정적 효과가 나타날지 의문이 들었고 의욕이 떨어지는 순간, 어머니가 나래와의 놀이에 집중하고 반응하는 모습을 보이기 시작했다. 어머니와 나래는 즐겁게 웃으며 서로 눈을 마주 보았고, 나래가 어머니에게 "아~앙" 하며 애교를 부리기도 했다.

부모놀이치료의 중심은 나래와 어머니에게 있고 스스로 긍정적인 변화를 일으킬 수 있는 힘을 갖고 있다는 것을 치료자는 잠시 잊고 있었다. 그리고 무조건적인 수용과 공 감적 이해가 바탕이 되어야 하는데 판단하고 부정적 시각으로 어머니를 대했던 모습에 반성과 깨달음이 있었다.

7세션

일곱 번째 부모-자녀놀이 영상에서 나래가 '젠가'를 선택하고 혼자 탑을 쌓았다. 그리 고 누가 먼저랄 것도 없이 나래와 어머니는 서로 눈을 맞추며 눈빛을 교환했다. 그 모습 은 영아기 때 엄마가 아기를 바라보며 눈으로 '그랬어~엉. 으~웅' 하며 얼러 주는 듯한 친밀감이 느껴졌다. 엄마의 눈빛 속에는 사랑과 보살핌이 담겨 있었고, 나래의 눈빛 속 에는 그 사랑을 받아들이는 기쁨과 믿음이 있었다. 짧은 눈맞춤이었지만 엄마와 나래의 관계를 더욱 단단하게 만드는 순간이었다.

나래는 탑을 다 쌓은 뒤 두 손으로 턱을 괴고 미소를 지으며 엄마를 바라봤다. 어머니 가 먼저 게임을 시작했는데, 치료자에게 '주도권을 나래에게 주었으면 좋았을 걸~' 하는 약간의 아쉬움이 남았다. 층이 높아지며 탑이 흔들리고 쓰러질 것 같이 위태했는데 나래가 중심을 잘 잡았다. 이후 양팔을 뻗어 테이블 위에 올리고 몸을 뒤로 젖히며 자신 있고 여유로워 보이는 자세를 취하고 손가락과 고개를 까딱까딱거렸다. 나래는 엄마와의 놀이 자체를 즐겼다. 어머니도 온화한 미소를 지으며 자신의 양손으로 나래의 손을 가볍게 터치했다. 어머니가 젠가 게임에서 졌고 탑이 중간 정도 남아 있을 때 나래가 스스로 손으로 쳐서 무너뜨렸다. 나래의 행동에 대해 어머니의 간섭이 많이 줄어들었고 묵묵히 기다려 주는 모습이 늘어났다.

나래는 처음으로 '우노게임'을 선택했다. 게임하는 도중 말은 거의 없었고 행동 읽어 주기나 감정 반응도 없었으나 두 사람이 눈을 마주치고 어머니가 눈썹을 찡긋찡긋 올리며 미소 짓는 모습이 따뜻해 보였다. 우노는 어머니가 처음 하는 게임이라 나래가 가르쳐 줬는데, 이전 게임보다 좀 더 웃는 상황이 많이 생겼고 두 사람의 관계가 자연스러워졌다. 나래는 고개를 좌우로 흔들거리며 상황을 즐기고 있었다.

"나래는 카드에 강한 것 같아!" 어머니의 칭찬은 '하지 말라'의 법칙에 맞지는 않았지만 긍정적 반응이나 칭찬이 약한 어머니에게서 나래에게 좋은 이야기를 해 준 건 처음이라, 이 또한 긍정적 변화로 느껴졌다. 어머니가 게임을 빨리 습득하는 모습을 보이자, 나래는 아랫입술을 깨물고 위축되고 긴장되는 듯 자세가 움츠러들었다. 어머니가 장난스럽게 입술을 내밀자, 나래도 같은 모습으로 입술을 내밀며 미러링하고 크게 웃었다. 나래가 이겼을 때 어머니는 나래에게 "이겨서 신나지?" 했는데 처음으로 나타난 감정 반응이었다.

어머니는 할리갈리를 할 때 "아싸, 내가 바나나 가져왔당." 하니 나래는 "아~앙!" 하며 애교를 부렸고 놀이를 즐기며 둘이 장난치는 모습이 유쾌하고 가벼워 보였다. 나래가 게임이 안 될 땐 "으이 씨."라고 하거나 트릭을 쓸 때도 엄마는 장난스럽게 넘어가기도 하며 여유 있는 모습을 보였다. 또한 어머니는 영상을 보면서 자신의 행동의 의미를 인식했다. "행동을 추적하려고 했는데 잘 안 돼요. 제 말투가 수용적이기보다는 비난적이네요."

치료자는 어머니와 함께 마음에서 떠오르는 대로, 손이 가는 대로, 마음이 가는 대로 하는 자유놀이시간을 가졌다. 처음엔 어머니가 놀잇감을 가져와 놀이하면 치료자가 행동 읽어 주기와 감정 공감하기를 했다. 어머니는 놀이하며 어린아이처럼 깔깔 웃고 자유롭고 행복한 모습을 보였다. 그리고 역할을 바꿔 치료자가 놀이할 때 어머니에게 반응해 달라고 요청했는데 어머니는 마치 얼어붙은 듯 말을 더듬고 어려워했다.

어머니는 치료자와의 놀이경험을 통해 자신의 어머니와 놀이를 한 기억이 없음을 떠올리며 얼굴이 잠시 어두워졌으나 바로 생글생글 웃었다. "엄마는 내가 필요한 거, 하고 싶은 거, 느낄 새도, 요구할 새도 없이 뭐든 알아서 다 해 주신 분이에요."라며 친정어머니에 대한 부정적 감정을 이상화로 전환했다. 치료자와 있을 때 어머니는 자유롭고 유머 있고 따뜻하고 배려가 있는 사람이다. 그러나 나래 앞에서는 가르치고 엄격하고 냉정한 교육자, 판사, 신의 모습으로 있을 때가 많았다.

어머니는 부모-자녀놀이 영상을 보며, 교육받은 내용을 제대로 실천하지 못하고 있음을 깨달았다. 또한 말투가 비난적이고 자녀를 수용하는 데 부족함이 있으며, 자녀의 행동을 제대로 이해하지 못하고 있다는 점도 인식했다. 치료자는 어머니의 이러한 자각이 부모로서 성장하고 변화하고 있으며 이런 자각을 바탕으로 더욱 발전할 수 있음을 격려하고 응원했다.

8세션

여덟 번째 세션에 함께 본 부모-자녀놀이 영상에서 조금씩 긍정적인 변화를 보여 주던 어머니가 다시 나래를 향해 냉소적이고 경쟁적이며 의심하는 눈초리를 보였다. 나래는 카드를 섞을 때 자신이 좋아하는 카드를 맨 밑에 두고, 그 카드를 움직이지 않고 다른 카드들만 섞는 손 속임을 사용했다. 그러나 두 번째 게임에서는 이 방법을 사용하지 않았음에도 불구하고 +4 카드(공격카드)가 계속해서 나와 어머니를 의심하게 했다. 어머니는 비아냥거리며 의심의 눈초리로 나래를 바라보다가 카드를 골고루 섞으라고 했다. 나래는 계속 카드만 만지작거렸는데 마치 영화 속 타짜들처럼 감시하는 느낌이 들었다. 나래가 신경질적으로 카드를 모으고 테이블을 두드리며 분위기는 냉랭해졌다. 그 후 우노 게임이 시작됐지만, 두 사람 사이에 강한 햇빛이 테이블을 가르고 나래와 어머니를 분리하는 느낌을 주었다.

어머니는 첫 게임에서 이긴 후 처음 이겼다며 손뼉을 치고 좋아했다. 나래는 게임을 바로 접고 카드를 박스에 아무렇게나 넣은 후 묘한 미소를 지으며 다시 할리갈리를 선택했다. 나래는 기필코 이겨야겠다는 표정이었고 어머니는 표정 없이 아동을 쳐다봤다. 두 사람 사이가 냉랭했으며 긴장감이 맴돌았다.

치료자는 놀이가 자녀와 교감하기 위한 것이지 게임에서 승패가 중요한 게 아니며, 어머니의 경쟁심이 나래의 자존감을 저하시킬 수 있음을 안내했다. 치료자는 나래가 자신의 가치나 역량에 대한 불안감을 느낄 수 있고, 어머니와의 관계에서 긴장하고 거부감을 느끼며, 서로 간의 신뢰와 존중이 훼손될 수 있음을 설명했다.

부모-자녀놀이 영상을 본 후 제한설정 방법을 연습하는 시간을 가졌다.

9세션

아홉 번째 세션에서 본 부모-자녀놀이 영상에서는 지난주와는 반대로 창문으로 들어온 햇빛이 어머니와 나래를 함께 비췄다. 단절이 아닌 통합과 희망의 빛으로 느껴졌다.

나래의 카드 섞는 솜씨가 자연스럽고 매끄러웠다. 나래는 이런 기술을 친구로부터 배웠다고 했다. 카드를 섞을 때 사탕을 입에 넣으며 즐거운 표정을 지었다. 이 시기 상담센터에 왔을 때 센터에 있는 간식에 관심을 보이고 먹기도 했다. 음식을 거부하던 나래였기에 긍정적인 정서와 관계의 변화로 보였다.

'빨기'는 인간이 태어날 때부터 갖고 있는 유일한 생명 유지 현상이자 놀이행동이다. 빨기로부터 아동은 세상을 탐색해 간다. 영아들은 모든 감각 자극을 입을 통해 경험한다. 원형작용에 의해 놀이가 발생하면 놀이행동과 놀잇감에 투사되고 이 과정에서 정서가 발생하면서 치유와 성숙이 일어난다. 놀이의 특징 중 하나는 혼자, 그리고 두 사람 이상이 함께 할 수 있다는 것이다. 즉, 관계적 특성을 갖고 있다(장미경, 이여름, 2020).

어머니는 나래가 카드 섞는 모습을 보고 "카드를 잘 섞는구나. 선수네, 선수. 손이 엄청 빠르다. 스피드가 좋다."라며 반응했다. 여전히 평가적 특성이 남아 있긴 하지만 그동안 말없이 긴장감 속에 경쟁적으로 게임을 하고 게임의 규칙만을 중요시했던 어머니에게 중요한 변화였다.

'다빈치 코드'를 하는 두 사람의 목소리가 온화했고, 나래는 어머니에게 게임을 설명할 때 손을 사용하면서 표현이 풍부했고 적극적이었다. 다빈치 코드를 할 때 검은색과 하얀색이 서로 다르지만 어울리듯, 테이블 위에 비친 햇빛도 밝고 어두움이 여러 개로 나뉘고 또한 어우러졌다. 창 블라인드로 인한 현상이겠지만 매주 햇빛이 상황에 따라 달라지는 것이 신기했다. 처음으로 배운 게임인데도 어머니가 이겼다. 치료자는 저렇게도 모든 게임에서 아이를 이기고 싶을까 하는 생각이 들기도 했고, 어머니가 순수하고 귀엽게 느껴지기도 했다.

왜 게임에서 나래가 속임수를 쓰는지 알 것 같았다. 나래는 도저히 엄마를 이길 수 없었다. 아동들은 게임을 포함한 싸움놀이를 통해 자기의 행동조절 또는 두려운 정서나 무기력한 정서에 압도당하지 않기 위해서 힘을 다한다. 어머니는 싸움놀이를 하는 동안 변화와 개선의 가능성이 존재하지만, 문제가 지속되거나 심화되면 싸우기조차 포기할 수 있다는 치료자의 안내를 받았다. 나래 입장에서 어머니가 도저히 이길 수 없고 넘을 수 없는 산이라고 느껴지면 무기력하고 자신감이 떨어질 수 있으니, 나래가 이기는 경험을 할 수 있도록 배려해 주실 것을 요청했다. 어머니는 영상을 보고 치료자와 이야기를 나누며 반성하는 모습을 보였다. "제가 변화한 게 없네요……. 제가 왜 이리 이기려고 할까요……." 변화는 어려운 과정임을 공감하며 어머니가 자신의 감정을 솔직하게 표현한 것을 격려했다. 또한 자녀와의 관계를 개선하고자 하는 어머니의 강한 의지를 느꼈음을 전했다.

10세션

어머니는 매주 만날 때마다 나래에 대한 비난과 불평, 분노로 세션을 시작했는데 10세션에서는 그런 모습을 보이지 않았다. 자연스럽고 편안한 얼굴이었으며 조급함이나 불만스러운 얼굴이 아니었다. 그런 변화에 대해서 알려 주자 어머니 자신도 놀라워했다.

나래와의 관계에서 제한설정하기를 적용한 경험에 대해 나누었다. 해외에 사는 할머니가 한국에 오셔서 나래의 집에서 지내기로 했다고 했다. 여유 있는 방이 없어 계시는 동안 나래의 방에서 지내기로 했다는 것이었다. 나래는 평소에도 자신의 방을 아지트라고 부르며 텐트도 설치하고 캠핑장처럼 꼬마전구 및 카렌더 등으로 꾸몄기에, 할머니가 오기 전 정리가 필요했다. 어머니가 나래에게 방을 치울 것을 여러 번 얘기했으나 나래는 전혀 움직이지 않았다. 더욱이 전날 학교에서 다리를 다쳐 깁스를 한 상태라 컨디션이 좋지 않던 나래는 학교에 다녀오자마자 누워 있었다. 어머니가 나래에게 방을 다시 치울 것을 요구하니 나래는 짜증을 내며 침대에서 일어나지 않았다. 평소 같으면 어머니는 "네가 그렇지." 하며 화를 냈을 텐데, 부모놀이치료에서 배운 훈육기술을 적용했다. 먼저 "네가 이 방을 꾸미기 위해 얼마나 많이 공들였는지 알아. 너에게는 이 공간이 너무 소중한가 보다. 그래서 치우고 싶지 않을 거야. 다리까지 아파서 몸을 움직이는 게 힘들지?"라며 공감해 줬다. 이어서 "오늘 안으로는 치웠으면 좋겠는데 언제가 좋을지는 직접 정해 봐."라고 했더니 "낮잠 조금 자고 일어나서 할게요."라고 했다. 나래가 스스로 1시간 후에 일어나 방을 치우는 모습을 보고, 어머니는 훈육기술의 효과를 봤다고 만족해했다. 어머니는 나래가 어릴 때를 기억했다. 밥을 안 먹을 때마다 입이나 등짝을 때렸다고 고백했고, 그때 나래에게 자기가 잘못했었다며 미안한 마음을 가졌다. 그리고 마지막에는 '제한설정이 효과가 없을 때'를 안내했다. 부모놀이치료 마지막 세션에서 어머니는 나래가 어릴 때 나래를 이해하기보다는 꾸짖고 체벌했던 것을 기억하며 후회와 반성을 했다. 치료자는 어머니의 이러한 자각을 격려했다. 또한 부모놀이치료 기간 동안 성실하게 시간 약속을 지키고 적극적으로 참여하는 점, 자녀와의 관계를 회복하고 부모로서 성장하고 변화하기 위해 노력한 점, 자녀를 건강하게 자라도록 돕기 위해 힘쓴 부분에 대해서 인정하고 지지하며 존경을 표했다.

5. 효과 및 결론

부모와 자녀 간의 관계는 자녀의 정서적 발달과 삶에 큰 영향을 미친다. 특히 초등학생 시기에 부모의 양육태도는 자녀의 자아 형성에 중요하다. 이 사례는 나래가 겪는 관계의 어려움이 어머니의 통제적이고 강압적인 양육방식과 상호 연관되어 있음을 발견하고, 이를 해결하기 위해 진행한 부모놀이치료 과정이다. 이를 통해 어머니는 자기의 양육방식이 나래의 정서적 발달과 또래관계 형성에 부정적인 영향을 미치고 있음을 인식했다. 이로써 어머니는 통제적이고 강압적인 태도를 줄이고, 나래에게 자율성과 주도성을 키워 주는 방향으로 양육방식을 변화시켰다. 딸을 통한 자아실현과 기대감이 강해 나래에게만 집중했던 어머니는 처음으로 가족을 벗어나 친구들과 1박2일 만남도 가졌고 자원봉사활동도 시작했으며 여유 시간을 자신을 위해 사용했다. 나래는 어머니와의 긍정적인 상호작용을 통해 정서적 안정감을 회복했고, 사회적 상황에서도 자신감이 생겼다. 이는 또래관계에서의 어려움을 극복하는 데 도움이 되었다. 그리고 부모놀이치료를 통해 나래와 어머니는 서로의 감정을 이해하고 존중하는 방법을 알게 됐고, 나래는 또래관계 능력을 높일 수 있게 되었다. 나래는 어머니와의 놀이에서 얻은 긍정적인 경험을 바탕으로 또래와 관계 맺기에도 유능해졌다. 이처럼 부모놀이치료는 통제적이고 강압적인 양육환경에서 자란 자녀에게 긍정적인 영향을 미칠 수 있는 중요한 치료방법이다.

부모놀이치료 과정에서 긍정적인 변화는 천천히 나타났으나, 어머니는 책임감을 갖고 노력했다. 나래는 어머니와 함께하는 놀이시간 자체를 즐거워했고 기대했다. 어머니와의 친밀감이 증가하면서 자신의 감정을 표현하는 일이 늘어났다. 나래는 부모와의 안전한 관계를 통해 자기회복과 치유의 과정을 경험했다. 3개월간 등교 거부를 했던 나래는 현재 중학교에 입학했고, 아직은 소심하고 예민하고 두려운 마음도 있지만 등교하는 데 어려움이 없다. 친구들과도 잘 지내며 동아리나 학교행사에 적극적으로 참여하고 있다. 단짝 친구도 생겨 자신들만의 이야기를 공유하고 서로의 힘듦도 나누고 위로한다. 처음으로 친구와 단둘이 쇼핑도 했다. 우울감, 불안감도 낮아졌으며, 발작 증상, 손을 뜯는 행동도 사라졌다.

부모는 자기의 양육경험과 현대 사회의 스트레스로 인해 자녀를 통제적이고 강압적으로 대하기 쉽다. 자녀의 성공과 성취를 지나치게 걱정하며, 자녀의 일상생활 전반에서 지시와 명령을 강요한다. 이러한 양육태도는 자녀의 자율성과 독립성을 저해하고, 실수를 통해 배울 기회를 제한한다. 결과적으로 부모의 권위적인 태도는 자녀에게 부정적인 영향을 미친다.

10세선까지는 일주일에 한 번씩 부모놀이치료가 이루어졌고, 이후에는 한 달에 한 번 어머니와 만나기로 약속했다. 한 달 후 치료자는 어머니와의 상담을 통해 어머니가 나래의 정서적 변화가 일어나는 순간들을 알아차렸다는 것을 알 수 있었다. 적절한 정서 반응을 해 주는 것은 아직 부족하지만, 어머니의 민감성이 발전하는 모습을 보며 어머니와 나래의 관계가 점차 발전하고 개선될 것이라는 희망이 보였다. 유연한 부모는 자녀들이 건강하게 성장하는 것을 보면서 인생의 진정한 기쁨을 느낄 수 있다.

12. 불안과 통제로 자녀의 마음을 보지 못하는 어머니를 위한 부모놀이치료 사례

1. 서론

임신 기간 동안 어머니와 융합된 태아는 탯줄을 통해 생명을 유지하다가 태어나면서 어머니의 사랑의 양육과 돌봄을 받으며 점차 독립된 존재로 성장한다. 생애 초기에는 안정과 보호가 가장 중요하다. 생애 초기 아동이 어머니와의 관계에서 경험한 정서적 안정감, 즉 애착은 평생을 살아가면서 자신과 타인의 관계에 영향을 지속적으로 준다. 어머니가 자녀와 눈을 맞추고 표정으로 주고받는 마음, 자녀를 쓰다듬고 어루만지는 신체접촉으로 전하는 따뜻함, 목소리의 고저로 전달하는 희로애락, 침묵 속에서 함께 존재함을 느끼는 찰나, 자녀는 그 모든 순간에 온전한 사랑을 느끼며 정서적 안정감을 경험하며 안정적인 애착을 형성한다.

어머니는 임신으로 아기와 한 몸이었다가 출산하며 둘로 분리되었듯이 발달단계에 따라 자녀가 필요로 하는 분리와 독립의 시기가 되면 어머니 자신도 그에 맞는 역할 변화를 받아들이고 적응한다. 그러나 불안이 높은 어머니는 독립과 주도성을 발현하기 위해 세상 밖으로 나가려는 아동을 과보호한다. 세상 누구보다 아동과 친밀한 관계라 여기는 어머니는 "내가 널 모를까." "내 배 아파 널 낳았는데 내가 세상에서 널 가장 잘 알지." 하면서 자신이 자녀의 속내를 다 안다고 생각한다. 그것이 아동을 안전하게 지키는 길이며 좋은 어머니 역할이라고 믿는다. 그렇게 어머니는 자녀를 위해 과보호하고 헌신하면서 정작 자녀의 마음을 알아채거나 정서적으로 교감하는 데 미숙하고 서툴다. 부모는 자녀의 거울이라는 말이 있듯이 부모가 되면 자신이 부모에게 받았던 양육과 훈육을 기준으로 자녀를 키운다. 자신이 경험한 양육과 다른 방식으로 아이를 키우고자 하지만 결국 자신이 경험한 대로 자녀를 양육하고 훈육하게 된다. 그렇게 자신의 부모에게 받았던 양육방식을 재연하는 것이다. 어머니는 자녀가 자기 방식대로 따르지 않으면 불안하여 참다가 화를 내거나 통제하면서 아이의 삶에 깊숙이 관여한다. 일면 이러한 보호와 통제가 자녀를 사랑하는 방식이지만 다른 한편으로는 자녀가 독립된 존재로 성장하는 데 장애물이 될 가능성이 크다.

인간은 태어나서 죽을 때까지 성장한다. 수많은 실패와 시행착오를 겪으면서 한계에 부딪히고 좌절하기도 하지만, 그것을 해결하고 받아들이면서 한 단계 더 나은 인간으로 거듭난다. 그러한 경험이 쌓여 자신을 책임지는 독립된 존재로 성장하고 타인과 관계를 맺으며 본연의 자신으로서 삶을 살아간다.

어머니의 역할이란 자녀가 시행착오를 겪는 동안 그 자리를 묵묵히 지키면서 기다리는 안전기지이다. 안전기지란 언제든지 필요할 때 보호와 안전을 제공하는 공간으로 아이가 세상을 향해 나갔다 돌아와 지친 몸과 마음을 편안하게 쉬고 나서 다시 세상으로 나아갈 수 있는 공간이다. 그리고 마침내는 이 어머니라는 안전기지는 내면화된 자신의 힘이 되며 어른이 되어 부모 없는 세상에서도 독립적으로 살아갈 수 있게 한다. 어머니는 아동에게 안전기지가 되어 보호와 안전을 제공하고 마음을 품어 주고 더불어 그가 세상을 향해 나아갈 때, 좌절과 실패로 지쳐 돌아올 때, 영웅의 여정을 떠날 때 그 자리에서 변함없이 기다리는 마음의 건강한 측면이 된다.

본 사례는 불안과 통제로 자녀의 마음뿐만 아니라 자신의 마음을 보지 못하는 어머니를 위한 개별 부모놀이치료 사례이다. 분리불안이 있던 자녀가 모래놀이치료를 받고 있었고 어머니는 아동의 마음을 알고 싶고 좋은 부모가 되기 위해 부모 상담을 받고 싶어 했다. 치료자는 어머니에게 부모놀이치료에 대해 설명한 후 개별 부모놀이치료를 진행하게 되었다.

2. 사례 개요

아동은 초등학교 2학년 남아로 어머니는 말을 잘 듣고 규칙과 안전을 중요하게 여기

던 아동이 별일 아닌 것에 소리를 지르고 물건을 집어던지는 공격적인 행동을 해서 어찌
할 바를 몰라 상담센터를 찾아왔다. 어머니의 어린 시절, 부모님이 종종 부부싸움을 할
때면 언제나 큰소리와 물건을 집어 던지는 것으로 끝이 났다. 일상에서 그때와 조금이라
도 비슷한 상황이라 느끼면 어머니는 자신도 모르게 위축되고 불안했다. 그래서 아이를
양육하면서 싸우거나 큰소리를 내지 않았으며 위험할 것 같은 상황을 미리 차단했다. 그
런데 아동이 공격성을 보이자 어머니는 그때의 공포와 불안에 압도되었다. 아동이 언제
또다시 공격성을 드러낼지 두렵고, 아기처럼 떨어지지 않으려고 해서 힘들고 지친 상태
였다.

　어머니는 계속 불안에 대해 말하면서 그 상황을 구체적으로 설명하지 못하고 모호했
다. 그때 느낀 감정을 물어보면 머뭇거리거나 회피하면서 다시 상황을 설명하는 모습을
반복적으로 보였다. 불안의 감각은 어머니의 몸에 흔적이 되어 남아 있는데 상황과 감정
은 모호함에 묻혀 사라져 버렸다. 어머니는 어린 시절 하루 일정을 빼곡하게 계획을 세
우고 계획대로 되어야 마음이 편했다. 계획대로 되지 않으면 다른 일을 하면서도 해결되
지 않은 일에 정신이 쏠려 불안이 계속 높아졌다. 몇 날 며칠이고 그 생각에 사로잡혀 현
재에 집중하지 못했으며 그것이 해결되고 나서야 불안이 사라지고 안심되었다. 그렇게
계획대로 예측 가능한 상황이어야 불안을 다스릴 수 있는데 아이를 키우고 양육하는 일
은 예측 가능하지 않다. 자녀가 유아일 때 어머니는 자녀를 강하게 훈육했다. 자녀가 요
구하는 것은 다 들어주었으나 자녀가 자기주장을 펴려고 하면 어머니의 통제에서 벗어
난다는 생각에 허용하지 않았다. 자녀가 자기 뜻이 받아들여지지 않아 울음으로 마음을
표현하면 어머니는 그것이 아이의 고집이라 여기고 2시간이고 3시간이고 그냥 내버려
두었다. 울다 지친 아이가 엄마에게 위로를 받고 싶어 안기려 하면 차갑게 뿌리쳤다. 어
머니의 모성은 집어삼키는 마녀 같았다.

　어머니는 아동이 조금이라도 투덜거리거나 목소리가 높아진다고 느껴지면 얼른 아동
을 달래고 해결해야 한다는 생각에 화가 나고 피곤했다. 그럴 때마다 자녀를 누구보다도
사랑하지만 언제까지 이렇게 반복해야 하나 양가감정으로 죄책감이 들었지만 그런 마음
을 숨기고 꾹 참으면서 아동에게 맞추는 사이클을 반복했다. 이렇듯 어머니는 아동이 일
상에서 하는 의미 없는 말 한마디, 사소한 행동과 태도를 위험신호로 받아들이고 민감하
게 반응했다. 아동이 하는 말을 그냥 하는 말로 흘려듣기보다는 문제 상황으로 인식하
고 꼭 해결해야만 했다. 아동이 어려움을 견디며 해결책을 찾도록 기다리는 것이 어려웠
다. 해결하지 않으면 나쁜 일이 생길 것 같은 불안에 기다리지 못하고 해결책을 찾았으

며, 그것을 아동이 따를 때까지 잔소리하거나 지시하고 통제하는 양육방식이 반복되었다. 한없이 사랑을 주는 어머니에게 자기 감정을 말하면 거부당할지도 모른다는 두려움에 그걸 삼키고 있다가 공격이라는 형태로 토해 내는 것이었다. 당연히 아동은 자기주장, 주도성, 독립성을 경험하면서 성장과 발달을 하고픈 욕구와 어머니의 곁에서 밀착하여 의존하려는 욕구 사이에서 갈등을 겪으며 혼란스러워했다.

본 사례의 어머니는 자녀의 문제와 어려움을 미리미리 알아서 따라다니며 보호하고 해결해 주느라 지쳐 벌컥 화를 내면서 아동의 연령에 맞는 거리와 자율성, 주도성을 허락하지 않는 부모로서 자신 및 자녀와의 관계에 대한 통찰과 인식이 필요한 부모였다.

3. 부모 성격 역동

어린 시절 어머니의 부모는 다정한 편이었으나 가끔 부부싸움을 하면 처음에는 말로 싸우다가 점점 큰소리가 나고 감정이 격해질 대로 격해져서 물건을 집어 던지면서 거칠게 싸웠다. 싸움의 시작은 사소한 어떤 것이었지만 결국 매번 큰 싸움으로 번졌다. 그럴 때마다 어머니는 싸움을 말려 보려 했지만 역부족이었다. 어떤 말을 해도 소용이 없었으며, 자신이 소중한 존재가 아니라는 생각에 어머니는 무기력해졌다. 당연하게도, 평화로운 일상일 때도 어머니의 마음에는 언제 화를 낼지 모른다는 불안이 내재되어 있었다. 늘 지금 이 상황이 괜찮은 상황인지 위험한 상황인지 살피면서 어떻게 대처할지 대비했다. 어머니는 불안을 잠재우는 방법으로 규칙을 만들고 통제하면서 안정감을 찾으려 했다.

어머니의 아버지는 한없이 자상하다가 한 번 화가 폭발하면 무서웠다. 화를 내는 상황을 알 수 없어 더 무섭고 불안했다. 어머니가 어릴 때, 부모님의 눈치를 보면서도 어머니의 어머니가 약속을 지키지 않으면 들어줄 때까지 몇 시간이고 울고 떼를 썼다. 어머니의 어머니는 까탈스럽고 유난스럽고 예민하다고 어머니를 타박하면서 마음을 살피거나 보듬어 주지 않았다. 어머니는 그때의 마음이 어땠는지는 기억나지 않지만 울며 떼쓴 기억은 남아 있다고 했다. 어머니는 부모에게 자기감정을 표현하고 적절하게 공감과 수용을 받기보다 비난이나 거부당하며 자랐다.

누구나 불안, 스트레스 상황에서 그것을 이완할 안전기지가 필요하다(Bowlby, 1988). 그러나 어머니는 그것을 부모에게 충분히 받지 못했다. 결혼하고 남편에게 안정감을 얻고 싶었다. 하지만 어머니가 시댁과 갈등 상황에 놓였을 때 자기편일 줄 알았던 남편은 그러지 않았다. 그로 인해 부부관계에 균열이 생겼다. 어머니는 자녀가 원하는 요구를 들어주고 한없이 허용적이다가 자녀가 불안, 스트레스로 이완이 필요할 때면 어느 순간 화를 내고 폭발하면서 불안한 안전기지가 되었다. 어머니 자신이 부모에게 받은 양육방식을 자신도 모르게 자기 아이에게 반복 재연한 것이다.

4. 개입과정과 진척 상황

부모놀이치료는 일주일에 한 번씩 총 6세션을 진행했다. 처음 두 세션 동안에는 부모놀이치료 프로그램 소개, 부모–자녀놀이 방법과 규칙, 놀이연습하기 등을 했고, 이후의 세션에는 부모–자녀놀이 영상을 함께 보면서 심리교육과 놀이연습을 했다. 놀이연습은 어머니와 역할놀이, 그리고 영상에서 보완이 필요한 놀이상호작용 부분을 개선하는 방식으로 이루어졌다. 부모–자녀놀이는 가정이 아닌 상담센터에서 진행하고 녹화했다.

1~2세션

1세션에는 부모놀이치료 프로그램에 대하여 안내했고, 어머니가 열심히 해 보겠다며 동의했다. 어릴 때 놀았던 경험을 이야기하는 시간에 어머니는 어린 시절 집에서는 말이 없고 조용해서 있는 듯 없는 듯했는데 밖에서는 친구들과 놀면서 대장 노릇을 하기도 하고 적극적이고 재미있게 놀았던 기억을 떠올렸다. 놀이의 중요성에 대한 설명을 들은 후 어머니 자신도 어릴 때 친구들과 놀면서 즐거웠고, 평소 하지 못했던 걸 해 보기도 하면서 밤늦도록 친구들과 돌아다니고 신나게 노느라 시간 가는 줄도 몰랐다고 말하면서 웃었다. 그때는 몰랐는데 집에 있을 때보다 밖에서 친구들과 놀 때 숨통이 트이고 살아 있는 것 같았고 스트레스를 풀었다는 것을 기억해 내면서 놀이가 어린 아동들의 삶에 얼마나 중요한지를 새삼 인식했다. 함께 부모놀이치료 워크북을 보면서 부모놀이치료를 위한 기본 규칙을 인지하고 각 규칙에 해당하는 놀이 장면을 놀잇감을 가지고 연습했다. 어머니는 이 놀이 연습에 대해 쑥스러워하면서도 시종일관 즐거워했다. 역할놀이로 이루어진 놀이연습에 이어 자녀와의 놀이시간을 구조화하는 방법을 연습했다. 2세션에서도 유사한 내용으로 교육이 이루어졌으며, 2세션이 끝난 후 부모–자녀놀이 영상을 녹화했다.

3세션

이번 세션에서는 2세션 이후 녹화한 부모-자녀놀이 영상을 어머니와 함께 보았다. 어머니와 아동은 치료실 안에 서 있었다. 어머니는 아동의 뒤쪽에 서서 아동의 목을 두 손으로 감싸면서 30분 동안 특별한 놀이를 할 것이며 끝나기 5분 전에 알려 주겠다고 말했다. 그리고 나서 어머니는 특별한 놀이시간 대부분을 아동의 뒤에 반 발자국쯤 떨어져서 따라다녔다.

아동은 "칼이 어디 있지?" 하고 칼을 찾다가 눈에 들어온 가위로 가위질을 했다. 어머니는 그런 아동을 바라보지 않고 탁자와 재료가 있는 책장을 이리저리 살피면서 "(가위가) 어디 있지?"라는 말을 조그맣게 반복했다. 마침내 칼을 찾은 어머니는 그것을 아동에게 갖다주었다. 아동은 가위질을 멈추고 어머니가 준 칼로 재료를 다시 자르려고 했다. 그때 어머니는 "손 위험해." 하며 아동의 손을 잡고 멈추게 하더니 "위험하니까 방법을 알려 주고 싶은데 괜찮지?" 하고 낮은 목소리로 말한 후 아동의 대답을 듣지도 않고 칼을 도로 가져갔다. 아동은 어머니가 칼로 자신이 하던 작업을 이어서 하는 모습을 말없이 바라보다가 몇 발자국 뒤로 떨어져 치료실을 왔다 갔다 하더니 다시 어머니 곁으로 왔다. 어머니는 그런 아동에게 눈길을 주지 않고 자신이 하던 작업에 몰두했다. 아동은 잠깐 그렇게 서 있다가 다른 재료를 찾았다. 둘은 같은 공간에 있으나 같이 존재하지 않고 있었다. 어머니는 아동이 다칠까 봐, 아동이 원하는 걸 하지 못해서 화를 낼까 봐 불안한 마음에 그걸 대신 해결하느라 다른 것에 신경 쓸 겨를이 없어 보였다. 아동은 이미 다른 놀이를 탐색하고 있는데 어머니는 여전히 아동이 이전에 하던 놀이에 머물러 있었다. 칼로 재료를 다 자른 어머니는 그제야 다시 아동에게 눈길을 주었다. 당연히 아동이 주도하기보다 어머니가 주도하는 놀이였으며, 아동의 행동을 추적하거나 감정을 공감하지 못했다.

어머니는 부모-자녀놀이 영상을 본 후 "평소 모습이랑 똑같아요."라고 말했다. 치료자가 어머니의 강점이 안정적이고 편안한 목소리라고 말하자 어머니는 깜짝 놀라면서 낮은 목소리가 콤플렉스이고 스트레스를 받으면 더 굵어져서 자신의 목소리가 무섭게 들린다고 했다.

영상 속에서 아동은 어머니 주변을 몇 발자국씩 왔다 갔다 하다가 "몇 분 남았어?"라고 물어보았다. 그러면서 "조마조마해 죽겠어."라고 덧붙였다. 그 말을 들은 어머니는 "주기적으로 알려 줄까?"라고 아동에게 되물었다. 영상을 본 후 어머니는 치료자가 묻기도 전에 "더 놀고 싶은데 빨리 끝날까 봐 불안해서."라고 말하며 아동이 그렇게 물어본 것 같다고 했다. 치료자는 어머니가 부모-자녀놀이를 녹화할 때는 미처 몰랐지만 다시 영상을 보면서 아동의 감정을 느끼고 공감한 부분을 격려했다. 덧붙여 부모-자녀놀이에서 '하라' 규칙에 있는 아동의 감정을 공감하고 언어로 말하기를 시도해 보도록 했다. 어머니는 그걸 말하지 않아도 알지 않느냐고 하면서도 해 보겠다고 했다. 치료자는 어머니가 아동의 감정을 공감한 것을 언어로 들려주는 것이 아동과 정서적으로 교감하는 방법이라고 강조했다.

부모-자녀놀이 영상에서 아동은 원하던 재료를 찾고 있었고, 어머니는 1분 정도 그런 아동을 말없이 바라보았다. 아동은 재료를 찾아 기쁨에 겨워 몸을 좌우로 흔들고 웃는 표정을 지으면서 "찾았습니다."라고 말하며 어머니 곁으로 걸어왔다. 처음으로 아동이 원하는 것을 찾을 때까지 어머니가 기다린 순간이었다. 이에 치료자는 아동이 재료를 찾는 동안 어머니가 기다린 점을 격려했다. 또한 그때 어머니 자신이 아동이 놀이를 주도하도록 방해하지 않고 기다리고 있으니 아동이 원하는 것을 찾아보는, 이런저런 방법을 찾아보는 계기가 되었다고 격려했다. 부모놀이치료 워크북을 다시 어머니에게 준 후 '하라' 규칙과 '하지 말라' 규칙을 같이 보면서 다시 한 번 숙지했다.

부모-자녀놀이 영상을 계속 보면서 어머니와 함께 놀이연습을 했다. 치료자가 어머니에게 원하는 놀잇감을 선택해서 놀 수 있다고 안내하자, 어머니는 그 말을 듣고 한동안 그대로 서서 선택하지 못하고 머뭇거렸다. 치료자는 어머니를 바라보고 어머니가 하는 행동을 추적하면서 긴장이 낮아지길 기다렸다. 어머니는 어떤 걸 선택해야 하는지, 마음대로 해도 되는지 질문했다. 다시 한 번 원하는 대로 선택하고 해 볼 수 있다고 이야기했다. 어머니는 그 말을 듣고 나서 눈으로는 놀잇감을 찾으면서도 몸은 그 자리에 머물러 있었다. 그렇게 몇 분이 흐른 후 어머니가 머뭇머뭇 놀잇감을 선택해서 자리에 앉았다. 어머니는 사용한 놀잇감을 곧바로 정리하거나 정확하게 구분하려고 미간을 찌푸렸다. 치료자는 그러한 어머니의 몸짓, 표정, 행동을 추적하면서 감정을 공감하고 반영했다. 놀이연습이 끝난 후 어머니는 처음이라 낯설고 누군가 지켜보고 있으니 뭘 해야 할지 모르겠고 정말 해도 되는지 헷갈렸다고 말했다. 이에 치료자가 처음이고 누군가가 보고 있으니 더 긴장되었을 어머니의 마음을 공감했다. 그리고 부모-자녀놀이를 할 때 지금 경험을 기억하고 적용해 볼 수 있도록 격려했다. 영상에서 아동이 시간을 물어보는 상황을 가지고 둘이 각각 역할을 번갈아 가면서 연습했다. 어머니는 "시간 얼마 남았어?"라는 질문 상황에 감정을 공감하는 것이 어색하다면서 말하지 않아도 아동이 알지 않느냐고 다시 한 번 되물었다. 말하지 않는 마음이 어떤 마음인지 질문했을 때 어머니는 틀릴까 봐 걱정된다는 마음을 이야기했다. 그러한 어머니의 마음을 공감적 경청한 후 어머니에게 감정 공감하기의 중요성을 다시 설명하고 다시 상황에 따른 역할놀이 연습을 이어 갔다. "시간 얼마 남았어?"라는 질문에 "시간이 끝날까 봐 아쉽구나." "더 놀고 싶은데 끝날까 봐 불안하구나."라는 감정 공감하기를 여러 번 반복해서 연습했다. 그렇게 여러 번 연습한 후 어머니는 자연스럽게 그 말을 할 수 있게 되었다.

4세션

부모-자녀놀이 영상에서 아동이 종이를 자를 때마다 "자르고."라는 말을 반복했다. 어머니는 아동 옆에 기마자세 비슷하게 앉아서 아동이 하는 걸 지켜보다가 아동이 자를 대고 종이를 자르려고 하면 재빨리 그것이 움직이지 않도록 손끝으로 잡고 있거나 자의 위치를 조정해 주었다. 그러면서 아동에게 무엇을 하는지 계속 질문하고 아동이 대답하면서 놀이가 이어졌다. 몇 분이 지난 후 어머니는 아동을 도와주려고 손을 뻗었다가 멈추더니 아동이 하도록 시간을 주고 기다렸다. 아동은 자신이 하던 작업을 이어 나갔다. 아동이 다른 재료를 찾으러 잠깐 자리를 비운 사이 어머니가 양반 자세로 자리를 잡고 앉았다. 그러자 어머니의 자세가 안정적으로 바뀌었다. 어머니는 아동이 다시 칼로 자르는 걸 관찰하더니 "그걸 자르고 있구나." 하고 아동의 행동을 추적하고 말하기 시작했다. "와." "아하." 하고 추임새를 넣는 모습도 관찰되었다. 마무리 시간 즈음 아동이 "시간 얼마 남았어?"라고 말했을 때 어머니는 "아쉽구나."라고 하면서 아동의 감정을 공감하고 언어로 되돌려주었다.

부모-자녀놀이 영상을 본 후 어머니는 "기다려 주려고 보고 있었고…… 이렇게 해라, 저렇게 해라 하면서 지시하거나 크게 참견하지 않으려고 했던 거 같아요."라고 말했다. 어머니는 아동이 칼을 쓰다가 다칠까 봐 불안하고 염려되어 자꾸 참견하게 되는데 그러지 않으려고 했다면서 불안했던 마음을 드러냈다. 불안한 마음에도 불구하고 새로운 방법을 시도하는 어머니의 마음을 공감적 경청하면서 그러한 노력에 경의를 표했다.

어머니가 부모-자녀놀이에서 아동이 다칠까 봐 불안한 마음에 초반에는 주도적으로 도와주거나 질문하면서 놀이를 방해하다가 시간이 흐를수록 어머니가 자신의 불안을 견디면서 기다리는 변화를 보였다. 어머니의 이러한 변화가 아동 스스로 해 보고 잘되지 않을 때 시행착오를 겪으면서 스스로 방법을 찾는 시간이었다. 어머니는 아동을 바라보면서 "자르고 있구나."라고 하며 아동의 행동을 추적하고 언어화하면서 공감적 경청을 하고자 했다. 그러면서 아동이 이런저런 방법을 찾으면서 노력한 부분을 칭찬이 아니라 격려했다. 서툴지만 어머니도 시행착오를 겪으면서 시도하였고 방법을 찾으면서 아동과 상호작용하는 변화에 스스로 주목하게 되었다.

이번 세션에서는 아동이 남은 시간을 물어보는 상황에서 어머니는 해결책을 제시하기 보다 아동의 감정을 공감하고 반영하는 반응을 보였다. 지난 부모-자녀놀이 시간에는 아동이 시간을 물어봤을 때 어머니가 해결책을 제시했다. 어머니가 아동의 감정을 알게 된 것은 부모-자녀놀이 영상을 보고 난 이후였다. 어머니와 치료자는 그 상황을 함께 역할연습을 했다. 이후 같은 상황에 놓였을 때 어머니는 이제 해결책을 제시하기보다 아동에게 공감을 시도했었다. 그렇게 감정을 공감하니 아동의 반응이 달라졌다. 어머니는 다른 때 같으면 아동이 계속 몇 분 남았는지 같은 말을 반복했을 텐데 어머니의 공감에 아동은 더 이상 그 말을 하지 않고 자기가 하던 놀이를 이어 갔다는 사실에 주목했다. 치료자는 공감받은 경험이 아동이 자기 감정을 탐색하고 표현할 수 있는 계기가 될 것이라고 강조했다.

치료자는 또한 어머니의 자세가 무릎 꿇은 자세에서 양반다리 자세로 바뀌었다는 것을 상기시키면서 어머니가 이렇게 한자리에 앉은 것이 어머니가 안전기지가 되어 아동에게 안정감을 줄 수 있으며, 이러한 안정감은 불안을 다스리고 아동이 놀이를 탐색하고 집중할 수 있게 될 것이라고 격려했다.

치료자와 어머니는 바닥에 마주 앉아 역할놀이를 통해 공감하기 연습을 했다. 어머니가 원하는 놀잇감을 선택하고 놀이하는 동안 치료자는 어머니를 바라보면서 어머니의 표정, 몸짓, 행동을 추적하며 공감했다. 충분히 어머니가 무대를 만들고 주도할 수 있도록 시간을 두고 기다렸다. 역할을 바꿔 어머니가 치료자의 놀이행동, 몸짓, 표정 등을 읽는 연습을 하면서 어머니가 중간에 개입하고 싶은 불안을 견디면서 기다리는 연습을 했다.

역할놀이 연습이 끝나자 어머니는 아동이 놀이시간이 빨리 끝난다고 말했을 때 마무리하라고만 했는데 자신이 경험해 보니 시간이 금방 지나가서 아쉬웠고 그때 아동이 어떤 마음이었을지 짐작이 되었다고 하면서 신기하고 새로운 경험으로 아동의 진짜 마음을 이해하게 되었다고 했다. 또한 치료자가 앞에 앉아서 자신의 몸짓과 표정, 행동을 바라보고 말해 주는 것을 들으면서 관심받고 있음을 경험했다고 보고했다. 어머니는 놀이 역할연습 경험을 하면서 뭘 하라고 지시하거나 알려 주지 않아서 처음에는 물어볼까 말까 망설이게 되지만 계속 이렇게 연습하면 자율성이 생길 것임을 깨달았다.

5세션

5세션에서 함께 본 부모-자녀놀이 영상에서 어머니는 안정적으로 자리를 잡고 앉아 아동이 재료를 하나씩 가져오는 것을 바라보고 있었다. 어머니는 아동에게 눈길을 머문 채 뭘 찾는지, 뭘 할 것인지 질문하거나 말을 걸지 않았다. 아동은 어머니 앞에 놀잇감을 갖다 놓더니 다시 놀잇감을 찾으러 갔다가 오기를 반복했다. 아동은 자연스럽게 어머니 맞은편에 앉더니 놀기 시작했다.

영상을 본 후 어머니는 의견을 말하지 않고 알아서 하도록 했다면서 웃었다. 그런 어머니의 변화하려는 노력을 격려했다. 그리고 어머니가 한자리에 앉아있는 모습이 안전기지가 되어 아동에게 안정감을 주었으며 그래서 아동이 편안하게 놀잇감을 찾으러 갔다가 다시 돌아오면서 자기 놀이를 할 수 있었다는 것을 알려 주었다.

어머니는 아동이 방법을 찾고 시도하는 동안 시간을 주다가 아동이 도움을 요청하면 요청한 만큼만 도와주었다. 어머니는 영상 속 아동이 칼을 익숙하게 쓰는 모습이 대견스럽다고 말했다. 그리고 아동이 도움을 요청했을 때 안심했다고 하면서도 계속 도와주고 싶은 마음이 들어 갈등했다고도 했다. 치료자는 갈등하면서도 참아 낸 것에 대해, 방해하지 않고 기다린 것에 대해 지지했다. 어머니는 기다리기가 자신에게도 시간을 주는 것임을 알게 되었다면서 "무엇인가 해 주지 않아도 기다리면 나쁜 일이 일어나지 않고 잘 될 수 있고, 시간을 가지면 알 수 있다는 사실을 깨달았어요."라는 말을 했다. 또한 마음의 동요가 있었지만 아무 생각 없이 아이와 함께하는 이 순간에 집중할 수 있었음을 이야기했다. 치료자는 이에 대해 어머니가 말하는 아무 생각 없었다는 의미가 아마 불안이나 해결책을 찾으려고 머릿속이 분주하지 않았고 그렇기에 온전히 아동과 함께하는 경험을 했다는 말로 들린다고 공감해 주었다.

부모-자녀놀이 영상에서 아동은 "이것도 해야 하고, 저것도 해야 하고."라고 말하고 있었다. 몇 분이 지난 후 아동은 같은 말을 반복했다. 어머니는 그 말을 듣고 "해 봐."라고 말하고 아동을 바라보며 기다렸다. 영상을 보고 난 후 어머니는 처음에는 해결해 줘야 한다는 생각에 조급하고 피곤해졌지만 지금은 특별한 놀이시간이라고 생각하면서 아동에게 "해 봐."라고 말했다고 했다. 그런데 아동이 스스로 방법을 찾는 걸 보면서 해결해 주지 않고 해 보라고 말해도 된다는 것을 경험했으며 아동이 그런 말을 한 까닭이 해결해 달라는 뜻이 아니라 그냥 하는 말이란 걸 알게 되었다.

6세션

부모-자녀놀이 영상에서 아동은 오늘은 다른 것을 해 볼 것이라며 놀잇감을 이것저 것 만져 보거나 재료를 살펴보았다. 아동은 원하는 재료를 찾으려는 듯 계속 진열장을 기웃거렸다. 어머니는 한자리에 앉아 그런 모습을 말없이 바라보았다. 어머니는 부모 놀이치료가 끝날 때까지 그렇게 한자리에 앉아서 아동을 눈으로만 추적했다. 아동은 찾 던 재료가 보이지 않자 어머니가 앉은 자리로 다가가더니 어머니 등에 자신의 가슴을 기 대었다. 그 모습이 엄마 등에 업힌 아기와 같았다. 어머니는 그대로 앉아서 등을 미세하 게 좌우로 움직이면서 아동이 마음을 가라앉히기를 기다렸다. 1분 정도 흐를 즈음 아동 이 다시 재료를 찾으러 어머니의 곁을 떠났다. 재료를 찾는 아동의 모습은 차분했다. 이 전에는 아동이 말을 빠르게 하거나 재료를 대충 훑어보면서 조급함을 보였다면 이번에 는 재료들을 차근차근 살피면서 느긋하게 확인했다. 어머니는 잠깐 제자리에서 고개를 좌우로 돌리며 재료를 찾다가 다시 아동에게 눈길을 주었다. 아동은 재료를 찾지 못했고 다시 어머니에게 되돌아가 이번에는 어머니 가슴에 등을 기대고 앉았다. 어머니는 자신 의 두 팔로 아동의 등을 감싸 안고 스윙 리듬으로 몸을 좌우로 살짝 움직이면서 3분 정도 침묵했다. 고요함이 둘 사이에 흐르고 아동의 어깨가 내려가면서 신체가 이완되었다. 두 사람이 있는 공간에 흐르는 편안한 침묵과 따뜻함이 느껴졌다.

부모-자녀놀이 영상에서 아동은 처음에 찾던 재료 대신 다른 재료를 찾기 시작했다. 어머니는 아동을 눈에 담으면서 아동의 행동을 말로 추적했다. 영상을 본 후 아동을 눈 에 담고 있는 어머니의 마음이 어땠는지 질문하자 어머니는 보통은 이런 상황이면 아동 이 끊임없이 같이 찾자고 말했을 텐데 혼자 찾는 모습이 낯설었다고 했다. 어머니가 그 렇게도 불안해했던 아동의 칼 사용도 아동이 여러 세션에 걸쳐 사용법을 터득했기 때문 에 이번 세션에서는 제법 능숙해졌다. 어머니는 일상의 변화를 이야기했는데 일상에서 아동은 어머니와 떨어져 혼자서 무엇인가를 만들기도 하고 어머니를 찾는 횟수가 줄어 들었다고 했다. 어머니는 집안일을 하거나 자신의 일을 하면서 쉴 수 있게 된 점을 말하 면서 웃었다.

부모-자녀놀이 영상 속에서 아동이 찾다가 포기했던, 원하던 놀잇감을 발견하자 그 것을 손에 들고 팔짝팔짝 뛰면서 어머니를 쳐다보고 웃었다. 어머니도 아동과 눈맞춤하 며 따라 웃었다. 둘 사이에 정서적 교감이 이루어지는 순간이었다. 아동은 식빵을 만들 거라고 말하고 재료를 자르고 색칠을 하면서 흥얼거렸다. 치료실 공간을 여기저기 탐색하기도 하고, 몸을 흔들흔들하면서 리듬을 보이기도 하고, 목소리로 의성어 리듬을 만들어 흥얼거렸다. 어머니는 그런 아동의 모습들을 추적하면서 의성어로 공감하거나 아동이 하는 리듬을 흉내 내면서 공명했다. 치료자는 역할놀이 연습에서 경험한 것을 부모–자녀놀이에 적용하고 있는 어머니의 변화를 격려했다.

긍정적 침묵과 접촉, 비언어적으로 전달되는 감정, 음식을 만든 아동, 이 모든 것이 한 단계를 마무리하고 다음 세상의 문이 열리는, 입문 신호 같았다. 아동의 놀이에서 모성을 상징하는 음식이 등장하고, 어머니는 안전기지가 되어 아동에게 안정감을 제공했다. 이 모습에서 따뜻한 모성이 어머니와 자녀를 감싸 안는 듯한 이미지가 연상되었다.

어머니는 아동이 재료를 찾지 못하면 불안해서 대부분 "다른 거 하자."라고 말하거나, 아동이 필요한 재료를 찾아 주려고 목을 쭉 빼거나, 눈을 바삐 움직이거나, 일어나서 찾는 행동을 했다. 그러나 6세션에서는 그저 아동이 무엇을 하든지 기다렸고, 그 모습이 불안하기보다 안정감 있어 보였으며 어머니 자신도 편안해했다. 아동이 재료를 찾고 기뻐서 소리치거나 어머니에게 재료를 보여 주면서 팔짝팔짝 뛰면서 몸으로 기쁨을 표현할 때도 아무 반응이 없었던 어머니가 이번 세션에서는 아이의 표정과 몸짓을 모방하면서 공감하는 변화를 보였다.

5. 효과 및 결론

부모놀이치료 초기에 어머니는 아동이 하는 말에 즉각적으로 반응하며 모두 해결해 주려는 태도를 보였다. 어머니는 아동이 원하는 대로 해 주지 않으면 나쁜 일이 생길 거라는 불안에 지시하고 통제하면서 해결책을 찾지 못하면 어떻게 하나 전전긍긍했다. 그래서 쉽게 피곤해지는 모습을 보이기도 했다. 역할놀이 연습에서 어머니는 무대를 만들고 주도하는 경험을 했다. 그런 경험이 어머니에게는 어떻게 하라고 제시하지 않고 기다리면 스스로 방법을 찾을 수 있고, 그것이 자율성 경험이라는 걸 깨닫게 되었다고 보고했다. 어머니는 아동이 하는 말이 해결해 달라는 말로 인식되어 불안이 올라왔지만 부모놀이치료에서 그것이 의미 없이 하는 말일 수 있음을 알아채고 기존의 패턴, 즉 즉각 해결해 주던 방법에서 기다리기를 적용했다. 그 과정에서 아동과 함께 '지금–여기'에 존재하면서 아무 일도 일어나지 않는 경험을 했으며 불안을 다스릴 수 있게 되었다. 이후 어머니는 아동이 하는 말에 즉각 반응하기보다 아동이 놀이하는 무대를 만들 수 있도록 기다리는 횟수와 시간이 늘어났다. 이러한 어머니의 반응은 정확해야 하고 실수할까 봐 불안이 높았던 아동이 스스로 방법을 찾고 시행착오를 겪으면서 자기확신감, 자율성, 주도성을 발현할 수 있도록 했다.

부모놀이치료 초기에 어머니는 자녀에게 필요한 것을 찾거나 해결방법을 설명하느라 아동을 바라볼 여유가 없었다. 어머니는 아동을 바라볼 때조차 아동의 행동을 추적하고 감정을 공감하라는 부모놀이치료 규칙 적용이 어렵다고 호소했다. 어머니는 사실이나 상황에 대해서는 잘 말하는 편인 반면, 그때 느낀 감정에 대해 질문하면 머뭇거리거나 당황스러워했다. 이렇게 어머니가 정서를 표현하지 못했던 이유는 자신의 행동이 무서운 결과를 가져올지도 모른다는 무의식적 두려움과 불안 때문이었다. 역할놀이 연습을 통해 어머니는 공감적 경청으로 관심과 공감을 받았던 경험을 이야기했다. 이 경험은 부모놀이치료에서 어머니가 자녀의 감정에 관심을 기울이면서 자녀의 행동과 감정을 언어화하는 시도로 이어졌다. 어머니는 오랫동안 놀잇감을 찾지 못해 어머니 곁을 왔다 갔다 하는 아동의 행동 이면에 숨어 있는 마음을 신체접촉으로 공감하고 아동과 눈맞춤하고 아동의 표정을 모방하면서 비언어적으로 감정을 표현하는 한편, 의성어 공감과 아동의 감정을 언어로 반영하면서 상호작용을 했다. 이러한 어머니의 변화는 어머니와 아동이 언어적 · 비언어적으로 감정에 접촉할 수 있게 했으며, 서로의 마음을 바라볼 수 있게 되었다.

또한 자세 측면에서도 어머니는 부모놀이치료를 하면서 서 있거나 어정쩡한 자세로 앉아 있었다. 어머니가 한곳에 있는 것이 아동에게 안정감을 제공하고 놀이의 세계에 몰두한다고 안내하였으나 그것이 잘되지 않았다. 역할놀이 연습할 때도 마찬가지로 어머니가 자리에 앉아 있는 시간이 짧았다. 그러나 부모놀이치료 후반부에는 어머니가 든든한 안전기지가 되어 세션이 끝날 때까지 앉아서 자리를 지키고 있었다. 그러한 어머니의 변화는 아동의 불안을 낮추고 아동이 치료실을 한정적으로 사용하다가 치료실 전체를 탐색하고 놀이하는 변화를 불러일으켰다. 아동은 어머니에게 안정감을 경험했으며, 어머니 또한 그렇게 한자리에 앉아있으면서 불안이 낮아지고 안정감을 갖게 되었다. 어머니가 부모로부터 받은 돌봄과 양육은 불안정하고 불안했다. 그리고 당시 아동의 공격적인 행동으로 공포와 불안이 높아졌으며 아동이 또 그럴까 봐 가중된 불안에 압도되었다. 어머니에게는 위험으로부터의 안전과 보호가 가장 중요했다. 안전기지(Secure Base)의 경험은 '안정감'의 발달을 가져온다(Bowlby, 1988). 두 사람에게 이러한 안전기지의 경험이 안정감이 발달하는 순간이라고 할 수 있다.

마지막으로, 부모놀이치료를 시작하기 전에 어머니와 개인상담을 몇 세션 정도 진행하면서 어머니의 불안을 탐색했더라면 어땠을까 하는 아쉬움이 남았다. 부모놀이치료를 하면서 어머니의 불안을 탐색하고 다루는 데 시간이 부족한 면이 있었기 때문이다. 이러한 경험은 이후 치료자로서 다른 부모놀이치료 사례를 진행하면서 부모에 대한 탐색 세션을 갖게 되는 계기가 되었다.

　해결책을 찾는 어머니에게 치료자 자신도 해결책을 주고 싶은 욕구가 있었다. 그래서 공감적 경청보다 해결책을 알려 주는 것에 급급할 때가 있었다. 어머니에게 필요한 것은 판단하거나 비난하지 않고 지금-여기에서 함께 공감하는 존재라는 걸 떠올리는 한편, 좋은 치료자가 되고픈 치료자의 욕심이 있었음을 인지했다.

　부모-자녀놀이 경험은 어머니와 아동에게 이전에 그들의 어머니에게 받았던 돌봄과 정서적 교감과는 다른 따뜻한 위로와 수용이었으며, 그로 인해 어머니와 자녀의 마음에 감정이 흐르게 되었다. 아동의 마음뿐만 아니라 자신의 마음도 보지 못하던 어머니가 아동과 정서적 교감을 하게 되었으며, 이러한 변화는 두 사람이 새로운 관계를 맺는 출발점이 될 수 있었기에 부모놀이치료의 효과는 그것으로 충분하다.

13. 부정적 모성으로 입을 닫아 버린 아동과 부모를 위한
부모놀이치료 사례

−바다마녀(문어)에게 목소리를 빼앗긴 인어공주처럼−

1. 서론

선택적 함구증(selective mutism) 아동은 말을 이해하고 또 말을 할 줄 알면서도 말을 해야 하는 상황에서 비의도적으로 입을 다물고 말하기를 두려워하는 심리적 원인을 갖고 있다. 보통 집에서는 말을 하지만 집 밖에서는 말을 하지 않으며 비언어적 의사소통은 가능하다. 선택적 함구증 아동은 지나치게 수줍어하고 사회적인 상황에서 위축되고 경직된 자세를 보이는 등 사회불안장애가 동반되는 경우가 흔하다. 반대로 반항적 · 적대적 행동이나 분노발작을 보이기도 하며, 우울이나 불안을 함께 갖고 있다. 선택적 함구증은 공생형(symbiotic), 언어공포형(speech phobic), 반응형(reactive), 수동공격형(passive-aggressive)으로 분류된다(Hayden, 1980). 통제적 · 주도적인 어머니와 밀착되어 있는 공생형 함구증이 가장 흔하다(이정균, 김용식, 2005). 언어공포형 함구증은 자신의 목소리를 듣기 두려워하며 강박적 성향을 보인다. 최근에는 말하는 것을 거부한다기보다 말하는 것에 대해 두려워한다는 개념이 우세하다. 반응형 함구증은 우울증과 관련이 있으며, 수동공격형 함구증은 적대적 반항적 태도를 보인다. 광범위한 연구결과 현재는 미세한 언어장애로 인해 언어표현에 공포를 느끼는 경우, 가족 내 병리가 심한 경우, 어머니가 우울증이 있거나 자녀를 과잉보호하는 경우, 아동학대를 포함한 정신적 또는 신체적 외상을 당한 경우 등 다양한 정신적 요인으로 선택적 함구증이 발생하는 것으로 알려져 있다(민성길, 김찬형, 2023).

2. 사례 개요

일곱 살 아리는 집 밖에서는 말을 하지 않는다는 주호소로 상담을 받게 되었다. 아리는 유치원에서 말을 하지 않을 뿐 아니라 교사의 지시에도 잘 따르지 않았고 자기 마음대로 하려고 했으며, 자신의 마음에 들지 않으면 교실 밖으로 나가 버리기도 했다. 또래와의 관계에서도 말을 하지 않았고, 자신의 마음에 들지 않으면 놀잇감을 빼앗거나 때리는 등 공격적인 모습을 보여 유치원 담임교사가 심리치료를 권유했다. 담임교사는 아리의 어머니에게 이 같은 내용을 전달하였으나 "집에서는 아리가 아무 문제가 없는데 교사가 예민해서 그런다."면서 아리의 문제나 증상에 대해 인정하지 않았지만 심리치료를 받는 것에 대해 동의했다.

아리의 어머니는 감정기복이 심하고, 우울증이 있었으며, 자신의 감정 상태에 따라 아리에게 비일관적인 태도로 대했다. 그뿐만 아니라 아리가 계속 어린아이 상태로 있기를 바라는 심리 때문에 아리를 문제 있는 상태에 묶어 두려는 부정적 모성의 역동을 가지고 있었다.

아리는 같은 나이의 여자아이들에 비해 키가 큰 편에 보통 체격으로 신체 발달은 다소 빠른 편이었다. 접수상담에서 굳은 표정으로 '나는 (치료자에게) 말하지 않을 거예요.'라는 것을 보여 주려는 듯 가로로 힘주어 입을 다물고 있었고, 치료자의 질문에 한마디도 하지 않았다. 치료자가 "아리야, 말하고 싶지 않으면 안 해도 돼."라고 했더니 꾹 다문 입술에 힘을 조금 풀기는 했다. 집-나무-사람 그림 검사를 시도하였으나 연필을 잡지 않으려 했고, 온몸에 힘을 주면서 아무것도 하지 않겠다는 듯 저항하는 모습을 보였다.

아리는 서울에 거주하는 30대 맞벌이 가정의 외동으로, 아리의 어머니는 가정불화와 바쁜 직장생활 등으로 아이를 원치 않았으나 뜻하지 않게 임신이 된 것을 알고 낙태를 생각했다. 그러나 차일피일 미루다가 낙태를 할 수 없는 시점이 되었다. 당시 경제적·정신적 어려움 등으로 출산할 때까지 임신 상태임을 고려하지 않았으며 음주와 카페인 섭취를 하는 등 건강한 아이 출산을 위한 케어를 전혀 하지 않았다.

아리는 제왕절개로 태어났으며, 순한 기질로 눈맞춤, 낯가림 등의 발달은 대부분 정상이었다. 소변 가리기가 늦게 이루어졌고, 대변 가리기는 치료 시작 당시에도 이루어지지 않아 변을 참다가 팬티에 묻히기도 하였고, 뒤처리를 못해서 성인이 대신해 주어야 했다.

생후 100일까지 조모가 집에 와서 돌봐 주었고, 아리 어머니도 직장에 복직하느라 아이돌보미 서비스를 활용하여 공동양육을 하였으나 돌보미의 잦은 교체로 만 1세부터 어린이집에 보냈다. 아리는 어머니와 분리될 때 저항 없이 울지 않았다. 어린이집에서는 낮잠을 잘 자지 않으려 했고, 유독 가방에 집착했다. 그러나 교사가 가방을 빼앗아 선반에 올려 둔 뒤로는 토끼인형에 집착하기 시작했다. 식탐이 많아서 음식을 너무 많이 먹어 소화불량에 걸린 적이 여러 번 있었다. 그 당시 아리 아버지의 사업 실패로 인해 가정 형편은 더 어려웠고, 아리가 세 살 때 부부싸움을 하던 중 아리 아버지가 술병을 던져서 TV가 깨지는 소리를 듣고 잠에서 깬 아리가 놀라 경기를 한 적도 있었다. 이후로도 부부 사이의 갈등은 더욱 심화되어 아리 어머니가 아리 아버지에게 비아냥거리고 폭언을 하면 아리 아버지는 아리 어머니를 발로 차고, 목을 조르기도 하는 등 부부 사이의 다툼과 폭력이 심하고 잦았다.

이렇듯 아리 어머니는 자신의 상황이 어렵고 힘들다 보니 아리의 상태를 잘 살피지 못했다. 한편으로는 '왜 태어나서 나를 힘들게 하니?'라는 마음이 들기도 하였으며, '너만 아니면 당장 이혼했을 거다.'라는 생각을 하기도 했다. 실제 기분이 나쁠 때나 화가 나면 아리에게 낳은 것을 후회한다는 말을 하면서 체벌을 하거나 먹을 것을 챙겨 주지 않다가 기분이 풀리면 장난감을 사주거나 물질적인 보상을 주로 했다. 접수상담에서도 아리 어머니는 "아리가 더 이상 크지 않았으면 좋겠어요."라는 말을 했다. 아리 어머니는 기분이 좋을 때는 사소한 것도 챙겨 주고 지나치게 어린아이 취급을 하면서도 책을 읽어 주거나 함께 놀이를 하는 경우는 거의 없는 듯 했다. 한편, 아리는 자신이 할 수 있는 행동도 어머니에게 해 달라고 하는 등 의존적으로 행동하고, 갑자기 자지러지게 울고 짜증을 냈다. 특히 자신의 욕구가 좌절되었을 때 어머니를 쥐어뜯거나 할퀴는 등 과하게 분노 표출을 했고, 고집이 세고, 적대적 행동을 보였다. 그럴 때 아리 어머니는 아리에게 폭언을 했고, 아리 아버지까지 가세하여 아리에게 폭언을 하는 경우도 있었다.

이처럼 아리 어머니는 감정기복이 심하고 아리에게 공감과 일관적인 훈육이 아니라 폭력적인 통제와 방임, 그리고 과잉보호를 예측할 수 없이 사용했다. 그 결과 아리는 잦은 짜증과 분노 표출, 무력감, 좌절감, 그리고 나이에 맞지 않는 매우 퇴행적 모습을 발달시켰다. 부모의 불화와 폭력은 아리가 부모를 사랑하면서도 두려워하고 미워하는 양가감정을 갖게 했고, 정서적으로는 불안정감, 불안감, 분노감, 적개심, 공격성 등을 높이는 원인이 되었다. 이러한 결과로 부모에 대한 적개심이나 공격성을 집 이외의 장소에서는 말을 하지 않는 수동-공격적 형태의 선택적 함구증이라는 증상으로 나타난 것으로 보였다.

부모에게 개인상담과 부모놀이치료를 권했을 때 아리 아버지는 거부했을 뿐 아니라 아리나 아리 어머니가 상담을 받는 것에 대해서도 못마땅해했다. 다행히 어머니는 감정 기복이 심하고 우울하며 더불어 부부간의 불화가 지속 되고 있는 것에 대해 상담을 권했을 때 동의했고 부모놀이치료 참여도 동의했다.

3. 부모 성격 역동

아리의 아버지는 30대 후반의 키가 크고 건장한 남성이었다. 원가족에서는 1남 1녀의 맏이로 어려서부터 아리 조모의 과보호와 지나치게 허용적인 분위기에서 성장했으며, 그로 인해 매우 의존적이며 자기중심적인 성격이었다. 자기주장이 강하고, 충동적이었으며, 무엇이든 하고자 하면 바로 해야 직성이 풀리는 성격이었다. 대학을 졸업하고 직장을 다니다가 개인사업체를 운영하던 중 주식에 투자해서 돈을 조금 벌었다. 그 이후 암호화폐에 투자해서 그동안 번 돈을 모두 탕진했으나 끊지 못하고 빚을 내서 투자해 더 큰 손실을 보았고, 경제불황과 음주운전 사고 등으로 결국 운영하던 사업체도 문을 닫았다. 또한 평소에도 잦은 음주와 자신의 마음대로 되지 않으면 분노를 폭발하며, 폭언, 기물 파손 등의 폭력적인 행동을 보였다. 집안 살림이나 육아는 모두 어머니에게 전가했고 자신은 경제적인 것에만 몰두했다. 그러나 아리와 어머니가 상담을 진행하면서 뒤늦게 나마 아버지 자신의 잘못과 책임을 인정하고, 가장으로서의 책임을 다하려 노력하게 되었다.

아리의 어머니는 30대 중반의 키가 크고 세련된 차림의 젊은 여성이었다. 원가족관계는 1남 2녀의 장녀로 양가감정이 많고, 관계에서 평가절하와 이상화를 반복하는 경향이 있는 등 경계성 인격 특성이 강했다. 또한 하와이 같은 곳에서 명품 쇼핑을 하며 즐겁게 살고 싶다고 하면서도 자존감이 낮고 자책을 많이 했으며, 자살을 생각한 적도 있었다. 중학교 3학년 때 지병을 앓던 아리의 외조모가 사망했고, 상실감을 이겨 내지 못한 외조부는 괴로워하다 아리 어머니가 대학 입학을 하던 해에 갑자기 돌연사했다. 이후 친척들의 도움을 받아 대학을 마쳤고, 직장생활을 시작하고 얼마 지나지 않아 거래처를 통해 만난 다섯 살 위의 현재 남편과 1년 정도 연애를 한 후 결혼했다. 하지만 남편은 연애 때와는 달리 무뚝뚝하고 매우 가부장적이며 폭력적인 면모가 있었고, 성적으로도 착취적이라고 했다.

4. 개입과정과 진척 상황

첫 세션에 아리는 접수상담 때와는 달리 조금 편한 표정으로 어머니와 분리되는 것에 대한 저항 없이 치료실에 들어왔다. 치료자가 "어서와."라고 인사를 하자 아리는 치료자를 바라보기는 했으나 말은 하지 않았다. 치료자는 아리에게 "이 방에 있는 놀잇감은 무엇이든 가지고 놀 수 있어."라고 하자 놀잇감을 뚫어지게 바라보다 텀블링 멍키를 손으로 가리켜서 치료자가 "이걸 가지고 놀고 싶구나."라고 하며 텀블링 멍키 박스를 꺼내 주었다. 아리는 혼자서 놀이를 하다가 치료자를 바라보기도 하며 놀이를 했다. 아리는 모래놀이치료를 10세션 진행하였으며, 7세션 때 치료자에게 말을 하기 시작했다. 어린이집에서는 함께 놀잇감을 가지고 노는 친구가 한 명 생겼으나 담임교사에게는 부모놀이치료가 끝날 무렵부터 말을 하기 시작했다.

아리 어머니의 지나치게 간섭하고 통제적이며 어린아이처럼 대했다가 갑자기 폭언이나 체벌을 하는 등 일관되지 않은 양육으로 인해 아리는 정서적으로 혼란스럽고 불안정한 상태였다. 이에 치료자는 부모 교육과 상담이 필요하다고 생각하여 아리의 모래놀이치료 7세션 쯤에 어머니에게 부모놀이치료를 권했고, 세션당 70분씩 5세션 진행하기로 했다. 아리 어머니는 아리와 긍정적인 상호작용을 배우기를 원했고 부모놀이치료에 동의했다.

치료자는 어머니와 부모놀이치료의 목표를 다음과 같이 설정했다.

- 자녀 발달 이해
- 자녀의 생각이나 감정에 대한 공감
- 일관성 있는 경계 설정과 훈육
- 의사소통 증진

1세션(부모놀이치료에 대한 소개와 교육)

첫 세션의 시작 부분에서 어머니의 어린 시절 놀이 경험에 대해 이야기를 나누었다. 어머니는 어린 시절 놀이 경험이 별로 없다고 했다. 유아기 때는 오빠와 장난감을 가지고 놀거나, 여동생과 소꿉장난을 했던 것에 대해 회상하면서도 학령기 때 친구들과 즐거운 놀이보다는 바쁜 아리의 외조모를 대신해서 밥을 짓고 살림을 했던 기억에 대해 주로 이야기했다. 더 나아가 놀이경험이 부족했던 자신의 어린 시절 경험이 현재 자녀와의 놀이에 어떤 영향을 주는지에 대해 이야기 했다.

다음으로 치료자가 '하라' 규칙과 '하지 말라' 규칙에 대해 설명해 주고 치료자와 어머니가 이 규칙에 따라 놀이하는 연습을 했다. 그러고 나서 놀잇감 준비, 자녀의 새로운 신체 특징 알아오기, 부모-자녀놀이를 할 시간과 장소 정하기 등 과제가 있음을 안내했을 때 어머니는 한번 해 보겠다며 의욕적인 모습을 보였다. 아동과 어머니가 한 번에 이 모든 것을 해낼 수 있는 것은 아니기 때문에 부모가 인내하는 것이 중요하다는 것과 자녀의 감정과 행동을 반영해 주어야 한다는 것을 어머니에게 강조했다. 치료자와의 놀이연습(사실상 놀이)을 하면서 매우 어색하고 낯설었지만 자신의 어린 시절에 그런 놀이를 못해 보고 성장했다는 것이 조금 슬프고 아리에게 잘 놀아 주지 못한 것에 대해 마음이 아프다고 표현했다.

마지막으로, 다음 세션에 올 때까지 가정에서 부모-자녀놀이 영상 녹화하는 방법에 대해 안내했다.

2세션

지난 시간에 내준 과제에 대한 연습 및 새롭게 알게 된 아리의 신체 특징 소개하기와 네 가지 기본 감정 실천 내용을 나누었으나 어머니가 자신의 불안정한 감정 상태를 언급했기 때문에 이 부분도 다루었다.

스마트폰을 이용해 30분간 녹화한 부모-자녀놀이 영상을 함께 시청했다. 수요일 오후 2시 아리 어머니는 아리 방에서 "이제부터 여기서 아리랑 엄마가 일주일에 한 번씩 30분 동안 특별한 놀이를 할 거야. 아리가 가지고 놀고 싶은 놀잇감을 골라 볼래?"라고 하며 특별한 놀이를 시작했다. 아리는 소꿉놀이 중 클레이와 음식 모양틀을 이용한 요리놀이를 선택했다. 아리는 상담센터에서와 같이 놀잇감을 꺼내고 스스로 놀이를 시작했다. 클레이를 가지고 모양 틀에 넣어 요리를 만들고 있을 때 어머니가 아리의 행동에 대해 반영하지 못하고 "어떻게 하려고?" "뭐 할 건데?"라고 질문하자, 아리가 "엄마도 해."라고 했다. 어머니는 "알았다고."라고 하고서는 놀이에 참여했으나, 아리의 행동을 추적하거나 언어적 반응에 대해 공감하지 못하고, 모양틀에 음식을 찍어서 만드느라 아리가 말을 해도 대답을 하지 않았고, 마치 어머니 자신의 놀이인 듯 요리놀이에 더 심취해서 아리가 하는 행동이나 말에 대한 반응을 전혀 보이지 않았다. 어머니는 초반에는 영상을 녹화하고 있다는 것에 신경이 쓰여서인지 놀이교구의 설명서를 읽느라 시간을 많이 할애했고, 아리의 행동에 대해서는 뭐 할 거냐며 질문을 주로 하고 상호작용 놀이를 하지 못했다. 그러자 아리가 차츰 짜증을 내면서 "그렇게 하는 거 아니야."라고 했으나, 어머니는 안 들리는 듯 자신의 놀이에 더 심취하여 결국 아리가 심하게 짜증을 내서 놀이가 중단되는 것까지 녹화를 했다.

치료자가 어머니에게 "저 영상을 보니까 어떠세요?"라고 하니까 "제가 저렇게 (아이) 말을 안 듣는 줄 몰랐어요."라고 했다. "놀이를 하면서는 어떠셨어요?"라고 묻자 어머니는 "(자신이) 요리하는 것을 좋아해서 놀이를 하면서도 아리의 놀이에 초대받은 것이라는 것을 망각하고 저도 모르게 요리 만들기에 집중하느라 아리의 감정이나 행동에 대한 공감이나 반영을 하지 못했어요."라고 했다. 이때 치료자가 어머니에게 "특별한 놀이의 장을 만들고, 아리에게 놀이의 장으로 초대한 점은 배운 대로 잘하셨어요."라고 어머니의 장점을 발견해 주어서 어머니에게 자신감을 느낄 수 있도록 지지했다. 이를 통해 치료에 대한 동기를 부여하며 다음 세션 부모놀이치료에서 좀 더 편안하게 참여할 수 있도록 했다. 어머니는 궁금한 것이 많은 듯 질문을 많이 했다.

치료자가 아리의 행동을 반영해 주는 부분에 대해 이야기를 꺼내자 어머니는 자신의 어린 시절 상황과 최근 아리 아버지와의 부부싸움에 대해 장황하게 이야기했다. 이에 치료자는 감정의 강도에 난감함을 느꼈지만 어머니의 이야기를 수용하는 것은 아리를 위해 중요했기 때문에 적절히 다루었다. 아리의 어머니는 어린 시절 겪은 어려움이 컸기 때문에 아리와 놀이를 하며 여러 가지 감정과 상황이 떠오르는 것 같았다. 어머니는 치료자에게 자신의 어려움에 대해 이야기를 털어놓으며 공감받길 원했고, 동시에 아리와 놀이에서는 아리를 수용하고 공감하는 것을 배워야 했다. 어머니 또한 자신의 감정을 다루는 것이 익숙하지 않았기 때문에 아리에게 주도권을 주고 아리의 행동과 감정을 반영하는 것이 더욱 어렵게 느껴졌을 것이다. 치료자는 어머니에게 첫술에 배부를 수 없으니, 한 세션에 한 가지씩 보완해 나간다면 5세션 동안 다섯 가지는 배울 수 있을 거라고 말하며 어머니가 부모-자녀놀이를 지속할 수 있도록 격려했다. 그리고 치료자 스스로도 인내하며 어머니의 정서를 수용하려 노력했다.

지난주 부모-자녀놀이 규칙을 숙지하기는 했지만 실제 놀이에서 아동의 행동이나 감정을 언어로 반영하기 위한 반복적인 연습이 필요했다. 치료자는 아리가 놀이에서 요리를 할 때 어머니는 "아리가 엄마한테 요리하는 것을 보여 주고 싶구나."라고 말하고 이후 놀이를 하며 아리가 하는 말을 그대로 따라 해 보고 아리의 놀이를 관찰한 뒤 아리의 감정이 어떨지 생각해 보면 좋겠다고 제안했다. 또 가능하다면 아리의 감정을 말로 공감하도록 했다. 이후 치료자가 어머니에게 "궁금한 점이 있으시면 말씀해 주시겠어요?"라고 말하자 어머니는 "무슨 말인지는 알겠는데, 막상 하려니까 잘되지 않네요."라고 했다. 치료자는 "처음에는 누구나 쉽지 않아요. 서툴지만 하다 보면 아이 마음이 느껴지실 거예요."라고 격려했다.

어머니는 집에서 놀이하는 것보다 상담센터에서 놀이를 하는 것이 아리에게 더 집중할 수 있을 것 같다고 말했고, 치료자는 어머니의 적극적인 태도를 지지하며 다음번 부모-자녀놀이를 상담센터에서 하기로 변경했다.

3세션

3세션을 시작하기 전에 상담센터에서 부모-자녀놀이 영상을 녹화했고, 바로 3세션에 부모-자녀놀이 영상을 보면서 피드백을 나누었다. 그리고 영상에 있는 내용과 장면으로 치료자와 어머니가 놀이연습을 했다.

부모-자녀놀이 영상에서 아리 어머니는 교육받은 대로 무대를 만들고, 아리가 놀이를 주도할 수 있도록 하기 위해 노력했다. 아리는 텀블링 멍키를 가지고 와서 멍키 타워를 만들기 시작했다. 어머니가 "엄마랑 같이 놀고 싶구나."라고 하고는 어머니도 동참하여 타워에 스틱을 끼우면서 놀이에 참여했다. 아리는 치료자와 게임을 할 때와는 달리 어머니와의 게임에서 자신이 이기고 싶어 하는 마음을 드러내고 게임을 주도하려 했다. 어머니는 아리가 규칙을 어겼다며 지적을 하기도 했으나 이번 세션에서는 아동이 하는 대로 따라가며 "네가 이기고 싶구나."라는 표현으로 아리의 마음을 공감해 주었다. 이러한 어머니의 공감적인 반응에 아리는 얼굴을 붉혔다 웃었다 하며 기분 좋은 감정을 표현했다. 텀블링 멍키 게임을 마치고 나서 플레이도로 음식을 만들기도 했다.

영상을 본 후 아리와 어머니가 놀이했던 상황을 치료자와 어머니가 함께 재연해 보았다. 어머니는 클레이를 이용하여 음식 만들기 놀이를 하겠다고 하여 치료자는 "음식을 만들고 싶나 봐요~ 재미있겠네요."라고 하며 감정을 반영했다. 어머니는 혼자서 열심히 반죽을 만들며 놀이를 했다. 이내 치료자를 인지했는지 치료자 앞에 자신이 만든 음식을 담아 차려 놓았다. 치료자는 "와~ 맛있겠다. 계란 프라이도 있고, 초밥도 있고, 생선구이도 있고, 맛있는 음식이 많네요~"라고 말했다. 어머니는 치료자의 말을 듣고는 빙그레 미소를 지었다. 놀이가 끝난 후 어머니에게 놀이하면서 어떤 마음이 들었는지 물었더니 "인정받고 지지받는 느낌이 들었어요." "뭐든지 하고 싶은 마음이 들었어요."라고 말했다. 치료자는 어머니에게 "어머니가 놀이를 할 때 표정이 굉장히 즐거워보였어요~ 어머니가 아리의 행동과 감정을 반영해 준다면 어머니가 느꼈던 마음처럼 뭐든 하고 싶고 자신감을 가질 수 있을 것 같아요."라고 말했다. 또 지금 이 순간의 느낌을 잊지 말고 기억하면 좋겠다고 지지했다.

4세션

부모-자녀놀이 영상에서 아리는 처음에 도화지와 크레파스를 선택했다. 이때 어머니는 "아리가 그림을 그리고 싶구나."라고 아리의 행동에 대해 반영해 주었고 치료자는 이를 지지해 주었다. 다음으로 아리가 보드게임을 골라오자 어머니는 설명서를 읽으며 "이거 어떻게 하는 거야?"라고 말했다. 아리가 어머니에게 같이 게임을 하자고 해도 고개를 숙이고 설명서에만 집중하는 모습을 보였다. 새로운 놀이를 하는 것에 대한 부담과 또 평가를 받는다는 생각이 들어서인지 어머니는 한참 동안 설명서를 읽은 후에 아리에게 몇 장씩 나누어 가져야 하는지를 설명했다. 결국 아리는 짜증을 내며 어머니에게 치료자와 했던 방식으로 하겠다고 했다(평소 치료자와 게임을 할 때는 설명서대로 하지 않고 아리가 하고 싶다는 대로 나누어 가지고 게임을 했다).

첫 번째 부모-자녀놀이에서 어머니는 아리의 행동이나 말에 대한 공감이 적었고, 지시와 질문이 많았다. 2세션, 3세션 영상에서 어머니는 부모놀이치료에서 배운 대로 아리의 행동과 말을 공감하려고 노력했다. 부모-자녀놀이 초반에 어머니는 아리의 욕구나 감정에 대한 공감보다는 질문을 하거나 설명서를 읽는데 몰입을 하는 모습을 보였다. 영상 후반부에는 벽면에 붙여 놓은 부모놀이치료의 '하라'/'하지 말라' 규칙을 되새기며 놀이에서 아동의 추종자로서 참여하려는 모습을 보였다.

이에 치료자는 새로운 놀이를 접하면서 어머니가 아리에게 잘 설명하고자 하는 마음을 알겠다고 하며 어머니와 아리의 놀이에서는 규칙이 중요하기도 하지만 아리가 주도하고 문제를 해결해 보는 경험이 필요할 것이라고 격려했다. 아리와 어머니가 상호작용을 하면서 어머니는 아리의 행동을 추적하고 감정을 공감·반영해 주는 것과 아리의 힘과 노력에 경의를 표하는 것이 중요함을 다시 한 번 설명했다. 치료자는 어머니에게 특별한 놀이를 배우는 과정이 어렵게 느껴지고 배운 것도 잘 적용되지 않을 수 있다는 것을 이야기하며 어머니의 마음에 공감하고자 했다. 지속적으로 반복하고 익숙해질 때까지 연습하다 보면 아리나 어머니 모두 안정적인 애착을 형성하여 서로에 대한 신뢰감이 생기게 될 것이라고 지지했다. 나아가 또래와도 긍정적으로 상호작용하게 될 것이라고 상기시키며 마무리했다.

5세션

부모-자녀놀이 영상에서 요리놀이를 하자고 하는 아리에게 어머니가 "우리 아리 요리놀이하고 싶구나. 재밌겠다."라고 하자 "(엄마) 내가 만들어 줄게."라고 아리가 말했다. 그러자 어머니가 "아, 그래. 알았어. 아리가 엄마 역할을 하고 싶구나."라고 아리의 마음을 반영해 주었다. 어머니는 아리의 행동과 언어를 반영하면서 공감해 주고 기다려 주자 아리가 만족스럽게 요리를 만든 다음 어머니에게 "자(먹어 봐)."라고 했다. 어머니는 "냠냠" "아, 맛있다. 아리야, 맛있는 음식을 만들어 줘서 고마워!"라고 하자 아리가 흐뭇해하며 놀이를 마쳤다.

짧은 기간의 놀이였으나 아리와 아리 어머니의 변화는 놀라웠다. 아리는 짜증을 내는 빈도가 확연히 줄었고 담임선생님에게 말을 하기 시작했다. 어머니는 깔끔한 성격으로 어질러 놓는 것이 싫어서 빨리 놀이하고 치웠으면 하는 마음도 있었으나 30분 정해진 시간 동안 여유 있는 마음을 갖게 되었다.

어머니는 아리에게 반영하고 공감하는 것에 조금 익숙해졌고 아리는 어머니의 공감적인 반영에 만족스러움을 느꼈다. 어머니도 아리의 변화를 보며 "그동안에는 느끼지 못했던 아리의 행동이나 말이 새삼스럽게 와닿았고 행복했어요."라고 말했고, "앞으로도 아리의 마음을 이해하려고 노력해야겠어요."라고 했다.

5. 효과 및 결론

부모놀이치료는 실질적인 놀이 기술을 익히고 배우는 기술 훈련으로 실제로 현실에서 바로 적용할 수 있기 때문에 치료 효과를 빠르게 볼 수 있다. 무엇보다 말로만 하는 것이 아니라 부모가 아동과 놀이를 하는 장면을 녹화해서 그것을 보면서 연습을 하기 때문에 부모의 이해나 수용이 빠르고 치료자가 개입해야 할 상황을 직접적으로 볼 수 있으므로 부모-자녀 관계에 대한 자세한 교육과 상담을 제공하는 것이 효과적이다. 부모는 치료자와의 놀이경험을 통해 놀이치료 기술을 학습하고 직접 시연해 봄으로써 실질적인 도움을 얻을 수 있다. 본 사례에서도 어머니가 아동과 놀이할 때 치료자와 연습한 놀이방법을 적용하면서 어머니가 아동을 답답해한다던가 지적하는 것이 줄었고, 아동의 감정이나 행동에 대한 이해도가 높아졌다. 이렇듯 어머니와의 관계가 개선되면서 아리가 치료 상황에서 치료자와도 자연스럽게 말을 하게 됐다. 처음에 의도하지는 않았으나 부모놀이치료를 진행하면서 부부 문제도 개선되었다. 의사소통 시 어머니가 공감적 경청을 하게 되면서 아리 아버지와 갈등 시 아버지의 어려움을 공감하게 되고, 거칠게 다투다가 정서적 환기를 할 수 있게 되는 의도치 않은 변화도 맛보게 되었다고 보고하는 등 아동과의 관계가 개선됨과 동시에 부모 자신의 개인적인 성숙을 이루는 효과도 있었다. 치료자와 어머니는 단기간의 프로그램으로 아리와 어머니, 부부간의 의사소통 능력이 개선되고 서로의 감정을 공감하는 의미 있는 시간이었음에 감사하며 프로그램을 마쳤다.

14. 부부갈등으로 자녀를 담아 주지 못하는 어머니를 위한 부모놀이치료 사례

1. 서론

결혼생활에서 부부는 각자의 특성과 원가족 및 사회문화적 경험의 차이로 욕구나 기대의 차이가 발생하며 이로 인해 크고 작은 부부갈등을 겪는다. 부부갈등은 보편적이지만 갈등의 빈도, 양상, 대처방식은 각기 다양하다. 부부갈등이 발생하면 부정적인 정서를 경험하고 상대방의 행동에 부정적인 반응을 할 가능성이 커지며, 심한 경우 공격적인 행동이나 가출로까지 이어질 수 있다.

부부갈등은 부부뿐 아니라 자녀에게도 위협적인 스트레스 요인이 되어 심리적 적응에 큰 영향을 미친다. 부부갈등으로 야기되는 자녀의 가장 대표적인 어려움은 불안이며, 부부 간 갈등의 빈도와 강도가 증가할수록 자녀는 불안 외에도 우울, 신체화 등 정서적 문제와 낮은 자아존중감, 공격적 행동의 증가, 주의 집중의 곤란, 학교생활 부적응, 또래 관계 어려움 등의 문제를 경험한다(김지혜, 전효정, 2021; 정소희, 2011; Davies et al., 2008). 또한 부부관계에서 적대감과 분열 정도가 심각할수록 자녀에게 강압적인 훈육을 하게 되고, 자녀에 대한 정서적 수용성이 감소하며, 당연하게도 자녀에게 제공할 정서적 가용성이 부족해지고 자녀의 요구에 반응을 덜 하게 된다(Hess, 2021; Katz & Woodin, 2002; Sturge-Apple et al., 2006). 즉, 부부간의 부정적 상호작용인 부부갈등이 자녀에 대한 부정적 양육행동과 상호작용으로 전이되는 것이다(서석원, 이대균, 2013; Stevenson et al.,

2014).

　　최근 연구를 살펴보면 부모 양육태도, 부모–자녀 의사소통 등 양육행동과 부모–자녀 간의 상호작용이 부부 갈등과 자녀가 보이는 어려움과의 관계를 매개하는 것을 알 수 있다(민하영, 2010; 원미정, 공윤정, 2017; 장원호, 2020; 정춘희 외, 2023). 따라서 자녀의 심리적 어려움을 해소하고 적응을 돕기 위해서는 부모의 양육행동과 상호작용을 개선시키는 개입이 필요하다.

　　부모놀이치료는 부모–자녀 관계를 강조하고 부모와의 놀이를 통한 의사소통을 기본으로 하여 아동에게 발생한 문제를 해결하도록 아동중심 놀이치료를 바탕으로 만들어졌으며, 치료자들이 놀이치료에서 하는 방법을 부모에게 가르쳐 가정에서 부모가 놀이 세션을 실시하도록 한다(이선애, 2017). Guerney(1964)가 개발한 부모놀이치료를 수정·보완하여 처음 우리나라에 도입한 장미경(1998)의 연구를 보면, 부모놀이치료를 통해 자녀에 대한 부모의 공감능력 증진과 수용능력 향상, 자녀의 행동 문제가 감소되었고, 부모–자녀 사이의 관계 증진뿐만 아니라 부부 등 다른 가족과의 관계 증진이 이루어졌다. 또한 이 외의 연구에서도 양육태도, 양육효능감, 자녀수용능력, 정서 표현성, 정서 조절, 부모–자녀 간 상호작용, 가족기능 개선 등이 이루어졌다(강현정, 2012; 권영주, 2006; 김민지, 2014; 김연숙, 박응임, 2016; 김정희, 2005; 문다영, 2010; 배유선, 2014; 서은영, 2014; 승진주, 장미경, 2011; 윤미숙, 2009; 이슬기, 2013; 이정은, 2011, 홍주화, 2011).

　　다음의 사례는 부부갈등으로 여러 행동 문제가 나타나는 자녀를 정서적으로 담아 주지 못하는 어머니가 부모놀이치료를 통해 변화하는 과정을 담고 있다.

2. 사례 개요

　　일곱 살 아동과 모래놀이치료를 하던 중, 아동은 어머니를 매일 화내는 사람으로 인식하고, 어머니도 아동을 대할 때 차갑고 냉정한 모습을 보여 어머니가 자녀와 수용적이고 공감적인 상호작용을 한다면 아동의 정서 및 행동 문제들이 상당 부분 해소될 것으로 판단되어 어머니에게 부모놀이치료를 권유하게 되었다. 이후, 아동을 위한 개별 모래놀이치료 외에 5세션에 걸쳐 부모놀이치료가 진행되었다.

　　모래놀이치료에 아동이 의뢰되었을 당시 어머니는 지속된 부부갈등과 남편의 가출로 다른 치료자에게 상담을 받고 있었다. 남편의 사업이 부도 위기에 놓이면서 남편이 집에 들어오지 않고 연락도 잘 안 된 지 6개월이 지난 상태였다. 자녀가 세 살 이후부터 남편과의 부부싸움이 잦아졌고, 자녀도 이를 자주 목격했다. 어머니는 당시 수술이 예정되어 있었고, 남편과의 관계 및 경제적 어려움이 있었을 뿐만 아니라 자녀의 행동 문제로 인해 학교로부터 계속 연락이 왔으며, 에너지 수준이 많이 떨어져 있었다.

아동은 집 엘리베이터에서 만난 남자 어른들에게 "아빠가 집에 안 들어와요. 찾아주세요."라고 말했고, 학교에서도 아빠가 집에 들어오지 않는다는 말을 종종 했다. 그리고 아동은 불편한 일이 생길 때마다 소리를 지르고 몸으로 막아서며 과도하게 화를 내는 등의 방식으로 감정 처리를 하였으며, 학교에서도 한 여자 친구와 사이가 좋지 않아 그 친구를 밀어서 경고를 받은 상태였다. 교실에서 아동을 호명했을 때 쳐다보지 않고 못 들은 척하며 자신이 하던 행동을 계속했다. 또한 수업시간 중에도 개인적으로 흥미로운 것을 발견하면 그것에 집중하여 교사의 지시에 따르지 않았고, 교실을 돌아다니거나 다른 화제로의 전환이 힘들어 교사로부터 계속 경고를 받았다. 이에 학교에서는 아동의 자폐스펙트럼장애를 의심하며 검사를 받아 보라고 권했다. 체육관도 다녔으나 아동이 말을 듣지 않아서 못 가르치겠다는 피드백을 여러 차례 받아 체육관을 옮겨 다녀야 했다. 아동의 이런 특성은 어머니와의 관계에서도 부정적인 요소가 되었는데, 어머니는 자녀가 자신의 감정을 끝까지 올라오게 만든다며 극에 치닫게 되어야만 말을 듣는 자녀에 대한 어려움을 토로했다. 잘못을 인정하지 않고 실수라고 말하며 상황을 모면하려고 하거나 곤란한 일이 생기면 부적절하고 심하게 웃는 모습이 마치 약 올리는 것만 같아 더욱 어머니의 화를 돋우었다.

한편, 아동은 치료자와의 모래놀이치료 접수상담에서 "제가 말을 잘 안 들어서 엄마가 화를 많이 내요."라며 자책하는 듯한 모습을 보였고, 문장완성검사에서도 '우리 엄마는 매일 화낸다.' '나를 가장 슬프게 하는 것은 엄마(맨날 화냄).' '나를 가장 화나게 하는 것은 엄마/친구와의 싸움.' '다른 사람들은 나를 말 안 듣는 사람이라고 생각한다.' '나는 내가 똑똑한데도 바보라고 생각된다(말 안 들어서).'라고 하며 어머니와 관계의 어려움과 자신에 대한 부정적인 인식을 보였다.

자녀와의 상호작용에서 어머니는 사실중심의 논리적 설득이나 지시, 교육중심의 대화를 했고, 아동의 발달수준에 맞추어 공감하거나 경청하는 등 아동의 마음을 알아주는 정서적 교류는 잘 이루어지지 않았다. 놀이장면에서도 아동이 어머니의 놀이를 맞춰 주는 모습을 보였으며, 어머니는 아동의 말을 신뢰하기보다는 사실관계를 정확히 확인하려는 모습을 보였고, 정서가 묻어나지 않는 건조하고 딱딱 끊는 듯한 어조로 이야기했다. 또한 어머니는 아동에게 화가 날 때 방문을 닫고 방 안으로 들어가 버리며 단절하는 등 차갑고 냉랭하게 대했으며, 아동은 자신이 집중하고 있는 활동을 정리하도록 했을 때 못 들은 척하거나 소리 지르며 떼를 쓰고 일방적으로 자신의 이야기를 하는 모습을 보였다.

3. 부모 성격 역동

어머니(39세)는 외국에서 유학 생활을 했으며 영어유치원을 운영했었다. 어머니는 원래 꼼꼼하고 섬세하며 느긋하고 긍정적인 성향이었다. 결혼 이후 부부갈등, 남편의 가출, 남편의 사업부도 위기 등을 겪으며 성격의 변화를 보였다. 일상생활에서 긴장감이 증가되고 불안이 높았으며, 가정경제, 자녀양육 등을 혼자 감당해야 하는 부담감이 커지면서 어머니의 감정조절능력이 저하되었다. 특히 경제적 위기는 어머니로 하여금 생존에 대한 걱정과 두려움을 느끼게 했다. 이로 인해 어머니는 점점 더 화를 많이 냈고, 자녀에게 신경질적으로 대하게 되었다. 치료자는 어머니의 특성이 예의 바르고 지적이며 반듯한 인상으로, 설명과 논리 위주의 정확하고 확고하며 규칙이나 틀을 따르는 것을 중요하게 여기는 것으로 느껴졌다.

아버지(38세)는 어릴 적부터 수재 소리를 들으며 자라 왔고, 명문대를 졸업하여 이에 대한 자부심이 컸다. 개인사업체의 대표이지만 당시 부도 위기로 경제적 어려움을 겪고 있었고, 집에 들어오지 않은 채 전화도 거의 받지 않다가 자신이 필요할 때만 연락하거나 아이를 잠시 맡기기 위해 여러 차례 연락해야만 겨우 연락이 되었다. 아버지는 사람들을 잘 믿고 사람들과 어울리기 좋아하지만 어떤 어려움이 있을 때 자신의 잘못을 인정하기보다는 우기거나 화를 내며 회피하고 도망가는 유형이었다.

4. 개입과정과 진척 상황

이 사례에 대해 개별 부모놀이치료 프로그램을 실시하였으며, 첫 세션에서는 부모놀이치료에 대한 구조화와 교육을 했고, 이후 부모-자녀놀이 시간을 갖고 영상을 녹화할 수 있도록 안내했다. 이후 세션에서 부모-자녀놀이 영상을 보며 함께 분석하고 피드백하며 교육과 시범 보이기, 놀이연습하기를 4세션 실시하여 총 5세션이 이루어졌다.

1세션

첫 번째 세션에 들어가기에 앞서 어머니는 학교에서 자녀의 안 좋은 일로 연락을 받은 이야기를 꺼냈다. 아동이 수업 시작 전에 숫자 쓰기를 했는데 국어 수업이 시작되었음에도 숫자 쓰기를 계속해서 경고를 받아 반성문을 썼고, 며칠 전에는 같은 반 여학생을 손으로 밀쳐 내어 경고를 받았다. 그런데 어머니는 학교에서 연락이 오기 전까지 그런 일이 있었던 것을 전혀 몰랐다며 보통 다른 가정의 경우, 자녀가 부모에게 있었던 일들을 얘기하는데 자신의 자녀는 학교에서 있었던 일을 거의 얘기하지 않는다고 했다. 그래서 학교에서 무엇을 했는지 시간대별로 아이와 매일 이야기 나누기로 했으며 감정단어 읽기를 할 계획이라고 했다. 어머니의 대처방법이 답답하게 느껴진 치료자가 아동의 일상을 모두 알아야 한다고 생각하는 것은 아동의 정서와 행동에 도움이 되지 않을 것이기 때문에 자녀가 얘기를 하지 않는다면 그럴 만한 이유가 있을 것이며, 먼저 그 마음을 이해하는 것이 중요하다고 설명했다. 또한 자녀와 소통하기 위해 노력하고 있음을 격려하면서 시간대별로 어머니가 뭘 했는지 묻고, 그에 대해 자녀가 비자발적으로 대답하게 되면 어머니의 마음이 자녀에게 잘 전달되지 않고 오히려 상호작용에 걸림돌이 될 수 있음도 설명했다. 이어서 부모놀이치료의 취지와 이를 통해 얻을 수 있는 효과들에 대해 안내했고, 부모놀이치료의 기본 규칙인 '하라' 규칙과 '하지 말라' 규칙을 교육했다. 교육 내용에 대해서는 잘 이해하는 듯 보였고 참여의지는 있었으나, 놀이에 대해서는 다소 자신감이 없는 듯한 모습을 보였다. 어머니는 병원 진료와 수술이 예정되어 있어 바로 부모-자녀 놀이 시간을 갖고 영상을 찍기 어려울 같다고 하여 3주 후부터 부모놀이치료 세션을 진행하기로 했다.

2세션

첫 번째 세션 이후 한 달 후에 두 번째 세션을 진행하게 되었다. 지난 세션에서의 교육 내용 중 기억나는 내용을 이야기해 달라고 요청했다. 부모-자녀놀이를 하면서 느낀 점과 부모-자녀놀이 영상을 보며 부모놀이치료 기본 원칙에 대해 다시 상기시켰다.

어머니는 지난 교육 내용에 대해서 아동이 주도적이게 하고, 칭찬보다는 아동의 행동을 읽어 주고 반응해 주라는 것이 기억에 남았다고 했다. 이에 치료자는 처음부터 기본 규칙들을 다 기억하고 잘 적용하기는 쉽지 않기 때문에 반복적으로 연습이 필요하며 두

통으로 컨디션이 좋지 않음에도 불구하고 자녀와 놀이시간을 가지려고 노력하는 모습을 격려했다. 그리고 자녀가 놀잇감을 선택하고, 놀이방법을 이야기할 수 있도록 기다려 준 점을 지지했다.

이후 부모-자녀놀이 영상을 함께 보았다. 영상 속에서 아동은 '다이아몬드 게임'의 설명서를 보고 어머니에게 시범을 보이며 놀이방법을 설명하였고, 어머니는 자녀의 설명을 들으면서도 설명서를 직접 확인했다. 그리고 눈맞춤은 거의 하지 않은 채 게임에만 시선을 두었다. 그러던 중 자녀의 손마디에 '죽어라'라고 낙서된 것을 발견하여 언제, 누가, 왜 썼는지 계속 질문했고, 자녀는 실수로 썼다며 엄마의 눈치를 봤다. 놀이하면서 자녀는 엄마가 잘할 수 있도록 게임방법을 계속 설명했고, 엄마를 도와주었다. 그러나 놀이 자체로 즐거움을 느끼기보다는 설명이 주를 이루다 보니 어머니는 이내 피곤하고 지루해하는 듯했다. 반면, 아동은 어머니와의 시간을 잘 보내기 위해 최대한 설명을 하고 엄마를 배려하며 게임을 하는 모습을 보여 이 시간을 아동이 얼마나 소중하게 여기는지 알 수 있었다. 마음 한쪽에는 남편의 가출과 경제적 어려움으로 힘든 어머니와 그 어머니의 마음을 보살피며 사랑을 받고자 노력하는 아동의 모습이 너무 안타까워 보였다. 게임은 어머니가 이겼는데, 어머니는 "와~ 다 옮겼어! 엄마가 이겼어~"라며 어린아이처럼 좋아했고, 아동은 "엄마를 봐준 거예요."라고 하자 어머니는 소리 내어 웃으며 "진짜로? 거짓말~"이라고 대답하면서 놀이시간 중에서 가장 큰 반응과 즐거운 표정을 지었다. 아동은 "아니에요. 진짜예요. 비등비등했어요. 1~2개 차이로 엄마가 이겼어요."라고 차분히 말했고 스스로 놀잇감을 정리했다. 아동은 다른 놀이도 하고 싶다고 했지만, 어머니가 시간이 다 되어 다음 시간을 마련하겠다고 하자 아동은 곧바로 수긍했다. 어머니는 아동이 놀이를 마치려고 할 때나 하던 것을 멈추고 전환하려 할 때 자녀는 떼쓰거나 못 들은 척하며 다른 것으로 전환하는 것이 어려웠는데, 부모-자녀놀이에서는 놀이를 마칠 때 떼쓰지 않고 바로 정리하며 마무리했던 점이 인상적이라고 했다.

어머니는 그동안 자녀에 대해, 부모가 같이 놀아 주는 나이는 지났다고 생각했으며 어쩌다 한 번씩 자녀가 놀자고 할 때만 놀이시간을 가졌기 때문에 이렇게 자녀와 놀아 볼 기회는 흔치 않았다. 어딘가에 가서 기다리는 시간 동안 휴대폰을 보여 주지 않기 위해 실뜨기같이 손으로 하는 놀이가 자녀와 놀이하는 것이 전부였다. 그래서 부모-자녀놀이 시간을 특별한 놀이시간이라고 강조하지 않아도 특별하다고 생각할 것 같다며 자녀가 굉장히 좋아하는 것이 느껴졌다고 했다.

어머니는 평상시 자녀와 놀잇감을 선택할 때 "엄마는 이거 하고 싶은데 너는 어때?"라고 묻곤 했지만, 이번 부모-자녀놀이 시간에는 자녀가 고를 수 있도록 했다. 자녀가 게임에 대해 설명할 때까지 기다렸고, 다이아몬드 게임을 할 때 말들을 놓으라고 자녀가 이야기한 후에 어머니가 말을 놓는 모습을 보임으로써 놀이를 자녀가 주도할 수 있게 했다. 이 부분에 대해 치료자는 지지와 격려를 전달했다. 그리고 놀이 중 어머니가 할 수 있는 반응들에 대해 안내했다. 예를 들어, 게임 중간에 자녀가 팁을 주었을 때 "엄마가 잘할 수 있도록 도와주고 있는 것 같네."와 같은 반응이 도움이 됨을 안내했다.

이어 제한설정 방법도 연습했다. 놀이할 때 5분 남았다고 알려 주면 자녀도 미리 준비할 수 있게 되며, 만약 정해진 시간이 지났는데도 놀이를 마치려고 하지 않을 때는 우선적으로 더 놀고 싶은 마음을 공감해 주도록 안내했다. 다음 단계로 제한, 즉 놀이시간이 다 되었음을 알려 주고 다음 시간에 또 놀 수 있다고 대안을 제시해 주도록 했다. 그러면 대부분의 아동은 놀이를 마칠 수 있게 되고, 이를 통해 아동 스스로 조절능력도 키워 나갈 수 있고 대안이 있기에 신뢰감도 더 커질 수 있음을 전달했다.

자녀와 놀이하면서 또는 영상을 보면서 어땠는지 묻자 힘들었다면서, 특히 기다려 주고 지켜보는 것이 쉽지 않았다고 했다. 이에 처음 해 본 것이고 익숙지 않기 때문에 누구나 어려울 수 있는데, 그럼에도 어머니께서 자녀를 기다려 주고 자녀와 함께 하려고 노력하는 마음이 느껴졌고 그런 마음이 자녀에게도 전달되고 있으니, 어색하고 생각만큼 잘되지 않는 부분도 있겠지만 앞으로 하나씩 배워 나갈 수 있다고 격려하며 이번 세션을 마무리했다.

3세션

부모-자녀놀이 영상에서 어머니와 아이는 '체스게임'을 했는데, 서로 거의 말이 없었고 어머니가 중간에 놀이를 주도하거나 경쟁적인 모습을 보였다. 이에 지난 시간에 이어서 부모-자녀놀이 장면에서 나타난 자녀의 모습에 대해 어머니가 할 수 있는 행동 읽어 주기 반응이나 공감 반응을 치료자가 시연했으며, 제한설정에 대한 어머니의 생각을 나누었다.

아동은 체스게임을 선택했으며, 어머니가 게임을 해 본 지 오래돼서 어떻게 하는지 잘 모르겠다며 설명해 달라고 하자 아동의 목소리 톤이 한껏 올라갔다. 아동은 체스 말을 옮기며 "메롱~ 여기 옮기면 뭐로 잡힐까요?"라고 신난 목소리로 어머니를 놀리듯 말했지만, 어머니가 체스 말을 잘못 옮겼을 때는 봐주는 모습도 보였다. 그러나 대부분이 부모–자녀 간에 상호작용을 하기보다는 침묵 속에서 각자 게임에 몰두했다. 자녀가 더 많이 말을 잡은 것을 보고 어머니는 "엄청 잘하네. 이기고 있네. 엄마는 지고 있고."라고 했는데, 실제로 이 대화 이후부터 아동은 자신이 잡은 말의 개수와 어머니가 잡은 말의 개수를 번갈아 쳐다보는 모습을 여러 번 보였다. 체스를 하면서 바둑과 관련된 설명을 아동이 했는데 어머니의 반응은 "어려운 거네. 잘 알고 있네."라는 반응을 보였다. 아동이 어머니에게 잡힌 자신의 말 중 퀸을 기존에 있는 말과 바꾸면서 "이렇게 바꾸는 게 있어요."라고 했다. 어머니는 바꾸지 말라면서 제자리에 갖다 놓았고, 아동이 바꿀 수 있다며 이렇게 말을 바꾸면 되는 거라고 설명하자 어머니는 "이 룰은 엄마가 모르니깐 적용하지 말아 줘. 너한테 유리한 거잖아. 어떻게 퀸이 다시 복귀해?"라고 물었다. 자녀는 체스왕 책에 나왔다며 책을 가지러 갔고, 책을 보여 주자 어머니는 읽어 보고 "음~ 알았어! 어서 해."라고 했다. 어머니는 뭔가 불공평한 느낌이라며 억울하다고 말했다가 "나도 이거 퀸으로 바꾼다. 됐지?" 하고는 체스 말을 바꾸기도 했다. 게임은 무한체크가 되면서 무승부가 되었는데, 아동은 계속하고 싶다고 했지만, 어머니가 좋은 게임이었고 다음 시간에 또 하자며 무승부 악수를 청하자, 아동은 악수하고 별말 없이 어머니와 정리를 했다. 아동은 콧노래를 불렀고, 어머니도 같이 콧노래를 불러 주었다.

　부모–자녀놀이 영상을 보며 어땠는지 묻자 어머니는 대화가 별로 없었다며 대화할 거리가 없어서 게임을 하는 것밖에 할 게 없었다고 답했다. 이에 어머니가 자녀와 놀이하면서 보여 줄 수 있는 행동 읽어 주기나 공감 반응방법을 치료자와 함께 연습했다. 예를 들어, "어디에 놓을지 고민하고 있나 보다." "이것을 잘 하고 싶은가 보다." "그 말을 왼쪽으로 움직였구나." "아하, 그럴 때는 '체크'라고 하는 거구나!" "오호, 그렇게도 갈 수 있네!"라며 행동이나 감정을 언어로 어머니께서 다시 표현해 주면 좋겠다고 전달했다. 자녀는 어머니로부터 공감받고 어머니가 자신과 함께하는 듯한 느낌을 받을 수 있도록 때로는 의성어나 의태어를 통해서 혹은 자녀의 언어 그대로 거울처럼 반영해 줄 수 있도록 하기 위해서였다. 질문과 제안을 하지 않고 그대로 따라가 주면 자녀는 스스로 자신의 존재감이나 자기 확신감을 가질 수 있고, 그런 경험이 쌓이다 보면 감정조절이나 부정적인 행동이 조절되기 시작한다고 하자 어머니는 놀라워하면서도 완전히는 믿을 수 없어하는 표정을 지었다. 자녀가 게임 규칙을 바꾸더라도 30분간의 특별한 부모–자녀놀이 시간만큼은 어머니가 자녀를 추종하는 태도로 자녀가 만든 규칙대로 따라가 줄 수 있도록 안내했다. 어린 자녀와 놀이로 게임을 하는 이유는 이기기 위함이 아니라 상호작용을 위한 것이기에 함께 즐거운 시간을 갖고 자녀의 행동 하나하나에 어머니가 관심을 두고 있음을 느끼게 하는 것이 중요함을 강조했다.

놀이 중간에 과일을 먹다가 흘린 자녀의 행동을 제한하면서 놀이를 중단시키고 치우게 한 장면에 대해 이야기를 나누었다. 어머니는 "요즘 트렌드가 마음을 읽어 주지 말라고 하잖아요. 전에는 마음 읽어 주기가 트렌드였고, 그전에는 칭찬하기가 트렌드였죠."라고 했다. 이에 치료자는 단지 마음을 읽어 주기만 해서 문제가 된 것이며, 감정을 읽어 주기만 하고 훈육을 위한 제한설정을 하지 않거나 대안을 제시하지 않으면 다양한 부작용이 나타날 수 있음을 설명했다. 또한 훈육을 위한 제한설정은 반드시 필요하지만, 중요한 것은 제한하는 방법임을 강조했다. 또한 '잘했다.'라는 칭찬보다는 '그것을 해내려고 노력하고 있구나.'처럼 과정에 대한 격려가 필요하다는 것을 안내했다.

이번 세션에서는 어머니에 대한 치료자의 설명이나 교육이 많았고 그에 비해 어머니가 잘하고 있는 부분을 발견하고 격려해 주는 것이 부족했던 것으로 생각되었다. 어머니는 특별한 놀이시간을 갖는 것이 자녀가 좋아하고 즐거워해서 괜찮긴 한데, 자신의 마음이 편한 상태에서 하는 것이 아니라 어떻게든 시간을 내서 하다 보니 시간적으로 압박감을 느꼈다. 부모-자녀놀이를 해야 된다는 생각에 빠듯하게 하고 있는 어머니의 부담감을 공감해 주면서 바쁜 일정 중에서도 아동과 특별한 놀이시간을 갖고 있고, 여러모로 애쓰시는 것이 느껴진다고 격려했다. 하지만 충분하지는 않았던 것 같아 아쉬움으로 남았다. 부모가 잘하고 있는 부분에 대해 충분한 지지와 격려를 해 주면서 계속 부모-자녀놀이를 해 나갈 수 있도록 동기를 북돋아 주는 것이 굉장히 중요하며, 부모놀이치료 세션 중에 치료자의 말과 행동이 어머니가 자녀에게 할 수 있는 것으로 모델링될 수 있도록 더 노력해야겠다는 생각이 들었다.

4세션

이번 세션에 가져온 부모-자녀놀이 영상에서는 지난 세션과 다르게 어머니의 목소리 톤이 훨씬 부드럽고 다정하게 들렸으며, 눈맞춤도 많아졌다. 어머니는 치료자와 직접 놀잇감을 갖고 놀이하는 것이 어색하다고 이야기하면서 어머니가 갖고 있는 감정표현 및 감정교류의 어려움을 나누었다.

부모-자녀놀이 영상에서 아동은 '오목'을 선택하여 게임방법을 설명했는데, 어머니는 "응~ 그렇구나."라며 자녀의 말에 귀 기울이고 있음을 표현했고, 아동의 눈을 바라보며 설명을 듣고 눈맞춤을 하자 아동 역시 어머니의 눈을 바라보며 이야기하는 빈도가 증가했다. 아동이 바둑알을 잘못 놓고는 "아~"라며 아쉬움을 표현할 때 어머니도 같이 "아~"라고 똑같이 반응해 주었고, 돌을 놓으면서 "띠용~" "여기도 뿅~" "짠~"과 같은 표현을 사용하자 아동은 즐거운 듯 웃음소리 섞인 소리를 내며 게임을 했으며, 어머니가 돌을 잘못 놓아도 몇 차례 알려 주면서 봐주는 모습을 보였다. 놀이 중간쯤에는 초반에 비해 어머니의 반응이나 표현이 많이 줄어들어 침묵 속에서 다시 게임에만 집중하는 모습을 보였는데, 이때 아동은 "엄마, 대화하면서 할까요?"라고 말을 건네며 DTX라는 열차와 관련된 이야기를 했다. 그러나 아동의 이야기에 어머니는 "응."이라고 짧게 대답하며 오목에만 집중했고, 이내 "내 오목, 봐봐, 여기 하나, 둘, 셋, 넷, 다섯!"이라고 말했다. 아동은 "엄마가 익숙해지라고 일부러 져준 거예요."라고 했고 이대로 다시 오목을 두자고 했지만, 어머니는 "한 번만 더 할까?"라고 제안했다. 아동은 "그냥 그대로 여기 판에 다 채워도 되고."라며 다시 말했지만 어머니는 "한 번만 더 하자."라는 말과 동시에 돌들을 치웠다. 그러자 아동은 별다른 말없이 돌을 같이 치우기 시작했다. 대체로 아동이 어머니에게 많이 맞춰 주는 것처럼 보였으며, 그럼에도 불구하고 어머니의 반응이 훨씬 많아져서 아동도 신이 났는지 말을 더욱 많이 하는 모습을 보였다. 아동은 여러 번 이길 기회가 있었지만, 다시 어머니에게 기회를 주었고, 이후 어머니도 아동에게 양보하는 모습을 보였다. 여전히 어머니 중심적 태도가 많이 남아 있지만 이전보다 게임에서 이기고 지는 것을 중요하게 여기는 모습이 줄어들었고 서로를 배려하기 위해 노력하는 모습들이 늘어났으며, 계속 대화를 하려는 모습이 인상 깊었다. 마지막에 어머니가 4목이 되었을 때 아동은 한쪽을 막고 한 수 물려주기를 기대하며 어머니를 바라봤지만 그대로 어머니는 5목을 만들었고, 이내 어머니는 놀이를 정리했다. 아동은 어머니가 이길 수 있도록 그렇게 한 것이라고 말했고, 어머니가 많은 가르침을 줘서 고맙다며 다음에 또 두자고 말하자 아동은 더 하겠다고 떼쓰지 않고 함께 정리하며 마무리했다.

　부모-자녀놀이 영상 속의 어머니는 억양에 높낮이가 생겼고 목소리가 훨씬 부드럽고 다정했으며, 아동과 눈을 맞추고 아동의 말과 행동에 적극적으로 반응하는 모습을 통해, 아동은 어머니의 관심을 받고 있음을 확실하게 느꼈다. 어머니는 부모놀이치료 훈련 내용들을 기억하고 반영하려고 노력했다고 말했다. 영상 속에서 아동이 어머니를 살피고 배려하는 모습이 느껴졌는데, 어머니의 건강이 안 좋았고 남편과의 관계도 어려운 상태에서, 그런 어머니의 힘들고 지친 부분들을 아동이 보듬어 주려고 노력하는 것은 아니었을까? 보통 아이들이었으면 떼도 쓰고 어머니를 게임에서 이겨 보려고 했을 것 같은데, 영상에서 아동의 모습은 이기는 것이 중요한 것이 아니라 어머니와 함께하는 것이 즐겁고 어머니를 배려하려는 모습이 돋보였다. 또 그만큼 어머니도 노력하고 있는 것이 이번 영상에서 감동적으로 느껴졌다. 그러나 아동의 그런 모습이 때로는 아이다운 욕구를 그대로 표현하고 수용받기보다는 부모화될 수 있다는 염려를 어머니와 나누었다. 그리고 어머니가 시간에 쫓기고 지친 상태로 부모-자녀놀이를 하는데다 어머니 자신이 하고 싶은 놀이가 아니라 아동이 하는 것을 무조건 따라야 하는 것이 익숙하지 않고, 아동의 놀이 템포를 맞추면서 한편으로는 계속 생각해야 하는 것이 쉽지 않다고 했다. 어머니의 그런 힘든 마음을 치료자가 공감해 주자, 사실 놀이를 좋아하지 않는데 재미없는 것을 재미있는 척했고, 아기처럼 놀아야 한다면 그냥 포기하겠다고 말할 뻔했다고 했다. 이번 부모-자녀놀이에서 좋았던 부분에 대해 다시 한 번 상기시키면서 어색하고 어려운 부분이 있지만 타고나는 것이 아니라 훈련을 통해 충분히 잘 해낼 수 있다고 다시 격려하면서 세션을 마무리했다.

5세션

이번 세션에 가져온 부모-자녀놀이 영상에서 아동은 'Go fish! 게임'을 선택했다. 어머니는 지난 세션보다도 더 부드럽고 자녀의 나이에 맞춘 듯한 목소리와 표정으로 말했으며, 이에 아동도 한껏 가볍고 즐거운 목소리로 반응했다. 아동은 "크흐흐." 웃으며 즐거워했고, 어머니도 "둘 다 카드가 점점 늘어나고 있다~" "유후~" "엄청 기분이 좋아 보인다." "신나 보인다." "되게 행복해 보이네." 등의 반응을 보이거나 아동의 감정을 읽어 주었다. 이런 반응들은 상호작용을 더욱 활발하게 만들어 서로가 한껏 즐거워했고 눈맞춤 횟수도 증가했다. 카드는 어머니가 먼저 내려놓았지만, 최종적으로 별의 개수가 많은 쪽이 이기는 게임이어서 별의 숫자를 세게 되었는데, 별의 숫자를 세면서도 아동이 굉장히 즐거워했고, 결국 똑같은 별의 숫자로 비기게 되어 서로 크게 웃으면서 게임을 끝내게 되었다. 세션이 거듭될수록 어머니의 변화되는 모습이 확연히 느껴졌다.

부모-자녀놀이 영상 속에서 어머니의 반응은 자연스럽고 행동과 감정을 읽어 주는 반응들이 많아졌으며, 아동도 설명하기보다는 놀이 자체를 즐거워했고 웃음도 많아지고 목소리도 커지고 말도 많아졌다. 어머니는 아동의 변화된 모습에 매우 즐거워했다. 지난 세션까지는 놀이하는 것이 어렵고 다르게 반응하는 것이 어색하고 싫었지만 이번 시간에는 어렵고 어색한 느낌이 확연히 줄었든 것에 어머니 스스로 놀라워했고, 포기하지 않고 일주일에 1회라도 꾸준히 하니 변화를 경험할 수 있었다고 표현했다. 더 나아가 아동이 이 특별한 부모-자녀놀이 시간을 확실히 좋아한다는 인식에 더 고무되었다.

5. 효과 및 결론

　이 사례에서는 부모놀이치료를 통해 부모-자녀 간 긍정적 상호작용이 높아지고 자녀의 행동 문제가 감소되었으며 가족기능 개선 등의 변화를 보였는데, 그 구체적인 변화는 다음과 같다. 5세션의 부모놀이치료 프로그램 이후, 아동은 어머니에게 학교에서 경험했던 일들을 자발적으로 이야기하기 시작했다. 특히 관계가 좋지 않았던 친구와의 일들을 어머니에게 이야기하면서 그 친구가 먼저 여러 차례 시비를 걸어 왔음에도 불구하고 거짓말을 해서 오히려 아동이 오해를 받게 되었고, 그럼에도 아무 말도 하지 못해서 학교에서 경고를 받아 왔던 것을 알게 되었다. 이에 어머니는 이런 내용을 학교에 전달했고, 다른 친구의 거짓말을 확인하게 되면서 학교가 아동에 대해 오해하는 부분을 해소했으며, 이후 학교에서 자녀가 어떤 문제를 일으킨다고 연락이 오거나 자녀에 대한 부정적인 피드백을 더 이상 듣지 않았다고 보고했다. 또한 아동이 감정조절을 하지 못한 채 짜증을 내거나 소리를 지르는 횟수가 거의 줄어들었고, 하던 활동을 마무리하고 다른 활동으로 전환할 때 지시하는 말을 못 들은 척하거나 떼를 썼던 모습에서 지금은 한두 번 말하고 잠시 기다리면 이내 지시에 잘 따르는 모습을 보여 준다고 했다. 어머니 역시 부모놀이치료를 통해 자신이 자녀를 대하고 있는 태도를 알게 되었고, 공감하고 기다려 주는 태도를 부모-자녀놀이 시간만이 아니라 일상생활에서도 계속 적용하려고 노력했다. 부부관계에서도 조그마한 변화들이 일어나기 시작했는데, 남편과 연락하는 횟수가 증가했고, 가족이 함께 여행을 다녀오기도 했다. 아직 완전히 남편이 집으로 들어와서 살지는 않지만, 집에 와서 머무는 날이 늘어났다.

　부모놀이치료를 통해 이러한 변화들이 이루어졌지만 아쉬운 점들도 있었다. 이 사례는 치료자가 처음 부모놀이치료를 실시한 사례로 어머니가 놀이하기를 힘들어했기 때문에 부모-자녀놀이 영상을 녹화하는 것 외에 다른 과제들을 제시하지 않았다. 이 사례에서는 처음 세션에서 부모놀이치료에 대한 이론적 내용을 교육한 후, 바로 다음 세션까지 부모-자녀놀이 영상을 녹화해 오도록 했는데, 1~2세션을 부모와 치료자가 직접 놀이하면서 여러 가지 반응 기술(행동 읽어 주기, 공감 반응 등)에 대해 충분히 경험해 보고 시연하는 세션을 가진 후에 부모-자녀놀이 영상을 녹화해 오도록 했다면 부모놀이치료가 더욱 효과적이었을 것이라는 생각이 든다. 또한 부모놀이치료는 교육적인 측면과 심리치료적인 측면이 함께 포함되어야 하는데, 이 사례의 경우 어머니가 다른 상담자에게 상담을 받고 있는 상태였기 때문에 치료자가 어머니의 심리적 측면을 다루는 것을 주저하여 충분히 다루지 못한 점이 부족한 부분으로 생각된다. 자녀를 위해 부모의 역동을 깊게 파악하는 것이 어머니의 상담을 방해하지 않음에도 불구하고 그렇게 생각했던 것이 아쉬웠고, 어머니의 원가족 탐색 및 역동적 측면을 좀 더 다루었다면 보다 깊이 있는 통찰과 변화를 이끌어 낼 수 있었으리라 생각되었다. 더욱이 경제적 어려움, 건강 문제, 배우자 문제 등 상담으로 해결하기 어려운 문제 상황 속에 처해 있었음에도 불구하고 자녀를 위해 노력하는 모습을 통해 어머니가 강인한 힘을 갖고 있다는 것을 느낄 수 있었고, 이 부분에 대한 격려가 더 필요했다는 아쉬운 마음이 들었다.

　그러나 부족한 점에도 불구하고 5세션이라는 짧은 세션 내에 많은 변화가 일어났는데, 이는 부모놀이치료가 실제적이고 현실에 바로 적용할 수 있도록 교육하고, 부모-자녀놀이 영상을 통해 치료자가 직접 놀이장면을 목격하고 그에 대한 피드백을 제공하기 때문이라고 볼 수 있다.

🏠 참고문헌

강국진(2015). ADHD 성향 가족의 역량강화 프로그램 효과성 연구. 동국대학교 대학원 박사학위 논문.

강현정(2012). 부모놀이치료가 다문화가정 아버지의 양육스트레스 및 공감능력과 자녀의 자아존 중감에 미치는 효과분석. 남서울대학교 대학원 석사학위 논문.

권영주(2006). 아버지의 공감능력 증진 및 유아기 자녀의 행동문제 개선을 위한 부모놀이치료 (Filial Therapy)의 효과. 남서울대학교 디지털정보대학원 석사학위 논문.

김다혜, 한재희(2016). 지적장애형제를 둔 비장애형제자매의 심리적 현상. 상담학연구, 17(5), 357-375.

김민수(2012). 청소년이 지각한 부모의 양육태도와 학교생활적응의 관계에서 또래애착이 매개효 과. 숙명여자대학교 대학원 석사학위 논문.

김민지(2014). 아버지가 참여한 부모놀이치료가 유아기 자녀의 자아존중감과 또래관계 및 인터 넷게임 과몰입에 미치는 효과. 남서울대학교 대학원 석사학위 논문.

김민정(2009). 장애형제가 있는 비장애형제가 경험하는 적응의 심리적 과정에 대한 연구. 현대사 회과학연구, 13, 37-60.

김수미, 이숙(2000). 아동의 위축행동에 대한 연구. 가정과학연구, 10, 13-21.

김수희(2004). 장애아동의 비장애형제를 위한 프로그램이 비장애형제의 우울감과 장애형제를 대 하는 행동에 미치는 영향. 특수아동교육연구, 6(1), 21-36.

김연숙, 박응임(2016). 부모자녀놀이치료가 농촌 다문화가정 어머니의 양육효능감과 유아의 사 회정서능력에 미치는 효과. 한국아동심리치료학회지, 11(2), 7-34.

김정희(2005). 모 중재 프로그램이 내재화 문제 아동의 모-자녀 상호작용에 미치는 영향. 대구대 학교 대학원 석사학위 논문.

김지혜, 전효정(2021). 부부갈등이 아동 청소년의 부모놀이치료공격성에 미치는 변인 관계에 대 한 메타분석. 인지발달중재학회지, 12(2), 109-134.

문다영(2010). 부모가 함께 참여하는 부모놀이치료가 부모의 공감능력 증진 및 자녀의 행동문제 개선에 미치는 효과. 남서울대학교 대학원 석사학위 논문.

민성길, 김찬형(2023). 최신정신의학(제7판). 일조각.

민하영(2010). 어머니가 보고한 부부갈등과 유아의 행동조절 및 정서조절 관계에서 애정-거부적 양육행동의 매개효과. 가정과삶의질연구, 28(5), 1-12.

배유선(2014). 발달놀이치료를 활용한 부모놀이치료 프로그램이 양육미혼모의 정서조절양식, 부모효능감 및 회복탄력성에 미치는 효과. 남서울대학교 대학원 석사학위 논문.

서석원, 이대균(2013). 어머니의 결혼만족도, 부부갈등 및 영아의 정서성 기질이 어머니 양육스트레스에 미치는 영향: 어머니 우울의 매개효과. 유아교육연구, 33(5), 279-298.

서은영(2014). 부모놀이치료가 어머니 양육효능감과 정서표현성, 자녀의 자기통제력에 미치는 효과. 남서울대학교 대학원 석사학위 논문.

서진실, 박혜준(2009). 부모-자녀간 의사소통의 개방성과 형제자매의 장애에 대한 지각이 비장애형제자매의 자아존중감에 미치는 영향. 특수교육학연구, 44(3), 111-130.

손초롱, 장미경, 김유진(2016). 부모놀이치료를 활용한 예비부모교육 프로그램이 청소년의 자아존중감, 의사소통 능력 및 공감·수용 반응에 미치는 효과. 아동복지연구, 14(1), 21-38.

송현주, 권미경, 기쁘다, 박다은, 성지현, 송경희, 이새별, 이윤하, 진경선(2020). 최신발달심리학. 사회평론아카데미.

송혜민(2014. 7. 30.). 모성애가 부성애보다 강하다? 천만의 말씀 〈美 연구〉. 서울신문. https://nownews.seoul.co.kr/news/newsView.php?id=20140730601027

승진주, 장미경(2011). 아버지-어머니의 양육 스트레스 감소 공감능력 증진 및 가족기능 개선에 미치는 부모놀이치료의 효과. 아시아아동복지연구, 9(1), 67-89.

심봉희(2013). 주의력결핍 과잉행동장애아동 어머니의 경험. 경상대학교 대학원 박사학위 논문.

원미정, 공윤정(2017). 아동이 지각한 부부갈등과 자아존중감의 관계에서 부모-자녀 의사소통의 매개효과. 초등상담연구, 16(3), 285-299.

윤미숙(2009). 부모-자녀놀이치료가 아동과 어머니 상호작용 행동에 미치는 영향. 중앙대학교 대학원 박사학위 논문.

이미숙, 권희연, 이미애(2010). 초등학생 장애형제를 둔 비장애 형제의 경험에 대한 부모 인식. 특수아동교육연구, 13(3), 313-337.

이선애(2017). 부모놀이치료가 소아암 환아 어머니의 가족기능 및 양육 스트레스와자녀의 행동문제에 미치는 효과. 상징과 모래놀이치료, 8(2), 23-39.

이슬기(2013). 부모놀이치료 프로그램이 인터넷 게임 과다몰입 아동의 우울과 부모의 공감능력 및 양육행동에 미치는 효과. 남서울대학교 대학원 석사학위 논문.

이승희(2006). 경험적 가족놀이치료가 아동의 주의력결핍과잉행동과 가족기능에 미치는 효과. 대구대학교 대학원 박사학위 논문.

이원영(1983). 어머니의 자녀교육관 및 양육태도와 유아발달과의 관련성 연구. 이화여자대학교 대학원 박사학위 논문.

이은주(2001). 비장애형제와 장애아동형제간 상호작용 유형 관찰 연구. 성균관대학교 대학원 석사학위 논문.

이은하(2016). 부모-자녀놀이치료 관련 학위논문 분석. 놀이치료연구, 20(2), 25-39.

이자영(2000). 가정환경이 정신지체 형제에 대한 비장애 형제의 태도에 미치는 영향에 관한 연구: 비장애 형제 스트레스를 중심으로. 이화여자대학교 사회복지대학원 석사학위 논문.

이정균, 김용식(2005). 정신의학(제4판). 일조각.

이정은(2011). 발달놀이치료 기법을 이용한 부모놀이치료 프로그램이 다문화가정의 어머니-자녀 상호작용과 유아기 자녀의 사회성 증진에 미치는 효과. 남서울대학교 대학원 석사학위 논문.

장미경(2024). 분석심리학적 모래놀이치료(2판). 학지사.

장미경, 이여름(2020). 놀이의 신성성과 치유목적성. 상징과 모래놀이치료, 11(2), 1-43.

장미경(2018). 놀이치료. 창지사.

장미경, 임원신(2004). 부모놀이치료를 이용한 대학생 예비부모교육 프로그램의 효과. 한국생활과학회지, 13(2), 215-224.

장미경(1998). 아동중심놀이치료 기법을 이용한 부모-자녀관계증진 훈련프로그램의 효과. 숙명여자대학교 대학원 박사학위 논문.

장원호(2020). 취학 전 어머니가 지각한 부부갈등과 모-자녀 상호작용이 초등학교 저학년 아동의 학교적응에 미치는 종단적 영향: 다변량 잠재성장모형 분석. 학습자중심교과교육연구, 20(1), 25-51.

장인실, 장석진(2012). 초기 청소년이 지각한 어머니 양육태도와 또래관계에서 자기효능감의 매개효과 분석. 청소년학연구, 19(6), 291-313.

전상신(2022). 장애아동의 비장애 형제 지원을 위한 국내 중재연구 동향 및 향후 과제. 통합교육연구, 17(2), 217-243.

정소희(2011). 갈등적인 부부관계와 한부모가족, 어느 것이 아동의 정신건강에 더 해로운가?. 사회복지연구, 42(4), 165-186.

정원철(2000). 정신보건 사회 사업: 이론과 실제. 학문사.

정춘희, 박성철, 전동일(2023). 부부갈등과 자녀 문제행동과의 관계에서 양육태도의 매개효과. 인문사회21, 14(3), 4307-4318.

정현준, 장미경(2016). 부모놀이치료가 ADHD 아동의 자아존중감, 형제관계 및 가족탄력성에 미치는 효과. 아동복지연구, 14(2), 41-59.

최영희(2006). 부모교육으로서의 부모 놀이치료 효과에 대한 연구. 아동학회지, 27(5), 1-17.

최정윤, 박경, 서혜희(2017). 이상심리학(3판). 학지사.

한유진, 장정순, 양선영(2019). 집단모래놀이프로그램이 비장애형제의 자기역량지각 및 자아탄

력성에 미치는 효과. 한국가정관리학회지, 37(1), 163-177.

홍주연, 김현희(2013). 주의력결핍 과잉행동장애(ADHD) 아동의 부모-아동 상호작용 놀이치료 사례연구. 놀이치료연구, 17(2), 73-97.

홍주화(2011). 부모놀이치료(Filial Therapy)가 다문화가정 아버지의 공감능력, 가족 기능 및 자녀의 사회성 증진에 미치는 효과. 남서울대학교 대학원 석사학위 논문.

Andronico, M., & Blake, I. (1971). The application of filial therapy to young children with stuttering problems. *Journal of Speech and Hearing Disorders, 36,* 377-381.

Authier, J., Gustafson, K., Guerney Jr, B. G., & Kasdorf, J. (1975). The psychological practitioner as teacher: A theoretical-historical and practical review. *Counseling Psychologist, 5*(2), 31-50.

Barkley, R. A. (1997). Behavioral inhibition, sustained attention, and executive functions: constructing a unifying theory of ADHD. *Psychological Bulletin, 121*(1), 65-94.

Baruch, D. W. (1949). *New ways in discipline.* McGraw-Hill.

Beebe, B., & Lachmann, F. (1994). Representation and internalization in infancy: three principle of salience. *Psychoanalytic Psychology, 11*(2), 127-165.

Blair, R. J. R. (2005). Responding to the emotions of others: Dissociating forms of empathy through the study of typical and psychiatric populations. *Consciousness and Cognition, 14*(4), 698-718.

Bratton, S. & Landreth, G. L. (1995). Filial therapy with single parents: Effects on parental acceptance, empathy, and stress. *International Journal of Play Therapy, 4,* 81-80.

Bronfenbrenner, U., & Mahoney, M. A. (1975). Influences on human development. *The Society for Research in Child Development, Monographs, 39*(5), 1-69.

Brown, S., & Vaughan, C. (2009). *Play: How it shapes the brain, opens the imagination, and invigorates the soul.* Avery.

Boivin, M., Hymel, S., & Bukowski, W. M. (1995). The roles of social withdrawal, peer rejection, and victimization by peers in predicting loneliness and depressed mood in childhood. *Development and Psychopathology, 7*(4), 765-785.

Boulby, M. (1988). The Islamic challenge: Tunisia since independence. *Third World Quarterly, 10*(2), 590-614.

Bowlby, J. (1988). Developmental psychiatry comes of age. *The American Journal of Psychiatry, 145*(1), 1-10.

Burgess, K., Rubin, K., Cheah, C., & Nelson, L. (2001). Socially withdrawn children: Parenting and parent-child relationships. In R. Crozier, & L. E. Alden (Eds.), *The self, shyness and social anxiety: A handbook of concepts, research, and interventions* (pp. 137-185). Wiley.

Butoer, A. M., & Eyberg, S. M. (2006). Parent-child inetraction therapy and ethnic minority children. *Vulnerable Children & Youth Studies*, 1(3), 246-225.

Calkins, S. D. (1994). Origins and outcomes of individual differences in emotion regulation. *Monographs of the Society for Research in Child Development*, 59(2/3), 53-72.

Chau, I. Y. F., & Landreth, G. L. (1997). Filial therapy with Chinese parents: Effects on parental emphatic interactions, parental acceptance of child and parental stress. *International Journal of Play Therapy*, 6, 75-92.

Coplan, R. J., Arbeau, K. A., & Armer, M. (2008). Don't fret, be supportive! Maternal characteristics linking child shtness to psychosocial and school adjustment in kindergarten. *Journal of Abnormal Child Psychology*, 36(3), 359-371.

Cripps, K., & Zyromski, B. (2009). Adolescents' psychological well-being and perceived parental involvement: Implications for parental involvement in middle schools. *Research in Middle Level Education*, 33(4), 1-13.

Davies, P. T., Woitach, M. J., Winter, M. A., & Cummings, E. M. (2008). Children's insecure representations of the interparental relationship and their school adjustment: The mediating role of attention difficulties. *Child Development*, 79(5), 1570-1582.

Douvan, E., & Adelson, J. (1996). *The adolescent experience*. Wiley

Edinger, F. E. (2016). 자아발달과 원형: 정신 발달과정과 삶의 의미 창조 (장미경 역). 학지사. (원서 출판 1971)

Eisenberg, N., Fabes, R. A., & Murphy, B. C. (1996). Parents' reactions to children's negative emotions: Relations to children's social competence and comforting behavior. *Child Development*, 67(5), 2227-2247.

Fordham, K., & Stevenson-Hinde, J. (1999). Shyness, friendship quality, and adjustment during middle childhood. *Journal of Child Psychology and Psychiatry and Allied Discipline*, 40(5), 757-768.

Gazelle, H., & Rudolph, K. D. (2003). Anxious solitude and peer exclusion: A diathesis-stress model of internalizing trajectories in childhood. *Child Development*, 74(1), 257-278.

Gilmartin, D., & McElavaney, R. (2020). Filial therapy as a core intervention with children in foster care. *Child Abuse Review*, 29, 159-166.

Glazer-Waldman, H. R., Zimmerman, J. E., Landreth, G. L., & Norton, D. (1992). Filial therapy: An intervention for parents of children with chronic illness. *International Journal of Play Therapy, 1*(1), 31–42.

Guerney, L. F. (1983). Play therapy with learning disabled children. In C. Schaefer & K. O'Connor (Eds.), *Handbook of play therapy* (pp. 419–435). John Wiley & Sons.

Guerney, J. B. G., Stollak, G., & Guerneny, I. (1970). A format for a new mode of psychological practice 3: Or, how to escape a zombie. *Counseling Psychologist, 2*(2), 97–105.

Guerney, J. B. G. (1964). Filial therapy: Description and rationale. *Journal of Consulting and Clinical Psychology, 28*(4), 303–310.

Guerney, L. F. (1980). Client–centered (nondirective) play therapy. In C. Schaefer & O'Conner (Eds.), *Handbook of play therapy* (pp. 21–64). Wiley.

Guerney, L. F., & Stover, L. (1971). Filial therapy: Final report on MH 1826401. Mimeograph. State College National Institute of Mental Health.

Harris, Z., & Landreth, G. L. (1997). Filial therapy with incarcerated mothers: A five week model. *International Journal of Play Therapy, 6*(2), 53–73.

Hartup, W. W. (1996). The company they keep: Freindships and their developmental singnificance. *Child Development, 67*(1), 1–13.

Hayden, T. L. (1980). Classification of elective mutism. *Journal of the American Academy of Child Psychiatry, 19*(1), 118–133.

Hess, S. (2021). Effects of Inter–Parental Conflict on Children's Social Well–Being and the Mediation Role of Parenting Behavior. *Applied Research in Quality of Life, 17*(4), 2059–2085.

Howes, C., & Aikins, J. W. (2002). Peer relations in the transition to adolescence. *Advances in Child Development and Behavior, 29*, 195–230.

Jung, C. G. (1960:1981). The structure of the psyche, In C. G. Jung, *The structure and dynamics of the pryche* (2nd ed.). CW 8, Bollingen Series XX. Princeton University Press.

Jung, C. G. (2009a). *The Red Book: Liber Novas* (Shamdasani, S. ed.). W. W. Norton & Company.

Jung, C. G. (2009b). *The Red Book: Liber Novas*, A Reader's Edition (Shamdasani, S. ed.). W. W. Norton & Company.

Jung, C. G. (1954/1993). *The aims of psychotherapy.* In C. G. Jung, Practice of psychotherapy: Essays on the psychology of the transference and other subjects (2nd ed.). CW 16. Routlege.

Katz, L. F., & Woodin, E. M. (2002). Hostility, hostile detachment, and conflict engagement in marriages: Effects on child and family functioning. *Child Development, 73*(2), 636-652.

Kendall-Tackett, K. A., Williams, L. M., & Finkelhor, D. (1993). Impact of sexual abuse on children: A review and synthesis of recent empirical studies. *Psychological Bulletin, 113*(1), 164-180.

Kottman, T., & Schaefer, C. (2006). 놀이치료 사례집 (김은정, 정연옥 공역). 학지사. (원서출판 1994)

Landreth, G. L. (1991). *Play therapy: The art of relationship.* Accelerated Development.

Landreth, G. L., & Lobaugh, A. F. (1998). Filial therapy with incarcerated fathers: Effects on parental acceptance of child, parental stress, and child adjustment. *Journal of Counseling and Development, 76*(2), 157-165.

Landrath, G. L. (2003). Child-centered play therapy. In C. Schaefer (Ed.), *Foundation of play therapy* (pp. 76-88). John Wiley & Sons.

Malchiodi, A. C., & Crenshaw, A. D. (2019). 창의적 예술치료와 놀이치료 (김유진, 류진아, 신현정, 윤미원, 장미경, 최명선, 홍은주 공역). 학지사. (원서출판 2013)

Moradpour, M., Hajiarbabi, F., & Badiei, Z. (2022). The effectiveness of Filial therapy on the early maladaptive schema of children with cancer (Single-subject design). *Journal of Modern Psychology, 2*(4), 45-55.

Mussen, P. H., Conger, J. J., Kagan, J., & Huston, A. C. (1990). *Child development and personality* (7th ed.). Harper & Row.

Nachmanovitch, S. (1990). *Free play: The power of improvisation in life and the arts.* Jeremy P. Tarcher, Inc.

Nelson, P., Simoni, J. M., & Adelman, H. S. (1996). Mobility and school functioning in the early grades. *The Journal of Educational Research, 89*, 365-369.

Parker, J. G., & Asher, S. R. (1993). Friendship and friendship quality in middle childhood: links with peer group acceptance and feelings of loneliness and social dissatisfaction. *Developmental Psychology, 29*(4), 611-621.

Price, A., & Dambha-Miller, H. (2019). Empathy as a state beyond feeling: a patient and clinician perspective. *Journal of the Royal Society of Medicine, 112*(2), 57-60.

Schore, N. A. (2021). The interpersonal neurobiology of intersubjectivity. *Frontiers in Psychology, 12*, 648616.

Schore, N. A. (2022a). 신경과학으로 설명한 감정중심의 오른뇌 정신치료 (강철민 역). 학지사. (원서출판 2019)

Schore, N. A. (2022b). Right brain-to-right brain psychotherapy: Recent scientific and clinical advances. *Annals of General Psychiatry, 21,* 46.

Roloff, L. (2014). *Reflections on the spirit of story in Sandplay.* STA Website.

Salva, O. R., Regolin, L., & Vallortigara, G. (2012). Inversion of contrast polarity abolishes spontaneous preferences for face-like stimuli in newborn chicks. *Behavioural Brain Research, 228*(1), 133-143.

Sedgwick, D. (2016). *The wounded healer: Countertransference from a Jungian perspective.* Routledge.

Spiel, S., Lombardi, K., & DeRubeis-Byrne, L. (2019). Treating traumatized children: Somatic memories and play therapy. *Journal of Infant, Child, and Adolescent Psychotherapy, 18*(1), 1-12.

Stevens, V. (2018). Resonance, synchrony, and empathic attunement: Musical dimensions of psychotherapy. In T. Marks-Tarlow, M. Solomon, & D. J. Siegel (Eds.), *Play and creativity in psychotherapy* (pp. 191-216). W. W. Norton & Company.

Stein, M. (1998). *Transformation: emergence of the self.* A&M University Press.

Stevenson, M. M., Fabricius, W. V., Cookston, J. T., Parke, R. D., Coltrane, S., Braver, S. L., & Saenz, D. S. (2014). Marital problems, maternal gatekeeping attitudes, and father-child relationships in adolescence. *Developmental Psychology, 50*(4), 1208-1218.

Sturge-Apple, M. L., Davies, P. T., & Cummings, E. M. (2006). Impact of hostility and withdrawal in interparental conflict on parental emotional unavailability and children's adjustment difficulties. *Child Development, 77*(6), 1623-1641.

Sullivan, H. S. (2013). *The interpersonal theory of psychiatry.* Routledge.

Sweeney, D., & Landreth, G. (2003). Child-centered play therapy. In C. Schaefer (Ed.), *Foundations of play therapy* (pp. 76-98). John Wiley & Sons, Inc.

Trevarthen, C. (1993). The self born in intersubjectivity: The psychology of an infant communicating. In U. Neisser (Ed.), *The perceived self: ecological and interpersonal sources of self-knowledge* (pp. 121-173). Cambridge University Press.

von Franz, M-L. (1996). *Interpretation of fairy tales.* Shambhala Publication Inc.

Walling, D. R. (1990). *Meeting the needs of transient student.* Phi Deltakappa Educational Foundation.

Ward, C., Bochner, S., & Furnham, A. (2001). *The psychology of culture shock.* Routledge, Publishers

Winnicott, D. W. (1971). *Playing and reality.* Tavistock.

찾아보기

내용

저자 소개

장미경(Mikyung Jang)
숙명여자대학교 대학원 아동복지학과 박사
자격 & 수료 University of North Texas 놀이치료과정 수료, 스위스 C. G. Jung
    Institute 졸업, 융분석가
전 한국임상모래놀이치료학회장
현 국제모래놀이치료학회 Research Committee 위원장
    『International Journal of Jungian Sandplay Therapy』 편집위원장
    남서울대학교 아동복지학과 및 대학원 아동상담심리치료 전공 교수

정은진(Eunjin Jung)
남서울대학교 대학원 아동복지학과 아동상담심리치료 전공 박사과정
현 남서울대학교 부설 아동가족상담센터 놀이치료사, 모래놀이치료사

박윤수(Younsoo Park)
남서울대학교 대학원 아동복지학과 아동상담심리치료 전공 박사
현 마음성장심리상담센터장

맹주아(Jua Maeng)
남서울대학교 대학원 아동복지학과 아동상담심리치료 전공 박사과정
현 누리봄아동청소년상담센터장

이여름(Yeoreum Lee)
남서울대학교 대학원 아동복지학과 아동상담심리치료 전공 박사
현 남서울대학교 대학원 아동복지학과 아동상담심리치료 전공 겸임교수

이세화(Sehwa Lee)
남서울대학교 대학원 아동복지학과 아동상담심리치료 전공 박사
현 전주기전대학교 사회복지상담과 겸임교수

박애규(Aekyu Park)
칼빈대학교 대학원 상담심리치료학과 박사
전 남서울대학교 대학원 아동복지학과 아동상담심리치료 전공 강사
현 해늘심리상담센터장

조 윤(Youn Jo)
남서울대학교 대학원 아동복지학과 아동상담심리치료 전공 박사
현 동아대학교 아동학과 강사
    남서울대학교 부설 아동가족상담센터 치료사

조은진(Eunjin Cho)
남서울대학교 대학원 아동복지학과 아동상담심리치료 전공 박사수료
현 남서울대학교 부설 아동가족상담센터 전임치료사

김태균(Taegyun Kim)
숭실대학교 기독교학대학원 목회상담 전공 석사
현 동탄마라아동가족상담센터장

이희정(Heejung Lee)
남서울대학교 대학원 아동복지학과 아동상담심리치료 전공 박사과정
현 온쉼표심리상담 아동발달센터 상담사

이현숙(Hyunsuk Lee)
남서울대학교 대학원 아동복지학과 아동상담심리치료 전공 박사수료
현 누리봄아동청소년상담센터 놀이치료사

김인아(Ina Kim)
남서울대학교 대학원 아동복지학과 아동상담심리치료 전공 박사과정
현 해님과바람심리상담센터장

김인옥(Inok Kim)
남서울대학교 대학원 아동복지학과 아동상담심리치료 전공 박사과정
현 김포 위(Wee)센터 임상심리사

라미진(Mijin Ra)
명지대학교 사회교육대학원 예술심리치료학과 표현예술심리치료 전공 석사
현 한국신체심리인스티튜트 연구원, 놀이치료사, 미술치료사

김선희(Sun Heui Kim)
제주대학교 대학원 교육학과 상담심리 전공 박사수료
현 서귀포중학교 전문상담교사

부모놀이치료

-이론 및 실제-

Filial Therapy

2024년 11월 20일 1판 1쇄 인쇄
2024년 11월 30일 1판 1쇄 발행

지은이 • 장미경 · 정은진 · 박윤수 · 맹주아 · 이여름 · 이세화 · 박애규 · 조　윤
　　　　조은진 · 김태균 · 이희정 · 이현숙 · 김인아 · 김인옥 · 라미진 · 김선희
펴낸이 • 김진환
펴낸곳 • ㈜ 학지사
　　　　04031 서울특별시 마포구 양화로 15길 20 마인드월드빌딩
대표전화 • 02-330-5114　　팩스 • 02-324-2345
등록번호 • 제313-2006-000265호

홈페이지 • http://www.hakjisa.co.kr
인스타그램 • https://www.instagram.com/hakjisabook

ISBN 978-89-997-3270-6　93180

정가 24,000원

출판미디어기업 **학지사**

간호보건의학출판 **학지사메디컬** www.hakjisamd.co.kr
심리검사연구소 **인싸이트** www.inpsyt.co.kr
학술논문서비스 **뉴논문** www.newnonmun.com
교육연수원 **카운피아** www.counpia.com
대학교재전자책플랫폼 **캠퍼스북** www.campusbook.co.kr